REFORMA DA PREVIDÊNCIA

www.editorasaraiva.com.br/direito
Visite nossa página

Hermes Arrais Alencar

REFORMA DA PREVIDÊNCIA

2020

Av. Doutora Ruth Cardoso, 7.221, 1º andar, Setor B
Pinheiros – São Paulo – SP – CEP 05425-902

 sac.sets@somoseducacao.com.br

DADOS INTERNACIONAIS DE CATALOGAÇÃO NA PUBLICAÇÃO (CIP)
ANGÉLICA ILACQUA CRB-8/7057

Alencar, Hermes Arrais
　Reforma da previdência: emenda constitucional n. 103/2019 e o regime geral de previdência social / Hermes Arrais Alencar. – São Paulo : Saraiva Educação, 2020.
　352 p.

Bibliografia
ISBN 978-85-536-1754-8 (impresso)

1. Previdência social – Legislação – Brasil. 2. Seguridade social - Brasil. I. Título.

20-0258　　　　　　　　　　　　　　　　CDD 340

Índice para catálogo sistemático:

1. Brasil : Legislação : Previdência social 349.3(81)

Direção executiva	Flávia Alves Bravin
Direção editorial	Renata Pascual Müller
Gerência editorial	Roberto Navarro
Gerência de produção e planejamento	Ana Paula Santos Matos
Gerência de projetos e serviços editoriais	Fernando Penteado
Consultoria acadêmica	Murilo Angeli Dias dos Santos
Planejamento	Clarissa Boraschi Maria (coord.)
Novos projetos	Melissa Rodriguez Arnal da Silva Leite
Edição	Eveline Gonçalves Denardi (coord.)
	Iris Ferrão
Produção editorial	Fernanda Matajs (coord.)
	Verônica Pivisan Reis
Arte e digital	Mônica Landi (coord.)
	Amanda Mota Loyola
	Camilla Felix Cianelli Chaves
	Claudirene de Moura Santos Silva
	Deborah Mattos
	Guilherme H. M. Salvador
	Tiago Dela Rosa
Projetos e serviços editoriais	Breno Lopes de Souza
	Josiane de Araujo Rodrigues
	Kelli Priscila Pinto
	Laura Paraíso Buldrini Filogônio
	Marília Cordeiro
	Mônica Gonçalves Dias
Diagramação	SBNigri Artes e Textos Ltda.
Revisão	Carmem Becker
Capa	Deborah Mattos
Produção gráfica	Marli Rampim
	Sergio Luiz Pereira Lopes
Impressão e acabamento	Gráfica Paym

Data de fechamento da edição: 23-1-2020

Dúvidas? Acesse www.editorasaraiva.com.br/direito

Nenhuma parte desta publicação poderá ser reproduzida por qualquer meio ou forma sem a prévia autorização da Saraiva Educação. A violação dos direitos autorais é crime estabelecido na Lei n. 9.610/98 e punido pelo art. 184 do Código Penal.

CL 606456 | CAE 722661

SOBRE O AUTOR

Hermes Arrais Alencar é Coordenador do Curso de Pós-Graduação em Direito Previdenciário da Rede LFG/Universidade Anhanguera-Uniderp. Coordenador e Professor do Curso de Pós-Graduação em Direito Previdenciário do CPJur.

Mestre em Direito Previdenciário pela Pontifícia Universidade Católica de São Paulo (PUC-SP); especialista em Direito Público pela Escola Paulista da Magistratura de São Paulo e em Direito Tributário pelo Centro de Extensão Universitária de São Paulo.

Professor de Direito Previdenciário de Cursos de Pós-Graduação e Curso Preparatório para Concursos Públicos há 15 anos.

Autor de diversos livros, dentre eles:

- *Cálculo de benefícios previdenciários – teses revisionais. Da teoria à prática.* 10. ed. São Paulo: Saraiva, 2019.
- *Direito previdenciário para concursos públicos.* 6. ed. São Paulo: Saraiva, 2019.
- *Desaposentação e o instituto da transformação de benefícios.* 2. ed. São Paulo: Conceito Jurídico, 2012.
- *Benefícios previdenciários.* 4. ed. São Paulo: Leud, 2009.
- *Lei de benefícios previdenciários anotada.* São Paulo: Leud, 2008.

Membro integrante do Comitê Técnico da *Revista Síntese de Direito Previdenciário.* Coautor em obras coletivas: *Vade Mecum* da Editora Rideel e Como passar em concursos públicos, da Editora Foco.

Procurador Federal desde o ano 2000, exercendo suas funções diretamente perante os tribunais sediados em São Paulo/PRF3/AGU. Nomeado em 21 de outubro de 2002 para exercer o cargo de Delegado de Polícia Federal (Portaria n. 991, de 18-10-2002, *DOU* – Seção 2, Edição n. 204, de 21-10-2002), por questões particulares optou por permanecer no cargo de Procurador Federal.

Perfil nas redes sociais: <https://www.facebook.com/prof.hermesarrais/>.

Ao meu tão amado filho Kenzo, às minhas lindas sobrinhas Sophie, Tiffany e Yan, às afilhadas Isabela e Carina, pelo colorido todo especial dado ao meu viver.

À minha esposa, Adriana, por me manter apaixonado durante todos os dias de nossas bodas de prata. Te amo!

Aos meus pais, Francisco Arrais e Benedita, pelo sopro da vida.

Aos meus queridos irmãos, Douglas, Dayse e Yara, pela amizade sincera e eterna!

E aos amigos e parceiros Manoel, Orlando e Wilson.

Obrigado!

SUMÁRIO

Sobre o Autor 5

Siglas 17

Introdução 21

1 A Proposta de Emenda à Constituição **25**

A reforma da Previdência 27

Previdência dos militares 30

PEC Paralela. PEC n. 133/2019 31

Da proposta à promulgação da Emenda Constitucional n. 103/2019 33

Principais pontos da reforma da Previdência 46

Validade, vigência e eficácia 48

   Validade 48

      Pessoa competente 49

         Lei complementar nacional para dispor sobre a organização, funcionamento e responsabilidade na gestão de regimes próprios 50

         Cálculo de proventos do regime próprio (art. 40, § 3º, CF)... 51

         Inatividades e pensões das polícias militares e dos corpos de bombeiros militares (art. 22, XXI, CF) 51

         Previdência complementar no âmbito dos regimes próprios 51

      Instrumento normativo adequado 52

         Novas normas aguardadas no regime geral 53

     Vigência 56

     Eficácia 58

Aplicação das normas previdenciárias 63

     Eficácia da lei previdenciária no tempo: direito adquirido 63

Eficácia da lei previdenciária no tempo: sistema híbrido 65

Eficácia da lei previdenciária no tempo: expectativa de direito 66

Eficácia da lei previdenciária no tempo: regra de transição 68

2 Competência jurisdicional para apreciar ações em face do INSS.. 71

Competência jurisdicional – ações previdenciárias 72

Justiça Federal 73

Competência nas ações previdenciárias em sentido estrito 75

Competência delegada à Justiça Estadual antes da EC n. 103/2019 75

Juizado Especial Federal 77

Ações acidentárias em face do INSS 78

Ações de revisão de benefícios acidentários 80

Ações regressivas 81

Novidade. Minirreforma da Previdência/2019. Ações regressivas. Lei n. 13.846, de 18-6-2019 82

Ação de mandado de segurança contra ato de servidor público federal.. 87

PEC n. 6/2019 – Alteração da competência para conhecer e julgar ações de acidentes do trabalho em face do INSS. Pretensão governamental rejeitada pelo Congresso Nacional 87

PEC n. 6/2019. Fim do foro especial no Distrito Federal. Pretensão governamental rejeitada pelo Congresso Nacional 92

EC n. 103/2019. Competência delegada. Alteração do § 3º do art. 109 da CF. Pretensão governamental acolhida pelo Congresso Nacional 93

Competência delegada e a Lei n. 13.876, de 20-9-2019. Inconstitucionalidade 94

Futura lei disciplinando a competência delegada. Art. 43 do CPC 100

Incidente de assunção de competência – STJ – Competência delegada 101

PEC n. 6/2019. Competência exclusiva da Justiça Federal para decidir sobre a existência de interesse jurídico da União. Pretensão governamental rejeitada pelo Congresso Nacional 102

Competência. Quadro síntese 103

3 Princípios constitucionais 105

Princípio da solidariedade 105

Universalidade da cobertura e do atendimento 106

Uniformidade e equivalência dos benefícios e serviços às populações urbanas e rurais 110

Seletividade e distributividade na prestação dos benefícios e serviços..... 111

Irredutibilidade do valor dos benefícios 114

    Manutenção do valor real dos benefícios 117

Equidade na forma de participação no custeio.................................... 121

Diversidade na base de financiamento 122

EC n. 103/2019. Segregação contábil (art. 194, parágrafo único, VI, CF) e o fim da DRU nas contribuições sociais de seguridade social (art. 76, § 4º, do ADCT) 123

Caráter democrático e descentralizado da administração 128

4 Emenda Constitucional n. 103/2019 e a relação de custeio (art. 195 da CF) **131**

Financiamento da seguridade social.. 132

    Da contribuição da União... 133

    Contribuições sociais de seguridade social 134

PEC n. 6/2019. Cota patronal (letra *a* do inciso I do art. 195). Pretensão governamental rejeitada pelo Congresso Nacional....... 135

EC n. 103/2019. Contribuição devida pelos segurados. Inciso II do art. 195. Pretensão governamental acolhida com modificações pelo Congresso Nacional 139

    Novas alíquotas cumulativas da contribuição previdenciária dos segurados do RGPS (art. 28 da EC n. 103/2019)........... 143

    Vigência das novas alíquotas contributivas do art. 28 da EC n. 103/2019 (art. 36 da EC n. 103/2019) 145

PEC n. 6/2019. Regra da prévia fonte de custeio (§ 5º do art. 195). Pretensão governamental rejeitada pelo Congresso Nacional................ 145

    Poder Judiciário e a regra da contrapartida.................................. 150

PEC n. 6/2019. Segurado especial (§ 8º e inclusão dos §§ 8º-A e 8º-B do art. 195). Pretensão governamental rejeitada pelo Congresso Nacional........ 153

    PEC n. 6/2016. Art. 195, §§ 8º, 8º-A e 8º-B 162

EC n. 103/2019. Desoneração da folha de salários (§ 9º e a exclusão do § 13, ambos do art. 195 da CF). Alteração promovida pelo Congresso Nacional.. 165

    Desoneração da folha de salários.. 166

    Contribuição Previdenciária sobre a Receita Bruta (CPRB) e o art. 30 da EC n. 103/2019... 168

EC n. 103/2019.Vedação à concessão de moratória e restrição a parcelamento (§ 11 do art. 195 da CF). Alteração promovida pelo Congresso Nacional.. 174

Remissão e anistia.. 174

Moratória e parcelamento (§ 9º do art. 9º e art. 31 da EC n. 103/1019).. 176

EC n. 103/2019. Limite mínimo da base de cálculo da contribuição previdenciária e o direito a agrupamento de contribuições (§ 14 do art. 195 da CF). Alteração promovida pelo Congresso Nacional............... 179

Efeito prospectivo do § 14 do art. 195 da CF................... 183

Carência e o novel § 14 do art. 195 da CF........................ 183

Direito de complementação, utilização do valor excedente de contribuição em outra e agrupamento de contribuições. Art. 29 da EC n. 103/2019 184

5 Emenda Constitucional n. 103/2019 e a relação de proteção social (art. 201, CF).. **189**

Previdência social – Noções regime geral................................ 189

Caráter contributivo... 190

Filiação obrigatória... 192

EC n. 103/2019 e a filiação previdenciária do detentor de mandato eletivo (art. 40, § 13, da CF) 195

Agentes políticos.. 195

Observância dos critérios de preservação do equilíbrio financeiro e atuarial... 199

Prestações previdenciárias.. 202

EC n. 103/2019. Regime Geral de Previdência Social (*caput* do art. 201, CF) 205

Cobertura dos eventos constitucionalmente definidos.............. 206

EC n. 103/2019. Cobertura dos eventos de incapacidade temporária ou permanente para o trabalho (art. 201, inciso I, da CF). Pretensão governamental acolhida pelo Congresso Nacional 207

Nova nomenclatura da aposentadoria por invalidez.................... 208

Idade avançada (inciso I do art. 201, CF) 209

EC n. 103/2019. Morte (inciso I do art. 201, CF). Hipótese excluída 210

PEC n. 6/2019. Proteção à maternidade (inciso II do art. 201). Pretensão governamental rejeitada pelo Congresso Nacional 210

Novidade. Maternidade. Reforma trabalhista. Novo fato gerador: gravidez de risco 211

Desemprego involuntário (inciso III do art. 201, CF) 212

Novidade. Medida Provisória n. 905, publicada em 12 de novembro de 2019 213

PEC n. 6/2019. Salário-família e auxílio-reclusão (inciso IV do art. 201, CF). Pretensão governamental rejeitada pelo Congresso Nacional.. 214

Auxílio-reclusão e salário-família. Critério baixa renda. Arts. 27 e 35 da EC n. 103/2019 217

Valor do salário-família. Art. 27, § 2º, EC n. 103/2019 221

Valor máximo do auxílio-reclusão. Art. 27, § 1º, EC n. 103/2019 221

PEC n. 6/2019. Pensão por morte e o valor mínimo (inciso V do art. 201, CF). Pretensão governamental rejeitada pelo Congresso Nacional.. 222

Pensão por morte. Esposa e companheira (inciso V do art. 201, CF)... 223

Pensão por morte. Marido (e companheiro) como dependente (inciso V do art. 201, CF) 224

Pensão por morte. Norma de eficácia plena (inciso V do art. 201, CF) 225

Pensão por morte. Companheirismo homossexual (inciso V do art. 201, CF) 226

EC n. 103/2019. Regras de cálculo da pensão por morte. Pretensão governamental acolhida pelo Congresso Nacional 228

Coeficiente de cálculo da pensão. Art. 23 da EC n. 103/2019 229

Duvidosa constitucionalidade. Coeficiente de cálculo da pensão por morte decorrente de acidente do trabalho 231

Base de cálculo da pensão por morte. Art. 23 da EC n. 103/2019 233

Fim do direito de acrescer. Art. 23, § 1º, da EC n. 103/2019 236

Valor da pensão. Pensionista inválido ou com deficiência intelectual, mental ou grave 238

Rol de dependentes. Pensão por morte, Lei n. 8.213. Art. 23, § 4º, da EC n. 103/2019 240

Menor sob guarda. Art. 23, § 6º, da EC n. 103/2019 241

Jurisprudência do STJ: menor sob guarda 243

Duração. Pensão por morte. Lei n. 8.213. EC n. 103/2019. Art. 23, § 4º 244

Norma constitucional do art. 23. Alteração 245

EC n. 103/2019. Vedação à adoção de requisitos ou critérios diferenciados para concessão de benefícios (§ 1º do art. 201). Alterado pelo Congresso Nacional 246

EC n. 103/2019. Aposentadoria diferenciada. Art. 201, § 1º, da CF .. 250

Aposentadoria especial. Lei n. 8.213/91 251

EC n. 103/2019. Aposentadoria especial. Norma de eficácia limitada (art. 201, § 1º, CF) 252

Regra de transição. Aposentadoria especial. Arts. 19 e 21 da EC n. 103/2019. Norma de eficácia limitada 253

Valor do benefício. Complemento das normas dos arts. 19, § 1º, e 20 da EC n. 103/2019. Art. 26 da EC n. 103/2019.... 255

Aposentadoria especial. Fixação de idade mínima. EC n. 103/2019 258

Aposentadoria especial. Fixação de idade mínima. Fonte específica de custeio. Contribuição adicional de aposentadoria especial. EC n. 103/2019 261

Atividade de risco. Aposentadoria especial. EC n. 103/2019 . 263

Conversão de tempo especial em comum. Art. 25, § 2º, EC n. 103/2019 266

EC n. 103/2019. Aposentadoria diferenciada de segurado pessoa com deficiência (art. 201, § 1º, CF). LC n. 142/2013 268

Aposentadoria diferenciada de segurado pessoa com deficiência (art. 201, § 1º, CF). Recepção da LC n. 142. Art. 22 da EC n. 103/2019 270

PEC n. 6/2019. Atualização dos salários de contribuição (§ 3º do art. 201). Não alterado pelo Congresso Nacional 270

EC n. 20/98. A derrota do Governo no atrelamento de idade mínima à aposentadoria por tempo de contribuição 272

EC n. 103/2019. Aposentadoria proporcional. Art. 9º, § 1º, EC n. 20/98. Extinção. Art. 35, EC n. 103/2019. Observância do art. 3º, EC n. 103/2019 273

Lei n. 8.213/91. Aposentadoria por idade 277

EC n. 103/2019. Aposentadoria programável atrelada à idade (§ 7º, I, do art. 201). Alterado pelo Congresso Nacional. Norma de eficácia limitada 278

Regra transitória. Art. 19 da EC n. 103/2019. Requisitos para concessão de aposentadoria programável para os novos filiados ao RGPS 280

Regra de transição. Art. 18 da EC n. 103/2019. Aposentadoria por idade. Filiado antigo 281

Regra de transição. Art. 15 da EC n. 103/2019. Aposentadoria por tempo de contribuição com idade mínima redutível. Aposentadoria de pontos (TC + Id). Filiado antigo 282

Regra de transição. Art. 16 da EC n. 103/2019. Aposentadoria por tempo de contribuição com idade mínima progressiva. Filiado antigo 285

Regra de transição. Art. 17 da EC n. 103/2019. Proteção ao direito iminente à aposentadoria B/42 (há menos de 2 anos). Aposentadoria sem atrelamento à idade mínima. Pedágio 50%. Filiado antigo 286

Regra de transição. Art. 20 da EC n. 103/2019. Aposentadoria B/42 com pedágio de 100% e idade mínima (menor) 289

Valor do benefício. Art. 26 da EC n. 103/2019. Complemento das normas dos arts. 15, § 4º, 16, § 3º, 18, § 2º, e 20, § 2º, da EC n. 103/2019 291

Valor do benefício diverso de aposentadoria. Art. 26 da EC n. 103/2019 297

EC n. 103/2019. Aposentadoria por idade do trabalhador rural. Art. 201, § 7º, II, CF. Art. 25, § 1º, da EC n. 103/2019 298

EC n. 103/2019. Atrelamento da aposentadoria de professor à idade mínima (art. 201, § 8º, CF). Norma de eficácia limitada 300

Regra de transição. Professores. EC n. 20/98. Art. 35 da EC n. 103/2019 301

Regra de transição. Art. 19, II, da EC n. 103/2019. Aposentadoria de professor com idade mínima fixa 302

Regra de transição. Art. 15, § 3º, EC n. 103/2019. Aposentadoria de professor com idade mínima redutível (pontos) 303

Regra de transição. Art. 16, § 2º, EC n. 103/2019. Aposentadoria de professor com idade mínima progressiva............................... 305

Regra de transição. Art. 20, § 1º, da EC n. 103/2019. Aposentadoria de professor com pedágio de 100% e idade mínima fixa e menor.. 305

Regra de transição. Art. 26 da EC n. 103/2019. Valor do benefício. Complemento das normas dos arts. 15, § 4º, 16, § 3º, 18, § 2º, e 20, § 2º, da EC n. 103/2019... 306

EC n. 103/2019. Contagem recíproca de tempo de contribuição. RGPS – RPPS/RPPS – RPPS (§§ 9º e 9º-A do art. 201, CF). Alterado/incluído pelo Congresso Nacional 310

EC n. 103/2019. Atuação concorrente entre RGPS e o setor privado (§ 10 do art. 201). Alterado pelo Congresso Nacional 312

SEIPrev. Sistema especial de inclusão previdenciária (§§ 12 e 13 do art. 201, CF) 313

> EC n. 103/2019. SEIPrev. Sistema especial de inclusão previdenciária (§§ 12 e 13 do art. 201, CF). Alterado pelo Congresso Nacional 318

EC n. 103/2019. Vedada a contagem de tempo de contribuição fictício (§ 14 do art. 201, CF). Alterado pelo Congresso Nacional 320

> Tempo de contribuição ficto de trabalhadores por conta de outrem (responsável tributário inadimplente) 321
>
> Tempo de contribuição ficto – atividade rural 322
>
> Indenização. Não incidência de juros de período anterior à Lei n. 9.032/95 323
>
> Tempo de contribuição fictício. Acréscimo decorrente de atividade especial 324
>
> Regra de transição. Art. 25, EC n. 103/2019. Tempo de contribuição fictício no regime geral 325

EC n. 103/2019. Nulidade de aposentadoria no RPPS decorrente de contagem recíproca de tempo de serviço. Art. 25, § 3º 326

EC n. 103/2019. Vedações, regras e condições para a acumulação de benefícios (§ 15 do art. 201, CF). Incluído pelo Congresso Nacional..... 327

> Vedação à acumulação de pensão por morte. Art. 24, EC n. 103/2019 329

EC n. 103/2019. Empregados públicos e a aposentadoria compulsória no RGPS (§ 16 do art. 201, CF). Incluído pelo Congresso Nacional..... 333

> EC n. 103/2019. Norma de eficácia limitada (art. 201, § 16, CF). Aposentadoria compulsória-condicionada. RGPS. Empregados públicos 334
>
> EC n. 103/2019. Empregado público. Arts. 37, § 14, e 6º da EC n. 103/2019 336

PEC n. 6/2019. Sistema de capitalização. Art. 201-A. Pretensão governamental rejeitada pelo Congresso Nacional.................................... 337

Anexo I 339

Anexo II 341

Referências bibliográficas 347

SIGLAS

ADCT – Ato das Disposições Constitucionais Transitórias

AEPS – Anuário Estatístico da Previdência Social

BEAT – Boletim Estatístico de Acidente do Trabalho

BTN – Bônus do Tesouro Nacional

CADPREV – Sistema de Informações dos Regimes Públicos de Previdência

CAGED – Cadastro Geral de Empregados e Desempregados

CAPIN – Caixa de Aposentadorias e Pensões da Imprensa Nacional

CAT – Comunicação de Acidente do Trabalho

CDP – Certidão de Dívida Pública

CEI – Cadastro Específico do INSS

CGC – Cadastro Geral de Contribuintes

CID – Classificação Internacional de Doenças

CLPS – Consolidação das Leis da Previdência Social

CLT – Consolidação das Leis do Trabalho

CNAE – Classificação Nacional de Atividade Econômica

CNI – Confederação Nacional da Indústria

CNIS – Cadastro Nacional de Informações Sociais

CNJ – Conselho Nacional de Justiça

CNPJ – Cadastro Nacional de Pessoas Jurídicas

CNPS – Conselho Nacional de Previdência Social

COFINS – Contribuição para o Financiamento da Seguridade Social

CPMF – Contribuição Provisória sobre Movimentação Financeira

CRP – Certificado de Regularidade Previdenciária

CRPS – Conselho de Recursos da Previdência Social

CSL – Contribuição Social sobre o Lucro

CTPS – Carteira de Trabalho e Previdência Social

DATAPREV – Empresa de Tecnologia e Informações da Previdência Social

DCB – Data de Cessação do Benefício

DDB – Data de Despacho do Benefício

DER – Data de Entrada do Requerimento

DIB – Data de Início do Benefício

DOU – *Diário Oficial da União*

DPVAT – Seguro de Danos Pessoais causados por Veículos Automotores de Vias Terrestres

EC – Emenda Constitucional

EFPC – Entidades Fechadas de Previdência Complementar

EGU – Encargos Gerais da União

EPU – Encargos Previdenciários da União

FAP – Fator Acidentário de Prevenção

FGTS – Fundo de Garantia por Tempo de Serviço

FNDE – Fundo Nacional de Desenvolvimento da Educação

FNS – Fundo Nacional de Saúde

FPAS – Fundo de Previdência e Assistência Social

FPE – Fundo de Participação dos Estados

FPM – Fundo de Participação dos Municípios

FUNDACENTRO – Fundação Jorge Duprat Figueiredo de Segurança e Medicina do Trabalho

GEX – Gerência Executiva

GFIP – Guia de Recolhimento do Fundo de Garantia do Tempo de Serviço e Informações à Previdência Social

GPS – Guia da Previdência Social

GRCI – Guia de Recolhimento do Contribuinte Individual

GRPS – Guia de Recolhimento da Previdência Social

IAPC – Instituto de Aposentadorias e Pensões dos Comerciários

IBGE – Fundação Instituto Brasileiro de Geografia e Estatística

IGP-DI – Índice Geral de Preços – Disponibilidade Interna

INPC – Índice Nacional de Preços ao Consumidor

INSS – Instituto Nacional do Seguro Social

IRSM – Índice de Reajuste do Salário Mínimo

LB – Lei de Benefícios (Lei n. 8.213/91)

LC – Lei Complementar

LOA – Lei Orçamentária Anual

LOAS – Lei Orgânica da Assistência Social

LOPS – Lei Orgânica da Previdência Social

MC – Ministério da Cidadania

ME – Ministério da Economia

MF – Ministério da Fazenda

MP – Medida Provisória

MPAS – Ministério da Previdência e Assistência Social

MPS – Ministério da Previdência Social

MR – Mensalidade Reajustada

MTPS – Ministério do Trabalho e da Previdência Social

NB – Número de Benefício

NFLD – Notificação Fiscal de Lançamento de Débito

NIT – Número de Identificação do Trabalhador

NTDEAT – Nexo Técnico por Doença Equiparada a Acidente do Trabalho

NTEP – Nexo Técnico Epidemiológico Previdenciário

NTP/T – Nexo Técnico Profissional ou do Trabalho

OIT – Organização Internacional do Trabalho

ORTN – Obrigações Reajustáveis do Tesouro Nacional

OTN – Obrigações do Tesouro Nacional

PASEP – Programa de Formação do Patrimônio do Servidor Público

PEC – Proposta de Emenda Constitucional

PIS – Programa de Integração Social

PNAD – Pesquisa Nacional por Amostra de Domicílios

PRISMA – Projeto de Regionalização de Informações e Sistemas

RAIS – Relação Anual de Informações Sociais

REFIS – Programa de Recuperação Fiscal

RGPS – Regime Geral de Previdência Social

RMI – Renda Mensal Inicial

RMV – Renda Mensal Vitalícia

RPPS – Regimes Próprios de Previdência Social

RPS – Regulamento da Previdência Social

RSC – Relação de Salários de Contribuição

SAE – Setor de Atividade Econômica

SASSE – Serviço de Assistência e Seguro Social dos Economiários

SAT – Seguro de Acidente do Trabalho

SB-40 – Formulário para registro de aposentadoria por tempo de serviço especial por insalubridade

SENAR – Serviço Nacional de Aprendizagem Rural

SIMPLES – Sistema Integrado de Pagamento de Impostos e Contribuições das Microempresas e das Empresas de Pequeno Porte

SINPAS – Sistema Nacional de Previdência e Assistência Social

SISOBI – Sistema Informatizado de Controle de Óbitos

SM – Salário Mínimo

SPC – Secretaria da Previdência Complementar

SPS – Secretaria de Previdência Social

SRFB – Secretaria da Receita Federal do Brasil

SUB – Sistema Único de Benefícios

SUSEP – Superintendência Nacional de Seguros Privados

TRF - Tribunal Regional Federal

UF – Unidade da Federação

UFIR – Unidade Fiscal de Referência

URP – Unidade de Referência de Preços

URV – Unidade Real de Valor

INTRODUÇÃO

A Reforma da Previdência decorrente da promulgação da Emenda Constitucional n. 103, publicada em 13 de dezembro de 2019, é legislação que exige estudo aprofundado por parte do operador do direito, sem deixar de olvidar as disposições constantes da legislação recém-revogada e a não recepcionada, por força da aplicação do brocardo *tempus regit actum*, que revela garantia de índole constitucional, direito adquirido, a autorizar a ultratividade da norma.

Ramo do direito público, o direito previdenciário tem caráter eminentemente social, e tem como missão constitucional garantir aos segurados e aos respectivos dependentes proteção nos momentos de perda ou redução de rendimentos, sintetizados em benefícios de risco, aposentadorias programáveis e prestações decorrentes de encargos familiares.

Em termos gerais, previdência é sistema protetivo no qual é figura estelar o indivíduo que paga, de forma compulsória (regra) ou voluntariamente (exceção), contribuição na esperança de quando preenchidos todos os requisitos legais (Previdência Pública), ou contratuais (Previdência Complementar), ser amparado com prestação previdenciária programável (por exemplo: aposentadoria por idade) ou com benefício de risco (*verbi gratia*: aposentadoria por invalidez).

Dois são os regimes de previdência pública: o maior deles nominado de Regime Geral de Previdência Social (RGPS), cujo intento é proteger os trabalhadores da iniciativa privada (e seus dependentes) nas hipóteses de necessidade social (relacionadas no art. 201 da Constituição Federal: idade avançada, incapacidade temporária ou permanente para o trabalho, maternidade, morte, entre outras); e o Regime Próprio de Previdência Social (RPPS), especialmente desenhado no art. 40 da Constituição Federal para proteção dos servidores públicos (e seus dependentes) detentores de cargo efetivo das três esferas de governo (federal, estadual e municipal).

Dentre as semelhanças mais marcantes entre esses regimes, além do fato de serem públicos, é a natureza eminentemente obrigatória. A compulsoriedade de filiação ao RGPS e ao RPPS é o marco distintivo desses regimes públicos frente à previdência complementar privada, que traz o fator diferencial da facultatividade.

As entidades que administram planos de previdência complementar podem ser abertas, quando a sua contratação é acessível a qualquer pessoa (são os contratos de previdência oferecidos pelas instituições financeiras), ou fechadas, que são aquelas cuja contratação é restrita (I) aos empregados de uma empresa ou grupo de empresas e aos servidores da União, dos Estados, do Distrito Federal e dos Municípios, entes denominados patrocinadores; e (II) aos associados ou membros de pessoas jurídicas de caráter profissional, classista ou setorial, denominadas instituidores.

A certeza de clientela no RGPS e RPPS, firmada pela filiação obrigatória, gera a divulgação constante de notícias sobre *déficit* da previdência sem receio de que os dizeres não estejam baseados em aprofundamento teórico, estratégia de argumentação conhecida por *ad terrorem* para dar espaço a ajustes (batizados de reformas), restringindo a proteção na esfera previdenciária para de outro extremo possibilitar ampliação da economia aos cofres públicos.

Importante notar que as instituições financeiras que comercializam planos de previdência complementar são enormemente beneficiadas pelas ondas de terror lançadas nos regimes públicos.

Aliás, a Associação Nacional dos Auditores-Fiscais da Receita Federal do Brasil (ANFIP) obteve liminar nos autos da ação popular n. 1016921-41.2017.4.01.3400, para obstar o elevado custo do Governo com a propaganda efetivada à época da tramitação da PEC n. 287/2016, argumentando que a campanha publicitária alusiva à Reforma da Previdência não teria conteúdo educativo, informativo ou de orientação social, mas alarmismo destinado a obter apoio popular à Reforma da Previdência, em contrariedade ao disposto no art. 37, § 1º, da Constituição Federal, ao Decreto n. 6.555/2008 e à Instrução Normativa n. 7/2014 da Secretaria de Comunicação Social da Presidência da República.

O cenário desde a promulgação da Constituição Cidadã, em 1988, demonstra que a Previdência Social não foi ainda tratada com o respeito de que é merecedora.

São os regimes públicos marcados por "ajustes" constitucionais, iniciados em 1993 com a promulgação da Emenda Constitucional n. 3, que trouxe, corretamente, o caráter contributivo ao Regime Próprio de Previdência Social. No ano de 1998, as medidas de austeridade alcançaram maior proporção, de modo que a Emenda Constitucional n. 20 recebeu a patente de Reforma da Previdência. Os ajustes continuaram com as ECs n. 41/2003, 47/2005, 70/2012, 88/2015, e agora, a de n. 103/2019, que recebeu a alcunha de a Nova Previdência.

Ao lado das alterações constitucionais, segue-se batalhão de leis modificando a relação protetiva desde a publicação da Lei de Benefícios Previdenciários (Lei n. 8.213/91), tornando-a hoje um texto mutilado, com diversos artigos sem coerência sistêmica, perdidos no tempo.

Não raro, as modificações apresentam tom babélico, como pode ser evidenciado nas modificações promovidas no inciso II do § 2º do art. 77 da Lei n. 8.213. Esse mesmo dispositivo (inciso II) teve sua redação alterada no mesmo ano por três leis: Leis n. 13.135, 13.146, e 13.183!

A norma regulamentar (Decreto Federal n. 3.048/99) não consegue acompanhar as alterações legislativas, sendo atualmente terreno pantanoso, com dezenas de dispositivos sem valia há anos.

Diante do temor de impacto nas urnas, por vezes o governo tenta promover "minirreformas" restritivas de direitos previdenciários de forma velada, como ocorreu com a edição da Medida Provisória n. 664, publicada na edição extra do dia 30 de dezembro de 2014. Aproveitando-se da menor repercussão na mídia por conta dos festejos de fim de ano, a medida palaciana n. 664 foi editada sem qualquer debate democrático e buscava impor à sociedade pontos que retratavam retrocesso social, a exemplo da cota da pensão em 50% (cota familiar) acrescida de cota individual de 10%, tema que não foi acolhido pelo Congresso Nacional à época, mas admitido agora com a Emenda Constitucional n. 103/2019.

A seriedade no trato do Seguro Social impõe que as verdades não sejam ocultadas. Um exemplo importante é o da composição das fontes de custeio da previdência, que não se socorre de recursos advindos unicamente do suor das pessoas físicas prestadoras de trabalho remunerado e dos respectivos tomadores de serviço, mas também de outras espécies de contribuição social destinadas à seguridade social relacionadas no art. 195 da Norma Magna. Qual o volume de recursos anuais advindos da contribuição social incidente sobre as loterias, a exemplo da Mega-Sena (concurso de prognóstico)? Por qual razão essa informação não é repassada à sociedade quando se vem a público afirmar o "rombo da Previdência"?

Merece destaque o fato de que o aclamado *déficit* é (até certa medida) constitucional, por caracterizar a cota parte devida pelo Estado-Nação (imposição existente desde a Constituição Federal de 1934), além de decorrer a maior parcela do atual saldo negativo da assunção feita expressamente pela União, por ocasião da instituição da desoneração sobre a folha de salários, ao outorgar em larga escala renúncia às contribuições previdenciárias (art. 9º, IV, da Lei n. 12.546/2011: a União compensará o Fundo do RGPS, de que trata o art. 68 da Lei Complementar n. 101/2000, no valor correspondente à estimativa de renúncia previdenciária decorrente da desoneração, de forma a não afetar a apuração do resultado financeiro do RGPS).

A sociedade clamou pelo respeito aos recursos da Previdência, tendo o Congresso Nacional corretamente excluído das garras da DRU (Desvinculação de Receitas da União) as receitas das contribuições sociais de seguridade social. Calha recordar que antes da EC n. 103 a DRU retirava do orçamento da Seguridade 30% do montante arrecadado com as referidas contribuições sociais (à exceção das contribuições previdenciárias – EC n. 93/2016). Felizmente, esse acinte não mais subsiste.

Não se pode negar que a Nova Reforma da Previdência bem atuou no campo do custeio, elevando alíquotas contributivas dos que possuem remuneração mais elevada, além de obstar parcelamentos em quantidade superior a sessenta meses (impedindo assim que programas de recuperação fiscal brindem devedores contumazes com parcelamentos a perder de vista), e proibir novas hipóteses de desoneração da folha de salários.

Além da vertente do custeio, a Emenda da Reforma atacou o outro lado da moeda, de forma bastante forte, ou seja, a métrica quantitativa das prestações previdenciárias, em especial a apuração da renda inicial da aposentadoria e da pensão.

Na apuração da média salarial da aposentadoria, não foi recepcionada a Lei n. 9.876/99, que admitia a exclusão dos 20% menores salários de contribuição prevista.

Os coeficientes de cálculo restaram bastante reduzidos, na aposentadoria principia-se aos 60% atingindo-se a integralidade (100%) somente aos 40 anos de tempo de contribuição, para os segurados do sexo masculino.

O patente retrocesso social é constatado no regramento de cálculo e de cumulação na pensão por morte firmado pela novel emenda constitucional ao ditar critérios mais gravosos que aqueles que existiam na década de 60 do século passado (Lei Orgânica da Previdência Social – Lei 3.807/60).

Os rigorosos ajustes efetivados nas duas pontas da Previdência (custeio e benefício) tornam indene de dúvida o futuro do Seguro Social se afigurar próspero, não tardará a ecoar notícias no sentido de o fundo do Regime Geral registrar *superávit*, devendo, nessa oportunidade, a sociedade exigir que os recursos excedentes na Previdência não sejam direcionados para qualquer outra finalidade que não seja a de garantir a solidez do sistema para as gerações futuras.

Ainda no campo da futuridade, não tardará a surgir no cenário jurídico nova emenda constitucional com o fito de atenuar o tom amargo da EC n. 103/2019, nessa exata toada surge no horizonte a PEC n. 133, já aprovada em dois turnos no Senado Federal, que dentre outros pontos festivos suavizará o critério de cálculo no ato de aposentação. Caso a PEC PARALELA seja ratificada na Casa Revisora (Câmara dos deputados), admitir-se-á exclusão transitória dos 20% menores salários de contribuição na apuração da média para cálculo da aposentadoria.

De outro norte, espera-se intervalo de uma ou quiçá duas décadas sem modificações gravosas no RGPS ao segurado do INSS, haja vista que o seguro social não deve ser pauta de preocupação constante do trabalhador. Pelo contrário, a Previdência deve ser um forte símbolo nacional de segurança social, de conforto, de tranquilidade, de garantia de amparo do segurado e de seus dependentes nas hipóteses de desventura social.

Bons estudos e sucesso!

O Autor

1 A PROPOSTA DE EMENDA À CONSTITUIÇÃO

Promulgada em 5 de outubro de 1988, a Constituição Federal após 31 anos possui 105 emendas constitucionais e 6 emendas constitucionais de revisão, estas editadas com supedâneo no art. 60 da Constituição Federal combinado com o art. 3º do Ato das Disposições Constitucionais Transitórias.

Alterada com a média elevada de 3,5 emendas constitucionais por ano, a CF/88 mostra-se a segunda mais longeva Constituição Republicana, atrás tão só da primeira Constituição do Brasil República, de 1891, que regeu o país por 43 anos. A Constituição de 1934 foi a mais efêmera, durou singelos 3 anos; a Carta outorgada de 1937 vigeu por apenas 9 anos; a Constituição promulgada de 1946 esteve no ápice do ordenamento jurídico por 21 anos; a de 1967 imperou também por 21 anos.

Sobre as emendas constitucionais, a presença de constituinte derivado reformador somente é admissível na conformidade do art. 60 da CF/88, que traz rol restrito de legitimados a apresentar proposta de emenda, sendo válida a iniciativa quando advinda:

I – de um terço, no mínimo, dos membros da Câmara dos Deputados ou do Senado Federal;

II – do Presidente da República;

III – de mais da metade das Assembleias Legislativas das Unidades da Federação, manifestando-se, cada uma delas, pela maioria relativa de seus membros.

A proposta de emenda à Constituição (PEC) deverá ser discutida e votada em cada Casa do Congresso Nacional, em dois turnos, considerando-se aprovada se obtiver, em ambos, três quintos dos votos dos respectivos membros.

De acordo com o Regimento Interno da Câmara dos deputados, a tramitação da PEC envolve:

1 – Comissão de Constituição e Justiça e de Cidadania – CCJC

A proposta de emenda à Constituição será despachada pelo Presidente da Câmara à Comissão de Constituição e Justiça e de Cidadania, que se pronunciará sobre sua admissibilidade, no prazo de cinco sessões, devolvendo-a à Mesa com o respectivo parecer.

A CCJC tem a incumbência de analisar se a proposta fere alguma cláusula pétrea uma vez que a Constituição não admite sequer deliberação de proposta de emenda tendente a abolir:

I – a forma federativa de Estado;

II – o voto direto, secreto, universal e periódico;

III – a separação dos Poderes;

IV – os direitos e garantias individuais.

2 – Comissão especial

Admitida a proposta de emenda na CCJC, o presidente da Câmara designa uma comissão especial para o exame do mérito da proposição. Essa comissão tem o prazo de 40 sessões do Plenário, a partir de sua formação, para aprovar um parecer.

Para a votação do parecer na comissão especial, é necessária a presença de metade mais um dos integrantes (25). A aprovação se dá por maioria de votos (maioria simples).

Na comissão especial podem ser apresentadas emendas, com o mínimo de 171 assinaturas de deputados cada uma, no prazo de dez sessões do Plenário.

3 – Plenário da Câmara

Após a publicação do parecer da comissão especial e intervalo de duas sessões, a proposta é incluída na ordem do dia do Plenário, onde é submetida a dois turnos de discussão e votação.

Entre os dois turnos há um intervalo de cinco sessões do Plenário, que pode ser cancelado por decisão do Plenário.

Após a aprovação em primeiro turno, a proposta volta para a comissão especial, para que esta vote a consolidação do texto que será votado no segundo turno do Plenário.

Para ser aprovada, a proposta precisa ter, em ambos os turnos, 3/5 dos votos dos deputados (308), em votação nominal.

4 – Senado

Aprovada a proposta em dois turnos na Câmara, a PEC é enviada ao Senado, que exercerá o papel de Casa Revisora, onde é analisada pela Comissão de Constituição, Justiça e Cidadania, que terá prazo de até trinta dias, contado da data do despacho da Presidência, para emitir parecer.

No Senado, a proposta também precisa ser aprovada em dois turnos pelo Plenário. Para a aprovação, são necessários 3/5 dos votos (49) em cada turno.

O interstício entre o primeiro e o segundo turno será de, no mínimo, cinco dias úteis.

Quando a aprovação da proposta for ultimada no Senado, será o fato comunicado à Câmara dos Deputados e convocada sessão para promulgação da emenda.

5 – Promulgação

Se o Senado aprovar a proposta recebida da Câmara integralmente, o texto é promulgado em seguida pelo Congresso Nacional, tornando-se uma emenda à Constituição.

A emenda à Constituição será promulgada pelas Mesas da Câmara dos Deputados e do Senado Federal, não havendo sanção presidencial.

Se o Senado aprovar apenas uma parte, esta parte da PEC pode ser promulgada separadamente, enquanto a parte alterada deve retornar à Câmara dos Deputados (promulgação fatiada).

Se o Senado aprovar um texto diferente do da Câmara, o novo texto volta para a Câmara para deliberação, em dois turnos, pois para tornar-se uma emenda promulgada, o mesmo texto precisa ter sido aprovado pelas duas Casas.

Outra importante vedação constitucional está alocada no § 5º do art. 60, segundo o qual a matéria constante de proposta de emenda rejeitada ou havida por prejudicada não pode ser objeto de nova proposta na mesma sessão legislativa.

A reforma da Previdência

Na órbita constitucional, a previdência pública já havia sofrido ajustes constitucionais diante da edição da Emenda Constitucional n. 03/93, que atribuiu caráter contributivo ao RPPS, mas apenas após passados 10 (dez) anos da atual Constituição de 1988, houve a promulgação da Emenda Constitucional n. 20/98, consagrada como a **1ª Reforma da Previdência**.

Outros ajustes constitucionais de menor monta foram efetivados com o advento das EC n. 41/2003 (direcionada aos RPPS); 47/2005 (traz ajustes com maior ênfase no RPPS); 70/2012 (estabelece critérios para o cálculo da aposentadoria por invalidez nos RPPS); 72/2013 (amplia direitos dos empregados domésticos); 88/2015 (trata do limite de idade para a aposentadoria compulsória nos RPPS).

Depois de longos 18 anos desde a EC n. 20/98, aos 5 de dezembro de 2016 deu-se início ao primeiro capítulo da "novela" que deveria resultar na promulgação **da 2ª Reforma da Previdência**.

Na ocasião, o chefe do Poder Executivo encaminhou à Câmara dos Deputados a Proposta de Emenda à Constituição (PEC), que recebeu a numeração 287/2016, que objetivava alterar os arts. 37, 40, 109, 149, 167, 195, 201 e 203 da Constituição, para dispor sobre a seguridade social, estabelecer regras de transição.

A urgência na aprovação da PEC n. 287 era a palavra de ordem do Governo Federal. O mesmo discurso foi compartilhado pelo presidente à época da Câmara dos Deputados, Deputado Rodrigo Maia[1], que afirmou à imprensa que o mérito da reforma seria discutido a partir de fevereiro de 2017. A despeito disso, somente em 9 de maio de 2017 a Comissão Especial da Câmara, sob relatoria do Deputado Arthur Oliveira Maia, aprovou o texto substitutivo[2] da PEC n. 287/2016.

No entanto, apesar de esforços governamentais, o cenário político ficou extremamente conturbado após duas denúncias[3] apresentadas pelo à época Procurador--Geral da República, Rodrigo Janot, envolvendo o então Presidente da República, Michel Temer, em crimes de corrupção passiva, prática de crime de organização criminosa e de obstrução à Justiça, afastando da pauta do Plenário da Câmara a apreciação do texto da Reforma da Previdência durante todo o ano de 2017.

Logo no início do ano de 2018, foi assinado o Decreto n. 9.288, no qual o Presidente da República decretou intervenção federal no Estado do Rio de Janeiro até 31 de dezembro de 2018, com o objetivo de pôr termo ao grave comprometimento da ordem pública.

Conquanto o Decreto n. 9.288/2018 fixasse a limitação da intervenção à área de segurança pública, a Constituição não pode ser emendada na vigência de intervenção federal, nos moldes do art. 60, § 1º, da CF/88.

Dessa maneira, a PEC n. 287, que seria a 2ª Reforma da Previdência, não se concretizou, sequer foi votada no plenário da Câmara.

Eleito novo governo, aos 20 de fevereiro de 2019 o Presidente da República procedeu à entrega[4] no Congresso Nacional da nova Proposta de Emenda Constitucional, subscrita pelo Ministro da Economia. Registrada a entrega por meio da Mensagem n. 55/2019, instruída com a Exposição de Motivos n. 29/2019.

Na Câmara dos Deputados, a Comissão de Constituição e Justiça e de Cidadania (CCJC) aprovou em 23 de abril de 2019 o parecer do Relator Deputado

---

1   Disponível em: <https://www.camara.leg.br/radio/programas/505867-rodrigo-maia-confirma--votacao-da-reforma-da-previdencia-ate-marco?pagina=163>. Acesso em: 12 nov. 2019.

2   Disponível em: <https://www.camara.leg.br/noticias/513586-comissao-conclui-analise-da-reforma-da-previdencia-texto-vai-a-plenario/ >. Acesso em: 12 nov. 2019.

3   Disponível em: <https://g1.globo.com/politica/noticia/janot-denuncia-temer-joesley-e-mais-7--ao-stf-por-obstrucao-e-organizacao-criminosa.ghtml>. Acesso em: 12 nov. 2019.

4   Disponível em: <https://g1.globo.com/politica/noticia/2019/02/20/bolsonaro-chega-ao-congresso-para-entregar-proposta-de-reforma-da-previdencia.ghtml >. Acesso em: 12 nov. 2019.

Delegado Marcelo Freitas, com complementação de Voto[5], pela admissibilidade da PEC n. 6/2019, com ressalvas.

Na Câmara, a Comissão Especial teve por Relator o Deputado Samuel Moreira, que alterou muitos pontos da PEC n. 6 que, sendo levada ao Plenário da Câmara foi aprovada em primeiro turno[6] em 13 de julho de 2019 e em segundo turno em 07 de agosto de 2019[7].

Remetida ao Senado Federal, na qualidade de Casa Revisora, a PEC foi submetida à Comissão de Constituição, Justiça e Cidadania (CCJ), sob a Relatoria do Senador Tasso Jereissati, que em seu relatório[8] enfatizou que, para evitar retorno da PEC n. 6/2019 à Câmara, seriam feitas apenas emendas supressivas ou de mero ajuste redacional, para, com esse proceder, ser possível a promulgação da emenda da Reforma após a votação em dois turnos no Senado.

Ficou definido na CCJ que no caso das emendas de senadores em que se pretenda acrescentar ou modificar os dispositivos da PEC n. 6/2019, ou ainda suprimir dispositivos não autônomos, que mudem o sentido do texto, deve-se proceder ao desmembramento para tramitar em Proposta de Emenda à Constituição Paralela, inaugurada a tramitação no próprio Senado (PEC de autoria da Comissão de Constituição, Justiça e Cidadania), que foi nominada de PEC PARALELA de n. 133/2019[9].

O desmembramento de temas perante a Casa Revisora, sob a alcunha de "PEC Paralela" não é novidade. Esse mecanismo foi utilizado no ano de 2003, por ocasião da PEC 67/2003 da reforma da Previdência, que resultou na Emenda Constitucional n. 41, de 19 de dezembro de 2003; deu origem no Senado à PEC n. 77/2003, tornando a Câmara dos Deputados a Casa Revisora da referida PEC, que ao final oportunizou a promulgação da Emenda Constitucional 47, de 5 de julho de 2005.

No dia 1º de outubro de 2019, dia do idoso[10], houve a aprovação na CCJ do relatório sobre a reforma da Previdência, e na mesma data foi efetivado o

---

5   Disponível em: <https://www.camara.leg.br/proposicoesWeb/prop_mostrarintegra?codteor =1736338>.

6   Disponível em: <https://www.camara.leg.br/noticias/562282-camara-conclui-votacao-da-reforma-da-previdencia-em-1o-turno/>. Acesso em: 12 nov. 2019.

7   Disponível em: <https://www.camara.leg.br/noticias/567845-camara-conclui-2o-turno-da-reforma-da-previdencia-texto-vai-ao-senado/>. Acesso em: 12 nov. 2019.

8   Disponível em: <https://www12.senado.leg.br/noticias/arquivos/2019/09/04/ complementacao--de-voto>. Acesso em: 12 nov. 2019.

9   Disponível em: <https://www25.senado.leg.br/web/atividade/materias/-/materia/138555>. Acesso em: 12 nov. 2019.

10   Lei n. 11.433/2006

"Art. 1º Fica instituído o Dia Nacional do Idoso, a ser celebrado no dia 1º de outubro de cada ano. Parágrafo único. Os órgãos públicos responsáveis pela coordenação e implementação da Política Nacional do Idoso ficam incumbidos de promover a realização e divulgação de eventos que valorizem a pessoa do idoso na sociedade".

encaminhamento da PEC n. 6/2019 ao plenário do Senado, onde foi aprovada, por 56 votos a favor e 9 contrários, a PEC da Reforma da Previdência, em primeiro turno, nos termos do texto base do parecer CCJ, ressalvados os destaques que foram apreciados e votados em separado.

A votação em segundo turno ocorreu no dia 22 de outubro, tendo a Emenda Constitucional n. 103 sido promulgada pelas Mesas da Câmara e do Senado no dia 12 de novembro e publicada no *Diário Oficial da União* em 13 de novembro de 2019.

No RGPS, o principal impacto da reforma da Previdência é a extinção da aposentadoria puramente por tempo de contribuição, e o estabelecimento de uma idade mínima (65 anos para homens e 62 anos para mulheres) para obtenção de aposentadoria programável. O texto ainda fixa o valor da apuração da renda mensal da aposentadoria a partir da média de todos os salários; com esse texto afasta a legislação ordinária que admite a exclusão dos 20% menores salários de contribuição. O coeficiente de cálculo da aposentadoria e da pensão são modificados, passando a aposentadoria a corresponder ao patamar de 60% da média, com elevação de 2% a cada ano a mais do tempo de contribuição mínimo estabelecido (ora 15 anos, ora 20). O coeficiente da pensão por morte passou a consistir em percentil base de 50% (cota familiar) com acréscimo de 10% (cota individual) por dependente. Além da redução de direitos previdenciários, há elevação das alíquotas de contribuição.

Previdência dos militares

Não foi incluída na PEC n. 6/2019 a reforma da previdência dos militares, tendo o Poder Executivo encaminhado aos 10 de março de 2019 à Casa Legislativa, Projeto de Lei que recebeu o número 1.645/2019, dispondo sobre a reestruturação da carreira dos militares e aperfeiçoando a legislação aplicável aos militares das Forças Armadas.

Aos 2 de março de 2019, na comissão especial, o relator, Deputado Vinicius Carvalho, incluiu policiais militares e bombeiros militares estaduais no texto do Projeto de Lei n. 1.645/2019, alterando o Decreto-lei n. 667/69, que organiza as polícias militares e bombeiros no Brasil.

Após aprovada na Câmara e no Senado, a Reforma dos militares foi sancionada pela Presidência da República sem vetos, restou assim publicada a Lei n. 13.954, em 16 de dezembro de 2019, estabelecendo, dentre outros temas, as regras de Previdência para as Forças Armadas, policiais militares e bombeiros estaduais.

A constitucionalidade da Lei n. 13.954, editada pelo União para regrar policiais militares e bombeiros estaduais, decorre do fato de a EC n. 103/2019 ter incluído no inciso XXI do art. 22 da CF/88 a competência privativa da União para legislar sobre normas gerais de organização, efetivos, material bélico, garantias, convocação, mobilização, inatividades e pensões das polícias militares e dos corpos de bombeiros militares. A novel normatização deslocou para o ente federal a competência legislativa que era até então atribuída aos Estados.

Dentre as modificações trazidas pela Lei n. 13.954, podem ser citadas:

a) alterado de 30 para 35 anos o tempo mínimo de serviço para que o militar passe para a inatividade, mas não houve atrelamento à idade mínima para ingresso do militar na reserva remunerada;

b) regra de transição. Os militares que estão na ativa deverão satisfazer pedágio de 17% em relação ao tempo que faltar para atingir o tempo mínimo de serviço de 30 anos (17% é justamente a diferença entre 30 e 35 anos);

c) a Lei n. 13.954 traz nova alíquota de contribuição de ativos e inativos, e para pensões militares. A alíquota atual de 7,5% passará para 9,5% em 2020, e para 10,5% em 2021. A alíquota contributiva das filhas não inválidas pensionistas vitalícias será acrescida de 3% (três por cento), de modo que chegará a 13,5% a partir de 2021;

d) aposentadoria compulsória. A transferência de ofício para a reserva remunerada ocorrerá sempre que o militar atingir as idades-limites entre 55 e 70 anos, conforme a patente definida no art. 98 da Lei n. 6.880/80 (Estatuto dos Militares), com a nova redação dada pela Lei n. 13.954.

PEC Paralela. PEC n. 133/2019

Ficou definido no Senado Federal que nos casos das emendas de senadores em que se pretenda acrescentar ou modificar os dispositivos da PEC n. 6/2019, ou ainda suprimir dispositivos não autônomos, que mudem o sentido do texto, deve-se proceder ao desmembramento para tramitar em Proposta de Emenda à Constituição Paralela[11], inaugurada a tramitação no próprio Senado (PEC de autoria da Comissão de Constituição, Justiça e Cidadania), que foi nominada de PEC PARALELA de n. 133/2019[12], contendo os seguintes temas:

- permissão para que os Estados, o Distrito Federal e os Municípios adotem integralmente as regras do regime próprio de previdência dos servidores da União, mediante aprovação de lei ordinária de iniciativa do respectivo Poder Executivo;
- cobrança gradual de contribuições previdenciárias das entidades educacionais ou de saúde com capacidade financeira enquadradas como filantrópicas, sem afetar as Santas Casas e as entidades de assistência;

---

11 O desmembramento de temas perante a Casa Revisora, sob a alcunha de "PEC Paralela" não é novidade. Esse mecanismo foi utilizado no ano de 2003, quando a PEC n. 67/2003 da reforma da Previdência, que resultou na Emenda Constitucional n. 41, de 19 de dezembro de 2003, deu origem no Senado à PEC n. 77/2003, tornando a Câmara dos Deputados a sua Casa Revisora, oportunizando ao final a promulgação da Emenda Constitucional n. 47, de 5 de julho de 2005.

12 Disponível em: <https://www25.senado.leg.br/web/atividade/materias/-/materia/138555>. Acesso em: 12 nov. 2019.

- cobrança gradual de contribuições previdenciárias do agronegócio exportador;
- cobrança gradual do Simples destinada a incentivar as micro e pequenas empresas a investirem em prevenção de acidentes de trabalho e proteção do trabalhador contra exposição a agentes nocivos à sua saúde;
- inclusão na Seguridade Social do benefício destinado à criança vivendo em situação de pobreza;
- cota dobrada, de 20%, na pensão por morte, para os dependentes de até 18 anos de idade;
- possibilidade de acúmulo de pensões quando existir dependente com deficiência intelectual, mental ou grave;
- garantia de 1 salário mínimo de renda formal para todos os pensionistas;
- regra de transição para servidores com deficiência;
- manutenção do tempo mínimo de contribuição em 15 anos para homens que ainda não entraram no mercado de trabalho;
- aposentadoria por incapacidade de 100% em caso de incapacidade que gere deficiência ou em caso de incapacidade decorrente de doença neurodegenerativa;
- cálculo mais vantajoso na aposentadoria por incapacidade em caso de acidente;
- reabertura do prazo para opção pelo regime de previdência complementar dos servidores federais;
- incidente de prevenção de litigiosidade.

O Plenário do Senado Federal concluiu, no dia 19 de novembro de 2019, a votação da PEC Paralela da Previdência em dois turnos, tendo sido acolhido destaque que restabelece o cálculo do benefício pela média dos 80% maiores salários para as aposentadorias a serem concedidas até 2021, que subiria para 90% em 2022 e para 100% a partir de 2025. Ato contínuo, a PEC n. 133/2019 foi endereçada à Casa Revisora, Câmara dos Deputados, para votação.

A essência da PEC Paralela é facilitar para Estados, Distrito Federal e Municípios a adoção em seus regimes próprios de previdência social das mesmas regras aplicáveis ao regime próprio da União já definidas na EC n. 103/2019.

A EC n. 103/2019, por coerência lógica, deveria abranger todos os regimes de previdência públicos, mas diante do "desgaste político" decorrente de norma constitucional redutora de direitos previdenciários, o caminho adotado na Câmara dos Deputados no trato da PEC n. 6/2019 foi o de sacramentar alterações centradas no Regime Próprio Federal, atribuindo aos Estados, DF e Municípios o livre-arbítrio de, por meio de lei local, promover alterações em seu respectivo regime previdenciário.

Nessa toada foi editada a Portaria n. 1.348 do Ministério da Economia, em 3 de dezembro de 2019, estabelecendo prazo para Estados, DF e Municípios comprovarem a adequação de seus Regimes Próprios em atendimento às disposições do art. 9º da EC n. 103/2019.

Ocorre que 11 Estados, já no início de 2020, aprovaram mudanças na legislação local, a saber, Região Nordeste: Alagoas, Ceará, Maranhão, Pernambuco e Piauí. Norte: Acre e Amazonas fizeram as adequações necessárias. Os outros quatro que resolveram a pendência foram Rio Grande do Sul, Espírito Santo, Mato Grosso do Sul e Paraná[13].

Nesse ritmo de edição de lei estadual aderindo aos ditames da EC n. 103/2019, provavelmente a PEC Paralela perderá seu objetivo maior, que era o de criar mecanismos facilitadores dessa adesão ao regramento previdenciário federal.

Da proposta à promulgação da Emenda Constitucional n. 103/2019

Sob a alcunha de Emenda da Reforma da Previdência, a Emenda Constitucional n. 103, foi promulgada em 12 de novembro de 2019, com vigência imediata a contar da data da publicação, ocorrida no dia imediatamente posterior (13-11-2019), para a quase totalidade de seus dispositivos, à exceção tão só das disposições de viés tributário, com elevação de alíquota contributiva, cuja vigência se dará após a satisfação da regra da nonagésima, em outras palavras, a partir de 1º de março de 2020.

A EC n. 103 é constituída de 36 artigos, sendo que:

- o art. 1º dá nova redação a diversos artigos do corpo permanente da Constituição Federal (arts. 22; 37; 38; 39; 40; 93; 103-B; 109; 130-A; 149; 167; 194; 195; 201; 202 e 239);
- ao passo que o art. 2º dá nova redação unicamente ao § 4º do art. 76 do ADCT;
- no art. 3º está alocada a garantia constitucional ao direito adquirido;
- do art. 4º ao 34 são contempladas regras de transição, sendo, na quase totalidade, normas de eficácia contida, de aplicabilidade imediata, portanto restringíveis por legislação infraconstitucional superveniente;
- o art. 35 revoga expressamente dispositivos constitucionais e artigos das emendas anteriores (EC n. 20; EC n. 41 e EC n. 47).
- por fim, o 36º dispositivo acentua a vigência da Reforma da Previdência.

Em suma, altera o sistema de previdência social e estabelece regras de transição e disposições transitórias.

É fato notório encontrar-se a Previdência há tempos no epicentro do noticiário jornalístico, diante de tantas normas constitucionais e infraconstitucionais editadas com forte viés supressor de direitos sociais.

---

13 Disponível em: <https://www.correiobraziliense.com.br/app/noticia/politica/2020/01/02/interna_politica,817749/maioria-dos-estados-que-fizeram-reforma-da-previdencia-e-do-nordeste.shtml>. Acesso em: 16 jan. 2020.

A tendência é de a Previdência continuar a ocupar espaço de destaque nas primeiras páginas dos jornais de grande circulação, porque a despeito de aprovada a Proposta de Emenda Constitucional n. 6, em dois turnos de votação em cada Casa do Congresso Nacional, com a consequente promulgação da Emenda Constitucional n. 103/2019, resta ainda a deliberação da PEC n. 133/2019, nominada "PEC Paralela", cujo processo legislativo deu início no Senado Federal, na qual constam "ajustes" à EC n. 103/2019.

O desejo governamental de reforma é pautado pelo número elevado e crescente de benefícios previdenciários pagos mensalmente, cerca de 35 milhões, aliado ao veloz **processo de envelhecimento** da população, revelando elevação da expectativa de sobrevida que propicia o recebimento de prestações previdenciárias por prazo que **exaspera a vida contributiva, impactando a correlação custeio-benefício**, para ilustrar essa realidade sentida pela Previdência note-se que aos 65 anos de idade, a expectativa de sobrevida das brasileiras é de 85 anos. A dos homens, de 82 anos.

O IBGE demonstra[14] que em 1940, uma criança esperaria viver em média 45,5 anos. Se do sexo masculino, 42,9 anos e do sexo feminino, 48,3 anos. Para o ano de 2017, a expectativa de vida ao nascer, que foi de 76,0 anos, significou um aumento de 30,5 anos para ambos os sexos, frente ao indicador observado em 1940. Para os homens esse aumento foi de 29,6 anos e para as mulheres 31,3 anos. Do quadro comparativo[15] é possível a constatação da expectativa de sobrevida entre o Brasil de 1940 e o de 2017:

Expectativa de vida aos 65 anos – 1940/2017

Ano	Expectativa de vida aos 65 anos			Diferencial (anos) (M-H)
	Total	Homem	Mulher	
1940	10,6	9,3	11,5	2,2
1950	10,8	9,6	11,8	2,2
1960	11,4	10,1	12,5	2,4
1970	12,1	10,7	13,4	2,6
1980	13,1	12,2	14,1	1,9
1991	15,4	14,3	16,4	2,0
2000	15,8	14,2	17,2	2,9
2010	17,6	16,0	19,0	3,0
2017	18,7	16,9	20,1	3,2
Δ (1940/2017)	8,1	7,6	8,6	

Fonte: IBGE – Tábua completa de mortalidade para o Brasil – 2017: Breve análise da evolução da mortalidade no Brasil

---

14 Disponível em: <https://www.ibge.gov.br/estatisticas/sociais/populacao/9126-tabuas-completas-de-mortalidade.html?=&t=resultados>. Acesso em: 12 nov. 2019.

15 Disponível em: <https://www.ibge.gov.br/estatisticas/sociais/populacao/9126-tabuas-completas-de-mortalidade.html?=&t=resultados>. Acesso em: 12 nov. 2019.

A PROPOSTA DE EMENDA À CONSTITUIÇÃO

Ademais, o número de pessoas **na faixa dos 90 anos ou mais de idade**[16] **percebendo benefícios previdenciários sofre constante elevação.** Em dezembro de 2014 contava com 619.041 beneficiários do INSS (equivalente a 2,08% do total daqueles que recebem benefícios), em dezembro de 2015 a quantidade de beneficiários **nonagenários** passou para 659.722 e 2,16% do total de beneficiários.

O Anuário Estatístico da Previdência Social (AEPS) 2017[17] revela que com relação aos novos benefícios, segundo dados do anuário, houve aumento na quantidade de aposentadorias concedidas em 2017. Passaram de 1.273.194, em 2016, para 1.400.489, em 2017. O AEPS em 2017 mostra crescimento de beneficiários em todas as faixas etárias, bem como revela o crescimento absoluto do número de idosos que cada vez mais alcançam idades mais avançadas:

Capítulo 26 – Beneficiários
26.2. Quantidade beneficiários ativos, por sexo, segundo os grupos de idade –
Posição em dezembro – 2015/2017

GRUPOS DE IDADE	Anos	BENEFICIÁRIOS ATIVOS (1)		
		Quantidade		
		Total	Sexo	
			Masculino	Feminino
60 a 64 anos	2015	4.683.232	2.028.386	2.653.362
	2016	4.919.073	2.101.914	2.815.885
	2017	5.083.600	2.141.225	2.941.321
65 a 69 anos	2015	5.178.387	2.478.520	2.697.893
	2016	5.424.929	2.596.291	2.826.9995
	2017	5.685.020	2.717.081	2.966.505
70 a 74 anos	2015	4.028.925	1.847.940	2.178.104
	2016	4.249.439	1.947.614	2.299.446
	2017	4.427.907	2.029.932	2.396.071
75 a 79 anos	2015	3.118.922	1.319.366	1.795.457
	2016	3.140.419	1.338.342	1.798.738
	2017	3.285.581	1.408.117	1.874.696
80 a 84 anos	2015	2.001.776	777.882	1.220.485
	2016	2.113.902	818.311	1.292.466
	2017	2.161.113	837.898	1.320.597
85 a 89 anos	2015	1.156.175	413.980	738.259
	2016	1.186.296	424.751	759.019
	2017	1.247.248	447.221	797.908
90 anos e mais	2015	659.772	209.280	430.373
	2016	677.738	215.729	445.985
	2017	706.791	226.202	468.318

Fonte: Anuário Estatístico da Previdência Social/2017

---

16 Disponível em: <http://www.previdencia.gov.br/2016/12/dados-anuario-estatistico-da-previdencia-social-2015-ja-esta-disponivel-para-consulta/>. Acesso em: 12 nov. 2019

17 Disponível em: <http://www.previdencia.gov.br/2018/11/secretaria-lanca-anuario-estatistico--da-previdencia-social-2017/>. Acesso em: 12 nov. 2019.

Esse cenário traz o desejo governamental de modificar o modelo de previdência, para gradualmente torná-la mais sustentável e justa, e para tanto foi apresentada pelo Presidente da República a Proposta de Emenda à Constituição n. 6/2019, com desiderato de modificação do sistema de previdência social e o estabelecimento de regras de transição e disposições transitórias, ao lado de diversas outras providências.

A Proposta original (PEC n. 6/2019) colimava as seguintes medidas de austeridade:

a) alterar os arts. 22, 37, 38, 39, 40, 42, 109, 149, 167, 194, 195, 201, 203, 239 e 251 da Constituição Federal, e incluir os arts. 201-A e 251;

b) trazer novos artigos ao Ato das Disposições Constitucionais Transitórias;

c) criar diversas regras de transição relacionadas aos regimes próprios de previdência, com normas específicas para as aposentadorias dos servidores que ingressaram no serviço público até a data de promulgação da emenda, tratando dos servidores em geral e dos professores, dos policiais, dos agentes penitenciários ou socioeducativos, dos servidores cujas atividades sejam exercidas em condições especiais prejudiciais à saúde e dos servidores com deficiência;

d) novas normas relativas a pensão por morte dos servidores públicos que tenham ingressado antes do regime de previdência complementar, ao direito adquirido, ao abono de permanência e ao regime de previdência dos titulares de mandatos eletivos;

e) instituir disposições transitórias relacionadas aos regimes próprios de previdência social, as quais consistem em regras aplicáveis aos servidores que ingressarem no serviço público após a promulgação da emenda, enquanto não fosse editada a lei complementar a que se referia o art. 40, § 1º, da proposição;

f) instituição de contribuição extraordinária dos servidores públicos ativos, dos aposentados e pensionistas e para ampliação da base de cálculo de contribuição dos aposentados e dos pensionistas;

g) estabelecer alíquotas de contribuição progressivas para os servidores públicos da União, aplicáveis também aos servidores dos Estados, do Distrito Federal e dos Municípios enquanto esses entes não estabelecerem suas próprias disposições, no prazo de cento e oitenta dias;

h) fixar prazo para adequação dos regimes próprios de previdência social dos servidores públicos;

i) dispor sobre inatividade e pensão por morte dos policiais militares e bombeiros militares;

j) conter regras de transição relacionadas ao Regime Geral de Previdência Social, trazendo normas para aposentadoria do segurado filiado até a data de promulgação da Emenda, tratando dos seguintes temas: aposentadoria por tempo de contribuição dos trabalhadores em geral e dos professores, aposentadoria dos trabalhadores cujas atividades sejam exercidas em condições especiais prejudiciais à saúde, além de regras sobre aposentadoria por idade e direito adquirido;

k) introduzir disposições transitórias relacionadas ao Regime Geral de Previdência Social, as quais consistem em regras aplicáveis aos segurados que se filiarem após a promulgação da emenda, enquanto não fosse editada a lei complementar que passaria a ser referida no art. 201, § 1º, sobre aposentadoria por idade e por tempo de contribuição; aposentadoria dos trabalhadores cujas atividades sejam exercidas em condições especiais prejudiciais à saúde; aposentadoria por incapacidade permanente; aposentadoria das pessoas com deficiência;

l) dar novo regramento no Regime Geral à pensão por morte; cálculo da média aritmética simples; acumulação de benefícios; vedação de contagem de tempo de contribuição fictício; salário-família; auxílio-reclusão; alteração das alíquotas de contribuição devidas pelos segurados do Regime Geral de Previdência Social;

m) dispor sobre contribuição do segurado especial rural; contribuição mínima mensal do segurado;

n) tratar da recepção da Lei n. 8.212, de 24 de julho de 1991, e da Lei n. 8.213, de 24 de julho de 1991, como leis complementares;

o) dar tratamento favorecido aos contribuintes;

p) promover a exclusão das contribuições destinadas à seguridade social da desvinculação de receitas da União;

q) incluir disposições transitórias relacionadas à assistência social e a outras matérias, dispondo sobre transferência de renda à pessoa com deficiência e à pessoa idosa, ambas em condição de miserabilidade, com definição provisória dessa condição;

r) ampliar a competência da Justiça Federal em causas previdenciárias e acidentárias;

s) e ainda, incluir dentre as disposições finais regras sobre a exigibilidade das contribuições cujas alíquotas e bases de cálculo sejam alteradas com fundamento no disposto na proposição tratada nos dispositivos constitucionais que ficariam revogados.

A PEC n. 6/2019 buscava evitar custos excessivos para as futuras gerações e também pretendia a construção de um modelo de fortalecimento de poupança, propondo a introdução do regime de capitalização, em caráter obrigatório, tanto no RGPS quanto nos regimes próprios.

A exposição de motivos afirma a necessidade de alteração das regras de previdência em razão de o elevado patamar de despesas previdenciárias pressionar a carga tributária e o endividamento público, resultando na tendência de diminuir o investimento e limitar a concretização de outras políticas públicas.

Aduz o Poder Executivo, ainda, que o crescimento das despesas previdenciárias se dá de maneira mais acelerada do que o da receita, acarretando o aumento dos *déficits* ou redução de *superávit*, no caso dos RPPS dos Municípios. Realça que no âmbito dos RPPS a fonte do desequilíbrio atuarial seria oriunda, em larga medida, da existência de regras que garantem benefícios de valores médios bastante elevados e de regras de aposentadorias especiais que possibilitam concessões antecipadas de benefícios, principalmente no caso dos regimes próprios dos Estados.

Na exposição de motivos anota-se que a instituição de uma idade mínima para aposentadoria no RGPS se constituiria medida de justiça distributiva, a contribuir para que os trabalhadores com melhor situação financeira se aposentem na mesma idade dos mais pobres.

Afirmou-se ser desejável uma maior convergência entre o RGPS e os RPPS ("regras de aproximação de regimes") com viés de assegurar dimensão distributiva.

Na Câmara dos Deputados a Comissão de Constituição e Justiça e de Cidadania (CCJC), em sessão realizada no dia 09 de abril de 2019, o Relator fez a leitura de seu relatório concluindo no sentido da admissibilidade da proposição da PEC n. 6 em todo o seu escopo.

Em 23 de abril de 2019, a CCJC aprovou o parecer com complementação de Voto[18], no qual manteve a admissibilidade da PEC n. 6/2019, porém firmando a inadmissibilidade, exclusiva e tão somente, quanto aos seguintes dispositivos:

a) art. 1º, na parte em que modifica o § 2º do art. 109 da Constituição, concernente à **extinção do foro do Distrito Federal para a propositura de ações contra a União**;

b) art. 2º, na parte em que acrescenta o § 4º ao art. 10 do Ato das Disposições Constitucionais Transitórias, para dispor sobre o **fim do pagamento da indenização compensatória e do depósito do Fundo de Garantia do Tempo de Serviço (FGTS)**, a partir da concessão da aposentadoria;

c) a expressão "**de iniciativa do Poder Executivo federal**", constante no art. 1º da PEC, na parte em que altera os arts. 40, § 1º; 201, §§ 1º e 10; e 201-A, todos da Constituição Federal; bem como no art. 3º, § 3º e no art. 5º, § 1º, do Capítulo III da PEC; e no art. 18, § 5º, do Capítulo V da PEC;

---

18 Disponível em: <https://www.camara.leg.br/proposicoesWeb/prop_mostrarintegra?codteor =1736338>. Acesso em: 12 nov. 2019.

e a expressão "**de iniciativa do Poder Executivo**" constante no art. 1º da PEC, na parte em que altera o art. 42, § 2º, da Constituição Federal;

d) art. 1º, na parte em que altera o art. 40, § 2º, III, para retirar do texto constitucional **a definição da idade para a aposentadoria compulsória** do servidor público, transferindo a disciplina da matéria para lei complementar.

Assim, deu-se sequência na Câmara à tramitação da PEC n. 6/2019, com as ressalvas de texto firmadas pela CCJC, encaminhando-se à Comissão Especial, na qual o Relator enfatizou[19]:

A Reforma da Previdência é uma necessidade fiscal, não resta dúvida. Mas não é apenas uma necessidade fiscal. É também uma questão de justiça social. Abrir mão da oportunidade que temos hoje de reformar o sistema é, portanto, sabotar o futuro e manter um sistema injusto.

[...]

A Previdência, entre nós, nunca foi muito bem compreendida na sua verdadeira natureza de seguro social. Ela é um mecanismo de solidariedade entre cidadãos e entre gerações, instituído pelo Estado para proteger as pessoas contra as consequências do envelhecimento e a consequente perda da capacidade laboral, a incapacitação precoce em razão de acidentes ou enfermidades e, enfim, a morte, por meio de pensões para os dependentes. Por conceito e por princípio, a Previdência destina-se a garantir a reposição de renda de trabalho para quem contribuiu e não tem mais capacidade de trabalho. Como tal, é um elemento definidor do Estado de bem-estar social.

No Brasil assistimos a uma inegável distorção deste conceito: não são poucos os que se aposentam com menos de 50 anos, muitas vezes no auge da capacidade intelectual e em plena capacidade física. A aposentadoria por tempo de contribuição é o benefício mais caro do nosso sistema, não alcança a maioria dos brasileiros e é usufruído pela camada mais rica da população.

Trata-se de modalidade de aposentadoria sem paralelo no mundo e sem lógica previdenciária. Os segurados do Regime Geral de Previdência Social que se aposentaram por tempo de contribuição em 2018 tinham, em média, 56 anos, se homem, e 53 anos, se mulher.

Outro ponto importante é o fato de que os trabalhadores menos qualificados e mais pobres, que sofrem com as oscilações do mercado de trabalho e com a modernização tecnológica, não atingem o patamar de contribuições dos

---

19 Disponível em: <https://www.camara.leg.br/proposicoesWeb/prop_mostrarintegra ?codteor= 1764444&filename=Tramitacao-SBT+2+PEC00619+%3D%3E+PEC+6/2019>. Acesso em: 12 nov. 2019.

mais favorecidos e acabam por se aposentar por idade. Assim, a aposentadoria por tempo de contribuição ficou reservada aos trabalhadores mais escolarizados, mais ricos e protegidos. É o retrato das desigualdades brasileiras. Não é mais possível que tenhamos brasileiros de 1ª, 2ª e mesmo 3ª categorias.

Como todos sabemos, o Brasil está passando por uma rápida transição demográfica e por grandes transformações no mercado de trabalho. Nos últimos 20 anos, o número de aposentados e pensionistas dobrou. E este crescimento só vai se acelerar. Afinal, felizmente os brasileiros estão vivendo cada vez mais.

Ao longo dos últimos 30 anos tivemos inúmeros êxitos. Construímos uma das maiores redes de proteção previdenciária do mundo, conquista que poucos países emergentes foram capazes de obter. A Previdência alcança todos os municípios do território nacional e protege os trabalhadores brasileiros e suas famílias de diversos riscos. A maior conquista da seguridade social provém do fato de que reduziu sensivelmente a pobreza entre idosos.

Talvez inebriados pelos êxitos, não nos preparamos para os desafios. O veloz processo de envelhecimento da população exige a revisão das regras previdenciárias aprovadas no passado, ajustando-as aos novos tempos. A previdência já consome mais da metade do orçamento da União, sobrando pouco espaço para educação, saúde, e infraestrutura, o que provoca uma expansão insustentável da dívida e de seus juros. Apenas no âmbito federal, o gasto com Previdência aumenta todo ano em R$ 50 bilhões. Nada consome tantos recursos.

Para agravar o cenário, temos menos contribuintes ingressando no sistema, o que provoca enorme impacto para um sistema de previdência como o nosso, que adota como premissa o modelo de repartição simples e de solidariedade. A premissa é de que as pessoas estão tendo menos filhos e, portanto, a população idosa representará uma parcela cada vez maior da população brasileira. Enquanto no ano 2000 havia 11 brasileiros em idade ativa para cada idoso. Hoje esta relação é de 7 para 1. Em outros termos, teremos no futuro cerca de dois potenciais contribuintes para sustentar um inativo.

[...]

O aumento da expectativa de vida e a deterioração da relação entre o número de contribuintes e de beneficiários de aposentadorias e pensões, agravado por dificuldades econômicas, levou a Previdência Social brasileira, em 2018, a apresentar um resultado financeiro negativo de R$ 290 bilhões, apenas no âmbito da União.

A Previdência tornou-se o principal fator de desajuste das contas públicas do país. Por isso, reformá-la é um passo fundamental para fazer o Estado brasileiro voltar a caber em si. Antigamente falávamos no dragão da inflação. Hoje o gasto público também é um dragão descontrolado, ameaçando o nosso futuro.

O excesso de gastos impede que o dinheiro público seja direcionado de maneira efetiva para os investimentos necessários ao bem-estar da população.

Precisamos ser francos: o país se encontra em estado falimentar. Há poucos dias o Congresso liberou um crédito extra de R$ 248,9 bilhões para o Governo Federal. Do contrário, benefícios como o BPC e aposentadorias não poderiam ser pagos. Isso só reforça o que temos dito: não há direito garantido sem orçamento para custeá-lo.

Na Comissão Especial foram alterados muitos pontos da PEC n. 6, apresentando SUBSTITUTIVO[20] que, após complementação, trouxe derrotas ao Governo, em especial à exclusão do regime de capitalização e a ausência de efeitos imediatos da PEC sobre Estados, Distrito Federal e Municípios, deixando clara a preservação integral da legislação em vigor no âmbito de cada ente subnacional enquanto não houver atividade das Assembleias Legislativas e Câmaras de Vereadores no sentido de alterar as regras do respectivo regime próprio de previdência social.

O substitutivo aprovado ainda alterou a redação original da PEC n. 6/2019 nos seguintes pontos:

a) suprimiu o art. 12 da versão original do substitutivo, que estendia aos servidores das demais unidades federativas alíquota de contribuição previdenciária provisoriamente instituída para os servidores federais. Entendeu o Relator que a norma é incompatível com a autonomia conferida pelo substitutivo àqueles entes;

b) não acolheu as alterações previstas na PEC n. 6/2019 feitas no art. 109 da Constituição Federal, que tratam de competência da Justiça Federal;

c) alterou a redação do inciso V do art. 201 da Constituição Federal para deixar claro que a pensão será correspondente a um salário mínimo quando se tratar da única fonte de renda do conjunto de beneficiários;

d) a nova versão do substitutivo constitucionaliza, por meio de acréscimo de parágrafo único ao art. 203 da CF, o critério de um quarto de salário mínimo de renda familiar *per capita* (já previsto na legislação vigente, Lei n. 8.742/93) para acesso ao benefício, estabelecendo ressalva no sentido de que poderão ser adotados critérios de vulnerabilidade social, nos termos da lei;

e) no que diz respeito aos recursos do PIS/PASEP, foi recuperado o texto original da PEC n. 6/2019 para prever a transferência de 28% de sua arrecadação ao BNDES;

---

20 Disponível em: <https://www.camara.leg.br/proposicoesWeb/prop_mostrarintegra? codteor=1764444&filename=Tramitacao-SBT+2+PEC00619+%3D%3E+PEC+6/2019>. Acesso em: 12 nov. 2019.

f) o abono de permanência concedido a servidores públicos que já constituí-ram direito à aposentadoria permanece garantido na nova versão do subs-titutivo, que apenas deixou claro que lei pode vir a disciplinar a matéria, nos termos de alteração feita no § 3º do art. 3º. A preservação da parcela não pode ser entendida como uma garantia absoluta, haja vista a inexistên-cia de direito adquirido a regime jurídico;

g) na regra de transição destinada a servidores públicos contida no texto da PEC e aproveitada no art. 4º do substitutivo, foi modificada, no inciso I do § 6º do referido artigo, a idade exigida de professoras para obtenção de proventos de aposentadoria correspondentes à remuneração do cargo ocu-pado pela servidora. A alteração acomoda a exigência à idade final de 57 anos, ao invés de 60;

h) foi reformulada a apresentação de regras de cálculo de benefícios previden-ciário no âmbito das disposições relativas ao tema. Ao invés de se promover inúmeras remissões ao art. 27 do substitutivo em que se trata do assunto, entendeu o Relator mais adequada a remessa do tema à legislação ordiná-ria, servindo o referido dispositivo como regra transitória;

i) unificou no art. 21 as regras de transição de regime próprio de previdência social e do Regime Geral de Previdência Social que haviam sido introdu-zidas na versão anterior do substitutivo;

j) na definição da média aritmética utilizada como base de cálculo para apu-ração de aposentadorias, aperfeiçoou a regra que permite aos beneficiários expurgar contribuições prejudiciais ao cálculo do benefício. Na versão inserida no § 7º do art. 27 (que na aprovação restou no § 6º do art. 26), o substitutivo delimita com exatidão de que forma aquele resultado pode ser alcançado;

k) por fim, o art. 35 do novo substitutivo (que na aprovação da Câmara resultou no art. 34) prevê regras que deverão ser observadas pelo ente federativo ao promover a extinção de regimes previdenciários e consequente migração dos segurados para o Regime Geral de Previdência Social. Utilizou-se como fundamento o art. 5º da Orientação Normativa n. 2/2009, e esclareceu-se que não é permitido que o Regime Geral de Previdência Social absorva *déficit* do regime em extinção e, por outro lado, que não configura óbice para a referida extinção o fato de o regime apresentar superávit atuarial.

Levada ao Plenário da Câmara, a PEC n. 6 foi aprovada em primeiro turno[21] em 13 de julho de 2019 e em segundo turno em 07 de agosto de 2019[22].

---

21 Disponível em: <https://www.camara.leg.br/noticias/562282-camara-conclui-votacao-da-refor-ma-da-previdencia-em-1o-turno/>.
22 Disponível em: <https://www.camara.leg.br/noticias/567845-camara-conclui-2o-turno-da-re-forma-da-previdencia-texto-vai-ao-senado/>.

Remetida ao Senado federal, na qualidade de Casa Revisora, a PEC foi submetida à Comissão de Constituição, Justiça e Cidadania (CCJ), cujo Relator em seu relatório[23] enfatizou que, para evitar retorno da PEC n. 6/2019 à Câmara, seriam feitas **apenas emendas supressivas ou de mero ajuste redacional,** para, com esse proceder, ser possível a promulgação da emenda da Reforma após a votação em dois turnos no Senado.

O STF, ao enfrentar a questão da constitucionalidade de emendas supressivas e de ajustes redacionais perante a Casa Revisora sem retorno à casa de origem, consagrou, no julgamento da ADIn 3.367, que tratava da Emenda Constitucional n. 45/2004 (reforma do Judiciário), não existir ofensa ao devido processo legislativo na supressão de dispositivo pelo Senado Federal, sem a reapreciação pela Câmara.

Na mesma linha de raciocínio, foi no julgamento pelo STF da ADIn 2.666-6, referente à Emenda Constitucional n. 37/2002, relativa à CPMF, que assim esclareceu a relatora Ministra Ellen Gracie: "Esta Corte já firmou o entendimento de que, quando a modificação do texto por uma das Casas Legislativas não importa em mudança substancial do seu sentido, a Proposta de Emenda Constitucional não precisa retornar à Casa Iniciadora".

Na PEC n. 6/2019 foram efetivadas[24] supressões e emendas de ajuste redacional, dentre as quais merecem pontuação:

a) supressão da possibilidade de o benefício de pensão por morte do RGPS ser inferior a 1 salário mínimo;

b) proteção aos informais – ajuste redacional. A reforma da Previdência é momento de olhar para o futuro. Para além do desequilíbrio atuarial, vivemos também o desafio do novo mundo do trabalho, com relações laborais que se desenvolvem em formatos ainda pendentes de regulamentação e não plenamente compreendidas. Assim, à já crônica informalidade do mercado de trabalho brasileiro somam-se novos trabalhadores que não possuem vínculos formais de trabalho, embora precisem de proteção. É o caso, por exemplo, dos milhares de jovens que fazem entregas mediante aplicativos de celular. Eles precisam ter direitos previdenciários, inclusive quanto aos benefícios não programados, de risco. A emenda de ajuste redacional ao § 12 do art. 201 da CF especifica que os informais, subgrupo dos trabalhadores de baixa renda, também terão direito, na forma da lei, ao sistema especial de inclusão previdenciária, que hoje atende, por exemplo, aos

---

23 Disponível em: <https://www12.senado.leg.br/noticias/arquivos/2019/09/04/complementacao--de-voto>.

24 Disponível em: <https://legis.senado.leg.br/sdleg-getter/documento?dm=8003672&ts=1570025942346&disposition=inline>.

microempreendedores individuais (MEI). Considerada pelo Relator como mero ajuste redacional, a mudança será absorvida já na PEC n. 6;

c) supressão das restrições ao Regime do Anistiado Político. Afirmou o relator da CCJ que nesta Reforma "discutimos o futuro, não o passado", e por vislumbrar nas medidas trazidas pelo Governo "o signo da retaliação", foram suprimidas as alterações feitas pelo art. 2º da PEC ao art. 8º do ADCT;

d) especificação de que os segurados anteriores do Plano de Seguridade Social dos Congressistas também devem participar da Reforma da Previdência;

e) supressão da elevação da regra de pontos da norma de transição para a concessão de aposentadoria especial, mantendo a pontuação fixa de 66, 76 e de 86 (art. 21 da EC n. 103/2019);

f) exclusão, da PEC n. 6/2019, da pretensão de constitucionalizar no inciso V do art. 201 o critério previsto no art. 20 da Lei n. 8.742/93, referente à miserabilidade para fins de obtenção do benefício constitucional da assistência social (devido a idosos e a deficientes);

g) alteração da expressão "no âmbito da União," do § 1º-B do art. 149 da Constituição Federal, introduzida pelo art. 1º da PEC n. 6/2019, assegurando a autonomia de Estados, DF e Municípios prevista em outros dispositivos da PEC quanto à instituição de contribuição extraordinária em caso de déficit atuarial;

h) revogação do § 18 do art. 40 da Constituição Federal, constante da alínea *a* do inciso I do art. 35 da PEC n. 6/2019 ("Art. 35. Ficam revogados: I – os seguintes dispositivos da Constituição Federal: a) os §§ 18 e 21 do art. 40), supressão de caráter mais burocrático que prestigia a boa técnica legislativa, destinada a garantir segurança jurídica para o financiamento dos regimes próprios.

No dia 1º de outubro de 2019, dia do idoso[25], houve a aprovação na CCJ, por 17 votos a 9, do relatório sobre a reforma da Previdência, proposto pelo Senador Tasso Jereissati.

No mesmo dia 1º de outubro de 2019, foi efetivado o encaminhamento da PEC n. 6/2019 ao plenário do Senado, onde foi aprovada, por 56 votos a favor e 9 contrários, a PEC da Reforma da Previdência, em primeiro turno, nos termos do

---

25 Lei n. 11.433/2006

"Art. 1º Fica instituído o Dia Nacional do Idoso, a ser celebrado no dia 1º de outubro de cada ano. Parágrafo único. Os órgãos públicos responsáveis pela coordenação e implementação da Política Nacional do Idoso ficam incumbidos de promover a realização e divulgação de eventos que valorizem a pessoa do idoso na sociedade."

texto base do parecer CCJ, ressalvados os destaques que foram apreciados e votados em separado.

Abono salarial. Dos destaques, houve acolhida[26] da exclusão da alteração pretendida no art. 239 da CF/88 referente ao abono salarial, excluindo a restrição "trabalhador de baixa renda" constante da PEC n. 6/2019, mantendo a redação original do texto constitucional que assegura (§ 3º do art. 239) aos empregados que percebam de empregadores que contribuem para o Programa de Integração Social ou para o Programa de Formação do Patrimônio do Servidor Público, "**até dois salários mínimos**" de remuneração mensal, o pagamento de um salário mínimo anual.

Desse modo, permanece com direito ao abono anual o trabalhador com renda de até 2 salários mínimos (salário mínimo em 2019 = R$ 998,00, portanto, 2 sm = R$ 1.996,00), consistindo em derrota do governo que pretendia limitar esse direito a trabalhadores de baixa renda, considerados como tal aqueles com renda de até R$ 1.364,43 (um mil trezentos e sessenta e quatro reais e quarenta e três centavos).

Em votação em segundo turno no Senado, em 22 de outubro de 2019, contando com 60 votos favoráveis e 19 contrários, o Plenário aprovou o texto-base da reforma da Previdência. Em 23 de outubro de 2019 o Senado acolheu apenas um, e último, destaque, retirando do texto final da reforma da Previdência (PEC n. 6/2019) o trecho que proibiria a aposentadoria especial por periculosidade.

Como desdobramento do destaque acolhido no Senado em 5 de novembro de 2019, foi apresentado o projeto de lei complementar n. 245/2019, para regulamentar o inciso II do § 1º do art. 201 da Constituição Federal, que dispõe sobre a concessão de aposentadoria especial aos segurados do Regime Geral de Previdência Social, também contemplando direito em prol dos trabalhadores expostos a risco (periculosidade) no exercício das seguintes atividades: I – vigilância ostensiva e transporte de valores, ainda que sem o uso de arma de fogo, bem como proteção de bens, serviços, logradouros públicos municipais e instalações de município; II – com contato direto com energia elétrica de alta tensão; III – e com contato direto com explosivos ou armamento.

A estimativa de economia com a aprovação da PEC anunciada no Plenário foi na ordem de R$ 800 bilhões em 10 anos.

A Emenda Constitucional n. 103 foi promulgada pelas Mesas da Câmara dos Deputados e do Senado Federal, em ato solene realizado no dia 12 de novembro de 2019.

Vigência. Com relação às questões tributárias, relativas à majoração das alíquotas de contribuição previdenciária, a EC n. 103/2019 entrará em vigor no primeiro dia do quarto mês subsequente ao da data de publicação, ou seja, a *vacatio*

---

26 Disponível em: <https://www12.senado.leg.br/noticias/materias/2019/10/02/aprovado-destaque-
-na-reforma-da-previdencia-para-garantir-o-abono-salarial>.

legis encerra-se em 1º de março de 2020. Todos os demais dispositivos entraram em vigor na data de sua publicação.

Principais pontos da reforma da Previdência[27]

Regras para Aposentadoria
Idade mínima: 62 (mulheres) ou 65 (homens).
Regime geral: tempo de contribuição de 15 anos (mulheres) ou 20 anos (homens).
Servidores públicos: 25 anos de contribuição, 10 anos no serviço público, 5 anos no cargo. ➢ Aposentadoria compulsória passa a valer para funcionários de empresas públicas e de sociedades de economia mista.
Trabalhadores rurais: idade mínima de 55 (mulheres) ou 60 (homens).
Professores: ➢ idade mínima: 57 (mulheres) ou 60 (homens); ➢ regime geral: 25 anos de contribuição e de exercício na função; ➢ serviço público: 25 anos de contribuição, 10 anos de serviço público, 5 anos no cargo.

Policiais: ➢ idade mínima: 55 (mulheres e homens); ➢ 30 anos de contribuição, 25 anos de exercício na função.
Pessoas com deficiência: mantidas as regras atuais da Lei Complementar n. 142/2013. > Servidores públicos: regra adicional de 10 anos no serviço público e 5 anos no cargo.
Profissões expostas a agentes químicos, físicos e biológicos: ➢ servidores públicos: idade mínima de 60 (mulheres e homens); ➢ regime geral: idade mínima de 55, 58 ou 60 (mulheres e homens), dependendo do caso.

Cálculo do Benefício
60% da média dos salários + 2% para cada ano de contribuição acima do 15º ano, para as mulheres, ou do 20º ano para os homens.
100% da média dos salários no caso de aposentadoria por incapacidade permanente decorrente de acidente de trabalho. ➢ É obrigatória a realização de avaliações periódicas. ➢ Podem ser excluídas da média as contribuições que reduzam o valor do benefício, desde que seja mantido o tempo mínimo de contribuição. ➢ As contribuições excluídas por esse motivo não serão contabilizadas para os acréscimos anuais de 2%.
Servidores públicos aposentados compulsoriamente: 100% da média multiplicada pelo número de anos de contribuição dividido por 20 (valor limitado a 1). > Exceção: quando as regras de cálculo da aposentadoria voluntária resultarem em situação mais favorável.
Servidores públicos: vedada a acumulação de aposentadoria, exceto para cargos cuja atividade seja acumulável.

---

27 Disponível em: <https://www12.senado.leg.br/>. Acesso em: 12 nov. 2019.

A Proposta de Emenda à Constituição

Alíquotas – Regime Geral
Incidência progressiva sobre faixas
➢ Até o salário mínimo: 7,5%
➢ Entre mínimo e R$ 2 mil: 9%
➢ Entre R$ 2 mil e R$ 3 mil: 12%
➢ Entre R$ 3 mil e o teto do RGPS: 14%
Quem receber menos do que o limite mínimo mensal de contribuição pode complementar ou usar valores de outros meses que excederem o mínimo.

Alíquotas – Servidores Públicos
Incidência progressiva sobre faixas
➢ Até o salário mínimo: 7,5%
➢ Entre mínimo e R$ 2 mil: 9%
➢ Entre R$ 2 mil e R$ 3 mil: 12%
➢ Entre R$ 3 mil e o teto do RGPS: 14%
➢ Entre o teto do RGPS e R$ 10 mil: 14,5%
➢ Entre R$ 10 mil e R$ 20 mil: 16,5%
➢ Entre R$ 20 mil e o teto constitucional: 19%
➢ Acima do teto constitucional: 22%
Cobrança acima do teto do RGPS vale também para aposentados e pensionistas.
Em caso de déficit atuarial do regime de servidores: ➢ a cobrança pode incidir também sobre as faixas acima do salário mínimo; ➢ a União pode impor cobrança extraordinária por prazo definido.
Alíquotas estabelecidas por Estados e Municípios não podem ser menores do que as da União.
➢ Exceção: quando comprovado que não há déficit atuarial.

Pensão por morte
Valor: 50% (cota familiar) + 10% (cota individual) por cada dependente.
No caso de haver dependente inválido ou com deficiência grave: ➢ 100% do valor até o teto do regime geral; ➢ do que exceder o teto: 50% mais 10% por cada dependente (Regime Próprio).
Policiais: pensão integral em caso de morte decorrente do trabalho.
Vedada a acumulação de pensões, exceto de regimes diferentes ou militares.

Em caso de acumulação, beneficiário recebe:
➢ 100% da pensão mais vantajosa;
➢ Valor escalonado da pensão menos vantajosa em faixas:
  > 60% de 1 a 2 SM;
  > 40% de 2 a 3 SM;
  > 20% de 3 a 4 SM;
  > 10% acima de 4 SM.

Políticos, juízes e procuradores
Extinta aposentadoria compulsória como punição para Magistrados e Ministério Público.
Políticos eleitos (detentores de mandato eletivo federal, estadual ou municipal), empregados públicos e servidores em cargos comissionados seguem as regras do RGPS.
Vedada a criação de novos regimes previdenciários especiais para parlamentares.
Parlamentares que tenham aderido a regimes especiais têm 180 dias para optar por sair.
Parlamentares que permanecerem nos regimes especiais poderão se aposentar com idade de 62 (mulheres) ou 65 (homens), pagando pedágio de 30% do tempo de contribuição faltante na data da EC n. 103/2019.

Gestão
Seguridade social deve trazer indicadas em rubricas específicas as receitas e as despesas vinculadas à saúde, à assistência e à previdência.
Equilíbrio financeiro e atuarial do Regime Próprio federal deve ser comprovado através de fluxo receitas – despesas.
Vedado o uso de verbas dos regimes próprios (servidores públicos) para despesas não previdenciárias, bem como o parcelamento de mais de 60 vezes do pagamento de contribuições sociais para empregadores e empresas.
A Desvinculação de Receitas da União (DRU) não incide sobre as receitas de contribuições sociais que financiam a seguridade social.
Sobe de 15% para 20% a alíquota da CSLL para bancos de médio e grande porte.
Afastamentos por incapacidade e licença maternidade de servidores públicos serão pagos pelo órgão, não mais pela previdência.
Estados e Municípios que descumprirem regras de organização previdenciária não poderão receber transferências da União ou fazer empréstimos com bancos públicos federais.
Justiça Estadual, nos termos da lei, pode julgar causas previdenciárias quando não houver vara federal na comarca.

Validade, vigência e eficácia

Validade

Determina a CF no art. 5º, II, que ninguém será obrigado a fazer ou deixar de fazer alguma coisa senão em virtude de lei.

A lei referida no dispositivo constitucional é a capitulada como fonte primária, única capaz de impor ao particular a obrigação de fazer ou de se abster da prática de atos, traduzida como norma constitucional, bem como os demais normativos listados no art. 59 da CF:

I – emendas à Constituição;

II – leis complementares;

III – leis ordinárias;

IV – leis delegadas;

V – medidas provisórias;

VI – decretos legislativos;

VII – resoluções.

A expressão lei em **sentido amplo** significa dizer normas jurídicas não apenas de primeira grandeza, conhecidas como fonte primária acima referida, mas ainda as secundárias, de segundo escalão, a exemplo dos decretos presidenciais, orientações normativas, memorandos, circulares, instruções normativas etc. Estas, as secundárias, não se prestam a obrigar o particular, de modo que ao retratarem reprodução fiel da vontade da lei haverá a obrigação ao particular imposta pela norma de fonte primária.

Somente a norma válida poderá obrigar o indivíduo a fazer ou deixar de fazer, sendo imperioso para atendimento do **pressuposto da validade** a satisfação de dois requisitos:

a) confeccionada pela pessoa competente, e

b) utilização do instrumento normativo adequado.

Pessoa competente

Especificamente sobre a Emenda Constitucional n. 103/2019, decorreu da Proposta de Emenda à Constituição n. 6/2019, fruto de iniciativa do chefe do Poder Executivo Federal, com espeque no art. 60, II, da CF, tendo sido discutida e votada em cada Casa do Congresso Nacional, em dois turnos, e por fim aprovada pelo quórum de três quintos dos votos dos respectivos membros, a evidenciar que a EC n. 103/2019 foi confeccionada pela pessoa constitucionalmente competente.

Aspecto de crucial importância é saber quem é detentor da competência para edição da lei infraconstitucional na seara previdenciária que será produzida após a EC n. 103/2019.

O art. 22 da atual Lei Suprema estabelece a **competência privativa** da União para legislar sobre (inciso XXIII) seguridade social. Cabendo à lei complementar (parágrafo único do art. 22) autorizar os Estados a legislar sobre questões específicas (ao Distrito Federal são atribuídas as competências legislativas reservadas aos Estados e Municípios, CF, art. 32, § 1º).

A Seguridade Social abrange, na literalidade do art. 194 da CF, Previdência, Assistência Social e Saúde. Nesse ritmo argumentativo, não terá validade lei municipal que pretenda alterar a Lei Federal n. 8.213/91, porque a competência é privativa da União para editar normas sobre o RGPS.

Atenção deve ser dada ao art. 24 da CF, ao afirmar que compete à União, aos Estados e ao Distrito Federal legislar **concorrentemente** sobre: XII – previdência social, ao passo que o art. 30, I, atribui aos Municípios competência para legislar sobre temas de assunto local.

A **competência concorrente** ditada nesse art. 24 **não abrange o Regime Geral**, mas sim para disciplinar a previdência dos respectivos servidores públicos (Regime Próprio e Previdência Complementar).

O Regime Próprio de Previdência Social (RPPS) exige lei específica de cada um dos entes de direito público interno. Por conseguinte, a criação de RPPS exige edição de lei do respectivo ente público (federal, estadual e municipal). As leis federais, estaduais, distritais e municipais devem obediência ao art. 40 da CF (por se tratar de norma de reprodução obrigatória). Assim, por mais bem elaborada que seja a redação do texto da lei federal, não atenderá ao critério de validade caso crie RPPS em determinado Município, sendo válida unicamente lei municipal do respectivo Município para tal desiderato.

Anote-se que cabe ao ente federal a edição de **disposições gerais** a serem observadas por Estados e Municípios na criação dos RPPS em favor dos respectivos servidores públicos.

Conhecidas por "leis nacionais", as leis da União que trazem as normas gerais são as Leis n. 9.717/98, e 10.887/2003.

Lei complementar nacional para dispor sobre a organização, funcionamento e responsabilidade na gestão de regimes próprios

No campo dos regimes próprios o **novel § 22 do art.** 40 veda a "instituição de novos regimes próprios de previdência social" e atribui à lei complementar federal o estabelecimento, para os regimes próprios que já existam, de normas gerais de organização, de funcionamento e de responsabilidade em sua gestão, dispondo, entre outros aspectos, sobre:

I – requisitos para sua extinção e consequente migração para o Regime Geral de Previdência Social;

II – modelo de arrecadação, de aplicação e de utilização dos recursos;

III – fiscalização pela União e controle externo e social;

IV – definição de equilíbrio financeiro e atuarial;

V – condições para instituição do fundo com finalidade previdenciária de que trata o art. 249 e para vinculação a ele dos recursos provenientes de contribuições e dos bens, direitos e ativos de qualquer natureza;

VI – mecanismos de equacionamento do déficit atuarial;

VII – estruturação do órgão ou entidade gestora do regime, observados os princípios relacionados com governança, controle interno e transparência;

VIII – condições e hipóteses para responsabilização daqueles que desempenhem atribuições relacionadas, direta ou indiretamente, com a gestão do regime;

IX – condições para adesão a consórcio público;

X – parâmetros para apuração da base de cálculo e definição de alíquota de contribuições ordinárias e extraordinárias.

Acentua o art. 9º da Emenda da Reforma que até que entre em vigor a lei complementar exigida no § 22 do art. 40 da Constituição Federal, aplicam-se aos regimes próprios de previdência social o disposto na Lei n. 9.717, de 27 de novembro de 1998, e o disposto no próprio art. 9º da EC n. 103/2019.

Cálculo de proventos do regime próprio (art. 40, § 3º, CF)

Importante anotar que a EC n. 103/2019 dispensou o manuseio de lei nacional para regrar o cálculo de proventos de aposentadoria, uma vez que **o novel § 3º do art. 40 da CF** afirma que o regramento acerca do critério de apuração dos proventos de jubilação será disciplinado **em lei do respectivo ente federativo**.

A mitigação ao império da lei nacional é merecedora de críticas, pois em decorrência da permissão de Estados e Municípios legislarem sobre o critério de cálculo da aposentadoria para o seu respectivo regime próprio, haverá em âmbito nacional dezenas, quiçá centenas, de metodologias diferenciadas de apuração da renda mensal de aposentadoria de servidores públicos.

Inatividades e pensões das polícias militares e dos corpos de bombeiros militares (art. 22, XXI, CF)

A Reforma da Previdência de 2019 ampliou a competência privativa da União para incluir legislar sobre normas gerais acerca de "inatividades e pensões das polícias militares e dos corpos de bombeiros militares".

A União estabelecerá a lei nacional com relação às inatividades e pensões dos militares e dos integrantes do corpo de bombeiros estaduais, ao passo que, como visto acima, para os servidores públicos civis a EC n. 103/2019 estabelece para os respectivos Estados a normatização (art. 40, § 3º, CF) das regras para cálculo de proventos de aposentadoria.

Previdência complementar no âmbito dos regimes próprios

A competência concorrente também é fixada para a criação do Regime de Previdência Complementar (RPC) aos servidores públicos, com espeque no art. 40, §§ 14, 15 e 16, da CF (§§ 14 e 15 tiveram a redação atribuída pela EC n. 103/2019), cabendo a cada ente federativo a edição de norma para abrangência nos seus limites federativos.

Nessa linha, a União editou a Lei n. 12.618/2012, criando a Fundação de Previdência Complementar do Servidor Público Federal (Funpresp); no entanto, referida lei não é válida para servidores públicos estaduais, nem mesmo municipais.

No Estado de São Paulo houve a edição da Lei Estadual n. 14.653/2011, criando a entidade fechada de previdência complementar, de natureza pública, denominada Fundação de Previdência Complementar do Estado de São Paulo (SP-Prevcom), entidade sem fins lucrativos e com autonomia administrativa, financeira, patrimonial com atribuição de administrar o RPC dos servidores públicos estaduais de São Paulo. Referida lei não é válida para servidores públicos do Estado de Minas Gerais, por exemplo.

Instrumento normativo adequado

Como visto, não tendo sido produzida a norma pela pessoa constitucionalmente competente, restará esvaziada a coercitividade do ato.

Não se pode olvidar, como antes afirmado, que não basta ter sido a norma editada pela pessoa competente, deve ainda ter se valido do instrumento normativo adequado.

Exemplo clássico é com relação à exigência feita pela Constituição de edição de lei complementar para o trato de certas matérias, de modo a tornar sem valia lei ordinária que invada a esfera reservada à lei complementar (CF, "Art. 69. As leis complementares serão aprovadas por maioria absoluta").

No campo da seguridade social, a Constituição estabelece a necessidade de manejo de **lei complementar** nas seguintes situações:

a) art. 40, § 1º, II, que versa sobre a aposentadoria compulsória por idade dos servidores públicos, com proventos proporcionais ao tempo de contribuição, aos 70 (setenta) anos de idade, ou aos 75 (setenta e cinco) anos de idade, na forma de lei complementar (novidade trazida pela EC n. 88/2015. Lei complementar já editada, LC n. 152/2015);

b) para o trato de aposentadoria diferenciada da pessoa com deficiência, tanto no Regime Próprio de Previdência dos Servidores Públicos (art. 40, § 4º, da CF) como para os segurados do Regime Geral de Previdência Social (art. 201, § 1º, da CF). Em atendimento ao comando constitucional, houve a edição da LC n. 142/2013, **norma recepcionada expressamente pelo art. 22**[28] **da EC n. 103/2019;**

---

28 EC n. 103/2019

"Art. 22. Até que lei discipline o § 4º-A do art. 40 e o inciso I do § 1º do art. 201 da Constituição Federal, a aposentadoria da pessoa com deficiência segurada do Regime Geral de Previdência Social ou do servidor público federal com deficiência vinculado a regime próprio de previdência social, desde que cumpridos, no caso do servidor, o tempo mínimo de 10 (dez) anos de efetivo exercício no serviço público e de 5 (cinco) anos no cargo efetivo em que for concedida a aposentadoria, será concedida na forma da Lei Complementar n. 142, de 8 de maio de 2013, inclusive quanto aos critérios de cálculo dos benefícios."

c) para a criação de outras contribuições sociais de seguridade social, denominadas contribuições residuais, referidas no art. 195, § 4º, da CF;

d) o § 11 do art. 195 contém exigência mantida pela Emenda da Reforma, vedando na forma de lei complementar (a ser editada) a concessão de remissão ou anistia de contribuições previdenciárias;

e) o § 3º do art. 198 exige lei complementar no ramo da Saúde, que será reavaliada pelo menos a cada cinco anos, para, entre outras, fixar os critérios de rateio dos recursos da União vinculados à saúde destinados aos Estados, ao Distrito Federal e aos Municípios, e dos Estados destinados a seus respectivos Municípios, objetivando a progressiva redução das disparidades regionais;

f) para regrar o Regime de Previdência Complementar, exigência definida no art. 202 da CF (editadas as LCs n. 108 e 109/2001).

Com o advento da EC n. 103/2019, ampliou-se, no Regime Geral, o espaço de cabimento da lei complementar. A título de ilustração citem-se os exemplos que seguem:

Nova redação atribuída pela EC n. 103/2019	Exigência de Lei complementar
§ 8º do art. 201 da CF	O requisito de idade a que se refere o inciso I do § 7º será reduzido em 5 (cinco) anos, para o professor que comprove tempo de efetivo exercício das funções de magistério na educação infantil e no ensino fundamental e médio fixado **em lei complementar.**
§ 10 do art. 201 da CF	**Lei complementar** poderá disciplinar a cobertura de benefícios não programados, inclusive os decorrentes de acidente do trabalho, a ser atendida concorrentemente pelo Regime Geral de Previdência Social e pelo setor privado.
§ 15 acrescido ao art. 201 da CF	**Lei complementar** estabelecerá vedações, regras e condições para a acumulação de benefícios previdenciários.

Novas normas aguardadas no regime geral

Leis ordinárias

A Lei n. 8.212 trata do Plano de Custeio da Seguridade Social, ao passo que a Lei n. 8.213 é a Lei de Benefícios Previdenciários, ambas publicadas em 24 de julho de 1991, e desde o surgimento no cenário jurídico já sofreram, de forma direta ou indireta, mais de uma centena de alterações. Agora, com a promulgação da Emenda da Reforma de 2019, são esperadas muitas novas leis para atender ao novo panorama constitucional do Regime Geral, ou quiçá, melhor seria, houvesse a edição de nova lei de custeio e de benefícios previdenciários.

A EC n. 103/2019 clama por lei em diversos dispositivos, valendo-se da expressão "até que lei" disponha/discipline em muitos artigos de transição, a exemplo dos arts. 19 (sobre o tempo de contribuição para segurado filiado após 12-11-2019), 26 (cálculo dos benefícios), 27 (salário-família/auxílio-reclusão); 28 (alíquotas de contribuição previdenciária RGPS); 34 (para hipótese de extinção por lei de regime próprio).

Medida Provisória (MP)

As alterações promovidas pelo Poder Executivo por intermédio de medida palaciana regem-se pela disposição constitucional prevista no art. 62, carecendo de ratificação pela Câmara dos Deputados e após pelo Senado Federal, oportunidade na qual poderá ser convolada em lei ou rejeitada (total ou parcialmente) caso não haja a satisfatória comprovação dos requisitos de urgência e de relevância.

O prazo para tramitação no Congresso Nacional é de 60 dias, admitida uma prorrogação.

A Emenda Constitucional n. 32/2001, vedou a edição de medidas provisórias sobre matéria relativa a nacionalidade, cidadania, direitos políticos, partidos políticos e direito eleitoral; direito penal, processual penal e processual civil; organização do Poder Judiciário e do Ministério Público, a carreira e a garantia de seus membros; planos plurianuais, diretrizes orçamentárias, orçamento e créditos adicionais e suplementares, ressalvado o previsto no art. 167, § 3º; que vise à detenção ou sequestro de bens, de poupança popular ou qualquer outro ativo financeiro; reservada a lei complementar; já disciplinada em projeto de lei aprovado pelo Congresso Nacional e pendente de sanção ou veto do Presidente da República.

A MP é instrumental bastante comum no Seguro Social, a exemplo da MP n. 664, de 30 de dezembro de 2014 (parcialmente convolada na Lei n. 13.135/2015) e da MP n. 871, de 18 de janeiro de 2009 (convertida na Lei n. 13.846, de 18-6-2019).

Calha anotar que na véspera da promulgação da Reforma da Previdência houve a publicação da Medida Provisória n. 905 modificando:

- o art. 11, para efeito de estabelecer que o beneficiário do seguro-desemprego concedido nos termos do disposto na Lei n. 7.998, de 11 de janeiro de 1990, e da Lei n. 10.779, de 25 de novembro de 2003, é segurado obrigatório da previdência social, durante os meses de percepção do benefício;
- o art. 15, para estabelecer que o período de graça de até doze meses passa a fluir a contar do momento que o segurado deixar de receber o benefício do seguro-desemprego;
- o art. 86, para trazer novos contornos ao auxílio-acidente.

Vale recordar a vedação contida no art. 246 da CF/88 à adoção de medida provisória na regulamentação de artigo da Constituição cuja redação tenha sido alterada por meio de emenda constitucional (que tenha sido promulgada entre os anos de 1995 e 2001), proibição que abrange o regramento de Previdência Social, previsto no art. 201, que teve a redação atribuída pela Emenda n. 20/98, conhecida por Emenda da Reforma Previdenciária de 1998. Inexiste semelhante proibição com relação às alterações promovidas pela Emenda Constitucional n. 103/2019 na Norma Suprema.

Decreto federal

Decreto federal é norma de cunho regulamentar que colima explicitar o conteúdo das leis.

A primeira norma a regulamentar o Plano de Custeio foi o Decreto Federal n. 356/91, enquanto o Decreto Federal n. 357/91 estreou o esclarecimento das disposições da Lei de Benefícios.

Atualmente, as Leis de Custeio e de Benefícios são regulamentadas pelo Decreto Federal n. 3.048/99, normativo **publicado cinco meses após a promulgação da 1ª Reforma da Previdência** (EC n. 20/98).

O Decreto n. 3.048/99 se encontra bastante defasado, a título de ilustração, citem-se todas as alterações sofridas na Lei n. 8.213 pela Lei n. 12.873, publicada no longínquo ano de 2013, atinentes ao direito do segurado do sexo masculino ao salário-maternidade, que ainda não constam da norma regulamentar até o ano de 2019.

Imprescindível nova edição de decreto federal regulamentador, não só por conta das duas minirreformas oriundas das Leis n. 13.135/2015 e 13.846/2019, como também, e principalmente, diante da promulgação da EC n. 103/2019.

Instrução Normativa (IN)

A IN é norma essencial à aplicação do direito pelos servidores públicos, sem formação jurídica, lotados na Agências da Previdência Social (APS) por todo o país e responsáveis por receber os requerimentos de benefícios, formar o procedimento administrativo, e deliberar de forma fundamentada pela concessão, revisão ou indeferimento.

A inflação legislativa vivenciada há décadas na seara previdenciária impactaria por demais a atuação do INSS, caso não existe a IN, uma vez que esta norma digere o emaranhado de leis, editando texto único em linguagem clara para regrar o dia a dia nas APS.

A atual Instrução Normativa n. 77 INSS/Pres., de 2015, foi publicada 22 dias após a edição da medida provisória da minirreforma da previdência, MP n. 664, de 30 de dezembro de 2014.

Consiste a IN n. 77 em normatização que unifica e detalha todo o plexo de normas acerca de benefícios e serviços previdenciários para efeito de efetiva concretização do direito previdenciário no âmbito das APS.

Nova IN explicitando os critérios e requisitos para concessão e as rotinas para agilizar e uniformizar o reconhecimento de direitos dos segurados e beneficiários da Previdência Social é instrumento aguardado para o ano de 2020.

Outra importante Instrução Normativa é a n. 971, da SRFB, que traz as normas gerais de tributação previdenciária e de arrecadação das contribuições sociais destinadas à Previdência Social administradas pela Secretaria da Receita Federal do Brasil.

Vigência

Satisfeito o pressuposto da validade, deve ser observada na sequência **a vigência**, que é a possibilidade de produção de efeitos, em especial o de revogar lei anterior de forma expressa (p. ex., a lei nova diz: Fica revogada a lei "X") ou tácita (quando trate do mesmo tema, atribuindo desfecho diferenciado).

Enquanto não estiver vigente, a lei não possui força suficiente para revogar, expressa ou tacitamente, outra norma.

A Lei Complementar n. 95/98 bem esclarece que a vigência da lei será indicada de forma expressa e de modo a **contemplar prazo razoável** para que dela se tenha amplo conhecimento, reservada a cláusula "entra em vigor na data de sua publicação" para as leis de pequena repercussão.

Para ilustrar, confira-se o teor da Lei n. 13.101/2015, que instituiu o Dia Nacional do Milho em todo o território nacional na data de 24 de maio. Diante da pequena repercussão dessa norma, seu art. 2º diz: "Entra em vigor na data de sua publicação".

Por outro lado, a Lei n. 13.105/2015, traz o novo Código de Processo Civil, regramento com mais de mil artigos, para disciplinar milhões de processos judiciais federais e estaduais em todo o Brasil, tornando desarrazoado imaginar pudesse a norma fixar a sua vigência na data da publicação, tendo a Lei n. 13.105 estabelecido a *vacatio legis* de um ano no art. 1.045: "Este Código entra em vigor após decorrido 1 (um) ano da data de sua publicação oficial". Prazo razoável para que dela se tenha amplo conhecimento.

A LC n. 95/98 estabelece, ainda, a forma da contagem do prazo para entrada em vigor das leis que estabeleçam período de vacância, esclarecendo que se fará a contagem **com a inclusão** da data da publicação e do último dia do prazo, entrando em vigor no dia subsequente à sua consumação integral.

Tome-se como exemplo o art. 5º, II, da Medida Provisória n. 664, que fixava a vigência da nova redação do § 2º do art. 74 da Lei n. 8.213/91 para somente quinze dias a partir da publicação, ocorrida em 30 de dezembro de 2014. Por conseguinte, considerado o dia 30 (publicação), ter-se-á a consumação integral em 13 de janeiro, com vigência iniciada a contar de 14 de janeiro de 2015.

O interregno existente entre a publicação da lei e sua vigência denomina-se *vacatio legis*. Na hipótese de o legislador, por lapso, deixar de fixar a data da vigência, a vacância será a fixada na Lei de Introdução às Normas do Direito Brasileiro (Decreto-lei n. 4.657/42), que assevera: "Art. 1º Salvo disposição contrária, a lei começa a vigorar em todo o país 45 (quarenta e cinco) dias depois de oficialmente publicada".

Salvo disposição em contrário, a *vacatio legis* será de **45 dias**. Ocorre que na seara da Seguridade Social há uma ressalva registrada no art. 195, § 6º, da CF, que estabelece que as "contribuições sociais de seguridade social só poderão ser exigidas **após decorridos noventa dias** da data da publicação da lei que as houver instituído ou modificado, não se lhes aplicando o disposto no art. 150, III, *b*, da CF".

Por conseguinte, em se tratando de instituição ou aumento de contribuição social para a seguridade social, não terá exigibilidade a nova lei antes de decorrido o regramento da nonagésima. Excluída essa exceção, para qualquer outra norma previdenciária que deixe de fixar prazo para vigência, aplica-se a vacância de 45 dias.

A Emenda Constitucional n. 103/2019, em respeito ao disposto no art. 195, § 6º, estabeleceu que (art. 36), com relação aos aspectos tributários ela entra em vigor (inciso I) **no primeiro dia do quarto mês subsequente ao da data de sua publicação**, com relação à alteração das alíquotas da:

a) contribuição previdenciária do regime próprio (art. 11 da EC n. 103/2019) e do regime geral (art. 28 da EC n. 103/2019); e

b) da contribuição social sobre o lucro das pessoas jurídicas enquadradas como instituições financeiras na roupagem jurídica de bancos de qualquer espécie (art. 32 da EC n. 103/2019).

Ou seja, em atendimento ao princípio da nonagésima, as alterações das alíquota anotadas nas letras *a* e *b* supramencionadas somente produzirão efeitos a contar do primeiro dia do mês de março de 2020.

No que pertine aos demais temas (diversos dos afetos à alteração de alíquota contributiva), a EC n. 103/2019 aderiu ao chavão menos recomendado e que afronta o art. 8º da LC n. 95: "Esta Emenda Constitucional entra em vigor (inciso III do art. 36 da EC n. 103/2019) **na data de sua publicação**".

Cabível forte crítica ao emprego do bordão "entra em vigor na data de sua publicação", pois versa a Reforma da Previdência norma de grande impacto na vida das 210 milhões de pessoas que formam a população brasileira que de algum modo serão atingidas pelas novas disposições.

Para atender aos comandos constitucionais de eficácia plena da Emenda da Reforma, necessário seria ao menos estabelecer vigência única a contar do primeiro dia de março do ano de 2020, para efeito de treinamento dos servidores públicos lotados nas agências da Previdência, além dos ajustes dos sistemas de atendimento do INSS.

A vigência imediata proporcionou atropelo de normas que evidenciou o completo despreparo do Poder Público no dia 13 de novembro de 2019, conforme constatado pela reportagem publicada pela *A Gazeta*[29]:

Mudanças na aposentadoria ainda não estão no sistema do INSS

As novas regras da reforma da Previdência começaram a valer na última quarta-feira (13). **Porém, os sistemas do INSS ainda não foram atualizados.** Sem os sistemas do órgão atualizados, o segurado que for em busca de informações não conseguirá saber qual a opção mais vantajosa para sua aposentadoria.

Digna reprimenda à apressada fixação da vigência da EC n. 103 na data da publicação, pois não está em cotejo norma de diminuta repercussão.

Ademais, para atendimento do princípio da eficiência, dever-se-ia estabelecer prazo razoável para que o Poder Executivo pudesse estar apto na data da vigência a trabalhar com propriedade técnica a enorme quantidade de novas regras constitucionais autoexecutáveis da Nova Previdência.

Não assegurar prazo minimamente razoável para vigência da Nova Previdência torna o art. 36, III, da EC n. 103/2019, norma dotada de enorme crueldade por impactar a vida de milhões de cidadãos.

O desrespeito não é apenas ao art. 8º da LC n. 95 (reservada a cláusula "entra em vigor na data de sua publicação" para as leis de pequena repercussão). Admitir vigência imediata a tantos dispositivos de órbita constitucional viola frontalmente um dos fundamentos do Estado Democrático de Direito, anunciando logo no art. 1º, III, da Carta Magna, a dignidade da pessoa humana, uma vez que a ausência de *vacatio legis* levou o caos às agências do INSS (fato de que o Governo tinha plena ciência), e ao desespero daqueles que necessitam de análise do seu requerimento de prestação previdenciária, *verbi gratia*, de auxílio-doença, salário-maternidade, de pensão por morte.

Eficácia

Após sacramentar ser a norma válida e vigente, deve o intérprete proceder à análise quanto à **eficácia**, atributo necessário para produção de efeitos concretos.

O § 1º do art. 5º da CF revela que **as normas definidoras dos direitos e garantias fundamentais têm aplicação imediata**.

---

29 Disponível em: <https://www.agazeta.com.br/es/economia/mudancas-na-aposentadoria -ainda--nao-estao-no-sistema-do-inss-1119>. Acesso em: 20 nov. 2019.

De relevo extremo classificar as normas constitucionais com relação à aptidão para produção de efeitos, que na doutrina sempre festejada de José Afonso da Silva[30], podem ser de eficácia:

- PLENA (autoaplicável);
- CONTIDA (restringível); ou
- LIMITADA (dependente de complementação).

Em campos opostos estão as normas constitucionais de eficácia plena e limitada. A de eficácia plena produz efeitos "imediatos", ao passo que a norma constitucional de eficácia limitada produz efeitos "mediatos", por depender de edição de norma infraconstitucional para dar concretude ao mandamento contido na Carta Magna.

As normas de eficácia contida produzem efeitos imediatos, no entanto seus efeitos podem ser reduzidos por norma infraconstitucional.

André Ramos Tavares[31] cita doutrina alienígena diferenciando a norma constitucional autoexequível da norma não autoexequível:

Com efeito, Cooley, em sua clássica tipologia, dividiu as normas constitucionais em *self-executing* e *not self-executing*. Uma norma constitucional afigura-se como *self-executing* ou **autoexequível** se prover (ao destinatário) todos os meios necessários para que o direito ou o comando previsto seja aproveitado e protegido.

Caso contrário, ter-se-á uma norma **não autoexequível** ou not *self-executing*, a qual, em razão da inexistência de meios (referências normativas) suficientes para a sua efetiva aplicação, quedará em um estado de dormência, no máximo, quiçá, como uma força moral, até que a legislação infraconstitucional lhe conceda as provisões capazes de torná-la aplicável, fruível.

Para elucidar a diferença, observe os casos a seguir na amplitude da Seguridade Social:

CF/88 (redação original)

Art. 201. Os planos de previdência social, mediante contribuição, atenderão, nos termos da lei, a:

[...]

V – **pensão por morte** de segurado, **homem ou mulher**, ao cônjuge ou companheiro e dependentes, obedecido o disposto no § 5º e no art. 202.

[...]

§ 5º Nenhum benefício que substitua o salário de contribuição ou o rendimento do trabalho do segurado terá valor mensal inferior ao salário mínimo.

---

30 SILVA, José Afonso da. *Aplicabilidade das normas constitucionais*. 3. ed. São Paulo: Malheiros, 1998.

31 TAVARES, André Ramos. *Curso de direito constitucional*. 16. ed. São Paulo: Saraiva Jur, 2018, p. 197.

A legislação vigente antes do advento da CF/88 preconizava direito à pensão por morte em prol de marido de segurada falecida unicamente se o cônjuge varão fosse inválido. Promulgada a Constituição Federal de 1988, a Administração Pública compreendeu que o dispositivo contido no inciso V do art. 201 da CF era norma não exequível por si só, de modo que homens, não inválidos, somente teriam passado a ter direito ao benefício de pensão por morte quando o óbito da esposa (segurada da Previdência) ocorresse após o advento da Lei n. 8.213/91, que teria materializado o mandamento constitucional.

Na mesma toada, compreensão firmada pelo ente público acerca da vedação de pagamento de benefício previdenciário em patamar aquém de um salário mínimo foi no sentido da eficácia limitada, entendendo o Governo estar desobrigado de resguardar esse patamar mínimo nas aposentadorias de trabalhadores rurais (pagas na época da promulgação da CF/88 em importe equivalente a meio salário mínimo).

Os indeferimentos de requerimentos de pensão por morte ocorridos no lapso compreendido entre a promulgação da CF/88 e a eficácia da Lei n. 8.213/91, deu ensejo ao ajuizamento de demandas que restaram acolhidas pela jurisprudência do STF que admitiu a autoaplicabilidade do art. 201, V, da Constituição (eficácia plena).

Por conseguinte, o cônjuge varão (pouco importando se válido ou inválido) tem direito à pensão por morte, ainda que o óbito da segurada tenha ocorrido em data anterior ao advento da Lei n. 8.213/91 (RE 285.276 AgR, rel. Min. Roberto Barroso, j. 17-3-2015, 1ª T., *DJe* 31-3-2015).

A questão afeta à eficácia da norma constitucional, contida no § 5º (redação original) do art. 201, foi enfrentada pelo STF, que garantiu direito aos segurados da Previdência, reconhecendo a eficácia plena do piso de 1 salário mínimo e assegurando a revisão dos benefícios previdenciários dos trabalhadores rurais no período compreendido entre a data da promulgação da CF/88 e o advento da Lei n. 8.213/91 (benefícios rurais regidos pela Lei Complementar n. 11/71).

> Previdenciário. Revisão de benefício. Autoaplicabilidade do art. 201, § 2º (antigo § 5º), da Constituição da República (RE 597.022 AgR, rel. Min. Cármen Lúcia, j. 27-10-2009, 1ª T., *DJe* 20-11-2009).

> Longe fica de transgredir a Carta da República pronunciamento judicial que implique a satisfação dos proventos considerado o valor representado pelo salário mínimo (AI 482.810 AgR, rel. Min. Marco Aurélio, j. 30-6-2009, 1ª T., *DJe* 21-8-2009).

A mesma análise de eficácia aplica-se às emendas constitucionais. Para ilustrar confira-se a redação do art. 14 da Emenda Constitucional n. 20/98:

> Art. 14. **O limite máximo** para o valor dos benefícios do regime geral de previdência social de que trata o art. 201 da Constituição Federal **é fixado em R$ 1.200,00** (um mil e duzentos reais), devendo, a partir da data da publicação desta Emenda, ser reajustado de forma a preservar, em caráter permanente, seu

valor real, atualizado pelos mesmos índices aplicados aos benefícios do regime geral de previdência social.

O ente público compreendeu que a aplicabilidade desse mandamento constitucional não obrigaria, sem lei específica, à revisão das rendas mensais dos benefícios previdenciários de aposentadoria e de pensão com *status* de ATIVO na data da publicação da referida EC n. 20/98, mantendo, por conseguinte, o valor da renda até então percebida, pouco importando se a renda no seu cálculo embrionário havia sido limitada por redutor-teto, não compreendendo como cabível a reposição do percentil de limitação com a promulgação da EC n. 20/98, com observância ao novo teto limitador.

A questão, por ser de índole constitucional, teve de ser dirimida pelo Supremo Tribunal Federal que, ao julgar o Recurso Extraordinário (RE) 564.354, de relatoria da Min. Cármen Lúcia (RE com repercussão geral), em 8-9-2010, admitiu **a aplicação imediata** do mandamento constitucional outorgando direito aos aposentados e pensionistas à reposição do índice de limitação ao teto que havia sofrido por ocasião da concessão do benefício a contar da promulgação da EC n. 20/98, observado o novo patamar teto daqueles que sofreram limitação ao teto máximo contributivo por ocasião do cálculo da renda mensal inicial.

O entendimento firmado pelo Colendo STF reconhecendo a norma como de eficácia plena, de aplicação imediata, ficou conhecida como a tese revisional dos "tetos da EC n. 20/98 e 41/2003", e foi sintetizada na Tese de Repercussão geral n. 76:

Tese 76: Não ofende o ato jurídico perfeito **a aplicação imediata** do art. 14 da Emenda Constitucional n. 20/98 e do art. 5º da Emenda Constitucional n. 41/2003 aos benefícios previdenciários **limitados a teto** do regime geral de previdência estabelecido antes da vigência dessas normas, de modo a que passem a observar o novo teto constitucional.

Normas não exequíveis por si só são aquelas, como visto, que carecem de complemento; aguardam a edição superveniente de lei, sem a qual a disposição constitucional não produz efeitos. Como exemplo de norma de eficácia limitada tem-se o art. 202, redação original, da CF:

CF/88 (redação original)

Art. 202. É assegurada aposentadoria, nos termos da lei, calculando-se o benefício sobre a média dos trinta e seis últimos salários de contribuição, corrigidos monetariamente mês a mês, e comprovada a regularidade dos reajustes dos salários de contribuição de modo a preservar seus valores reais e obedecidas as seguintes condições:

I – aos sessenta e cinco anos de idade, para o homem, e aos sessenta, para a mulher, reduzido em cinco anos o limite de idade para os trabalhadores rurais de ambos os sexos e para os que exerçam suas atividades em regime de economia familiar, neste incluídos o produtor rural, o garimpeiro e o pescador artesanal;

II – após trinta e cinco anos de trabalho, ao homem, e, após trinta, à mulher, ou em tempo inferior, se sujeitos a trabalho sob condições especiais, que prejudiquem a saúde ou a integridade física, definidas em lei;

III – após trinta anos, ao professor, e, após vinte e cinco, à professora, por efetivo exercício de função de magistério.

Chamado para apreciar o texto do referido art. 202 da CF, o STF proclamou a necessidade de edição de lei infraconstitucional para esclarecer a terminologia de vocábulos insertos no dispositivo constitucional:

STF. Previdenciário. Salários-de-benefício. Teto (arts. 29 e 33 da Lei n. 8.213/91 e 202 da CF).

A norma inscrita no art. 202, *caput*, da CF (redação anterior à EC n. 20), que assegura o benefício da aposentadoria com base na média dos trinta e seis últimos salários de contribuição, corrigidos monetariamente, mês a mês, não é autoaplicável, necessitando, para sua complementação, de integração legislativa, a fim de que lhe seja dada plena eficácia. **Constitui, portanto, disposição dirigida ao legislador ordinário, a quem cabe definir os critérios necessários ao seu cumprimento – o que foi levado a efeito pelas Leis 8.212 e 8.213, ambas de 1991.** Tem-se, portanto, que o benefício deve ser calculado de acordo com a legislação previdenciária editada. – Ademais, a ofensa, se existente, seria indireta. – Por outro lado, os embargos de declaração não se prestam a rediscutir a matéria de fundo, como pretendem os embargantes. Embargos rejeitados'. 3. Adotados os fundamentos deduzidos nesse precedente, o presente Agravo fica improvido" (AI n. 206.807/RS-AgR, 1ª T., rel. Min. Sydney Sanches, *DJ* 28-6-2002).

Outro importante exemplo de norma de eficácia limitada é o art. 203, V, da Norma Suprema:

CF/88 (redação original)

Art. 203. A assistência social será prestada a quem dela necessitar, independentemente de contribuição à seguridade social, e tem por objetivos:

[...]

V – a garantia de um salário mínimo de benefício mensal à pessoa portadora de deficiência e ao idoso que comprovem não possuir meios de prover à própria manutenção ou de tê-la provida por sua família, conforme dispuser a lei.

Proclamada pelo STF como norma não exequível por si só, tiveram os idosos e as pessoas com deficiência, em situação de miserabilidade, que aguardar até a publicação da Lei n. 8.742/93, para poderem exercitar o direito à percepção do benefício assistencial de um salário mínimo:

STF. Embargos recebidos para explicitar que o inciso V do art. 203 da CF tornou-se de eficácia plena com o advento da Lei n. 8.742/93.

(RE 214.427 AgR-ED-ED, rel. Min. Nelson Jobim, j. 21-8-2001, 2ª T., *DJ* 5-10-2001.)

A Emenda Constitucional n. 72/2013 deu nova redação ao parágrafo único do art. 7º da CF para estabelecer a igualdade de direitos trabalhistas entre os trabalhadores domésticos. A despeito de válida (promulgada pelas Mesas da Câmara dos Deputados e do Senado Federal, depois de seguido o devido processo legislativo) e vigente, não produzia efeitos de imediato no âmbito previdenciário, pois dependia da edição de lei para dar concretude às disposições constitucionais; a eficácia do parágrafo único do art. 7º da CF deu-se com a edição da LC n. 150/2015.

O intérprete deve principiar o debate acerca das normas contempladas na Emenda da Reforma da Previdência de 2019 pela análise da eficácia.

Para ilustrar citem-se os exemplos:

Norma de eficácia plena	Art. 201 [...] § 1º É vedada a adoção de requisitos ou critérios diferenciados para concessão de benefícios[...]
Norma de eficácia limitada	Art. 201 [...] § 1º [...], ressalvada, **nos termos de lei complementar,** a possibilidade de previsão de idade e tempo de contribuição distintos da regra geral para concessão de aposentadoria exclusivamente em favor dos segurados:
Norma de eficácia contida (restringível)	Art. 19. **Até que lei disponha** sobre o tempo de contribuição a que se refere o inciso I do § 7º do art. 201 da Constituição Federal, o segurado filiado ao Regime Geral de Previdência Social após a data de entrada em vigor desta Emenda Constitucional será aposentado aos 62 (sessenta e dois) anos de idade, se mulher, 65 (sessenta e cinco) anos de idade, se homem, com 15 (quinze) anos de tempo de contribuição, se mulher, e 20 (vinte) anos de tempo de contribuição, se homem.

Aplicação das normas previdenciárias

Eficácia da lei previdenciária no tempo: direito adquirido

A lei válida, vigente e eficaz produz efeitos para os atos elaborados sob seu império, porém há possibilidade de a norma ser ultrativa, ou seja, de produzir efeitos mesmo após revogada.

No direito previdenciário há o brocardo *tempus regit actum*[32], segundo o qual a lei aplicável é aquela vigente na época do implemento dos requisitos necessários à obtenção do benefício.

---

32 Glossário: *Princípio tempus regit actum.* Expressão jurídica de origem latina que significa, literalmente, o tempo rege o ato, de modo que os atos jurídicos devem ser regidos pela lei da época em que ocorreram.

Confira a explicação em TVJustiça: <https://www.youtube.com/watch?v=RKKJ6PVPcjs> e <https://www.youtube.com/watch?v=rmLJ2xUg7G0>.

Atente-se que a data da aquisição do direito não se confunde com o momento do exercício desse direito.

Nesse sentido, aliás, é a Súmula 340 do STJ: "A lei aplicável à concessão de pensão previdenciária por morte é aquela vigente na data do óbito do segurado".

Para dar clareza à aplicação do adágio em testilha no trato da pensão por morte, cite-se exemplo de lei nova mais branda, porém sem retroatividade expressa: óbito de segurado no ano de 1994, época na qual o valor da pensão por morte para um único dependente era de 90% segundo a redação original da Lei n. 8.213 (lei "A"), mas a viúva apenas apresentou requerimento para obtenção do benefício ao final do ano de 1995, momento no qual estava vigente nova lei, Lei n. 9.032 (lei "B") que revogou o critério anterior da lei "A", majorando o benefício de pensão para coeficiente de 100%. O INSS irá conceder a pensão por morte com base na lei vigente na data do fato gerador do benefício, qual seja, a da data do óbito (lei "A"). A pensionista receberá, desse modo, benefício de pensão com base no coeficiente de 90%, aplicando-se a lei "A", pouco importando estivesse revogada na data do requerimento, uma vez que as condições necessárias ao benefício foram implementadas durante sua vigência, decorrendo a partir disso, direito adquirido, pouco importando a data do exercício do direito.

Essa situação narrada foi objeto do Tema 165/STF (Revisão da pensão por morte concedida antes do advento da Lei n. 9.032/95), tendo sido firmada a Tese de Repercussão Geral: "A revisão de pensão por morte e demais benefícios, constituídos antes da entrada em vigor da Lei n. 9.032/95, não pode ser realizada com base em novo coeficiente de cálculo estabelecido no referido diploma legal".

Da mesma forma, ficam blindados os beneficiários que atenderam a todos os requisitos legais antes da vigência de novo regramento mais severo.

Para ilustrar pontos de aplicação do brocardo *tempus regit actum*, saiba que antes da Lei n. 13.135/2015, em todas as situações a viúva recebia pensão por morte vitalícia. A atual redação do art. 77, V, *b*, da Lei n. 8.213 estabelece que, independentemente da idade da viúva, receberá por apenas 4 meses o benefício de pensão por morte caso não esteja casada há pelo menos 2 anos com o *de cujus* na data do passamento. O novo regramento, mais severo, somente é aplicável a óbitos de segurados ocorridos após a vigência da Lei n. 13.135, de modo que para falecimentos ocorridos até o ano de 2014, mesmo que a viúva seja extremamente jovem (20 anos de idade) e que esteja casada há poucos meses com o falecido segurado, ainda assim terá direito a pensão por morte vitalícia, porque a lei regente é aquela operante na data do falecimento (ultratividade, mesmo após revogada), ainda que a jovem viúva venha a exercer seu direito (apresentar o requerimento no INSS) na vigência da Lei n. 13.135.

Nesse ritmo argumentativo, caso hoje compareça uma pessoa ao INSS e prove que no ano de 1985 havia preenchido todos os requisitos exigidos na lei vigente naquela época para se aposentar (Lei n. 3.807/60), no entanto somente agora apresente o requerimento, a lei de regência para concessão da aposentadoria não será a Lei n. 8.213/91, mas a LOPS de 1960 (Lei n. 3.807). Por oportuno, não há prazo decadencial para se "requerer" benefício. O prazo decadencial do art. 103 da Lei n. 8.213/91, é para "revisar" o ato administrativo praticado pelo INSS.

O retrato do que foi apresentado é decorrência do mandamento constitucional (art. 5º, XXXVI – "a lei não prejudicará o direito adquirido"), ou seja, o direito tal como adquirido não pode ser afastado por norma superveniente.

Como não poderia deixar de ser, da mesma forma como constou da EC n. 20/98, a bandeira do direito adquirido está alocada no art. 3º da Emenda da Reforma de 2019:

EC n. 103/2019

Art. 3º A concessão de aposentadoria ao servidor público federal vinculado a regime próprio de previdência social e ao segurado do Regime Geral de Previdência Social e de pensão por morte aos respectivos dependentes será assegurada, a qualquer tempo, **desde que tenham sido cumpridos os requisitos para obtenção desses benefícios até a data de entrada em vigor** desta Emenda Constitucional, **observados os critérios da legislação vigente na data em que foram atendidos os requisitos para a concessão da aposentadoria ou da pensão por morte**.

Em conclusão, o segurado que preencheu todos os requisitos previstos na lei, ainda que não exerça seu direito no momento que foi adquirido, está protegido contra leis futuras *(tempus regit actum)*.

Eficácia da lei previdenciária no tempo: sistema híbrido

Como exposto, aquele que implementou o tempo necessário à aposentação antes de 13 de novembro de 2019 está acobertado pelo direito adquirido.

Caso não requeira a aposentadoria no ano de 2019 e continue a contribuir para a previdência mensalmente até o ano de 2023 poderá, sem empeço algum, exercer o direito à aposentadoria com base nas regras anteriores à EC n. 103, considerado tão somente o TC anterior a 13 de novembro de 2019.

Não será possível aposentar-se com supedâneo nas regras anteriores à Emenda da Reforma com a inclusão de TC posterior a publicação da Emenda da Reforma, para efeito de, por exemplo, afastar o fator previdenciário, pois tal se demonstraria aplicação de sistema híbrido, que não é admitido pelo Pretório Excelso.

O sistema híbrido é alicerçado na mescla de legislação revogada com parcial aplicação da lei nova.

Dita o STF que ou bem se aplica o direito adquirido ou se aplica as disposições da lei nova, não sendo admitida a montagem de terceira regra a partir de redações da lei revogada com pontos da lei vigente.

Essa é a lição ditada pelo STF no Tema 70 de repercussão geral no qual (descrição) em recurso extraordinário se discutia, à luz dos arts. 5º, XXXVI; 201, § 11; e 202, da Constituição Federal, e do art. 3º da Emenda Constitucional n. 20/98, o direito, ou não, à adoção, para cálculo do benefício da aposentadoria, dos critérios anteriores à vigência da Emenda Constitucional n. 20/98, computando-se tempo de serviço sob condições especiais posterior a ela.

Restou firmada pela Supremo a Tese: "Na sistemática de cálculo dos benefícios previdenciários, não é lícito ao segurado conjugar as vantagens do novo sistema com aquelas aplicáveis ao anterior, porquanto inexiste direito adquirido a determinado regime jurídico".

Inexiste direito adquirido a determinado regime jurídico, razão pela qual não é lícito ao segurado conjugar as vantagens do novo sistema com aquelas aplicáveis ao anterior. A superposição de vantagens caracteriza **sistema híbrido,** incompatível com a sistemática de cálculo dos benefícios previdenciários (RE 575.089, rel. Min. Ricardo Lewandowski, j. 10-9-2008, P, *DJe* 24-10-2008, Tema 70).

Eficácia da lei previdenciária no tempo: expectativa de direito

Direito expectado. Situação diversa é a da expectativa de direito, quer dizer, o segurado que ainda não tenha implementado todas as condições necessárias à obtenção do benefício sofrerá todo o influxo da nova legislação.

Imagine-se situação de esposa com o marido internado no hospital no dia 12 de novembro de 2019, tendo o médico afirmado que o óbito do esposo é fato inevitável e iminente, caso o falecimento de segurado seja registrado até as 23h59m do dia 12 de novembro de 2019 haverá direito à pensão por morte em prol da viúva com espeque na Lei n. 8.213, no entanto, situação bastante diferente será apresentada caso o óbito ocorra a partir da zero hora do dia 13 de novembro de 2019 (vigência da EC n. 103/2019).

Segurado da Previdência há 15 anos, com média contributiva de 5 mil reais, falecido às	
23h59m do dia 12-11-2019	00h01m do dia 13-11-2019
Consequência previdenciária na pensão por morte da única pensionista	
Viúva receberá o valor de **R$ 5.000,00** a título de pensão	Viúva **receberá R$ 1.800,00**
Previsão normativa aplicável (vigente na data do óbito)	
Art. 75 da Lei n. 8.213, pensão por morte equivalente a 100% da média dos salários de contribuição	Art. 23 da Emenda da Reforma de 2019

Verificado o fato gerador da pensão após o advento da Emenda da Reforma, de nenhum relevo, para efeito de definição da legislação aplicável, o fato de todas as contribuições previdenciárias terem sido recolhidas antes da publicação da Emenda Constitucional n. 103/2019, ou de haver diagnóstico de doença grave antes do dia 13 de novembro de 2019, por mais que o evento morte já fosse esperado pelos familiares, havia no dia 12 de novembro de 2019 mera expectativa de a esposa vir a ser beneficiada pelo benefício de pensão, à vista disso não haverá como ser aplicada a legislação não recepcionada pela Emenda da Reforma da Previdência.

Nessa toada, o falecimento de segurado ocorrido antes da publicação da EC n. 103/2019 assegura direito a pensão por morte no valor mensal de 100% (cem por cento), com espeque no art. 75 da Lei n. 8.213 combinado com o art. 3º da EC n. 103/2019. De outro norte, óbito de segurado após a vigência da EC n. 103/2019 ensejará o benefício de pensão nos moldes do art. 23 da referida emenda, que será equivalente a uma cota familiar de 50% acrescida de cotas de 10% por dependente, até o máximo de 100%, sobre uma base de cálculo que corresponderá a 60% da média salarial caso o falecido tenha contribuído para a Previdência por menos de 21 anos.

O mesmo cenário é aplicável ao benefício de aposentadoria. Para obtenção de aposentadoria por tempo de contribuição a Lei n. 8.213 exige do segurado do sexo masculino 35 anos de tempo de contribuição (TC). Por hipótese, tenha-se que o segurado aos 55 anos de idade iria completar os 35 anos necessários em dezembro de 2019, entretanto, foi editada nova norma (válida, vigente e eficaz) em novembro de 2019, modificando o requisito da aposentaria para exigir, além do tempo de contribuição, requisito de idade mínima de 65 anos. O segurado dessa ilustração não tinha ainda direito adquirido, por não ter implementado os 35 anos de TC antes de 13 de novembro de 2019, mas mera expectativa de direito. Sofrerá, em decorrência disso, todo o amargor da lei nova, terá de contribuir[33] até o atingimento dos 65 anos de idade.

Não há direito adquirido a regime jurídico, afirmou o STF, ou seja, não pode o segurado que não havia, na data da lei nova, implementado todas as condições para obtenção do benefício, pretender a aplicação da lei antiga, aduzindo que no momento do seu ingresso na previdência (ocorrido há décadas) o regime jurídico existente era mais brando.

> STF. Transposição do regime celetista para o estatutário. **Inexistência de direito adquirido a regime jurídico**. Possibilidade de diminuição ou supressão de vantagens sem redução do valor da remuneração.
>
> (RE 599.618 ED, rel. Min. Cármen Lúcia, j. 1º-2-2011, 1ªT., *DJe* 14-3-2011). *Vide* ainda RE 212.131, rel. Min. Ilmar Galvão, j. 3-8-1999, 1ªT., *DJ* 29-10-1999.
>
> STF. O direito à previdência social constitui direito fundamental e, uma vez

---

33 Há regra de transição prevista no art. 17 da EC n. 103/2019.

implementados os pressupostos de sua aquisição, não deve ser afetado pelo decurso do tempo. Como consequência, inexiste prazo decadencial para a concessão inicial do benefício previdenciário. É legítima, todavia, a instituição de prazo decadencial de dez anos para a revisão de benefício já concedido, com fundamento no princípio da segurança jurídica, no interesse em evitar a eternização dos litígios e na busca de equilíbrio financeiro e atuarial para o sistema previdenciário. O prazo decadencial de dez anos, instituído pela MP 1.523, de 28-6-1997, tem como termo inicial o dia 1º de agosto de 1997, por força de disposição nela expressamente prevista. Tal regra incide, inclusive, sobre benefícios concedidos anteriormente, sem que isso importe em retroatividade vedada pela Constituição. **Inexiste direito adquirido a regime jurídico não sujeito a decadência.**

(RE 626.489, rel. Min. Roberto Barroso, j. 16-10-2013, P, *DJe* 23-9-2014, Tema 313).

Eficácia da lei previdenciária no tempo: regra de transição

Para amenizar o impacto severo da lei nova, é praxe, a despeito de não estar o legislador a isso obrigado, a criação de regras de transição, com o desiderato de criar situação intermediária em prol dos antigos segurados.

A regra de transição torna-se terceira regra de aplicação aos filiados antes da nova norma, **que não será tão boa quanto a antiga**, que foi revogada, **mas por outro lado não será tão severa como a recém-editada.**

Exemplificando, antes de 1991 o prazo de carência para aposentadoria por idade era de apenas 60 contribuições (equivalente a 5 anos); com a publicação da Lei n. 8.213 a carência passou a 180 contribuições (= 15 anos), restando revogada a lei anterior. A primeira situação, já analisada, é a de que protegidos estavam todos aqueles que antes de 1991 já tivessem implementado o requisito etário e carência (de 5 anos), havendo direito adquirido, de nenhum relevo para estes segurados a ocorrência da revogação da norma antiga efetivada pela Lei n. 8.213/91 (por força da ultratividade na norma revogada para contemplar o direito adquirido). Outra conclusão bastante óbvia é com relação àqueles que iniciaram a vida contributiva na vigência da Lei n. 8.213; para estes, vale unicamente o novo regramento (carência de 180 contribuições).

Não houvesse regra de transição, os segurados que em 1991 ainda não houvessem implementado os requisitos, idade e a carência, ficariam sujeitos à nova regra (carência de 180 contribuições). Porém, para amenizar o duro impacto da Lei n. 8.213 (que triplicou o prazo de carência) se fez constar o art. 142, trazendo regra de transição, determinando que para os antigos filiados (quem se filiou antes da Lei n. 8.213) a carência permaneceria de 60 contribuições, desde que o implemento da idade para a aposentadoria ocorresse até o ano de 1992; caso a idade mínima exigida para aposentadoria fosse satisfeita em 1993, a carência era de 66 contribuições;

para o antigo filiado que implementasse o requisito etário no ano de 1994 era de 72 contribuições, e assim, sucessivamente houve aumento gradual, até que em 2011 houve a unificação da carência em 180.

Em razão do endurecimento constante das regras para obtenção de benefícios, conquanto não seja obrigado, torna-se extremamente recomendável que o legislador sempre traga no bojo da lei nova (mais rígida) regras de transição, em respeito aos anos de expectativa que nutriram os antigos filiados durante décadas, expectativa que não pode ser totalmente frustrada, aconselhável a edição de regras intermediárias para suavizar a caminhada final dos segurados filiados há longa data.

Ao discorrer sobre "expectativa de direito", foi apresentada a situação de segurado que aos 55 anos de idade iria completar os 35 anos necessários em dezembro de 2019, entretanto, por ter sido editada nova norma (válida, vigente e eficaz) em novembro de 2019, modificando o requisito da aposentaria para exigir, além do tempo de contribuição, requisito de idade mínima de 65 anos. O segurado dessa ilustração não tinha ainda direito adquirido, por não ter implementado os 35 anos de TC antes de 13 de novembro de 2019, mas mera expectativa de direito. Sofreria, em decorrência disso, todo o amargor da lei nova, tendo de contribuir[34] até o atingimento dos 65 anos de idade.

Entretanto, para aqueles que estavam há menos de 2 (dois) anos para implementar o direito à aposentadoria na data da publicação da EC n. 103/2019, o Poder Constituinte derivado reformador desenhou situação intermediária mais favorável no art. 17 da EC n. 103/2019, consagrando importante regra de **proteção ao direito iminente** ao filiado antigo para obtenção de aposentadoria programável sem atrelamento à idade mínima bastando atender ao requisito denominado pedágio de 50% (cinquenta por cento).

Há, ainda, outras regras de transição inseridas nos arts. 15, 16 e 20 da Emenda da Reforma da Previdência aplicáveis aos antigos filiados (filiação anterior à EC n. 103/2019), todas elas exigem o TC mínimo de 35 anos para homens e de 30 anos para as seguradas, estabelecendo:

a) o art. 15 é critério de pontos resultante da soma do TC + idade, pontuação progressiva no tempo;

b) o art. 16 fixa idade mínima progressiva no tempo até o atingimento de 65 anos ao homem e de 62 anos de idade às mulheres;

c) o art. 20 estabelece pedágio de 100% do TC faltante na data da publicação da EC n. 103/2019 e idade mínima de 60 anos ao sexo masculino e de 57 anos de idade às mulheres.

---

34 Há regra de transição prevista no art. 17 da EC n. 103/2019.

Art. 20	Art. 15	Art. 16	Ano	Art. 16	Art. 15	Art. 20
	96	61 anos	2019	56 anos	86	
	97	61,5 anos	2020	56,5 anos	87	
	98	62 anos	2021	57 anos	88	
	99	62,5 anos	2022	57,5 anos	89	
	100	63 anos	2023	58 anos	90	
	101	63,5 anos	2024	58,5 anos	91	
60 anos	102	64 anos	2025	59 anos	92	57 anos
Idade	103	64,5 anos	2026	59,5 anos	93	Idade
	104	65 anos	2027	60 anos	94	
+	105	65 anos	2028	60,5 anos	95	+ pedágio
Pedágio	105	65 anos	2029	61 anos	96	100%
100%	105	65 anos	2030	61,5 anos	97	TC
	105	65 anos	2031	62 anos	98	
TC	105		2032		99	
	105		2033		100	

2 COMPETÊNCIA JURISDICIONAL PARA APRECIAR AÇÕES EM FACE DO INSS

A PEC n. 6/2019 buscava implementar algumas modificações na competência da Justiça Federal. O desiderato governamental era de:

a) dar nova redação ao inciso I do art. 109 da CF para não mais excetuar da referida competência as causas relacionadas a acidente do trabalho em que a União, suas autarquias e empresas públicas federais figurem como parte;

b) modificar o § 2º do mesmo dispositivo para suprimir a possibilidade de as causas intentadas contra a União serem ajuizadas no Distrito Federal;

c) alterar o § 3º, para permitir que lei fixe a regra da competência delegada;

d) acrescentar, ainda, § 6º ao art. 109 da CF para estabelecer que compete exclusivamente à Justiça Federal decidir sobre a existência de interesse jurídico da União, de entidade autárquica ou de empresa pública federal que justifique o deslocamento da competência de processo que tramita na Justiça Estadual.

No art. 43 da redação original da PEC n. 6/2019 constava a regra de transição em face da alteração de competência da Justiça Federal promovida no inciso I do art. 109 da CF. A transição determinava que permanecessem na Justiça Estadual as causas de acidentes de trabalho que envolvam a União, entidade autárquica ou empresa federal, desde que ajuizadas até a data de promulgação da emenda constitucional, podendo lei dispor sobre a transferência dos processos.

Já o art. 44 da proposta de emenda estabelecia regra temporária relacionada à alteração promovida no § 3º do art. 109 da CF, para determinar que, até a edição de lei, apenas quando a comarca de domicílio do segurado distar mais de cem quilômetros da sede da Justiça Federal, é que poderão ser processadas causas previdenciárias na Justiça Estadual.

Na CCJC, nos termos do parecer inicial apresentado, as alterações propostas pelo Executivo tinham feição constitucional:

> No tocante à alteração da competência da Justiça Federal, concordamos com a alteração proposta na PEC no sentido de que passe a tratar de causas relacionadas

a acidente de trabalho, quando a União for parte, procedida por meio de alteração ao inciso I do art. 109 da CF. Certamente, se a Justiça Federal já processa todas as causas previdenciárias relacionadas ao Regime Geral de Previdência Social – RGPS, não há razão para permanecer na Justiça Estadual apenas aquelas que se referem a benefícios concedidos em decorrência de acidente de trabalho.

Note-se que as regras de benefícios, seja de acidente de trabalho ou não, são equivalentes entre si. Estamos de acordo, também, com a regra de transição adotada pela PEC no art. 43 do texto original, com ajustes de técnica legislativa para determinar que os processos já ajuizados permaneçam onde estão, até que uma lei posterior disponha sobre critérios para sua transferência para a Justiça Federal.

A alteração proposta pela PEC no § 3º do art. 109 é sem nenhuma dúvida procedente, pois visa assegurar que os processos sejam julgados pelo juiz mais especializado na matéria. O constituinte originário quis facilitar o acesso à justiça da população que reside em pequenos Municípios, mas entendemos que o processamento de causas por um juiz que não seja especializado na matéria deve ser tratado com cautela.

De acordo com o novo texto constitucional proposto, eventual transferência de competência para julgar causas em que forem parte instituição de previdência social poderá ser autorizada por lei.

Trata-se de uma questão que não deve constar de um texto constitucional, mais rígido, mas sim de uma norma infralegal. Como medida de transição, o art. 44 da PEC prevê que podem ser processadas e julgadas na Justiça Estadual as causas previdenciárias envolvendo segurados com domicílio distante mais de 100 km da sede de vara do juízo federal, regra que poderá a qualquer tempo ser alterada por lei ordinária.

Por fim, ainda no que se refere à competência da Justiça Federal, propõe-se, na PEC, que caberá à Justiça Federal decidir sobre o deslocamento de processo que tramitava na Justiça Estadual, mediante nova redação dada ao § 6º do art. 109 da Constituição Federal. De fato, tal medida é coerente e necessária, sob pena de a Justiça Federal se ver obrigada a absorver processos decorrentes de entendimentos divergentes das justiças estaduais dos 27 Estados da federação.

Entretanto, na complementação de voto do Relator da CCJC na tramitação da PEC n. 6/2019 no Congresso Nacional houve a exclusão do texto modificativo do § 2º do art. 109. Na Comissão Especial o Relator apresentou substitutivo que não contemplou a alteração do Inciso I (acidente de trabalho) do § 6º (cabe à Justiça Federal decidir sobre interesse de ente público federal capaz de deslocar a competência), e das regras de transição dos arts. 43 e 44 da PEC n. 6/2019.

Ao final, o Congresso Nacional apenas encampou a alteração da redação do § 3º do art. 109 da CF.

Competência jurisdicional – ações previdenciárias

Conforme a Tese n. 350/STF fixada em 2014 no julgamento do Recurso Extraordinário n. 631.240, com repercussão geral reconhecida, a "concessão de benefícios previdenciários depende de requerimento do interessado, não se caracterizando ameaça ou lesão a direito antes de sua apreciação e indeferimento pelo INSS, ou se excedido o prazo legal para sua análise".

O segurado (ou dependente) somente poderá ingressar com ação judicial contra o INSS se antes tiver efetivado o **prévio requerimento administrativo** perante uma das Agências da Previdência Social (APS).

A prévia postulação administrativa é uma das condições da ação: o interesse processual.

Não há exigência de esgotamento da via administrativa. Diante da primeira negativa de concessão do benefício pelo INSS, poderá o lesado pelo ato administrativo ajuizar ação.

Quanto à competência para apreciação no âmbito judicial, nos termos do art. 109 da Constituição Federal, **compete à Justiça Federal** apreciar a matéria previdenciária, sempre que o INSS for parte interessada na condição de autora, ré, assistente ou oponente, ao passo que as causas de benefícios fundadas em **acidente do trabalho são de competência da Justiça Estadual**.

As ações judiciais nas quais o autor postule benefício previdenciário de aposentadoria por tempo de contribuição; aposentadoria especial; aposentadoria por idade; salário-família; salário-maternidade e auxílio-reclusão (depois de satisfeito o prévio requerimento administrativo) serão da alçada da Justiça Federal Comum, admitida a competência delegada prevista nos §§ 3º e 4º do art. 109.

Existem também benefícios previdenciários por incapacidade laborativa, nominados de auxílio-acidente; auxílio-doença; aposentadoria por invalidez e, no caso de morte do segurado, pensão por morte ao(s) dependente(s). Esses benefícios são deferidos quer sejam decorrentes ou não de acidente ou doença relacionada com o ambiente de trabalho.

Caso a doença ou acidente que fundamente a incapacidade (ou morte) não tiver liame causal com o trabalho os benefícios serão nominados **de previdenciários em sentido estrito**.

De outra toada, serão chamados de **benefícios acidentários** aqueles nos quais a causa da incapacidade (ou morte) do segurado seja um acidente ou uma doença com nexo causal com o ambiente de trabalho.

Justiça Federal

A Lei n. 5.010, de 30 de maio de 1966, estabelece a organização do primeiro grau de jurisdição da Justiça Federal e determina que em cada um dos Estados, assim como o Distrito Federal, se constituirá uma **seção judiciária**.

Localizadas nas capitais das Unidades da federação, as seções judiciárias são formadas por um conjunto de varas federais, onde atuam os juízes federais.

O segundo grau de jurisdição da Justiça Federal é composto por cinco Tribunais Regionais Federais (TRFs), com sedes em:

- Brasília (TRF 1ª Região);
- Rio de Janeiro (TRF 2ª Região);
- São Paulo (TRF 3ª Região);
- Porto Alegre (TRF 4ª Região); e
- Recife (TRF 5ª Região).

Os TRFs englobam as seguintes seções judiciárias:

- TRF 1ª Região – Acre, Amapá, Amazonas, Bahia, Distrito Federal, Goiás, Maranhão, Mato Grosso, Minas Gerais, Pará, Piauí, Rondônia, Roraima e Tocantins;
- TRF 2ª Região – Espírito Santo e Rio de Janeiro;
- TRF 3ª Região – Mato Grosso do Sul e São Paulo;
- TRF 4ª Região – Paraná, Rio Grande do Sul e Santa Catarina;
- TRF 5ª Região – Alagoas, Ceará, Paraíba, Pernambuco, Rio Grande do Norte e Sergipe.

Por relevante, cabe anotar que houve no ano de 2013 a promulgação da Emenda Constitucional (EC) n. 73, criando os Tribunais Regionais Federais da 6ª, 7ª, 8ª e 9ª Regiões, atribuindo a eles as seções judiciárias:

- TRF da 6ª Região, com sede em Curitiba, Estado do Paraná, e jurisdição nos Estados do Paraná, Santa Catarina e Mato Grosso do Sul;
- TRF da 7ª Região, com sede em Belo Horizonte, Estado de Minas Gerais, e jurisdição no Estado de Minas Gerais;
- TRF da 8ª Região, com sede em Salvador, Estado da Bahia, e jurisdição nos Estados da Bahia e Sergipe; e
- TRF da 9ª Região, com sede em Manaus, Estado do Amazonas, e jurisdição nos Estados do Amazonas, Acre, Rondônia e Roraima.

A EC n. 73/2013 foi alvo da Ação Direta de Inconstitucionalidade (ADIn) n. 5.017 (número único: 9990287-82.2013.1.00.0000), tendo o à época relator, Ministro Joaquim Barbosa, deferido[1] medida cautelar para suspender os efeitos da EC n. 73/2013. A ADIn 5.017 ainda não foi apreciada pelo plenário do STF, encontrando-se, assim, por força da tutela provisória deferida, obstados os efeitos da EC n. 73/2013.

---

1   Disponível em: <http://portal.stf.jus.br/processos/downloadPeca.asp?id=158713747& ext=.pdf>. Acesso em: 14 set. 2019.

Competência nas ações previdenciárias em sentido estrito

Quanto à competência para apreciação, nos termos do art. 109 da Constituição Federal de 1988, cabe à Justiça Federal apreciar ações que versem sobre a matéria previdenciária em sentido estrito[2], ao passo que as causas de acidente do trabalho[3] são de incumbência da Justiça Estadual.[4]

Nas ações previdenciárias *stricto sensu*, conforme orientação sumular do STF, 689[5], o segurado pode ajuizar ação contra a instituição previdenciária (INSS) perante o juízo federal do seu domicílio ou nas varas federais da capital do Estado-membro.

Nos moldes da Súmula 23 do E. TRF 3ª Região, proposta a demanda previdenciária em Subseção diversa da do domicílio do segurado ou da Subseção da capital, é defeso ao magistrado federal, de ofício, declinar a competência.

Dessume-se do enunciado da Súmula 23 que é territorial (e não funcional) a divisão da Seção Judiciária da Justiça Federal em Subseções.

Sendo territorial, a competência é relativa, não podendo ser declinada de ofício pelo magistrado, conforme Súmula 33 do STJ:

A incompetência relativa não pode ser declarada de ofício.

Ademais, em conformidade com Estatuto Processual Civil (arts. 64 e 65) a incompetência relativa deve ser alegada como questão preliminar de contestação, sendo prorrogada a competência caso o réu deixa de deduzi-la na resposta.

Competência delegada à Justiça Estadual antes da EC n. 103/2019

A Carta Magna de 1988 possibilitou a delegação da competência federal no âmbito previdenciário à Justiça Estadual, no art. 109, § 3º (redação original):

Serão processadas e julgadas na justiça estadual, no foro do domicílio dos segurados ou beneficiários, as causas em que forem parte instituição de previdência social e

---

2   A jurisprudência do STF se firmou no sentido de que, quando o INSS figurar como parte ou tiver interesse na matéria, a competência é da Justiça Federal (RE 545.199 AgR, rel. Min. Ellen Gracie, j. 24-11-2009, 2ª T., *DJe* 18-12-2009. *Vide* RE 461.005, rel. Min. Ricardo Lewandowski, j. 8-4-2008, 1ª T., *DJe* 9-5-2008).

3   Súmula 235/STF: "É competente para a ação de acidente do trabalho a Justiça Cível comum, inclusive em segunda instância, ainda que seja parte da autarquia seguradora".

4   "Art. 109. Aos juízes federais compete processar e julgar:

I – as causas em que a União, entidade autárquica ou empresa pública federal forem interessadas na condição de autoras, rés, assistentes ou oponentes, exceto as de falência, as de acidentes de trabalho e as sujeitas à Justiça Eleitoral e à Justiça do Trabalho [...]".

5   O segurado pode ajuizar ação contra a instituição previdenciária perante o juízo federal do seu domicílio ou nas varas federais da capital do Estado-membro.

segurado, sempre que a comarca não seja sede de vara do juízo federal, e, se verificada essa condição, a lei poderá permitir que outras causas sejam também processadas e julgadas pela justiça estadual[6].

A título de exceção, sempre que a comarca não seja sede de vara federal, os beneficiários da previdência (segurados[7] e dependentes) poderão (trata-se de faculdade[8] colocada à disposição do beneficiário da Previdência Social) ajuizar as demandas previdenciárias na Justiça Estadual contra o INSS.

Conquanto a norma constitucional refira-se a ações que envolvam "instituição de previdência social e segurado" a jurisprudência é unânime ao admitir que a facilitação do acesso à justiça concretizada na regra da competência delegada também deve compreender o idoso e o deficiente, em situação de miserabilidade, que postulem em face da autarquia federal (INSS) responsável pela operacionalização do benefício constitucional da Assistência Social (art. 203, V, CF, c/c arts. 20 e 21 da Lei n. 8.742/93). Nesse sentido:

Súmula 22 do TRF 3ª Região (PRSU 2005.03.00.021046-4)

É extensível aos beneficiários da Assistência Social (inciso V do art. 203 da CF) a regra de delegação de competência do § 3º do art. 109 da Constituição Federal, sendo exclusiva a legitimidade passiva do INSS.

A delegação da competência federal opera-se apenas em favor do juízo estadual de primeira instância, assim, o reexame necessário da sentença e o recurso voluntário das partes deverão ser encaminhados ao Tribunal Regional Federal (não ao Tribunal de Justiça)[9].

A competência delegada trazida no § 3º do art. 109 é norma aplicável exclusivamente nas comarcas que não sejam sede de vara federal.

Inaugurada vara federal na comarca onde se processa ação previdenciária em face do INSS, cessa[10] de imediato a competência delegada, devendo a Justiça Estadual

---

6   Atenção: a nova redação do § 3º do art. 109 dada pela Emenda Constitucional n. 103/2019 será analisada posteriormente em tópico próprio.

7   Súmula 20 do TRF 3ª Região (PRSU 2002.03.00.052631-4): "A regra do § 3º do art. 109 da Constituição Federal abrange não só os segurados e beneficiários da Previdência Social, como também aqueles que pretendem ver declarada tal condição".

8   Súmula 24 do TRF 3ª Região (PRSU 2005.03.00.021045-2): "É facultado aos segurados ou beneficiários da Previdência Social ajuizar ação na Justiça Estadual de seu domicílio, sempre que esse não for sede de Vara da Justiça Federal".

9   Art. 109 da Constituição Federal:

"§ 4º Na hipótese do parágrafo anterior, o recurso cabível será sempre para o Tribunal Regional Federal na área de jurisdição do juiz de primeiro grau".

10   TRF-3: "Conflito de competência. Justiça Estadual e Justiça Federal. Ação previdenciária proposta perante a Justiça Estadual. Superveniente criação de vara federal na sede da comarca. Execução do julgado. Competência da Justiça Federal.

remeter os autos à Justiça Federal por versar competência absoluta prevista no art. 109, I, da Constituição Federal, sendo inaplicável a *perpetuatio jurisdictionis*.

Constata-se que a competência delegada contida no § 3º do art. 109 versa norma de cunho eminentemente transitório, que restará exaurida por completo após a conclusão do processo de interiorização da Justiça Federal, motivo por que a nosso sentir mais apropriado teria sido a alocação da competência delegada no Ato das Disposições Constitucionais Transitórias (ADCT), e não no corpo permanente do texto constitucional.

Juizado Especial Federal

No âmbito da Justiça Federal as causas de pequeno valor (de até 60 salários mínimos) terão curso perante o **Juizado Especial Federal**[11] (JEF).

Inadmissíveis, por outro lado, ações em face do INSS perante o Juizado Especial Cível Estadual ou Juizado Especial de Fazenda Pública Estadual, uma vez que:

- o art. 20 da Lei n. 10.259/2001 veda expressamente a propositura de ação previdenciária perante o Juizado Especial Estadual;
- a Lei n. 9.099[12] expressamente excluiu as causas de acidente de trabalho e a presença de ente público federal nas ações perante a Justiça Especial Estadual;
- na mesma toada, a Lei n. 12.153/2009 exclui da competência dos Juizados Especiais da Fazenda Pública Estadual ações nas quais haja a presença da União Federal e de suas respectivas autarquias e fundações.

---

1. A ação previdenciária foi proposta junto ao Juízo Estadual, em consonância com o disposto no art. 109, § 3º, da Constituição Federal, que prevê a competência federal delegada nas causas em que forem parte instituição de previdência social e segurado, sempre que a comarca não seja sede de vara do juízo federal. Na fase de execução do julgado, suscitou-se o presente conflito.

2. A criação superveniente de Vara Federal na sede da Comarca onde foi ajuizada a ação previdenciária induz à competência absoluta prevista no art. 109, I, da Constituição Federal.

3. Hipótese que constitui exceção ao princípio da *perpetuatio jurisdictionis*, e que, por consequência, afasta a aplicação da regra processual segundo a qual a execução do título judicial deverá ser processada perante o juízo que decidiu a causa em primeiro grau de jurisdição.

4. Conflito de competência conhecido para declarar a competência da Justiça Federal de Jundiaí/SP para a execução do julgado" (CC 2016.03.00.006974-1/SP; rel. Des. Federal Baptista Pereira; j. 8-9-2016; maioria; DE 20-9-2016).

11 Lei n. 10.259/2001.

12 "Art. 3º [...]

§ 2º Ficam excluídas da competência do Juizado Especial as causas de natureza alimentar, falimentar, fiscal e de interesse da Fazenda Pública, e também as relativas a acidentes de trabalho, a resíduos e ao estado e capacidade das pessoas, ainda que de cunho patrimonial."

Insta ressaltar que no foro onde estiver instalada Vara do JEF a sua competência é absoluta.

STJ

Súmula 428. Compete ao Tribunal Regional Federal decidir os conflitos de competência entre juizado especial federal e juízo federal da mesma seção judiciária.

De outro giro, a despeito da proximidade territorial, inexistindo Vara do JEF na comarca de residência do segurado, subsiste inalterada a competência delegada à Justiça Estadual local, com arrimo no art. 109, § 3º, da CF, para dirimir as relações previdenciárias em face do INSS. Nesse sentido:

TRF-3

[...] 4. Na medida em que o município de domicílio da parte autora da ação previdenciária não é sede de Vara Federal ou Juizado Especial Federal, lhe é garantida a faculdade conferida pela Constituição Federal, à luz do disposto no § 3º de seu artigo 109, de sorte que no momento do ajuizamento da demanda previdenciária poderá optar pelo foro estadual de seu domicílio, quando não houver juízo federal instalado na respectiva comarca. Precedentes da 3ª Seção e Súmula 24 deste Tribunal (Conflito de Competência / SP 5017419-59.2019.4.03.0000; rel. Des. Federal Carlos Eduardo Delgado. 3ª Seção; j. 14-8-2019; Data da Publicação/Fonte: Intimação via sistema em 21-8-2019).

Ações acidentárias em face do INSS

Ações pleiteando proteção previdenciária tendo como causa de pedir a ocorrência de **Acidente do Trabalho** são da competência da Justiça Estadual.

Atente-se que nesta situação (acidente ou doença relacionada ao ambiente de trabalho) o recurso voluntário ou reexame necessário será sempre para o Tribunal de Justiça, por se tratar de competência absoluta da Justiça Estadual.

STF

Súmula 501. Compete à Justiça ordinária estadual o processo e o julgamento, em ambas as instâncias, das causas de acidente do trabalho, ainda que promovidas contra a União, suas autarquias, empresas públicas ou sociedades de economia mista.

STF

Súmula 235. É competente para a ação de acidente do trabalho a Justiça Cível comum, inclusive em segunda instância, ainda que seja parte autarquia seguradora.

A existência de relação causal com o labor produz efeitos; o primeiro deles é a respeito da competência jurisdicional; se se tratar de benefício acidentário (regra 2) o juiz federal será absolutamente incompetente para processar e julgar a ação, sendo competente o juiz estadual (de primeira e segunda instância).

De outro lado, tratando-se de benefício estritamente previdenciário a competência será do juiz federal, admitindo a CF a delegação (apenas em primeira instância) dessa competência ao juiz estadual do foro de domicílio do segurado, caso nessa localidade não exista vara da Justiça Federal.

A competência da Justiça Estadual para apreciar as ações de acidente do trabalho fundadas no direito especial (Lei n. 8.213/91), propostas em face da autarquia federal (INSS), não sofreu abalo com a vinda da **Emenda Constitucional n. 45.**

A EC n. 45 atribuiu ao art. 114, do Diploma Supremo, nova redação, acrescendo também novos incisos, dentre eles, o inciso VI, que assim preconiza:

Art. 114. Compete à Justiça do Trabalho processar e julgar: [...]

VI – as ações de indenização por dano moral ou patrimonial, decorrentes da relação de trabalho [...].

No mesmo diapasão é o teor da Súmula Vinculante STF 22:

A Justiça do Trabalho é competente para processar e julgar as ações de indenização por danos morais e patrimoniais decorrentes de acidente de trabalho propostas por empregado contra empregador, inclusive aquelas que ainda não possuíam sentença de mérito em primeiro grau quando da promulgação da EC 45/2004.

As demandas que tenham como causa de pedir "acidente de trabalho", ajuizadas em face do órgão segurador previdenciário, INSS, não estão abrangidas pela disposição constitucional *supra* (art. 114, VI).

Acobertadas pelo art. 114, VI, encontram-se as ações de acidente do trabalho fundadas no direito comum (Código Civil), apresentadas pelo empregado (ou ex-empregado) em face do empregador, haja vista que "[...] a indenização acidentária não exclui a do direito comum, em caso de dolo ou culpa grave do empregador" (Súmula 229 do STF):

CF/88

Art. 7º [...]

XXVIII – seguro contra acidentes de trabalho, a cargo do empregador, sem excluir a indenização a que este está obrigado, quando incorrer em dolo ou culpa;

No mesmo sentido: art. 121 da Lei de Benefícios:

Art. 121. O pagamento de prestações pela Previdência Social em decorrência dos casos previstos nos incisos I e II do *caput* do art. 120 desta Lei não exclui a responsabilidade civil da empresa, no caso do inciso I, ou do responsável pela violência doméstica e familiar, no caso do inciso II. (*Redação dada pela Lei n. 13.846/2019.*)

Partes:	Autor: segurado	Autor: empregado
	Réu INSS	Réu: empregador
Causa de pedir	Incapacidade decorrente de acidente ou doença relacionada com o trabalho	
Pedido	Benefício previdenciário	Indenização
Legislação	Art. 201, I, da CF Lei n. 8.213/91	Art. 7º, XXVII, da CF CC, art. 927
Competência	Justiça Estadual (art. 109, I, CF)	Justiça do Trabalho (art. 114, VI, CF)

Anote-se ainda que o STF em sede de Repercussão geral apreciou a questão suscitada no Recurso Extraordinário 638.483 que versava, à luz do art. 109, I, da CF, sobre a competência, ou não, da Justiça Federal para julgar causas referentes ao **restabelecimento** de benefícios previdenciários decorrentes de acidente de trabalho.

A Corte manteve a jurisprudência até então firmada no sentido de que compete à Justiça Comum estadual julgar as ações acidentárias que, propostas pelo segurado contra o INSS, visem à prestação de benefícios relativos a acidentes de trabalho (RE 638.483 RG, voto do rel. Min. Cezar Peluso, j. 9-6-2011, P, *DJe* 31-8-2011, Tema 414).

Ações de revisão de benefícios acidentários

As ações objetivando a **revisão de benefício** rotulado como "acidente do trabalho", propostas por segurado, são de duas espécies:

a) revisão do acidente em si, de modo a comprovar o agravamento da incapacidade, mediante nova perícia médica, e subsequente concessão de benefício que melhor ampare o autor, v.g., aposentadoria por invalidez;

b) revisão não específica de benefício acidentário, tal como dos índices de reajuste geral dos benefícios ou dos índices de correção monetária dos salários de contribuição, ditados pela Previdência indistintamente a todos os beneficiários.

A Suprema Corte de nosso país, no RE 176.532, vencido o Nobre Ministro Marco Aurélio[13], considerou integrar a esfera de competência da Justiça Estadual

---

13 A posição adotada pelo culto Ministro Marco Aurélio é em nosso sentir a mais acertada, na medida em que a dualidade conceitual das ações de revisão é aspecto de maior relevo para dirimir a competência para julgamento. Ademais, segundo as regras de hermenêutica, exceções interpretam-se restritivamente. Lamentamos o norte tomado, por sua maioria, pela Corte Suprema, que cerceou o acesso dos vitimados por acidentes do trabalho aos Juizados Especiais Federais na busca das revisões pacificadas no Poder Judiciário. Citamos a ação de revisão do IRSM (consistente no incremento dos 39,67% nos salários de contribuição que integraram a base de cálculo do benefício), visto que nos JEFs

qualquer pedido de revisão de benefício acidentário, ainda que não haja efetiva discussão acerca do acidente do trabalho, ainda que a origem remota da concessão do benefício por acidente do trabalho não seja de relevo à revisão postulada. *Vis-à-vis*, nas ações que busquem o afastamento dos nefastos efeitos da espiral inflacionária, viés da manutenção do valor real do benefício, tramitam na Justiça Estadual os benefícios de índole "acidente do trabalho".

Ações regressivas

Subsiste, ainda, a ação regressiva acidentária, alicerçada no art. 120 da Lei n. 8.213, estabelecendo que nos casos de negligência quanto às normas padrão de segurança e higiene do trabalho indicadas para a proteção individual e coletiva, a Previdência Social proporá ação regressiva contra os responsáveis.

Eis definição de "ação regressiva acidentária" ditada pelo emérito professor Wladimir Novaes Martinez[14]: "Direito do INSS de tentar reaver valores consumidos com prestações acidentárias deferidas quando caracterizada a negligência do empregador".

É dever do INSS promover o ajuizamento de **ação regressiva** contra os empregadores que não desenvolveram gerenciamento eficaz dos riscos ambientais, ergonômicos e mecânicos, sempre que identificados indícios de dolo ou culpa destes, em relação aos acidentes ou às doenças ocupacionais a que foram vitimados os empregados-segurados.

Na ação regressiva colima o INSS a condenação das empresas causadoras de acidentes do trabalho no pagamento de todos os valores que a Previdência desembolsou e desembolsará em benefícios e serviços aos segurados-acidentados e seus respectivos beneficiários (sem prejuízo da continuidade dos pagamentos mensais do benefício acidentário pelo INSS ao segurado).

O STJ, no Conflito de Competência n. 59.970[15], definiu que a competência para conhecer e julgar as ações de ressarcimento dos gastos suportados pela autarquia previdenciária, decorrentes da concessão de benefícios e serviços de natureza acidentária, em razão de acidente de trabalho ocorrido nas dependências da empresa-ré, por culpa desta, é da Justiça Federal.

---

têm curso rápido e fácil essas ações de revisão devido à integração estabelecida com a autarquia federal, INSS – ela está apta a promover a revisão de centenas a milhares de benefícios estritamente previdenciários quase que de maneira imediata e, pela mesma ferramenta eletrônica, a apuração de atrasados para expedição de precatório (ou RPV). Diante do precedente do STF, todos os dias há decreto de extinção dessas ações de revisão em face da incompetência absoluta da Justiça Federal (JEF), por versar o benefício em sua origem remota de acidente do trabalho, fator este que nada influência na apreciação do direito à revisão.

14 MARTINEZ, Wladimir Novaes. *Dicionário Novaes de direito previdenciário*. São Paulo: LTr, 2013.

15 No mesmo sentido do STJ: CC n. 92.485.

Para melhor compreensão:

1. Empregado perde a mão ou braço na prensa da fábrica durante o horário de trabalho. Nesta situação fará jus a benefício acidentário (poderá ser auxílio-acidente; auxílio-doença ou aposentadoria por invalidez e, no caso de morte do segurado, o dependente fará jus a pensão por morte). Caso o INSS negue a concessão do benefício (prévio requerimento), haverá interesse de agir, significa dizer, poderá o segurado ajuizar ação perante a **Justiça Estadual** contra o INSS para obter o **benefício acidentário** (conforme exceção prevista no inciso I do art. 109 da CF).

2. O pagamento, pela Previdência Social, das prestações por acidente do trabalho não exclui a responsabilidade civil da empresa (art. 121 da Lei n. 8.213). Esse mesmo empregado acidentado, caso o acidente tenha decorrido de culpa do empregador (p. ex. não fornecimento de curso de capacitação para o empregado operar o maquinário que o vitimou), poderá ajuizar ação para obter **indenização** por danos morais e materiais contra a empresa-empregadora; nesta hipótese a ação deverá ser proposta reclamação perante a **Justiça do Trabalho**.

3. Ao verificar que o acidente com a prensa da fábrica decorreu de conduta culposa do empregador, deverá o INSS propor ação regressiva acidentária contra a empresa perante a **Justiça Federal**.

Novidade. Minirreforma da Previdência/2019. Ações regressivas. Lei n. 13.846, de 18-6-2019

A primeira grande onda das ações regressivas ajuizadas pelo INSS teve por ato embrionário a norma *lato sensu* editada no ano de 2007 pelo Colendo Tribunal Regional do Trabalho da Segunda Região (TRT-2), ao publicar a inédita RECOMENDAÇÃO CR N. 44/2007, subscrita pelo Nobre Juiz Décio Sebastião Daidone, à época Corregedor do TRT-2, que citava dentre os "considerandos":

a) o recebimento do Ofício AGU/PGF/PFE-INSS/Regressivas n. 03/2007, de 9-4-2007, do à época Sr. Procurador Regional Federal da Procuradoria Federal Especializada-INSS, Dr. Hermes Arrais Alencar, no qual pedia a cooperação do TRT-2 no esforço que empreende o INSS, em âmbito nacional, para ajuizar ações regressivas contra empresas causadoras de acidentes do trabalho e que tenham descumprido normas de segurança e higiene do trabalho;

b) que tal cooperação serve ao propósito de ressarcir o INSS dos valores despendidos pela sociedade no pagamento dos benefícios previdenciários; e

c) que o esforço empreendido pelo INSS depende, em grande parte, da cooperação entre órgãos públicos; RECOMENDOU aos Excelentíssimos Senhores Juízes do Trabalho de 1ª Instância que comunicassem, através de ofício, à Procuradoria Federal Especializada na Defesa do INSS, sempre que, nesse sentido concluírem nas suas sentenças, a responsabilidade subjetiva do empregador no descumprimento das normas de segurança e higiene do trabalho.

Diante da reconhecida importância desse ato proclamado pelo TRT-2, quatro anos mais tarde, em 2011, o Egrégio Tribunal Superior do Trabalho (TST) deu abrangência nacional, publicando a RECOMENDAÇÃO CONJUNTA GP.CGJT n. 2/2011/TST de 3-11-2011, conclamando a todos os magistrados da Justiça Laboral que encaminhassem à Procuradoria Federal responsável pela defesa do INSS as sentenças (e/ou acórdãos) que reconheçam conduta culposa do empregador em acidente de trabalho, a fim de subsidiar eventual ajuizamento de ação regressiva pelo INSS, nos termos do art. 120 da Lei n. 8.213/91.

A partir dessa essencial colaboração, a conhecida "ação regressiva acidentária" tornou-se efetiva em todo o país como instrumento punitivo-pedagógico contra as empresas que forem consideradas causadoras de danos em seus empregados vitimados por acidente ou doença relacionada ao ambiente do trabalho.

A segunda grande onda das ações regressivas é lastreada na pretensão de o INSS ser ressarcido pelos causadores de acidentes de trânsito e pelos responsáveis por violência doméstica ocorridos no Brasil, sempre que a autarquia previdenciária suportar o pagamento de benefício previdenciário à vítima.

No ano de 2012 o homem-agressor entrou na mira do INSS quando foi ajuizada "ação regressiva previdenciária por violência contra a mulher", processo 5006374-73.2012.404.7114, em Lajeado, RS, na qual o INSS, na qualidade de autor, esclareceu que réu foi preso em flagrante delito logo após ter tirado a vida de sua ex-companheira, fato que tramitava em paralelo em ação penal.

Da petição inicial do INSS constou que o homicídio praticado pelo réu deu origem à pensão por morte em favor dos filhos da segurada falecida, prestações previdenciárias que o INSS suportava desde o passamento (ano 2009) e que deverá durar até o atingimento da maioridade dos filhos.

Ação fundamentada, dentre outros, no art. 927 do Código Civil: "Aquele que, por ato ilícito (arts. 186 e 187), causar dano a outrem, fica obrigado a repará-lo".

Após sentença de parcial procedência, houve julgamento da ação regressiva pelo Tribunal Regional da 4ª Região que deu acolhida plena ao pedido do INSS:

> Processual civil, civil e previdenciário. Assassinato de segurada pelo ex-marido. Violência contra a mulher. Responsabilidade civil do agente, que deverá ressarcir o INSS pelos valores pagos a título de pensão por morte. Correção monetária. Incidência.
>
> 1. Cabe ao agente que praticou o ato ilícito que ocasionou a morte do segurado efetuar o ressarcimento das despesas com o pagamento do benefício previdenciário, ainda que não se trate de acidente de trabalho. Hipótese em que se responsabiliza o autor do homicídio pelo pagamento da pensão por morte devida aos filhos, nos termos dos arts. 120 e 121 da Lei n. 8.213/91 c/c arts. 186 e 927 do Código Civil.
>
> 2. O ressarcimento deve ser integral por não estar comprovada a corresponsabilidade do Estado em adotar medidas protetivas à mulher sujeita à violência doméstica.

3. Incidência de correção monetária desde o pagamento de cada parcela da pensão.

4. Apelação do INSS e remessa oficial providas e apelação do réu desprovida (TRF4, Apelação/Reexame Necessário n. 5006374- 73.2012.404.7114, 3ª T., Des. Federal Carlos Eduardo Thompson Flores Lenz, por unanimidade, juntado aos autos em 9-5-2013).

O Superior Tribunal de Justiça apreciou a questão por força de recurso especial (REsp 1.431.150/RS), mantendo a condenação do réu a ressarcir integralmente o INSS.

Esse recurso especial consiste em decisão colegiada transitada em julgado que firmou importante jurisprudência da qual cabe destacar os itens 4 e 5 da ementa:

4. No caso dos autos, o benefício é devido pela autarquia previdenciária aos filhos da vítima em razão da comprovada relação de dependência e das contribuições previdenciárias recolhidas pela segurada. Logo, o INSS possui legitimidade e interesse para postular o ressarcimento de despesas decorrentes da concessão de benefício previdenciário aos dependentes de segurado, vítima de assassinato.

5. O agente que praticou o ato ilícito do qual resultou a morte do segurado deve ressarcir as despesas com o pagamento do benefício previdenciário, mesmo que não se trate de acidente de trabalho, nos termos dos arts. 120 e 121 da Lei n. 8.213/91, c/c os arts. 186 e 927 do Código Civil.

No campo penal o agressor da violência doméstica encontra reprimenda estabelecida na Lei n. 11.340/2006, que criou mecanismos para coibir a violência doméstica e familiar contra a mulher. Essa lei possui a alcunha Lei Maria da Penha, por ser pautada na história infelizmente vivida por Maria da Penha Maia Fernandes que no ano de 1983 foi vítima de dupla tentativa de feminicídio por parte de seu marido. Primeiro, ele deu um tiro em suas costas enquanto ela dormia. Como resultado dessa agressão, Maria da Penha ficou paraplégica devido a lesões irreversíveis na terceira e quarta vértebras torácicas, laceração na dura-máter e destruição de um terço da medula à esquerda – constam ainda outras complicações físicas e traumas psicológicos. No entanto, Marco Antonio declarou à polícia que tudo não havia passado de uma tentativa de assalto, versão que foi posteriormente desmentida pela perícia. Quatro meses depois, quando Maria da Penha voltou para casa – após duas cirurgias, internações e tratamentos –, ele a manteve em cárcere privado durante 15 dias e tentou eletrocutá-la durante o banho[16].

Desse modo, resta indubitável que os responsáveis por violência doméstica além de ficarem sujeitos às punições da esfera penal fixadas na Lei Maria da Penha (Lei n. 11.340/2006), também deverão, no campo patrimonial, ressarcir ao INSS todas as despesas da Previdência decorrentes do pagamento de benefícios

---

16 Disponível em: <http://www.institutomariadapenha.org.br>. Acesso em: 12 nov. 2019.

previdenciários às vítimas de violência doméstica, sem prejuízo, é claro, de o agressor indenizar a vítima.

No Congresso Nacional tramitava na Câmara dos Deputados o Projeto de Lei n. 290/2015 (que possuía, por sua vez, quatro outros projetos de lei apensados: PL 422/2015; PL 3.846/2015; PL 6.315/2016; PL 6.410/2016), recém-arquivado, que buscava atribuir como efeito automático da sentença condenatória penal o dever de o agressor-condenado indenizar a Previdência Social por todos os valores pagos com benefícios de auxílio-doença, aposentadoria por invalidez e pensão por morte, quando concedidos em decorrência de atos de violência doméstica e familiar por ele praticados, independentemente de ajuizamento de ação regressiva.

No Senado Federal também restou arquivado em 21 de dezembro de 2018 o Projeto de Lei n. 393/2013, no qual se pretendia incluir o art. 120-A na Lei n. 8.213/91, para permitir que o INSS ajuizasse ação regressiva, visando ao ressarcimento das despesas decorrentes dos custos com o tratamento da vítima de violência doméstica e familiar, quando o agressor for enquadrado na Lei n. 11.340, de 07 de agosto de 2006 (Lei Maria da Penha).

Subsiste ainda em tramitação no Senado Federal o Projeto de Lei n. 282/2016, que colima trazer regramento específico para a ação regressiva previdenciária fundada em violência doméstica e familiar.

O PLS n. 282/2016, conquanto repleto de boas intenções, traz retrocesso, na medida em que ao pretender dar nova redação ao art. 121 da Lei n. 8.213, autoriza o cabimento da ação regressiva decorrente de violência doméstica apenas após o "trânsito em julgado" da sentença penal condenatória.

A condicionante (transito em julgado da sentença penal condenatória) irá desautorizar as atuais ações regressivas em curso, que são propostas em paralelo à tramitação da ação penal, a exemplo da citada ação 5006374-73.2012.404.7114, na qual o INSS obteve acolhida de seu pedido na primeira e segunda instância (decisões confirmadas pelo STJ), sem que houvesse o trânsito em julgado da ação na esfera penal.

Com as devidas vênias, o ajuizamento da ação regressiva previdenciária não deve ficar atrelado ao trânsito em julgado da ação na esfera penal, posto que na seara criminal há garantias processuais que fazem o processo se arrastar por anos, por vezes décadas.

A independência das esferas civil e penal deve ser respeitada, máxime em face de marido/companheiro que tenha confessado ter praticado o crime, tenha sido preso em flagrante delito, bem como nas situações de haver contra si farta prova de ser ele o autor das lesões graves ou do homicídio doloso contra a esposa/companheira.

Não há ofensa ao postulado da presunção de inocência previsto no art. 5º, LVII, da Constituição Federal, estabelecido como garantia na esfera penal, não podendo ser entendido como óbice à propositura de ações de indenização e ressarcimento no campo civil.

O caráter punitivo-pedagógico das ações regressivas decorrentes de violência doméstica no direito previdenciário foi normatizado no ano de 2019, quando houve a publicação da Lei n. 13.846, fruto da Medida Provisória n. 871, que traz grande avanço no pacote[17] de medidas[18] de proteção à mulher.

> Art. 120. A Previdência Social ajuizará ação regressiva contra os responsáveis nos casos de:
>
> I – negligência quanto às normas padrão de segurança e higiene do trabalho indicadas para a proteção individual e coletiva;
>
> II – violência doméstica e familiar contra a mulher, nos termos da Lei n. 11.340, de 7 de agosto de 2006.
>
> Art. 121. O pagamento de prestações pela Previdência Social em decorrência dos casos previstos nos incisos I e II do *caput* do art. 120 desta Lei não exclui a responsabilidade civil da empresa, no caso do inciso I, ou do responsável pela violência doméstica e familiar, no caso do inciso II.

Por fim, a Lei n. 13.846/2019 trouxe nova modalidade de ação regressiva, ao firmar permissão, no § 5º do art. 68 da Lei n. 8.212/91, para o INSS ajuizar ação regressiva contra o Titular do Cartório de Registro Civil de Pessoas Naturais que

---

17 Recentemente, a 6ª Turma do STJ, entendeu que o INSS deve arcar com afastamento de mulher ameaçada de violência doméstica. Ementa do julgado: "Incide o auxílio-doença, diante da falta de previsão legal, referente ao período de afastamento do trabalho, quando reconhecida ser decorrente de violência doméstica e familiar, pois tal situação advém da ofensa à integridade física e psicológica da mulher e deve ser equiparada aos casos de doença da segurada, por meio de interpretação extensiva da Lei Maria da Penha". Disponível em: <http://www.stj.jus.br/sites/portalp/SiteAssets/documentos/noticias/RESP%20voto%0relator.pdf>.

18 Lei n. 13.871, de 17-9-2019:

"Artigo único. O art. 9º da Lei n. 11.340, de 7 de agosto de 2006 (Lei Maria da Penha), passa a vigorar acrescido dos seguintes §§ 4º, 5º e 6º:

Art. 9º [...]

§ 4º Aquele que, por ação ou omissão, causar lesão, violência física, sexual ou psicológica e dano moral ou patrimonial a mulher fica obrigado a ressarcir todos os danos causados, inclusive ressarcir ao Sistema Único de Saúde (SUS), de acordo com a tabela SUS, os custos relativos aos serviços de saúde prestados para o total tratamento das vítimas em situação de violência doméstica e familiar, recolhidos os recursos assim arrecadados ao Fundo de Saúde do ente federado responsável pelas unidades de saúde que prestarem os serviços.

§ 5º Os dispositivos de segurança destinados ao uso em caso de perigo iminente e disponibilizados para o monitoramento das vítimas de violência doméstica ou familiar amparadas por medidas protetivas terão seus custos ressarcidos pelo agressor.

§ 6º O ressarcimento de que tratam os §§ 4º e 5º deste artigo não poderá importar ônus de qualquer natureza ao patrimônio da mulher e dos seus dependentes, nem configurar atenuante ou ensejar possibilidade de substituição da pena aplicada". (NR)

causar dano ao INSS por ato omissivo, qual seja, deixar de comunicar a autarquia federal em até 1 (um) dia útil, pelo Sistema Nacional de Informações de Registro Civil (Sirc) a relação dos nascimentos, dos natimortos, dos casamentos, dos óbitos, das averbações, das anotações e das retificações registradas em sua serventia. Também deverá ressarcir ao INSS os prejuízos caso forneça informação inexata. A Justiça competente será, na mesma toada, a Justiça Federal.

Ação de mandado de segurança contra ato de servidor público federal

A competência para apreciar ações de **mandado de segurança** se define pela categoria funcional da autoridade apontada como coatora (não é *ratione materiae*).

À luz do art. 109, VIII, da CF, os mandados de segurança contra atos proferidos por autoridade federal são da competência da Justiça Federal. O órgão de execução do INSS são as Gerências-Executivas, responsáveis pela tramitação e conclusão dos requerimentos recepcionados nas Agências da Previdência. Sobrepaira nas mãos do gerente-executivo, servidor público federal, a vestimenta de autoridade coatora, para efeitos de impetração do *mandamus*.

Atos classificáveis como teratológicos extraídos de procedimentos administrativos em trâmite no INSS, de concessão (ou de revisão) de benefícios, são da alçada exclusiva da Justiça Federal.

Não irradia efeitos a competência delegada prevista no art. 109, § 3º, da Carta Magna, sobre as ações de mandado de segurança, que devem sempre ser impetradas na Justiça Federal.

De igual modo, o preceito de exceção ínsito no inciso I do art. 109 não se aplica às ações de mandado de segurança, que, em hipótese alguma, serão apreciados por Juiz de Direito, mesmo em se tratando de procedimento administrativo concessório (ou de revisão) de benefício de acidente do trabalho (*vide* STJ: Conflito de Competência n. 67.984 – BA).

PEC n. 6/2019 – Alteração da competência para conhecer e julgar ações de acidentes do trabalho em face do INSS. Pretensão governamental rejeitada pelo Congresso Nacional

Por três vezes o Congresso Nacional apreciou e rejeitou Proposta de Emenda Constitucional para excluir a ressalva "as de acidentes de trabalho" do inciso I do art. 109 da CF/88. Foram as PEC n. 278/2008; 287/2016 e 6/2019.

Conquanto tenha permanecida inalterada a competência para dirimir ações fundadas em acidente de trabalho em face do INSS, convém trazer à douta consideração da comunidade jurídica alguns pontos para debate sobre o tema afeito à pertinência neste século XXI da exceção constitucional inserta no art. 109, I, relativa às causas envolvendo "acidentes de trabalho".

Cabe ressaltar que a exceção constitucional prevista no art. 109, I, que exclui da competência da Justiça Federal as ações acidentárias ajuizadas em face de autarquia federal, deveria tratar-se de exceção que atuasse em prol do segurado da previdência; malgrado isso, atualmente, a competência estadual repercute em desfavor dos segurados do INSS.

CF/88 (redação anterior à promulgação da EC n. 103/2019)	PEC n. 6/2019 (redação original)	EC n. 103/2019
Art. 109. Aos juízes federais compete processar e julgar: I – as causas em que a União, entidade autárquica ou empresa pública federal forem interessadas na condição de autoras, rés, assistentes ou oponentes, exceto as de falência, as de acidentes de trabalho e as sujeitas à Justiça Eleitoral e à Justiça do Trabalho;	"Art. 109 [...] I – as causas em que a União, a entidade autárquica ou a empresa pública federal for interessada na condição de autora, ré, assistente ou oponente, exceto as de falência e as sujeitas à Justiça Eleitoral e à Justiça do Trabalho;	Art. 109, I (Rejeitada proposta de alteração.)

De forma inegável, os benefícios decorrentes de acidentes do trabalho tiveram local de destaque nas leis previdenciárias, mas, a evolução dos direitos sociais, sem se operar redução de garantias do estatuto de proteção aos acidentados, proporcionou a valorização de outras causas de necessidade social, não derivadas de acidentes do trabalho.

O movimento de unificação dos regramentos do campo acidentário e o previdenciário *stricto sensu* é visível na reforma promovida pela Lei n. 9.032, de 28 de abril de 1995.

Diante da uniformização dos direitos, não se justifica tratamento diferenciado no campo da prestação jurisdicional.

No âmbito da Justiça Federal as causas de pequeno valor (até 60 salários-mínimos) têm curso perante o Juizado Especial Federal[19].

Sobressai desse contexto que o segurado do INSS vitimado por infortúnio laboral está privado de se socorrer do procedimento célere do Juizado Especial Federal.

Hipótese também inocorrente na Justiça Estadual porque a Lei n. 9.099[20] expressamente excluiu as causas de acidente de trabalho da competência do Juizado Especial Estadual.

---

19 Lei n. 10.259/2001.

20 "Art. 3º [...]

§ 2º Ficam excluídas da competência do Juizado Especial as causas de natureza alimentar, falimentar, fiscal e de interesse da Fazenda Pública, e também as relativas a acidentes de trabalho, a resíduos e ao estado e capacidade das pessoas, ainda que de cunho patrimonial."

Outro enorme ponto negativo na diferenciação da competência é observado ao cabo da instrução processual nas ações acidentárias, quando o Juiz de Direito com base na prova técnica produzida pelo acólito do juízo constata a não configuração do liame causal entre o infortúnio e o ambiente de trabalho. Segundo a disciplina jurídica estatuída na Norma Suprema, resulta prolação de sentença de improcedência, a despeito de comprovada a qualidade de segurado e de estar totalmente incapacitado para o trabalho, pois falece competência à Justiça Estadual para conceder benefício estritamente previdenciário, e comprovado não haver direito à rubrica acidentária, a improcedência é de rigor.

Como é cediço, ao juiz de direito é defeso conceder, salvo se investido de competência federal delegada, benefício não fundado em acidente do trabalho. Não comprovada a relação de causalidade na Justiça Estadual, deve o segurado intentar nova ação perante a Justiça Federal para postular o benefício por incapacidade estritamente previdenciária.

Há ainda o enorme prejuízo experimentado pelos vitimados de acidentes do trabalho de não usufruírem as benesses decorrentes das decisões proferidas pela Justiça Federal em ações civis públicas (ACP). A título de exemplo, cite-se a ACP processada sob o número 0011237-82.2003.4.03.6183, ajuizada pelo Ministério Público Federal (MPF), em 14 de novembro de 2003, em face do INSS, objetivando a revisão da RMI de todos os benefícios previdenciários mantidos no Estado de São Paulo. Essa ACP foi julgada pelo TRF da 3ª Região, garantindo aos aposentados do INSS o direito à revisão de seus benefícios para inclusão do índice 39,67% (relativo ao IRSM de fevereiro de 1994) no cálculo da renda mensal inicial do benefício. No entanto, ficaram excluídos dessa revisão judicial os benefícios decorrentes de acidentes do trabalho justamente por não estarem abrangidos na competência da Justiça Federal.

A unificação da competência na Justiça Federal (buscada nas PECs n. 278/2008; 287/2016 e 6/2019) iria proporcionar ao segurado vitimado de acidente do trabalho, acesso:

- à competência delegada, caso a localidade de sua residência não fosse sede de Vara federal (art. 109, § 3º, CF);
- ao Juizado Especial Federal (se a causa fosse de até 60 salários mínimos, procedimento que dispensa a contratação de advogado);
- a possibilidade de apresentação de pedido alternativo de benefício acidentário ou, caso não comprovado o nexo causal no curso do processo, a concessão do homônimo previdenciário;
- fruição das decisões proferidas em ações civis públicas.

A forte política de expansão da Justiça Federal, vigente desde a criação, em 2001, dos Juizados Especiais Federais, tem resultado na interiorização da Justiça Federal, fato que corrobora o deslocamento das lides acidentárias à Justiça Federal.

Ademais, a fusão da competência das ações atinentes ao Seguro Social nas mãos exclusivas da Justiça Federal Comum evitará desgastes provocados pelos conflitos de competência entre a Justiça Federal e Estadual. Para ilustrar, citem-se as ações de pensão por morte em face do INSS, cujo óbito tenha decorrido de acidente do trabalho, diante das alternâncias de jurisprudência no Superior Tribunal de Justiça, nas últimas duas décadas, acerca da competência para apreciação de processos envolvendo o **benefício de pensão por morte**.

Até o ano de 1999 entendia o STJ ser da competência da Justiça Estadual apreciar ações em face do INSS postulando o benefício de pensão por morte sempre que o óbito fosse oriundo de causa relacionada ao trabalho, diante da incidência da Súmula 15/STJ:

> Compete à Justiça Estadual processar e julgar os litígios decorrentes de acidente de trabalho.

No entanto, no ano de 1999, nova compreensão surgiu no STJ ao apreciar o Conflito de Competência n. 22.081/RS[21], definindo a Justiça Federal como competente para conhecer e julgar as demandas envolvendo pedido de concessão ou revisão do benefício de pensão por morte, nos casos de mortes derivadas de infortúnio laboral.

A justificativa do STJ, conforme se observa do Conflito de Competência n. 69.062, no sentido de que no processo de pensão por morte firma-se relação jurídica entre dependentes do *de cujus* e a autarquia federal INSS, consistindo no fato gerador do benefício o óbito daquele que sustentava a pessoa que pleiteia a pensão. Dentre as provas a serem produzidas no curso dos autos dispensava-se realização de perícia médica, bastando apresentação da certidão de óbito ou da comunicação do acidente do trabalho que resultou na morte do segurado (além, é claro, da comprovação da qualidade de segurado do falecido e, quando for o caso, da dependência econômica de quem pleiteia o benefício).

Feitas essas observações, entendeu o STJ que os pedidos de concessão ou de revisão de pensão por morte, independentemente das circunstâncias que envolveram

---

21 "Processual civil. Conflito negativo de competência. Pensão por morte. Lei n. 8.213/91. Benefício previdenciário. Competência da Justiça Federal. Não compete à Justiça Comum Estadual processar e julgar ação de concessão de benefício previdenciário assegurado pela Lei n. 8.213/91, que dispõe sobre o Plano de Benefícios da Previdência Social, ainda que decorrente de acidente do trabalho, exceto se no foro do domicílio do segurado, não funcionar vara da Justiça Federal. Sendo a competência fixada em razão da natureza jurídica da pretensão deduzida em juízo, expressa no pedido e na causa de pedir, é de se reconhecer a competência da Justiça Federal para processar e julgar ação que tem por objeto a concessão do benefício previdenciário, sem amparo na lei acidentária. Conflito conhecido, declarando-se competente o Juízo Federal" (CC 22.081 /RS, rel. Min. Vicente Leal, *DJU* 15-3-1999).

o falecimento do segurado, apresentam natureza previdenciária em sentido estrito, e não acidentária típica. Nessa esteira, firmou o STJ a competência da Justiça Federal Comum para processamento e julgamento dessas ações, afastando-a, para os casos de pensão por morte.

Diante desse novo entendimento a Justiça Estadual, diante da incompetência absoluta, decretou a nulidade dos atos praticados e remeteu centenas de processos que se encontravam em seus acervos em primeiro e segundo graus de jurisdição à Justiça Federal.

Ocorre que esse magistério do STJ imperou até o final do ano de 2007, oportunidade na qual a Terceira Seção do STJ se reuniu para deliberar outra vez sobre esse tema, ditando, por unanimidade, novo caminhar na trilha jurisprudencial da Corte.

No Conflito de Competência n. 89.174/RS estabeleceu o STJ que são da competência da **Justiça Estadual** as ações propostas por seus beneficiários para a revisão ou concessão de pensão por morte de índole acidentária, cuja causa de pedir seja acidente do trabalho, ainda que mediatamente (rel. Min. Arnaldo Esteves Lima; *DJ* 1º-2-2008), tornando, por consequência lógica, nulos os atos praticados pela Justiça Federal, diante da incompetência absoluta, remetendo centenas de processos à Justiça Estadual (parte das ações eram aquelas que em 1999 haviam sido recebidas da Justiça Estadual).

Encerrado o parêntesis acerca dos conflitos de competência, tenha-se em mente que para a Administração Pública Federal demandada, o INSS, a centralização dos julgamentos de todas as demandas de natureza previdenciária na Justiça Federal (assegurando-se a fruição do § 3º do art. 109, competência delegada, caso onde reside o segurado não seja sede de Vara Federal, nos termos da lei) acarretará vantagens administrativas, dentre elas padronização dos procedimentos, em especial, o cumprimento das decisões judiciais por meio eletrônico, sistemática que há bastante tempo tramita com êxito junto à Justiça Federal.

As considerações acima efetivadas não resultam, de maneira alguma, qualquer demérito à Nobre Justiça Estadual, que exerce de forma louvável seus misteres constitucionais. Os argumentos ora apresentados são no sentido de garantir a concretização e a efetividade da prestação jurisdicional na atual conjectura, gerando a plena satisfação do jurisdicionado, de forma mais rápida e célere, afastando-se o entrave afeto à dualidade de competência nas ações entre segurado e INSS.

De arremate, reitere-se, a pretensão de alterar a competência das ações de acidente de trabalho em face do INSS buscada nas PECs 278/2008; 287/2016 e 6/2019 naufragou no Congresso Nacional, permanecendo o art. 109, inciso I, da CF com a mesma redação quando promulgada em 1988.

PEC n. 6/2019. Fim do foro especial no Distrito Federal. Pretensão governamental rejeitada pelo Congresso Nacional

A redação proposta ao art. 109, § 2º, da Constituição na PEC 6, suprimia a possibilidade de que as causas intentadas contra a União fossem aforadas no Distrito Federal.

CF/88 (redação anterior à promulgação da EC n. 103/2019)	PEC n. 6/2019 (redação original)	EC n. 103/2019
Art. 109. [...] [...] § 2º As causas intentadas contra a União poderão ser aforadas na seção judiciária em que for domiciliado o autor, naquela onde houver ocorrido o ato ou fato que deu origem à demanda ou onde esteja situada a coisa, ou, ainda, no Distrito Federal	Art. 109 [...] [...] § 2º As causas intentadas contra a União poderão ser aforadas na seção judiciária em que for domiciliado o autor, naquela onde houver ocorrido o ato ou o fato que deu origem à demanda ou onde esteja situada a coisa.	Art. 109, § 2º (Rejeitada proposta de alteração.)

Em apoio à pretensão do governo de excluir o **foro universal do DF** em ações contra a União, são os dizeres constantes do relatório "Justiça em Números 2018"[22] do Conselho Nacional de Justiça (CNJ), que anota a desproporcional concentração de litigiosidade na Justiça Federal do Distrito Federal acarretada pela existência do foro nacional.

A Seção Judiciária do Distrito Federal ostenta índices baixos de produtividade quando comparados com as demais seções judiciárias da Justiça Federal. O problema identificado na primeira instância é justamente a existência do foro nacional, que acarreta verdadeiro gargalo na fase recursal, congestionando o Tribunal Regional Federal da 1ª Região – TRF1 (2ª instância).

No primeiro relatório da CCJC, da Câmara dos Deputados, sob a batuta do Deputado Delegado Marcelo Freitas, foi concluído que a alteração postulada pelo Executivo não trazia qualquer restrição à tutela jurisdicional, haja vista mantida a possibilidade de ajuizamento dessas ações na seção judiciária onde houver ocorrido o ato ou fato que deu origem à demanda ou onde estiver situada a coisa, ou, ainda, na seção judiciária do domicílio do autor, mantendo intacta a garantia constitucional de acesso à justiça.

---

22 Disponível em: <http://www.cnj.jus.br/files/conteudo/arquivo/2018/08/44b7368ec6f888b 383f6c3de40c32167.pdf>. Acesso em: 19 set. 2019.

Na primeira visão do Relator da CCJC a nova redação buscaria, em verdade, fortalecer a garantia de acesso ao Poder Judiciário e tornaria ainda mais simples e célere a obtenção da tutela jurisdicional.

Porém, em 23-4-2019, a CCJC aprovou o parecer com complementação de Voto, no qual manteve a admissibilidade da proposta, mas firmando a inadmissibilidade da PEC 6/2019 na parte em que modifica o § 2º do art. 109 da Constituição, concernente à extinção do foro do Distrito Federal para a propositura de ações contra a União.

Desta feita, não obteve êxito o governo, permanecendo inalterada a redação do § 2º do art. 109, admitindo que as causas intentadas contra a União sejam sempre aforadas no Distrito Federal.

EC n. 103/2019. Competência delegada. Alteração do § 3º do art. 109 da CF. Pretensão governamental acolhida pelo Congresso Nacional

A redação original do § 3º do art. 109 da CF/88 trazia dois comandos:

a) **serão processadas** e julgadas na Justiça Estadual, no foro do domicílio dos segurados ou beneficiários, as causas em que forem parte instituição de previdência social e segurado, **sempre que a comarca não seja sede de vara do juízo federal;**

b) e, se verificada essa condição, a lei poderá permitir que outras causas sejam também processadas e julgadas pela Justiça Estadual.

O primeiro regramento é considerado norma de eficácia plena, de modo que comprovado tratar-se de ação (a) ajuizada por segurado ou beneficiário; (b) contra a Previdência, em questão não acidentária; (c) e a comarca do foro do domicílio do autor não seja sede de vara do juízo federal, impõe-se aplicabilidade imediata do comando contido no § 3º do art. 109, atribuindo-se roupagem federal à Justiça Estadual para processar e sentenciar o feito em primeiro grau.

Ademais, não há margem à legislação infraconstitucional de reduzir o mandamento imperativo da primeira parte do § 3º do art. 109.

A segunda parte do dispositivo (letra *b*) não é autoexequível, refere-se a norma de eficácia limitada, dependente de edição de lei para atribuir situações nas quais poderia o Juiz de Direito "em outras causas" atuar em matéria federal.

Portanto, de aplicabilidade mediata, dito de outro modo, enquanto não editada a norma legal, a Justiça Estadual não poderia investir-se de competência federal para conhecer e julgar ações federais diversas das causas previdenciárias (letra *a*).

Com a alteração firmada na Emenda da Reforma, a letra *a* torna-se norma constitucional dependente de regulamentação, e a situação da letra *b* deixou de existir.

	Texto CF/88 redação original	EC n. 103/2019
Ações Previdenciárias	Serão processadas e julgadas na justiça estadual, no foro do domicílio dos segurados ou beneficiários, as causas em que forem parte instituição de previdência social e segurado, sempre que a comarca não seja sede de vara do juízo federal, e	Lei poderá autorizar que as causas de competência da Justiça Federal, em que forem parte instituição de previdência social e segurado, possam ser processadas e julgadas na justiça estadual, quando a comarca do domicílio do segurado não for sede de vara federal.
Outras espécies de ações	se verificada essa condição, a lei poderá permitir que outras causas sejam também processadas e julgadas pela justiça estadual.	*nihil*

Com relação à eficácia das normas:

Norma de eficácia plena	Texto CF/88 redação original (art. 109, § 3º): "Serão processadas e julgadas na justiça estadual, no foro do domicílio dos segurados ou beneficiários, as causas em que forem parte instituição de previdência social e segurado, sempre que a comarca não seja sede de vara do juízo federal".
Norma de eficácia limitada	Texto CF/88 redação original (art. 109, § 3º, *in fine*): "[...] se verificada essa condição, a lei poderá permitir que outras causas sejam também processadas e julgadas pela justiça estadual".
Norma de eficácia limitada	EC n. 103/2019 (art. 109, § 3º): "Lei poderá autorizar que as causas de competência da Justiça Federal, em que forem parte instituição de previdência social e segurado, possam ser processadas e julgadas na justiça estadual, quando a comarca do domicílio do segurado não for sede de vara federal".

Com relação às causas previdenciárias:

1) na redação original do § 3º do art. 109, **lei não poderia** impor restrição ao direito proclamado na norma constitucional;

2) na atual redação do § 3º do art. 109, lei exerce papel de destaque, define os contornos da norma constitucional, podendo estabelecer os casos de aplicação da competência delegada e até mesmo de supressão dessa delegação.

Competência delegada e a Lei n. 13.876, de 20-9-2019. Inconstitucionalidade

Publicada em **23 de setembro de 2019**, a Lei n. 13.876 alterou a lei que organiza a Justiça Federal, dispondo que a Lei n. 5.010/66, passa a vigorar com a seguinte redação:

Art. 15. Quando a Comarca não for sede de Vara Federal, poderão ser processadas e julgadas na Justiça Estadual:

[...]

III – as causas em que forem parte **instituição de previdência social e segurado** e que se referirem a benefícios de natureza pecuniária, **quando a Comarca de domicílio do segurado estiver localizada a mais de 70 km (setenta quilômetros) de Município sede de Vara Federal**;

[...]

§ 1º Sem prejuízo do disposto no art. 42 desta Lei e no parágrafo único do art. 237 da Lei n. 13.105, de 16 de março de 2015 (Código de Processo Civil), poderão os Juízes e os auxiliares da Justiça Federal praticar atos e diligências processuais no território de qualquer Município abrangido pela seção, subseção ou circunscrição da respectiva Vara Federal.

§ 2º **Caberá ao respectivo Tribunal** Regional Federal **indicar as Comarcas que se enquadram no critério de distância** previsto no inciso III do *caput* deste artigo.

A vigência desse novel dispositivo se dá a partir do dia 1º de janeiro de 2020.

A Lei n. 13.876 é fruto do Projeto de Lei n. 2.999/2019, que inicialmente versava apenas a questão afeta ao pagamento de honorários periciais nas ações de benefícios por incapacidade nas quais o INSS é parte ré.

Depois de aprovado na Câmara dos Deputados, o PL n. 2.999 seguiu ao Senado Federal, onde recebeu acréscimo[23] afeto à "mitigação" da competência delegada, decorrente de acolhida de emenda[24] apresentada pela Senadora Soraya Thronicke.

A senadora autora da emenda da mitigação da competência delegada traz em apoio à inclusão os números de processos cadastrados na Justiça Estadual no ano de 2018, em decorrência da competência previdenciária delegada, total de 248.751. Desse montante, a Senadora destaca a elevada quantidade de demandas previdenciárias cadastradas na Justiça Estadual no Estado de São Paulo: 102.151 processos judiciais decorrentes da competência delegada. A seu turno, na Justiça Federal foram cadastrados 1.220.093 processos judiciais previdenciários.

Da globalidade dos dados apresentados, referentes a 2018, a senadora concluiu:

a) mais de 40% dos processos previdenciários cadastrados na Justiça Estadual por força da competência constitucionalmente delegada estão concentrados no Estado de São Paulo;

---

23 Disponível em: <https://www.camara.leg.br/proposicoesWeb/prop_mostrarintegra? codteor=1 790275&filename=EMS+2999/2019>. Acesso em: 12 nov. 2019.

24 Disponível em: <https://legis.senado.leg.br/sdleg-getter/documento?dm=7981807&ts =1569236083964& disposition=inline>. Acesso em: 12 nov. 2019.

b) foram cadastrados na Justiça Estadual menos de 30% da quantidade de processos previdenciários cadastrados na Justiça Federal.

Na sequência, a senadora apresentou o número de audiências realizadas, registrando que para a representação do INSS em audiências perante a Justiça Estadual, foram realizados 13.032 deslocamentos, sendo que 5% desses deslocamentos estavam atrelados às ações acidentárias, ao passo que 95% diziam respeito à competência previdenciária delegada.

Os deslocamentos para a representação do INSS em audiências na Justiça Federal, para ações previdenciárias, por sua vez, ocorreram 135.776 vezes. Número dez vezes maior, denotando o aparelhamento e a abrangência da Justiça Federal, em sua desconcentração.

Outro dado trazido pela senadora foi o número de acordos homologados em juízo. Perante a Justiça Estadual, foram homologadas 8.124 propostas de acordo oferecidas pelos representantes do INSS em juízo, exclusivamente em demandas decorrentes da competência delegada.

Em análise conjugada com o quantitativo de processos cadastrados (*supra*), tem-se que menos de 5% das demandas previdenciárias em tramitação na Justiça Estadual se encerraram consensualmente.

Na Justiça Federal, o montante é bastante superior: 148.754 propostas de acordo formuladas pelos representantes do INSS foram homologadas em juízo.

Sentenças. No decorrer do ano de 2018, foram prolatadas 144.700 sentenças em ações judiciais envolvendo o INSS na Justiça Estadual. Do total, 16% estavam ligadas a ações acidentárias e 84% a ações decorrentes da competência constitucional delegada. Na Justiça Federal, por outro lado, houve 671.438 sentenças em ações previdenciárias.

Recorribilidade (pacificação social). Com efeito, na Justiça Estadual, as sentenças proferidas em ações movidas contra o INSS foram objeto de recurso em 79.813 vezes (13% desse montante dizem respeito às ações acidentárias; 87%, às ações previdenciárias da competência delegada). Percebe-se que mais de 50% das sentenças proferidas contra o INSS na Justiça Estadual são objeto de impugnação recursal (destaque para o quantitativo de recursos em ações relativas a benefício por incapacidade: 24%). Na Justiça Federal, o número é impactante: das 671.438 sentenças proferidas em ações previdenciárias, apenas 154.023 foram objeto de insurgência recursal, o que representa 23% de taxa de recorribilidade. Em ações relativas a benefício por incapacidade (grande volume de demandas previdenciárias), a taxa recursal é infinitamente inferior àquela verificada na Justiça Estadual: 6,98%.

Diante de todos os números apresentados, a senadora conclui: "O dado refinado demonstra a qualidade das sentenças proferidas na Justiça Federal em ações previdenciárias, seja pela notória especialização, seja pela adequada estruturação dos órgãos de instrução/julgamento".

Mais adiante, a senadora traz o "Resumo dos impactos positivos da mitigação da competência delegada", concluindo que a mitigação da competência delegada, ao longo de 10 anos, reduzirá as despesas da União em R$ 38,3 bilhões, assim discriminadas:

a) R$ 26,1 bilhões com menor pagamento de juros e correção monetária;

b) R$ 10,8 bilhões com a redução das despesas operacionais da AGU/PGF e INSS; e

c) R$ 1,4 bilhão com a redução de despesas com perícias médicas judiciais.

Adicionalmente, a senadora esclarece que a mitigação da competência delegada importará na redução em 27.1 bilhões, ao longo de 10 anos, dos custos operacionais pelos Tribunais de Justiça.

No Senado houve acolhida[25] da emenda de mitigação da competência delegada.

Diante da alteração efetivada pelo Senado, o PL n. 2.999 retornou à Câmara, onde o voto inicial do Relator Deputado Hiran Gonçalves foi pela "inconstitucionalidade"[26] da modificação da Lei que organiza a Justiça Federal (Lei n. 5.101/66), posteriormente, em novo voto entendeu pela constitucionalidade[27].

Aprovado o substitutivo na Câmara o PL n. 2.999/2019 foi remetido ao Poder Executivo para sanção.

A Lei n. 13.876 inaugurou a mitigação da competência delegada. Ocorre que esse diploma normativo padece de **inconstitucionalidade,** uma vez que o novel regramento sobre competência foi **publicado antes da promulgação da Emenda Constitucional n. 103/2019.**

A norma nasceu despida de alicerce constitucional, diante da incompatibilidade de suas disposições e o Texto Magno vigente em setembro de 2019.

Como visto, a primeira parte do § 3º, redação original, do art. 109, é norma de eficácia plena: "**Serão processadas e julgadas na justiça estadual,** no foro do domicílio dos segurados ou beneficiários, as causas em que forem parte instituição de previdência social e segurado, sempre que a comarca não seja sede de vara do

---

25 Disponível em: <https://www.camara.leg.br/proposicoesWeb/prop_mostrarintegra? codteor=1790275&filename=Tramitacao-PL+2999/2019>. Acesso em: 12 nov. 2019.

26 Disponível em: <https://www.camara.leg.br/proposicoesWeb/prop_mostrarintegra? codteor=1797746&filename=PPP+1+CCJC+%3D%3E+PL+2999/2019>. Acesso em: 12 nov. 2019.

27 Disponível em: <https://www.camara.leg.br/proposicoesWeb/prop_mostrarintegra? codteor=1801 636& filename=Tramitacao-PL+2999/2019>. Acesso em: 12 nov. 2019.

juízo federal, [...]", não confere à norma constitucional margem de discricionariedade ao legislador infraconstitucional para desautorizar o acesso à Justiça Estadual.

O Texto Maior determina **"serão processadas e julgadas na justiça estadual"**, lei alguma pode restringir o conteúdo desse mandamento constitucional quando satisfeitos os requisitos ditados na Carta Magna: (a) nas causas em que forem parte instituição de previdência social e segurado; (b) **sempre que a comarca** do domicílio dos segurados ou beneficiários, **não seja sede de vara do juízo federal.**

A Lei n. 13.876/2019 traz exclusão inconstitucional da competência delegada, pois não há subsunção ao comando existente na primeira parte do § 3º, redação original, do art. 109, § 3º, da CF/88.

Situação completamente diferente seria a publicação de lei contendo a mitigação da competência delegada após dia 12-11-2019, data da promulgação da Emenda da reforma, hipótese em que a Lei n. 13.876 não se enquadra.

Como antes explicitado, na atual redação do § 3º do art. 109, a lei exerce papel de destaque na definição dos contornos da norma constitucional, podendo trazer desde limites até a exclusão da competência delegada para processar e julgar as ações previdenciárias.

A despeito de o art. 5º da lei estabelecer que a mitigação da competência delegada somente entra em vigor no dia 1º de janeiro de 2020, quando já vigente a Reforma da Previdência, a *vacatio legis* da Lei n. 13.876 não possui o condão de constitucionalizar a norma nascida inconstitucional.

O cotejo da constitucionalidade dá-se no ato da publicação da lei, não havendo como ter a mácula excluída pela superveniência da Emenda Constitucional da Reforma da Previdência.

Com a maestria que lhe é peculiar, o Juiz Federal Antonio André Muniz Mascarenhas de Souza, no trato da constitucionalidade da Lei n. 13.876, assevera[28]:

> O ordenamento jurídico, por pressupor respeito à Constituição, não pode tolerar e conviver com sua própria violação até posterior convalidação ou recepção da norma inconstitucional. O vício da inconstitucionalidade é congênito à lei e deve ser apurado em face da Constituição vigente ao tempo de sua edição.
>
> Tampouco seria jurídico afirmar que a constitucionalidade da Lei 13.876 deve ser analisada após sua *vacatio legis* em janeiro de 2020. O juízo de constitucionalidade judicial é realizado sob o plano da validade (conformidade com o ordenamento jurídico), na edição do ato normativo, e não depende da eficácia ou da vigência da norma sindicada.

---

28 *Restrição à competência delegada previdenciária na Justiça Estadual.* Disponível em: <https://www.conjur.com.br/2019-nov-17/restricao-competencia-delegada-previdenciaria-justica-estadual>. Acesso em: 20 nov. 2019.

COMPETÊNCIA JURISDICIONAL PARA APRECIAR AÇÕES EM FACE DO INSS

Nesse exato sentido, convém trazer à colação caso idêntico, ocorrido por ocasião da Reforma da Previdência de 1998, quando, no dia 27 de novembro de 1998 (antes da promulgação da EC n. 20, de 15-12-1998) foi publicada a Lei n. 9.718 ampliando a base de cálculo da Contribuição para Financiamento da Seguridde Social – Cofins, para determinar a incidência, além da base de cálculo "faturamento", também a "receita" da empresa, expressão mais ampla que faturamento.

A Lei n. 9.718 (por igual a Lei n. 13.876) foi publicada pouco antes da promulgação da EC n. 20, de 15 de dezembro de 1998. Tendo em vista que somente com a publicação da EC n. 20 houve ampliação no texto constitucional da base de cálculo da Cofins, para receita ou faturamento, o STF, no julgamento[29] do RE 357.950/RS e do RE 390.840/MG, **declarou inconstitucional** a ampliação trazida pela Lei n. 9.718, porque, **à época que editada essa lei ordinária**, **não havia respaldo constitucional** para tributar a "receita".

Eis trecho[30] do RE 357.950/RS no qual o STF bem esclarece a impossibilidade de convalidar norma nascida inconstitucional:

Descabe, também, partir para o que seria a repristinação, a constitucionalização de diploma que, ao nascer, mostrou-se em conflito com a Constituição Federal. Admita-se a inconstitucionalidade progressiva. No entanto, a constitucionalidade posterior contraria a ordem natural das coisas. A hierarquia das fontes legais, a rigidez da Carta, a revelá-la documento supremo, conduz à necessidade de as leis hierarquicamente inferiores observarem-na, sob pena de transmudá-la, com nefasta inversão de valores. Ou bem a lei surge no cenário jurídico em harmonia com a Constituição Federal, ou com ela conflita, e aí afigura-se írrita, não sendo possível o aproveitamento, considerado texto constitucional posterior e que, portanto, à época não existia. Está consagrado que o vício da constitucionalidade há de ser assinalado em face dos parâmetros maiores, dos parâmetros da Lei Fundamental existentes no momento em que aperfeiçoado o ato normativo. A constitucionalidade de certo diploma legal deve se fazer presente de acordo com a ordem jurídica em vigor, da jurisprudência, não cabendo reverter a ordem natural das coisas. Daí a inconstitucionalidade do § 1º do art. 3º da Lei n. 9.718/98.

---

29 RE 357.950/RS e RE 390.840/MG. DECISÃO: "O Plenário do STF, ao apreciar a controvérsia jurídica pertinente à ampliação da base de cálculo do PIS/Cofins (RE 357.950/RS, Rel. Min. Marco Aurélio), declarou, *incidenter tantum*, a inconstitucionalidade do § 1º do art. 3º da Lei n. 9.718/98, por entender que a noção de faturamento referida no art. 195, I, da Constituição da República, na redação anterior à EC n. 20/98, não legitimava a incidência de tais contribuições sobre a totalidade das receitas auferidas pelas empresas contribuintes, advertindo, ainda, que a superveniente promulgação da EC n. 20/98 não teve o condão de validar legislação ordinária anterior, que se mostrava originariamente inconstitucional.

30 Disponível em: <http://www.stf.jus.br/imprensa/pdf/re357950.pdf>. Acesso em: 12 nov. 2019.

Outro exemplo envolvendo a Reforma da Previdência de 1998, é a da inconstitucionalidade ditada pela colenda Corte Suprema da Lei n. 9.506/97, que pretendeu instituiu fonte nova de custeio da seguridade social, instituindo contribuição social sobre o subsídio de agente político. A instituição dessa nova contribuição, que não estaria incidindo sobre "a folha de salários, o faturamento e os lucros" (CF, art. 195, I, sem a EC n. 20/98), exigiria a técnica da competência residual da União, art. 154, I, *ex vi* do disposto no art. 195, § 4º, ambos da CF. É dizer, somente por lei complementar poderia ser instituída citada contribuição. Concluiu o Ministro Ayres Brito que o posterior advento da Emenda da Reforma de 1998 não teria o condão de retirar a pecha de inconstitucionalidade da Lei n. 9.506 existente na data de sua publicação:

> A jurisprudência do Supremo Tribunal Federal é firme no sentido de que a alteração constitucional não tem o condão de tornar legítima norma anteriormente considerada inconstitucional diante da Constituição Federal então vigente.

Não há dúvida tratar-se a Lei n. 13.876 de norma publicada antes do tempo oportuno, de modo que a inconstitucionalidade caracterizada repercute na natural repristinação da legislação anterior (como se nunca houvesse existido a Lei n. 13.876). restabelecida a redação do art. 15, inciso III, da Lei n. 5.010/66, texto que é recepcionado pela EC n. 103/2019, admitindo o exercicio da competência delegada nas comarcas onde não for sede de vara da Justiça Federal sem a restrição da distância dos 70Km.

A superveniente promulgação da Emenda da Reforma em 12 de novembro de 2019 não teve o condão de validar o vício da legislação ordinária, Lei n. 13.876, que se mostra originariamente inconstitucional, com relação à supressão parcial da competência delegada. Outra alternativa não resta ao Poder Público a não ser a de editar nova lei ordinária em sintonia com a nova norma constitucional, publicada em 13 de novembro de 2019.

Atente-se que o modo de impugnação ao ato da Justiça Estadual que, no império da Lei n. 13.876, venha a declinar da competência, caberá, por derradeiro, em conformidade com o Tema Repetitivo/STJ n. 988, a apresentação de recurso de agravo, na modalidade de instrumento (REsp 1.704.520/MT), uma vez que o rol do art. 1.015 do CPC é de taxatividade mitigada, admitindo a interposição de recurso de agravo quando verificada a urgência decorrente da inutilidade do julgamento da questão no recurso de apelação.

Futura lei disciplinando a competência delegada. Art. 43 do CPC

Quando houver a edição de nova lei, a ser publicada sob a égide da EC n. 103/2019, salvo exceção expressa, haverá o imediato deslocamento dos processos à Justiça Federal, não importando a fase processual, onde a lei excluir a delegação de competência, ex vi do art. 43, *in fine*, do Código Adjetivo pátrio:

Art. 43. Determina-se a competência no momento do registro ou da distribuição da petição inicial, sendo irrelevantes as modificações do estado de fato ou de direito ocorridas posteriormente, **salvo quando suprimirem órgão judiciário ou alterarem a competência absoluta**.

A competência em debate é de natureza absoluta, com a proclamação, por meio de lei posterior ao advento da Emenda da reforma, da exclusão da competência delegada, torna imediatamente incompetente a Justiça Estadual para apreciar e julgar as ações, devendo os autos serem remetidos incontinente à Justiça Federal.

Incidente de assunção de competência – STJ – Competência delegada

Aos 12 de novembro de 2019, o Conselho Nacional de Justiça (CNJ) editou a Resolução n. 603/2019, dispondo sobre o exercício da competência da Justiça Federal delegada nos termos das alterações promovidas pelo art. 3º da Lei n. 13.876, de 20 de setembro de 2019.

Em atenção à Resolução n. 603/CNJ, os Tribunais Regionais Federais (TRF) fizeram publicar normas definindo as comarcas situadas a mais de 70 km de Municípios sede de vara federal, onde será permitida a competência delegada a contar de 1º de janeiro de 2020:

TRF 1ª Região – Portaria Presi n. 9507568, de 20-12-2019;

TRF 2ª Região – Resolução n. TRF2-RSP-2019/00091, de 17-12-2019;

TRF 3ª Região – Resolução Pres n. 322, de 12-12-2019;

TRF 4ª Região – Portaria n. 1.351/2019;

TRF 5ª Região – Ato n. 480, de 13-12-2019.

Ato contínuo, aos 17 de dezembro de 2019, o STJ, em caráter liminar, em razão da iminência de atos judiciais declinatórios de competência, observando o princípio da segurança jurídica, **DETERMINOU a imediata suspensão, em todo o território nacional**, de qualquer ato destinado a redistribuição de processos pela Justiça Estadual (no exercício da jurisdição federal delegada) para a Justiça Federal, até o julgamento definitivo do **Incidente de Assunção de Competência** (IAC) no Conflito de Competência n. 170.051.

O STJ assim promoveu a delimitação da tese controvertida (art. 271-C do RISTJ):

Efeitos da Lei n. 13.876/2019 na modificação de competência para o processamento e julgamento dos processos que tramitam na Justiça Estadual no exercício da competência federal delegada.

PEC n. 6/2019. Competência exclusiva da Justiça Federal para decidir sobre a existência de interesse jurídico da União. Pretensão governamental rejeitada pelo Congresso Nacional

Com a PEC n. 6 pretendia o governo acrescentar o § 6º ao art. 109 da CF para estabelecer que compete exclusivamente à Justiça Federal decidir sobre a existência de interesse jurídico da União, de entidade autárquica ou de empresa pública federal que justifique o deslocamento da competência de processo que tramita na Justiça Estadual.

CF/88 (redação anterior a EC n. 103/2019)	PEC n. 6/2019 (redação original)	EC n. 103/2019
Art. 109. [...] (§ 6º – inexistente)	Art. 109. [...] § 6º Compete exclusivamente à Justiça Federal decidir sobre a existência de interesse jurídico da União, de entidade autárquica ou de empresas públicas federais, que justifique o deslocamento da competência de processo que tramitava na justiça estadual. (inclusão)	Art. 109. [...] § 6º (Rejeitada proposta de inclusão.)

Na Câmara dos Deputados o Deputado Delegado Marcelo Freitas, relator da Comissão de Constituição e Justiça e de Cidadania (CCJC), apresentou o parecer favorável à inclusão do § 6º:

> [...] propõe-se, na PEC, que caberá à Justiça Federal decidir sobre o deslocamento de processo que tramitava na Justiça Estadual, mediante nova redação dada ao § 6º do art. 109 da Constituição Federal. De fato, tal medida é coerente e necessária, sob pena de a Justiça Federal se ver obrigada a absorver processos decorrentes de entendimentos divergentes das justiças estaduais dos 27 Estados da Federação.

O pretendido § 6º é baseado no enunciado 150 do STJ:

> Súmula 150. Compete à Justiça Federal decidir sobre a existência de interesse jurídico que justifique a presença, no processo, da União, suas autarquias ou empresas públicas.

Há ainda o art. 5º da Lei n. 9.469/97:

> Art. 5º A União poderá intervir nas causas em que figurarem, como autoras ou rés, autarquias, fundações públicas, sociedades de economia mista e empresas públicas federais.

> Parágrafo único. As pessoas jurídicas de direito público poderão, nas causas cuja decisão possa ter reflexos, ainda que indiretos, de natureza econômica, intervir, independentemente da demonstração de interesse jurídico, para esclarecer questões de fato e de direito, podendo juntar documentos e memoriais reputados úteis ao exame da matéria e, **se for o caso, recorrer, hipótese em que, para fins de deslocamento de competência**, serão consideradas partes.

Cabe ainda anotar o entendimento do STJ sobre o "não deslocamento" de competência a despeito da presença da União:

> Consoante entendimento desta Corte, a simples intervenção da União, suas autarquias e empresas públicas em concurso de credores ou preferência não desloca a competência para a Justiça Federal, porquanto não integra a lide como autor, réu, assistente ou opoente (CC 41.317/MG, rel. Min. Fernando Gonçalves, 2ª S., j. 23-11-2005, *DJ* 14-12-2005, p. 164).

> STJ
> Súmula 270. O protesto pela preferência de crédito, apresentado por ente federal em execução que tramita na Justiça Estadual, não desloca a competência para a Justiça Federal.

A despeito do esforço governamental, a Comissão Especial na Câmara dos Deputados excluiu da PEC n. 6/2019 o referido § 6º que se pretendia incluir no art. 109.

Competência. Quadro síntese

Regra 1:	Regra 2:	Regra 3:
Competência – Justiça Federal	Competência – Justiça Estadual	Competência – Justiça Estadual (competência federal delegada)
Ações previdenciárias em sentido estrito (significa dizer, sem qualquer relação com acidente ou doença relacionada com o ambiente de trabalho) são da competência da **Justiça Federal**, salvo se, nos termos da lei, a comarca onde esteja domiciliado o segurado não seja sede de Vara Federal.	Ações em face do INSS pleiteando proteção previdenciária tendo como causa de pedir a ocorrência de **Acidente (ou doença) relacionada ao ambiente do trabalho** são da competência Justiça Estadual.	Há permissão constitucional alocada no § 3º do art. 109, trazida pela EC n. 103/2019, de, nos termos da lei, causas de competência da Justiça Federal, em que forem parte instituição de previdência social e segurado, possam ser processadas e julgadas na justiça estadual, quando a comarca do domicílio do segurado não for sede de vara federal.
Segunda instância: **Tribunal Regional Federal**	Segunda instância: **Tribunal de Justiça**	Segunda instância: **Tribunal Regional Federal**

3 PRINCÍPIOS CONSTITUCIONAIS

No parágrafo único do art. 194 da Norma Suprema são ditados os **objetivos, normas principiológicas de aplicação diferida,** de observância obrigatória pelo legislador infraconstitucional na organização da Seguridade Social.

A simbologia "objetivos" trazida na **norma programática** do parágrafo único do art. 194 é sinônima de "princípios", verdadeiros "**comandos-valores**" que contêm a pauta de programas que devem nortear a atuação do Poder Público.

São princípios constitucionais da Seguridade Social:

I – universalidade da cobertura e do atendimento;

II – uniformidade e equivalência dos benefícios e serviços às populações urbanas e rurais;

III – seletividade e distributividade na prestação dos benefícios e serviços;

IV – irredutibilidade do valor dos benefícios;

V – equidade na forma de participação do custeio;

VI – diversidade da base de financiamento, identificando-se, em rubricas contábeis específicas para cada área, as receitas e as despesas vinculadas a ações de saúde, previdência e assistência social, preservado o caráter contributivo da previdência social;" (*Redação dada pela EC n. 103/2019.*)

VII – caráter democrático e descentralizado da administração, mediante gestão quadripartite, com participação dos trabalhadores, dos empregadores, dos aposentados e do Governo nos órgãos colegiados.

Princípio da solidariedade

Calha anotar que o "princípio da solidariedade" não está relacionado no parágrafo único do art. 194 da CF, mas pode ser extraído do art. 3º, I, e do art. 195 da Carta Magna:

Art. 3º Constituem objetivos fundamentais da República Federativa do Brasil:

I – construir uma sociedade livre, justa e **solidária**;

Art. 195. A seguridade social **será financiada por toda a sociedade**, de forma direta e indireta, nos termos da lei,[...].

O seu significado é atrelado ao viés contributivo compulsório, de modo que o povo brasileiro por imposição constitucional é solidário às dores do semelhante, pois compete a "toda a sociedade" financiar a seguridade social, por intermédio do pagamento de tributos que serão, nos termos da lei, convertidos em prestações sociais (benefícios e serviços) e endereçados ao amparo daqueles que satisfaçam os requisitos legais para fruição da proteção no âmbito da seguridade social.

Diante desse contexto, a doutrina consagra a **solidariedade** como princípio geral[1].

A despeito de não estar expresso no Título da Ordem Social (não positivado no art. 194 da CF), referência deve ser feita com relação ao art. 40 da CF/88, que versa acerca do Regime Próprio de Previdência Social (RPPS) dos Servidores Públicos.

Desde a EC n. 41, além do caráter contributivo, o RPPS é expressamente "solidário". Essa solidariedade permitiu a imposição de contribuição previdenciária aos inativos (aposentados e pensionistas) do serviço público.

Conclui-se que no regime próprio o princípio da solidariedade está positivado no art. 40.

Universalidade da cobertura e do atendimento

Postulado constitucional dirigido ao legislador ordinário, para o fim de a legislação infraconstitucional garantir a **cobertura (aspecto objetivo)** do maior número de riscos sociais (hipóteses de necessidade social, desventuras, por exemplo, invalidez, morte, desemprego involuntário, idade avançada etc.) e **atendimento (aspecto subjetivo)** a todos os abrangidos pela situação de risco (o rol de beneficiários deve ser o mais amplo possível).

Ampliação de direitos, essa é a tônica dessa norma programática. Deve o legislador[2] não só evidenciar todas as contingências que carecem de amparo estatal, como esculpir a proteção na norma legal. Vislumbradas as hipóteses de cobertura, o rol de beneficiários deve ser o mais amplo possível.

Pedra angular[3] da Seguridade Social, a universalidade de cobertura e do atendimento é princípio que exige constante ampliação do rol de benefícios (e serviços) e dos beneficiários da Seguridade Social.

---

1 CASTRO, Carlos Alberto Pereira de; LAZZARI, Alberto Pereira de Castro. *Manual de direito previdenciário*. 21. ed., rev., atual. e ampl. Rio de Janeiro: Forense, 2018, p. 81.

2 "A interpretação desses diversos objetivos arrolados no parágrafo único do art. 194 depende da plena consciência do exegeta a respeito da extensão do papel do Estado nesse campo" (BALERA, Wagner. *A seguridade social na Constituição de 1988*. São Paulo: Revista dos Tribunais, 1989, p. 35).

3 "Por superar a concepção estrita de um seguro, que somente beneficia aos que a ele aderem mediante contribuições adrede pactuadas, a seguridade social tem como pedra angular a universalidade. E que se trata de um esquema protetivo amplo, moldado a partir da constatação, até certo ponto óbvia, de que sem superação da miséria e das desigualdades não há bem-estar e nem justiça social." (BALERA, op. cit., p. 34).

Em certa medida, não autoriza o retrocesso social, porque a marcha imposta pelo constituinte é a do avanço no terreno dos direitos sociais.

Em 2002, o Tribunal Constitucional de Portugal julgou inconstitucional norma por violação a um mínimo de existência condigna inerente ao princípio do respeito à dignidade humana. Este tribunal pronunciou-se pela inconstitucionalidade da norma constante em decreto que, ao substituir o chamado rendimento mínimo garantido pelo rendimento social de inserção, estabeleceu, como critério para o gozo do novo benefício, a idade mínima de 25 anos, enquanto o diploma anterior reconhecia a titularidade do direito aos indivíduos com idade igual ou superior a 18 anos[4].

Apenas no ramo da saúde o legislador constitucional consagrou a universalidade do atendimento, ao estabelecer no art. 196 da CF que a saúde é direito de todos.

Nos demais ramos (Previdência e Assistência Social) compete à lei ordinária promover a universalização.

Na Previdência a **universalidade é mitigada** por exigir contribuição previdenciária, assim, por exemplo, a Lei n. 8.213/91, fez a previsão do "segurado facultativo" justamente para atender a determinação constitucional da universalização, ampliação do aspecto subjetivo mediante pagamento mensal de contribuição.

Bem se vê que se trata de princípio audacioso, a universalidade da cobertura e do atendimento cuida de postulado constitucional que sinaliza ao legislador ordinário o desiderato do constituinte no sentido de alcançar a proteção social exauriente, sustentada por Wagner Balera[5] ao retratar a **proteção máxima**, correlata ao estágio no qual todas as situações de risco encontram esquemas protetores adequados e aptos à superação da necessidade do indivíduo.

No entanto, diversamente do que ocorre com os direitos de primeira dimensão (por vezes nominados como de "primeira geração"), que se caracterizam como imposição ao Estado de "não fazer" (exige-se a abstenção estatal, de forma a garantir a liberdade do cidadão), os direitos sociais protegidos no sistema de Seguridade Social ingressam em outra dimensão de direitos, os de segunda geração[6], que,

---

4   LEIVAS, Paulo Gilberto Cogo. *Teoria dos direitos fundamentais sociais*. Porto Alegre: Livraria do Advogado, 2006, p. 131.

5   BALERA, Wagner. Introdução à seguridade social. In: MONTEIRO, Meire Lucia Gomes (Coord.). *Introdução ao direito previdenciário*. São Paulo: LTr, 1998, p. 39.

6   "Note-se que a grande maioria da dogmática constitucionalista prefere utilizar-se da expressão 'gerações' para designar os vários grupos de direitos trazidos a lume ao longo dos tempos. Todavia cremos que a expressão geração traz em seu bojo a ideia de renovação e sucessão, o que o surgimento de novos direitos não exclui os anteriormente prestigiados, vindo, ao contrário, somarem-se a eles" (MIRANDA, Henrique Savonitti. *Curso de direito constitucional*. Brasília: Gráfica Senado Federal, 2004, p. 178).

por sua vez, são marcados pela exigência de lastro financeiro por parte do Estado--providência[7].

A relação entre a capacidade econômico-financeira de o Estado atender todas as contingências sociais (*the cost of rights*)[8] e a quantidade de pessoas residentes no território nacional carentes de amparo social estabelece o estágio de desenvolvimento econômico do país.

É bem verdade que essa afirmativa é inversamente proporcional às necessidades, uma vez que países de diminuto desenvolvimento econômico, a exemplo dos países lusófonos situados no continente africano que integram o rol de Países Menos Avançados (PMA), a exemplo de **Angola**, **Guiné-Bissau**, **Moçambique**, **São Tomé e Príncipe**[9], têm maiores (e sérias) necessidades sociais em comparação a nações desenvolvidas (à guisa de exemplo: Canadá).

Nesse exato sentido, pelo preciosismo do ensinamento, transcreve-se doutrina hispânica que evidencia a realidade mundial, segundo a qual os países mais desenvolvidos gastam menos, proporcionalmente, nas questões sociais, quando confrontados com países pobres:

> La polémica se inició con la tesis de Henri Aaron, según el cual los países muy desarrollados gastan menos, proporcionalmente, em seguridad social, que los países pobres; es decir que el porcentaje de PNB dedicado a la seguridad social disminuye a medida que aumenta el desarrollo económico. Felix Paukert matizaria enseguida la conclusión precedente y, com datos de 1963, de la OIT, conseguiria diferenciar grupos de países por niveles de desarrolo. Em aquellos, explica, en los que el producto interior bruto por habitante oscila entre 1.500 y 1.999 $, se destina a financiar la seguridad social una proporción ligeramente menor de su producto interior bruto por habitante que lo que se dedica a ello em los países en los que tal magnitud está comprendida entre los 1.000 y los 1,499 $; pero sin embargo, em los países super ricos, con producto interior bruto por habitante superior a 2.000 $ (USA, Nueva Zelândia y Canadá), El porcentaje dedicado a la seguridad social es aun menor[10].

---

7   BALERA, op. cit., 1989, p. 34.

8   "Ressalto, nessa perspectiva, as contribuições de Stephen Holmes e Cass Sunstein para reconhecimento de que todas as dimensões dos direitos fundamentais têm custos públicos, dando significativo relevo ao tema 'reserva do possível', especialmente ao evidenciar a 'escassez dos recursos' e a necessidade de se fazerem escolhas alocativas, concluindo, a partir da perspectiva das finanças públicas, que 'levar a sério os direitos, significa levar a sério a escassez' (Holmes, Stephen; SUNSTEIN, Cass. *The cost of rights: why liberty dependes on taxes*. W. W. Norton & Company: Nova Iorque, 1999)." Trecho do voto do Ministro Gilmar Mendes na apreciação da STA 175. Disponível em: <http://redir.stf.jus.br/paginador pub/paginador.jsp?docTP=AC&docID=610255>. Acesso em: 12 nov. 2019.

9   Lusófonos destacados em relatório sobre países menos avançados. Disponível em: <https://news.un.org/pt/story/2014/10/1490091-lusofonos-destacados-em-relatorio-sobre-paises-menos-avancados> Acesso em: 16 set. 2019.

10   VILLA GIL; BONETE, *op. cit.*, p. 40.

Evidencia-se, assim, que a proteção social não pode desenvolver-se à margem das chamadas **questões econômicas fundamentais**.

Jeffrey Sachs[11] afirma que, na esfera global, o fim da miséria (pobreza extrema) é meta atingível, para tanto, basta que as grandes potências mundiais desloquem parte do vultoso orçamento militar para a satisfação da imprescindível ajuda internacional para erradicar a pobreza e visualizem o ser humano como objeto de proteção independentemente da nacionalidade. Desse modo, levem a efeito, de forma séria, o compromisso assumido em 2002 ao assinar a Declaração do Milênio[12] das Nações Unidas, documento que logrou aprovação pelos 191 Estados-Membros da ONU.

> Em termos de definição, é importante distinguir três graus de pobreza, a extrema (absoluta), pobreza moderada e pobreza relativa. Pobreza extrema ou miséria significa que as famílias não podem satisfazer as necessidades básicas de sobrevivência. Elas sofrem de fome crônica, não têm acesso à saúde, não dispõem de água potável e esgoto, não podem oferecer educação para alguns ou todos os filhos e talvez não tenham um abrigo rudimentar – um teto para proteger da chuva, uma chaminé para tirar a fumaça do fogão – e artigos básicos do vestuário, como sapatos. Ao contrário das pobrezas relativa e moderada, a miséria só ocorre nos países em desenvolvimento. A pobreza moderada refere-se, em geral, a condições de vida em que as necessidades básicas são satisfeitas, mas com muita dificuldade. A pobreza relativa é, em geral, interpretada como sendo uma renda familiar abaixo de determinada proporção da renda média nacional. Os relativamente pobres, em países de alta renda, não têm acesso a bens culturais, entretenimento, recreação e à saúde e educação de qualidade, bem como a outros privilégios da mobilidade social ascendente.

Nessa ordem de considerações, de *lege ferenda*, imprescindível a conscientização da comunidade global, de modo a evoluir do egoísmo ao altruísmo.

Sensibilizar países desenvolvidos, onde a miséria não mais existe conforme previsão de Keynes[13], a acolher a demanda social dos menos favorecidos, com vistas a congregar recursos e endereçá-los à assistência dos desamparados da sociedade cosmopolita, garantindo-se o mínimo existencial a todos os seres humanos situados no patamar da pobreza extrema, é meta que se espera seja, de forma séria, colocada na pauta de discussão das grandes potências mundiais.

> Além disso, o direito ao mínimo existencial é frequentemente fundamentado como corolário do direito à dignidade humana. Nesse sentido, Tugendhat diz que a dignidade aponta para certo nível de satisfação das necessidades, uma vez que um ser humano precisa do mínimo de existência para que ele possa gozar os seus direitos e para que leve, neste sentido, uma existência humanamente digna. [...] A mais

---

11 SACHS, Jeffrey. *O fim da pobreza*: como acabar com a miséria mundial nos próximos vinte anos. São Paulo: Companhia das Letras, 2005, p. 46.

12 SACHS, op. cit., p. 51.

13 SACHS, op. cit., p. 29.

completa definição é formulada, contudo, por Corina Treisch: "O mínimo existencial é a parte do consumo corrente de cada ser humano, seja criança ou adulto, que é necessário para a conservação de uma vida humana digna, o que compreende a necessidade de vida física, como alimentação, vestuário, moradia, assistência de saúde, etc. (mínimo físico existencial) e a necessidade espiritual-cultural, como educação, sociabilidade, etc. Compreende a definição do mínimo existencial tanto a necessidade física como também cultural-espiritual, então se fala em um mínimo existencial cultural"[14].

Enquanto não existente mecanismo internacional apto a garantir existência digna a todos os seres humanos independentemente de bandeiras e hinos, a cada Estado-Nação compete adotar mecanismos de solidariedade social com vistas ao combate dos cinco gigantes[15] que destroçam a sociedade relatados no Plano Beveridge[16]: a miséria (ou indigência); a doença (enfermidade); a ignorância (que nenhuma democracia pode tolerar nos seus cidadãos); a insalubridade (imundice) do ambiente de trabalho; e a ociosidade (desemprego)[17].

A aplicação da universalidade da cobertura é bem desenhada na Lei n. 10.421/2002, que ampliou a hipótese de cabimento do benefício salário-maternidade para abarcar a "adoção". Antes dessa norma o salário-maternidade tinha por fato gerador apenas o "parto", tornando restrita a concessão à segurada caracterizada como mãe-biológica.

Conquanto digna de louvor, ainda havia margem à universalização do atendimento, o que ocorreu com a publicação da Lei n. 12.873/2013, que assegurou direito não apenas a segurada (a) mãe biológica e (b) mãe adotiva, como também ao segurado que adote criança.

Uniformidade e equivalência dos benefícios e serviços às populações urbanas e rurais

Patenteado no brocardo da igualdade, uniformidade significa os mesmos benefícios, e equivalência quer dizer benefícios no mesmo valor/proporção, de modo

---

14 LEIVAS, op. cit., p. 134-135.

15 BEVERIDGE, Willian. *Relatório sobre o seguro social e serviços afins, apresentado ao parlamento britânico em novembro de 1942.* Tradução Almir de Andrade. Rio de Janeiro: José Olympio, 1943, p. 12.

16 Na Europa de 1941, o economista Inglês William Beveridge é convocado pelo governo da Inglaterra, para elaborar estudo sobre segurança social. O programa beveridgiano de ação apresentado no ano de 1942 ambiciona erradicar as necessidades sociais de toda a população, mediante a contenção dos referidos cinco gigantes. O relatório Beveridge transborda os conceitos clássicos de risco, consistindo na ideia-programa (termo empregado por Luis Enrique de La Villa Gil e Aurélio Desdentado Bonete no *Manual de seguridad social.* 2. ed. Pamplona: Editorial Aranzadi, 1979, p. 30) de seguridade social, contendo ideais que repercutiram em diversas legislações do mundo a partir da segunda metade do século XX.

17 VILLA GIL; BONETE, op. cit., p. 30.

a, *verbi gratia*, não ser admissível a discriminação do empregado rural frente ao empregado urbano, a ambos devendo ser disponibilizado o alcance às mesmas espécies de benefícios sociais, e a expressão quantitativa do benefício deverá se ater (na Previdência) apenas ao perfil contributivo, que, se for idêntico, deverá ensejar renda mensal exatamente igual.

Colima o constituinte originário resguardar tratamento isonômico entre trabalhador rural e urbano, de forma a colocar fim no tratamento diferenciado que havia antes de 1988, época na qual a população que laborava nas lides rurais não integrava o mesmo regime previdenciário dos trabalhadores urbanos. Os rurícolas da Lei Complementar n. 11/71, tinham direito a alguns poucos benefícios e de valor bastante irrisório (de meio salário mínimo).

Não se pode olvidar ser admissível, com o fito de estabelecer igualdade, a existência de **discriminações positivas** em prol dos que habitam no meio rural.

Nesse exato caminhar, a própria Constituição Federal em sua redação original fixa (art. 201, § 7º, II) a idade de 65 (sessenta e cinco) anos para homem e de 60 (sessenta) anos para mulher para obtenção de aposentadoria por idade, mas reduz em cinco anos o limite de idade para os trabalhadores rurais de ambos os sexos (60 anos, se homem, e 55 anos, se mulher).

Seletividade e distributividade na prestação dos benefícios e serviços

Como antes esclarecido, os direitos sociais **exigem lastro financeiro por parte do Estado-provedor**.

A disponibilidade orçamentária do Estado marca o grau de prestações sociais disponíveis à sociedade. O Brasil, nação em franca marcha ao desenvolvimento, encontra-se em estágio no qual ainda se configura situação de inexistência de recursos aptos a satisfazer todas as prestações sociais passíveis de serem idealizadas.

Nesse diapasão, a doutrina esclarece:

Nenhum sistema de seguridade social está apto a libertar todos os indivíduos de todas as necessidades. Embora *Beveridge* tenha sonhado com a proteção "do berço ao túmulo", não é o que ocorre[18].

O fogo cerrado a que se acha submetido o ideal do *Welfare State*, em nossos dias, se deve justamente ao fato de julgarem – os que criticam esse ideal como utópico – que inexistem condições econômico-financeiras no mundo moderno que venham a dar suporte a um sistema protetivo tão abrangente[19].

---

18 SANTOS, Marisa Ferreira dos. *O princípio da seletividade das prestações de seguridade social.* São Paulo: LTr, p. 178.

19 BALERA, Wagner. *Noções preliminares de direito previdenciário.* São Paulo: Quartier Latin, 2004, p. 85.

Em 1988, após a aprovação do Capítulo destinado à Seguridade Social, na Constituição Federal, o chefe da Nação ressaltou que o Brasil seria ingovernável, conforme registra Aloízio Teixeira em *A previdência social e a revisão constitucional*[20].

Da manchete do jornal *O Globo*, de 25 de novembro de 1987: "Sarney: Constituição tornará País ingovernável"[21]:

Diante da impossibilidade econômico-financeira de o Estado atender a todas as contingências sociais e de contemplar a todos que habitam em território nacional, e com base na doutrina da "reserva do possível", estatui o texto constitucional com o princípio da seletividade ser admissível a **restrição dos direitos sociais**, cabendo enfatizar que essa autorização não se confunde com "eliminação" dos direitos sociais!

Há permissão constitucional para redução dos direitos, lastreada na bandeira da dificuldade econômico-financeira do Estado, devendo, entretanto, **necessariamente garantir o mínimo social** (mínimo existencial), selecionar (**seletividade:** aspecto objetivo) os riscos sociais mais graves, e mantê-los protegidos, aliviando-se os cofres públicos unicamente com relação à proteção de contingências sociais de menor gravidade, e distribuir (**distributividade:** aspecto subjetivo) os benefícios e serviços selecionados às pessoas mais necessitadas (deixando-se a descoberto os menos necessitados).

---

20 Debates: v. II. Brasília: MPS, 1994, p. 37.
21 Disponível em: <https://www2.senado.leg.br/bdsf/bitstream/handle/id/133954/Nov_ 87%20 -%200565.pdf?sequence=3>. Acesso em: 12 nov. 2019.

A necessidade de convivência harmônica entre a cláusula da reserva do possível com a imperiosidade de atenção estatal ao mínimo existencial é bem esposada pelo Ministro Celso de Mello, do Colendo STF, ao citar "obstáculo artificial" em trecho extraído da apreciação de medida cautelar em Ação de Descumprimento de Preceito fundamental (ADPF) de n. 45[22]:

> Não deixo de conferir, no entanto, assentadas tais premissas, significativo relevo ao tema pertinente à "reserva do possível" (Stephen Holmes/Cass R. Sunstein, *The cost of rights*, 1999, Norton, New York), notadamente em sede de efetivação e implementação (sempre onerosas) dos direitos de segunda geração (direitos econômicos, sociais e culturais), cujo adimplemento, pelo Poder Público, impõe e exige, deste, prestações estatais positivas concretizadoras de tais prerrogativas individuais e/ou coletivas.
>
> É que a realização dos direitos econômicos, sociais e culturais – além de caracterizar-se pela gradualidade de seu processo de concretização – **depende, em grande medida, de um inescapável vínculo financeiro subordinado às possibilidades orçamentárias do Estado**, de tal modo que, comprovada, objetivamente, a incapacidade econômico-financeira da pessoa estatal, desta não se poderá razoavelmente exigir, considerada a limitação material referida, a imediata efetivação do comando fundado no texto da Carta Política.
>
> Não se mostrará lícito, no entanto, ao Poder Público, em tal hipótese – mediante indevida manipulação de sua atividade financeira e/ou político-administrativa – criar obstáculo artificial que revele o ilegítimo, arbitrário e censurável propósito de fraudar, de frustrar e de inviabilizar o estabelecimento e a preservação, em favor da pessoa e dos cidadãos, de **condições materiais mínimas de existência**.
>
> Cumpre advertir, desse modo, que **a cláusula da "reserva do possível"** – ressalvada a ocorrência de justo motivo objetivamente aferível – **não pode ser invocada, pelo Estado, com a finalidade de exonerar-se do cumprimento de suas obrigações constitucionais**, notadamente quando, dessa conduta governamental negativa, puder resultar **nulificação ou, até mesmo, aniquilação de direitos constitucionais** impregnados de um sentido de essencial fundamentalidade.

Por esse motivo, o princípio da seletividade e da distributividade funciona como **primado relativizador da universalidade**, é o contraponto do princípio da universalidade da cobertura e do atendimento. Este (universalidade) é um dever-ser, é objetivo a ser buscado pelo legislador ordinário de modo incansável no caminho da "ampliação" dos direitos sociais, todavia, enquanto não houver condições financeiras de atender a todos os cidadãos de forma plena, o princípio da seletividade e da distributividade, baseado na pílula da "restrição", permite o alívio das contas estatais mediante a diminuição da proteção social.

---

22 BRASIL. Supremo Tribunal Federal. ADPF 45. *Informativo*. Brasília, 26 a 30 abr. 2004. n. 345. *DJU* 4-5-2004. Disponível em: <http://www.stf.jus.br/arquivo/informativo/documento /informativo345. htm>. Acesso em: 12 nov. 2019.

A seletividade e distributividade desempenham, com autorização constitucional, um papel redutor da universalidade[23].

Para exemplificar a aplicação dos princípios, observe-se que no ramo da Assistência Social a Lei n. 8.742, no ano de 1993, definiu no art. 20 a pessoa idosa, para efeito de contemplação do benefício de prestação continuada de 1 salário mínimo da LOAS (art. 203, V, CF), como aquela com idade igual ou superior a 70 anos. No ano de 1998, o legislador ampliou a proteção, Lei n. 9.720, reduzindo a idade dos beneficiários para 67 anos. No ano de 2003 houve nova alteração promovida pela Lei n. 10.741, Estatuto do Idoso, trazendo a garantia do benefício assistencial ora em comento em favor daqueles que tenham idade igual ou superior a 65 (sessenta e cinco) anos.

Desta ilustração, tem-se que o legislador priorizou, em 1993, o rol de necessitados que detinham idade mais avançada (70 anos de idade), com espeque no princípio da seletividade e distributividade, e, na medida do aumento da capacidade econômico-financeira do Estado, procedeu à redução da idade (67 anos em 1998, posteriormente 65 anos pelo Estatuto do Idoso), ampliando, assim, o rol de cidadãos contemplados, em atenção ao princípio da universalidade.

A distributividade foi manejada na Reforma da Previdência de 1998 quando a EC n. 20/98, ao promover nova redação ao inciso IV do art. 201, efetivou na planura constitucional a restrição do rol dos beneficiários do salário-família, que ficou restrito aos trabalhadores mais necessitados, considerados como tal aqueles de baixa renda, excluídos, de outro lado, os empregados com renda mais elevada.

De qualquer modo, estão a seletividade e a distributividade consignadas no Texto Maior, permitindo dentre as opções de cobertura existentes, e diante da impossibilidade momentânea de o país atender a todas, que haja eleição das contingências sociais e dos cidadãos a serem contemplados, priorizados nos riscos sociais mais graves e como mais necessitados.

Irredutibilidade do valor dos benefícios

Segundo a Constituição, não é princípio restrito à Previdência, sua dimensão é a Seguridade Social.

O STF, chamado a discorrer sobre a irredutibilidade do valor de benefícios, asseverou, na qualidade de guardião e tradutor oficial do texto constitucional, que essa norma veda **a redução do valor nominal** do benefício, ou seja, a impossibilidade de redução da expressão numérica da prestação periódica recebida pelo cidadão.

---

23 SANTOS, Marisa Ferreira dos. *O princípio da seletividade das prestações de seguridade social*. São Paulo: LTr, p. 182.

Ementa: Previdência social. Irredutibilidade do benefício. Preservação permanente de seu valor real. No caso não houve redução do benefício, porquanto já se firmou a jurisprudência desta Corte no sentido de que o princípio da irredutibilidade é garantia contra a redução do *quantum* que se recebe, e não daquilo que se pretende receber para que não haja perda do poder aquisitivo em decorrência da inflação. De outra parte, a preservação permanente do valor real do benefício – e, portanto, a garantia contra a perda do poder aquisitivo – se faz, como preceitua o art. 201, § 2º, da Carta Magna, conforme critérios definidos em lei, cabendo, portanto, a esta estabelecê-los. Recurso extraordinário não conhecido (STF, RE 263.252/PR, rel. Min. Moreira Alves, 1ª T., *DJ* 23-6-2000).

A recomposição da perda inflacionária não é protegida pelo princípio da irredutibilidade do valor dos benefícios. O poder de compra dos beneficiários da Previdência Social tem proteção constitucional prevista em outro dispositivo, art. 201, § 4º, que trata de **regra exclusiva dos beneficiários da previdência**, consagrando **a manutenção do valor real dos benefícios.**

Enquanto a irredutibilidade trata do aspecto quantitativo (a expressão numérica, a cifra), o princípio da manutenção do valor real dos benefícios tem foco no aspecto qualitativo, de garantia de poder de compra do beneficiário da previdência.

Exsurge da magnitude do princípio da irredutibilidade disposição fixada na Lei n. 8.213/91, que estatui serem os benefícios previdenciários insuscetíveis de penhora, arresto e sequestro:

Lei n. 8.213/91

Art. 114. Salvo quanto a valor devido à Previdência Social e a desconto autorizado por esta Lei, ou derivado da obrigação de prestar alimentos reconhecida em sentença judicial, o benefício não pode ser objeto de penhora, arresto ou sequestro, sendo nula de pleno direito a sua venda ou cessão, ou a constituição de qualquer ônus sobre ele, bem como a outorga de poderes irrevogáveis ou em causa própria para o seu recebimento.

A própria Lei n. 8.213 traz exceções à irredutibilidade no âmbito do RGPS relacionadas no art. 115 da Lei n. 8.213, a exemplo do inciso IV: pensão de alimentos decretada em sentença judicial.

No que se refere à possibilidade de reduzir os proventos de aposentadoria diante da caracterização do benefício previdenciário como fato gerador no campo tributário, de observar que o art. 195, II, *in fine*, da CF, imuniza os aposentados e pensionistas do RGPS diante das contribuições previdenciárias.

Diversa é a situação dos aposentados e pensionistas do Regime Próprio de Previdência do Servidor Público (RPPS). Desde o advento da Lei n. 10.887/2004 (fruto da conversão da MP n. 167), amparada pela Emenda Constitucional n. 41, os aposentados e os pensionistas de qualquer dos Poderes da União, Estados, DF e Municípios, incluídas as respectivas autarquias e fundações, contribuem com 11%

(onze por cento), incidentes sobre o valor da parcela dos proventos de aposentadorias e pensões que supere o limite máximo estabelecido para os benefícios do RGPS.

Levada a tributação ao crivo do colendo STF, por intermédio da ADIn 3.105, a Suprema Corte consagrou a validade da norma:

> No ordenamento jurídico vigente, não há norma, expressa nem sistemática, que atribua à condição jurídico-subjetiva da aposentadoria de servidor público o efeito de lhe gerar direito subjetivo como poder de subtrair *ad aeternum* a percepção dos respectivos proventos e pensões à incidência de lei tributária que, anterior ou ulterior, os submeta à incidência de contribuição previdencial.
>
> Noutras palavras, não há, em nosso ordenamento, nenhuma norma jurídica válida que, como efeito específico do fato jurídico da aposentadoria, lhe imunize os proventos e as pensões, de modo absoluto, à tributação de ordem constitucional, qualquer que seja a modalidade do tributo eleito, donde não haver, a respeito, direito adquirido com o aposentamento.

O desfecho atribuído pelo STF para a taxação dos inativos ensejou a apresentação de denúncia (Petição 644-05) perante a Corte Interamericana de Direitos Humanos (CIDH) da Organização dos Estados Americanos (OEA) contra o Estado brasileiro, por diversos órgãos de classe[24], sendo que os peticionários alegaram que o Estado brasileiro violou a Constituição de 1988 e convenções e tratados de direitos humanos

---

24 Denunciantes: Movimento dos Servidores Públicos Aposentados e Pensionistas (Instituto MOSAP), composto pela Associação dos Auditores do Distrito Federal (AAFIT); Associação de Docentes Aposentados e Pensionistas de Docentes da Universidade Federal do Ceará (ADAUFC); Associação Nacional dos Delegados de Polícia Federal (ADPF); Associação dos Fiscais de Tributos Estaduais (AFIS-VEC); Associação de Docentes da Universidade Federal do Rio Grande do Sul (ADUFRGS); Associação dos Funcionários do Instituto de Pesquisas Econômicas Aplicadas (Afipea); Associação dos Juízes do Rio Grande do Sul (Ajuris); Associação Nacional dos Servidores da Previdência Social (Anasps); Associação Nacional dos Auditores-Fiscais da Previdência Social (Anfip); Associação Nacional dos Procuradores Federais (Anpaf); Associação dos Aposentados da Fundação Universitária de Brasília (Aposfub); Associação Nacional dos Procuradores da Previdência Social (Anpprev); Associação Nacional dos Servidores Aposentados e Pensionistas do Tribunal de Contas da União (Asap-TCU); Associação Nacional dos Fiscais Federais Agropecuários (Anffa/Asfagro); Associação do Fisco de Alagoas (Asfal); Associação dos Oficiais de Justiça do Estado de São Paulo (Aojesp); Associação dos Procuradores Federais do Estado do Rio de Janeiro (Apaferj); Associação Paulista dos Fiscais de Contribuição Previdenciária Social (Apafisp); Associação dos Servidores Federais em Transportes (Asdner); Associação dos Serventuários de Justiça dos Cartórios Oficializados do Estado de São Paulo (ASJCOESP); Associação dos Servidores Públicos do Paraná (Aspp); Associação dos Servidores Inativos e Pensionistas do Senado Federal (Assisefe); Federação Nacional das Associações dos Aposentados e Pensionistas das Instituições Federais de Ensino (Fenafe/Aspi-UFF); Federação Nacional dos Auditores-Fiscais da Previdência Social (Fenafisp); Federação Brasileira de Associações de Fiscais de Tributos Estaduais (Febrafite); Sindicato Nacional dos Auditores-Fiscais do Trabalho (Sinait); Sindicato dos Servidores do Poder Legislativo Federal e do Tribunal de Contas da União (Sindlegis); Sindicato Nacional dos Técnicos da Receita Federal (Sindireceita); Sindicato dos Servidores do Departamento de Polícia Federal (SSDPF/RJ); União Nacional dos Analistas e Técnicos de Finanças e Controle (Unacon); e a União do Policial Rodoviário do Brasil (UPRB).

mediante a promulgação da Emenda Constitucional n. 41/2003, em virtude da cobrança da contribuição previdenciária a servidores públicos inativos e pensionistas, que anteriormente a tal emenda eram isentos do pagamento da referida exação.

Consequentemente, os peticionários sustentaram que o Estado violou a "coisa julgada, o ato jurídico perfeito, o direito adquirido e a segurança jurídica", assim como direitos humanos das supostas vítimas, a saber: o direito à propriedade privada, o desenvolvimento progressivo dos direitos sociais e as garantias e proteção judiciais, previstos, respectivamente, nos arts. 21, 26, 8 e 25 da Convenção Americana.

A denúncia, no entanto, não ultrapassou o juízo de prelibação, consistente na análise prévia de viabilidade pela Comissão Interamericana de Direitos Humanos, que, somente na hipótese de admissão da denúncia, submeteria a matéria à CIDH para decisão.

Com efeito, a Comissão Interamericana concluiu que tem competência para analisar a petição nos termos formulados, porém os fatos apresentados não tendem a caracterizar possíveis violações à Convenção Americana. Observou ainda a Comissão que a decisão proferida pelo Supremo Tribunal Federal foi detalhada e extensivamente motivada, afirmando a constitucionalidade da referida emenda constitucional por inexistência de direito à imunidade tributária e em virtude do princípio de solidariedade, a fim de garantir o direito de toda a população à previdência social e à pensão (interesse social).

Manutenção do valor real dos benefícios

Como adiantado acima, regra de *status* constitucional, inserta no art. 201, § 4º, cuja abrangência é restrita à Previdência Social (previsto também no Regime Próprio de Servidores Públicos, art. 40, § 8º, da CF/88), para ter concretude necessária se faz a edição de lei ordinária.

A manutenção do valor real dos benefícios significa dizer resguardo do poder de compra, proteção contra a desvalorização da moeda. É alcançado esse intento constitucional por intermédio de **reajustamento periódico** dos benefícios previdenciários.

O reajuste é a forma de recomposição das perdas inflacionárias sofridas pelos beneficiários da previdência. O art. 41-A da Lei n. 8.213 estabelece periodicidade **anual** para reajustamento dos benefícios e elege o indexador INPC (Índice Nacional de Preços ao Consumidor, apurado pelo IBGE) para apuração do índice de reajuste.

O reajustamento é geral, quer dizer, é devido a todos os benefícios previdenciários em manutenção, uma vez ao ano, e dá-se na mesma oportunidade do reajustamento do salário mínimo.

■ **Atenção**: os benefícios previdenciários **NÃO** são reajustados com base no salário mínimo!

A Constituição Federal, no art. 7º, IV, veda, expressamente, a vinculação do salário mínimo para qualquer fim. Logo, dizer que uma aposentadoria concedida no ano de 2002 no RGPS fosse equivalente a 7 salários mínimos na data de sua concessão e, passados dez anos, apesar de ter sido reajustado anualmente, o valor dessa aposentadoria corresponda a 5 salários mínimos **não apresenta qualquer ofensa ao princípio da manutenção do valor real do benefício**, porque **o poder aquisitivo não é resguardado pela variação do salário mínimo**, mas pela inflação medida com base em indexador oficial, o INPC.

De observar que houve uma época na qual os benefícios previdenciários tiveram o **poder aquisitivo** fixado na variação do salário mínimo. O direito à equivalência salarial está previsto no art. 58 do Ato das Disposições Constitucionais Transitórias (ADCT).

A redação do art. 58 do ADCT determina:

> **Os benefícios** de prestação continuada, **mantidos pela previdência social** na data da promulgação da Constituição, **terão seus valores revistos**, a fim de que seja **restabelecido o poder aquisitivo, expresso em número de salários mínimos, que tinham na data de sua concessão**, obedecendo-se a esse **critério de atualização** até a implantação do **plano de custeio e benefícios** referidos no artigo seguinte.

Justamente por se tratar de norma "transitória" não mais vige, trata-se de norma exaurida, teve fim no ano de 1991 (na data da regulamentação das Leis n. 8.212 e 8.213/91). Somente fizeram jus à equivalência salarial os benefícios **ativos** em 5 de outubro de 1988, significa dizer, aqueles que foram concedidos ANTES da promulgação da Constituição Federal, entendimento firmado pelo STF no enunciado:

> Súmula 687. A revisão de que trata o art. 58 do ADCT **não se aplica** aos benefícios previdenciários **concedidos após a promulgação** da Constituição de 1988.

Em síntese, os benefícios previdenciários:

a) estão protegidos pelo princípio da irredutibilidade, de modo que o valor nominal não pode ser reduzido;

b) estão protegidos pelo princípio da manutenção do valor real, assim o poder de compra está garantido por meio de reajustes anuais, calcados na variação do INPC;

c) por força do art. 7º, IV, da CF/88 não existe direito a reajustamento com base na mesma variação do salário mínimo;

d) a CF/88 assegurou a variação com base na oscilação do salário mínimo no art. 58 do ADCT, direito não extensível aos benefícios concedidos "após" a CF/88.

Costumeiro o reclamo dos aposentados, na crença de vinculação de seu benefício previdenciário a determinada quantidade de salários mínimos. No entanto, tal desiderato não encontra acolhida no Poder Judiciário, quer pela falta de amparo constitucional (art. 7º, IV, parte final, que veda a vinculação do salário mínimo para qualquer fim), quer pelo regramento legal (art. 41-A da LB, que estabelece o reajustamento dos benefícios em manutenção, anualmente, com base no INPC).

Demanda cuja improcedência é de rigor diante da jurisprudência firmada pelo Supremo Tribunal Federal:

> Reajuste. Benefício concedido na vigência da Constituição Federal de 1988. Acórdão recorrido em consonância com a jurisprudência desta Corte.
>
> 1. O art. 41, II, da Lei n. 8.213/91 não infringiu o disposto nos arts. 194, IV, e 201, § 2º, da Constituição Federal que asseguram, respectivamente, a irredutibilidade do valor dos benefícios e a preservação do seu valor real. Precedentes.
>
> 2. A revisão dos benefícios previdenciários não pode ser atrelada à variação do salário mínimo, após a implantação do plano de custeio e benefícios. Precedentes (Ag. Reg. no AI-776.724/MG, rel. Min. Luiz Fux, *Informativo* STF n. 683).

A proteção ao poder de compra (aspecto qualitativo) se constituiu em importante proteção do beneficiário da Previdência Social contra a espiral inflacionária (apuração feita a partir do indexador INPC). Uma vez ao ano (todo mês de janeiro) é publicada a Tabela de Reajustamento, e dela se constata a existência de "índice integral", conhecido no jargão previdenciário como índice "cabeça de tabela", que é o percentil devido a partir do segundo reajustamento, enquanto no primeiro reajuste (como regra) a incidência é de índice proporcional (índice *pro rata*), estabelecida na lógica: quanto mais próxima a data de início do benefício (DIB) da data do reajustamento, menor será o índice de recomposição do poder aquisitivo.

À guisa de demonstração, confira-se a Portaria n. 9[25], publicada em 15 de janeiro de 2019, do Ministro da Economia, contendo os índices de reajustamento dos benefícios, também nominados de índices previdenciários, incidentes sobre a renda mensal do benefício.

Não se pode olvidar em respeito ao limite mínimo constitucional fixado em 1 salário mínimo (art. 201, § 2º) para os benefícios que substituam a remuneração do trabalho, a exemplo do auxílio-doença (conhecido por B/31 e B/91 no jargão previdenciário), que na eventualidade de o valor resultante do cálculo legal de apuração de renda demonstrar-se inferior a 1 salário mínimo, haverá no banco de dados da previdência dois registros de valor:

---

25 Disponível em: <http://www.previdencia.gov.br/2019/01/portaria-oficializa-reajuste-de-343--para-beneficios-acima-do-minimo-em-2019/>. Acesso em: 12 nov. 2019.

a) o valor que realmente seria devido, pelas regras de apuração de renda mensal inicial;

b) o valor a ser efetivamente pago, não inferior a 1 salário mínimo.

Para maior clareza, considere-se, por hipótese, que, no ano de 2016 seja constatado que o SB de determinado segurado fosse de R$ 900,00, e o benefício a que teria direito era o B/31, cujo coeficiente de cálculo é 91%, assim, a renda mensal inicial deveria ser de (a) R$ 819,00 (R$ 900,00 x 91%), porém, o efetivo pagamento em prol do beneficiário seria de (b) R$ 880,00, equivalente a 1 salário mínimo (art. 201, § 2º, CF). Os reajustamentos dos anos subsequentes incidirão sempre sobre a apuração real (a), respeitada a regra do art. 201, § 2º, CF (b). Por hipótese, mantida a mesma ilustração, caso no ano de 2017 o INPC apure 50% (reajuste fictício), e a variação do salário mínimo seja "fictício" de 10%, a nova renda mensal desse segurado será de R$ 1.228,00 (R$ 819,00 com reajuste "fictício" de 50%), porque resultará superior ao novo salário mínimo "fictício" R$ 968,00 (R$ 880,00 com elevação "fictícia" de 10%).

De observar, ainda, que a regra, é a da aplicação proporcional do índice de reajustamento por ocasião do primeiro reajuste. O índice *pro rata* equivale aos meses que compreendem a data da concessão e a data do reajustamento de benefícios. O índice integral reserva-se aos subsequentes reajustamentos.

Atenção, se se tratar de benefício decorrente de transformação, como ocorre com o B/32 (aposentadoria por invalidez) derivado de B/31 (auxílio-doença), ou de B/21 (pensão por morte) decorrente de qualquer aposentadoria, o primeiro reajuste do benefício consequente deve ser obtido com base na data de início do benefício antecedente (no banco de dados do INSS consta o campo: "DIB Ant").

Nesta situação, pode ocorrer de o B/32 (ou B/21) ter em seu primeiro reajustamento índice integral, sempre que o benefício de que é derivado (de onde provem sua renda mensal inicial) a aposentadoria por invalidez ou a pensão por morte já tenha experimentado o reajustamento proporcional.

Entendimento corretamente perfilhado pela Administração Pública na Instrução Normativa (IN) n. 77 INSS/Pres, 2015:

Seção V. Do reajustamento do valor do benefício
Art. 212. [...]
§ 1º No caso de benefício precedido, para fins de reajuste, deverá ser considerada a DIB anterior.

Por fim, a Lei n. 8.213/91, no art. 2º, inciso V, e o Decreto Federal n. 3.048/99, no parágrafo único do art. 1º, inciso IV, afirmam que o princípio da irredutibilidade no contexto previdenciário deve ser interpretado de forma a **preservar o poder aquisitivo** do valor dos benefícios.

Equidade na forma de participação no custeio

A justiça social significa garantir a cada pessoa o indispensável à satisfação do mínimo existencial. Preconizada no art. 193 da Norma Suprema, a justiça social está caracterizada como objetivo da ordem social.

Segundo a disciplina constitucional estatuída, o custeio da seguridade social visa, atendidos os contornos legais, ao atendimento das necessidades sociais (predicado como mínimo irredutível da dignidade de todo ser humano) inclusive daqueles que nada contribuem pecuniariamente para o sistema de seguridade.

O custeio desse sistema de proteção social (seguridade social) deve ser satisfeito por toda a sociedade (princípio implícito da solidariedade contributiva), resguardando-se, de outra senda, a alguns atores sociais parcela maior na participação contributiva.

Equidade não é sinônimo de igualdade, não se confunde com isonomia tributária. Equidade é traduzida como bom senso na tributação.

Repousa o princípio da equidade na **diferenciação de base de cálculo e de alíquotas** das pessoas eleitas para custear a aflição dos necessitados.

É da essência da base de financiamento, por exemplo, as pessoas jurídicas contribuírem de forma diferenciada, e mais elevada, em comparação às pessoas físicas.

A responsabilidade do tomador de serviços deve ser diferenciada conforme o ramo de atuação repercuta maior utilização do aparato da seguridade social.

O Seguro de Acidentes do Trabalho (SAT) (art. 22, II, da Lei n. 8.212/91) deita suas raízes neste princípio constitucional, fixando alíquotas diferenciadas de acordo com o grau de incidência dos riscos ambientais do trabalho.

No ano de 2003, seguindo a filosofia do princípio da equidade, houve a criação do Fator Acidentário Previdenciário (FAP), pelo art. 10 da Lei n. 10.666/2003, permitindo a redução do SAT, em até cinquenta por cento (50%), ou aumento, em até cem por cento (100%), em razão do desempenho da empresa na contenção de riscos do ambiente de trabalho, verificáveis a partir dos índices de frequência, gravidade e custo, comparados com a ocorrência de requerimentos de benefícios por incapacidade laborativa efetivados por empregados da respectiva atividade econômica.

A equidade na forma de participação no custeio consagra permissão ao legislador na fixação, por exemplo, de alíquotas superiores às empresas enquadradas como instituições financeiras, por se tratar de segmento econômico presumidamente detentor de melhores condições contributivas, bem como de estabelecer exação mais elevada às pessoas jurídicas que geram riscos sociais.

O postulado constitucional da equidade foi explicitado no § 9º do art. 195, na redação dada pela Emenda Constitucional n. 47/2005, determinando que em se tratando de contribuições sociais exigíveis do empregador (empresa ou equiparado)

poderão ter alíquotas ou bases de cálculo diferenciadas, em razão da **atividade econômica, da utilização intensiva de mão de obra, do porte da empresa ou da condição estrutural do mercado de trabalho**.

Esclareça-se que em 2019, por força da Emenda da Reforma, o § 9º do art. 195 passou a ter nova redação, dispondo:

> EC 103/2019. CF.
>
> Art. 195. [...]
>
> § 9º As contribuições sociais previstas no inciso I do *caput* deste artigo poderão ter alíquotas diferenciadas em razão da atividade econômica, da utilização intensiva de mão de obra, do porte da empresa ou da condição estrutural do mercado de trabalho, sendo também autorizadas a adoção de bases de cálculo diferenciadas apenas no caso das alíneas *b* e *c* do inciso I do *caput*.

Os comentários acerca da nova redação do § 9º do art. 195 estão no Capítulo 4.

Diversidade na base de financiamento

Não se mostra prudente centrar as receitas da Seguridade Social numa única fonte de recursos. Desse modo, deve estar amparada em bases de financiamento e de custeio variadas.

Desde Bismarck (Alemanha, 1883), verificamos a tríplice fonte de custeio: tomador de mão de obra; prestador do serviço e Estado.

Na atualidade, diante do princípio da diversidade exigida pelo texto constitucional, na base de financiamento e de custeio encontra-se toda a sociedade (solidariedade compulsória), que deve atuar de forma direta e indireta, nos termos ditados pela lei.

Assim, o art. 195 da CF/88, em conformidade com o princípio da diversidade da base de financiamento, assevera que as empresas, ainda que não possuam empregados, devem contribuir para a seguridade social, tendo por fato gerador a remuneração feita a pessoa física (sem vínculo empregatício) que presta serviço; o lucro; a receita e o faturamento.

A receita decorrente de **concurso de prognósticos** (todo e qualquer concurso de sorteio de números ou quaisquer outros símbolos, loterias e apostas de qualquer natureza no âmbito federal, estadual, do Distrito Federal ou municipal, promovidos por órgãos do Poder Público ou por sociedades comerciais ou civis) deve ser direcionada à seguridade social (art. 195, III).

Do mesmo modo o art. 195, IV, estabelece que as contribuições do **importador de bens ou serviços do exterior**, ou de quem a lei a ele equiparar são destinadas ao cofre da Seguridade.

Os incisos do art. 195 são exemplos claros de diversificação da base de financiamento. Cabendo realçar que a expressão máxima do princípio da diversidade da base de financiamento está no art. 195, § 4º, da CF/88, conhecida por "contribuição residual" é a permissão constitucional para criação de novas contribuições sociais para a Seguridade Social, mediante o manejo de **lei complementar.**

EC n. 103/2019. Segregação contábil (art. 194, parágrafo único, VI, CF) e o fim da DRU nas contribuições sociais de seguridade social (art. 76, § 4º, do ADCT)

Preservados todos os dizeres acerca da "diversidade da base de financiamento", a nova redação do inciso VI do parágrafo único do art. 194 da CF trazida pela Emenda Constitucional n. 103/2019, consiste em comando endereçado ao legislador no ato de confecção da Lei Orçamentária Anual (LOA) de proceder à "segregação contábil" para cada área da Seguridade Social com vista a garantir a transparência das contas públicas.

A pretensão governamental de restrição dos direitos constitucionais previdenciários encontrou forte crítica tanto à época da apresentação da PEC n. 287/2016 como da PEC n. 6/2019.

CF/88 (redação anterior à EC n. 103/2019)	PEC n. 6/2019 (redação original)	EC n. 103/2019
Art. 194. [...] Parágrafo único. [...] VI – diversidade da base de financiamento;	Art. 194 [...] Parágrafo único. [...] VI – diversidade da base de financiamento, com segregação contábil do orçamento da seguridade social nas ações de saúde, previdência e assistência social, preservado o caráter contributivo da previdência social; e (NR)	Art. 194. [...] Parágrafo único. [...] VI – diversidade da base de financiamento, identificando-se, em rubricas contábeis específicas para cada área, as receitas e as despesas vinculadas a ações de saúde, previdência e assistência social, preservado o caráter contributivo da previdência social; (NR)

O principal ponto levantado pelos opositores à reforma constitucional da Previdência consiste na ausência da clareza dos informes específicos das receitas e das despesas atreladas a cada ramo da Seguridade Social, aliado a diversas posturas governamentais que indiscutivelmente contribuíram para gerar o tão alardeado *déficit* da Previdência, como a criação da desoneração[26] da folha de salários e a Desvinculação de Receitas da União.

---

26 Lei n. 12.546/2011.

A respeito da desoneração da folha (Contribuição Previdenciária sobre a Receita Bruta), *vide* Capítulo 4.

Outro vilão que contribui para o *déficit* da Previdência é a DRU: Desvinculação de Receitas da União.

A DRU foi criada em 1994, sob a alcunha de **Fundo Social de Emergência** (FSE), pela Emenda Constitucional de Revisão n. 1/94. Possuía caráter transitório e finalidade nobre pois tinha por objetivo o saneamento financeiro da Fazenda Pública Federal e a estabilização econômica, cujos recursos seriam aplicados no custeio das ações dos sistemas de saúde e educação, benefícios previdenciários e auxílios assistenciais de prestação continuada, inclusive liquidação de passivo previdenciário, e outros programas de relevante interesse econômico e social.

O FSE foi rebatizado Fundo de Estabilização Fiscal (FEF), a partir do início do exercício financeiro de 1996, por força da Emenda Constitucional n. 10/96 e pela EC n. 17/97.

No ano de 2000, a Emenda Constitucional n. 27 instituiu a desvinculação de 20% (vinte por cento) da arrecadação de impostos e contribuições sociais da União, mediante o acréscimo do art. 76 ao ato das Disposições Constitucionais Transitórias para o período de 2000 a 2003.

Desde então, o mecanismo constitucional foi reiteradamente recriado permitindo o desatrelamento da destinação de receitas da União, dentre elas as contribuições sociais, dos fins assegurados no corpo permanente da Constituição para serem os recursos aplicados em outra destinação.

A Emenda Constitucional n. 42/2003, deu nova redação ao art. 76 do ADCT, autorizando a desvinculação de órgão, fundo ou despesa, no período de 2003 a 2007, de 20% (vinte por cento) da arrecadação da União de impostos, contribuições sociais e de intervenção no domínio econômico, já instituídos ou que viessem a ser criados no referido período, seus adicionais e respectivos acréscimos legais.

A Emenda Constitucional n. 56/2007, prorrogou a DRU até 31 de dezembro de 2011.

A Emenda Constitucional n. 68/2011, prorrogou a DRU até 31 de dezembro de 2015.

Depois de expirado o prazo da DRU previsto na EC n. 68, houve a promulgação da Emenda Constitucional n. 93/2016, criando nova DRU até 31 de dezembro de 2023, elevando o percentil da desvinculação para 30%, e excluindo as contribuições previdenciárias da desvinculação.

Calha recordar que o art. 195 da CF traz inúmeras receitas destinadas à seguridade Social, no entanto, à exceção das contribuições incidentes sobre a folha de salários, as demais podem com a DRU ser deslocadas para outros fins.

Trata-se de esvaziamento de recursos da Seguridade Social que impacta diretamente a Previdência, na medida em que deixa o Seguro Social de receber recursos que deveriam ser integrantes do orçamento da Seguridade Social, para, na formatação efetivada pelo governo, ter de suprir o pagamento de benefícios previdenciários unicamente a receita decorrente das contribuições sobre a folha de salários.

No sítio eletrônico[27] do Senado federal constam as seguintes informações sobre a DRU:

A principal fonte de recursos da DRU são as contribuições sociais, que respondem a cerca de 90% do montante desvinculado.

Na prática, **permite que o governo aplique os recursos destinados** a áreas como educação, saúde e previdência social **em qualquer despesa considerada prioritária e na formação de *superávit* primário**. A DRU também **possibilita o manejo de recursos** para o **pagamento de juros da dívida pública**[28].

Diante desse contexto reflita: Sabido que as contribuições sociais do art. 195 possuem referibilidade, ou seja, são constitucionalmente afetas à Seguridade Social, eventual inconstitucionalidade da DRU poderia como consequência acarretar direito à restituição ao contribuinte do montante correspondente ao percentual desvinculado?

A resposta a essa indagação foi dada pelo STF. Confira-se a síntese do julgado no extrato da notícia constante do portal[29] do Supremo sobre o RE 566.007:

Desvinculação de receitas não gera direito a devolução de tributo a contribuinte

Por unanimidade, o Supremo Tribunal Federal (STF), em sessão plenária nesta quinta-feira (13), negou provimento ao Recurso Extraordinário (RE) 566.007, com repercussão geral, em que uma empresa de transporte rodoviário contestava decisão do Tribunal Regional Federal (TRF-4) que manteve a validade de obrigação tributária independente da Desvinculação de Receitas da União (DRU) quanto à arrecadação de contribuições relativas a PIS, COFINS e CSLL.

A empresa alegava que as alterações efetuadas ao art. 76 do Ato das Disposições Constitucionais Transitórias (ADCT) para permitir a desvinculação das receitas teriam criado, como consequência, imposto inominado, em afronta à própria Constituição Federal. Dessa forma, sustenta que estaria livre do recolhimento do tributo na parte que teve destinação desvinculada.

---

27 Disponível em: <http://www12.senado.leg.br/noticias/entenda-o-assunto/dru>. Acesso em: 12 nov. 2019.

28 Disponível em: <http://www12.senado.leg.br/noticias/entenda-o-assunto/dru>.

29 Disponível em: <http://www.stf.jus.br/portal/cms/verNoticiaDetalhe.asp?idConteud o=279713>. Acesso em: 12 nov. 2019. Inteiro teor do RE 566.007 disponível em: <http://redir.stf.jus.br/paginadorpub/paginador.jsp?docTP=TP&docID=7719221>. Acesso em: 12 nov. 2019.

A relatora do RE, Min. Cármem Lúcia, assinalou que o pleito original da empresa ocorreu em mandado de segurança, cuja impetração se dá apenas no sentido de reparar ato de autoridade que seja contrário ao direito do interessado. Segundo ela, esse fato descaracteriza a legitimidade da parte, pois, ainda que o Tribunal considerasse inconstitucional a desvinculação de receitas, a consequência seria a vinculação do produto da arrecadação, e não sua devolução ao contribuinte.

Argumentou, ainda, que não há no caso situação de insegurança para o patrimônio jurídico da recorrente que devesse ser restabelecido por mandado de segurança, pois não é detentora de direito a ver reposto em seu patrimônio algo que não lhe é devido, mas sim da própria União. Anotou também a existência de diversos precedentes do Tribunal no mesmo sentido.

E argumentou:

Falta à recorrente legitimidade para a causa, pois a consequência do vício, se comprovado fosse, não a beneficiaria nem alcançaria o resultado almejado com a impetração do mandado de segurança. Não é possível sequer considerar a existência de direito, menos ainda aquele que pusesse ser dotado de liquidez e certeza para a impetração.

A ministra apontou que o objeto do pedido formulado na origem não era o de apontar como inconstitucionais as alterações no art. 76 do ADCT para permitir a desvinculação de receitas, mas saber se eventual reconhecimento da inconstitucionalidade alegada daria à empresa direito ao ressarcimento da parte desvinculada. Segundo ela, se houvesse inconstitucionalidade, a única consequência cabível seria o retorno à situação anterior, ou seja, a vinculação das receitas.

Concluindo, disse a ministra:

Não é possível deduzir que da eventual inconstitucionalidade da desvinculação parcial das receitas das contribuições sociais decorreria devolução ao contribuinte do montante correspondente ao percentual desvinculado, porque a tributação não seria inconstitucional ou ilegal, única hipótese em que se tem autorizada a repetição do indébito tributário ou o reconhecimento da inexistência da relação jurídico-tributária.

Como tese de repercussão geral, o Plenário fixou que o disposto no art. 76 do ADCT, independentemente de sua validade constitucional, não gera devolução de indébito.

Não há como deixar de enfatizar e enaltecer a atuação da Associação Nacional dos Auditores-Fiscais da Receita Federal do Brasil (Anfip) e da Fundação Anfip de Estudos da Seguridade Social e Tributário com a edição da obra anual *Análise da*

Seguridade Social[30], na qual no item "Construindo o Déficit da Seguridade Social" questionam a metodologia utilizada pelo governo e o suposto quadro deficitário.

RECEITAS DE CONTRIBUIÇÕES SOCIAIS DESVINCULADAS PELA DRU

Valores correntes, em R$ milhões

	2005	2008	2009	2010	2013	2014	2015	2016 (1)	2017
Cofins	17.919	24.019	23.352	28.005	39.882	39.183	40.185	61.404	70.728
CSLL	5.246	8.500	8.718	9.151	12.509	12.639	11.923	20.443	22.695
PIS/Pasep	4.417	6.166	6.206	8.075	10.216	10.356	10.588	16.168	18.673
Outras contribuições [2]	4.914	568	500	630	811	954	1.085	920	981
Taxas de órgãos da Seguridade [1]								380	391
RECEITAS desvinculadas pela DRU	32.496	39.254	38.776	45.860	63.418	63.132	63.791	99.315	113.468
Valor médio subtraído as Seguridade Social [3]	57.086								

Fonte: Siga Brasil.

Notas: Até 2015 a DRU era calculada aplicando-se 20% as receitas das contribuições sociais, exceto para a contribuição previdenciária, onde não se aplica. [1] A partir de 2016, com a EC n. 93/2016, a alíquota de desvinculação passou a ser de 30% e a atingir as taxas em adição às contribuições sociais [2]. Até 2007, em Outras contribuições constavam as receitas da CPMF, extinta naquele ano. A incidência da DRU na CPMF era parcial, não incidindo sobre a fração destinada ao Fundo de Erradicação da Pobreza. [3] Valor médio de todo o período de 2005 a 2017, e não apenas do período apresentado na tabela.

Organização: ANFIP e Fundação ANFIP.

Diante desse contexto, surge a norma programática com a redação dada pela Emenda Constitucional n. 103/2019, inciso VI do parágrafo único do art. 194, para evidenciar a necessária divisão das rubricas contábeis, com a especificação das receitas e das despesas, de cada uma das áreas integrantes da Seguridade: Previdência, Assistência e Saúde.

Importante observar que a redação original da PEC n. 6/2019 foi aprimorada na Câmara dos Deputados, tendo no substitutivo[31] da Comissão Especial constado os seguintes esclarecimentos:

> Em relação às regras atinentes ao Regime Geral de Previdência Social, foram promovidas no substitutivo as alterações que passamos a discriminar. Primeiramente, cabe assinalar que a integração das ações de saúde, previdência e assistência social em um conjunto que se convencionou denominar "seguridade social" não deve

---

30 Disponível em: <https://www.anfip.org.br/publicacoes/analise-da-seguridade-social-2015/>. Acesso em: 12 nov. 2019; <https://www.anfip.org.br/publicacoes/analise-da-seguridade-social--em-2016/>. Acesso em: 12 nov. 2019; e <https://www3.anfip.org.br/ publicacoes/analise-da-seguridade-social-em-2017/>. Acesso em: 12 nov. 2019.

31 Disponível em: <https://www.camara.leg.br/proposicoesWeb/prop_mostrarintegra? codteor =1764374&filename=Parecer-PEC00619-13-06-2019>. Acesso em: 12 nov. 2019.

impedir que se tenha total clareza contábil das receitas e despesas de cada uma destas importantes ações. Por tal razão, concordamos com a segregação contábil das referidas áreas, mas propomos alteração no texto proposto para o inciso VI do parágrafo único do art. 194 da Constituição com o intuito de fazer constar expressamente que a contabilidade em separado deve ser tanto **das despesas** quanto **das receitas**. Trata-se de uma medida voltada, em última análise, para garantir a transparência das contas públicas.

E para dar verdadeira coerência, a Reforma da Previdência de 2019 excetua da Desvinculação das Receitas da União (DRU) as contribuições sociais destinadas ao financiamento da seguridade social, ao atribuir o § 4º ao art. 76 do ADCT.

EC n. 103/2019
CF/88. Art. 76 do ADCT. [...]
§ 4° A desvinculação de que trata o *caput* não se aplica às receitas das **contribuições sociais destinadas ao custeio da seguridade social**. (NR)"

Merecedora de elogios a novel disposição alocada no § 4º do art. 76 do ADCT, em decorrência da qual a totalidade das receitas das contribuições sociais da seguridade social será vinculada (como sempre deveria ter sido) ao custeio das ações da Saúde, Previdência e Assistência Social.

O objetivo é proporcionar maior transparência e superar a era de desvinculação "provisória" (DRU) medida que repercute diretamente sobre atenuação/exclusão do **déficit** da Previdência e da Seguridade Social.

Além de correto manter os recursos das contribuições sociais da Seguridade na Seguridade tornará, em breve, o Sistema superavitário!

De todo o exposto, constatam-se, em resumo, dois pontos a merecer aplausos advindos da Emenda Constitucional n. 103/2019:

a) contribuições sociais destinadas à Seguridade Social deixam de integrar a DRU (§ 4º do art. 76 do ADCT);

b) a obrigatoriedade de o Poder Público, por intermédio da Lei Orçamentária Anual, garantir a transparência das contas públicas, ao dispor do orçamento da Seguridade Social, identificando-se, em rubricas contábeis específicas para cada área, as receitas e as despesas vinculadas a ações de saúde, previdência e assistência social (inciso VI do parágrafo único do art. 194).

Caráter democrático e descentralizado da administração

A República Federativa do Brasil constitui-se em Estado Democrático de Direito. Diante disso, o art. 194, parágrafo único, VII, está em perfeita harmonia com o art. 1º da mesma Carta, ao estabelecer o caráter democrático e descentralizado mediante **gestão quadripartite, com participação nos órgãos colegiados:**

1. **dos trabalhadores;**

2. **dos empregadores;**

3. **dos aposentados;**

4. **e do Governo**.

Expressão maior desse caráter democrático e da gestão quadripartite é o **Conselho Nacional de Previdência Social** (CNPS), órgão superior de deliberação colegiada da Previdência Social.

A Lei n. 13.266, de 5 de abril de 2016, renomeou o CNPS para **Conselho Nacional de Previdência (CNP)** e o transferiu para o **Ministério da Fazenda**.

A partir de 2019, o CNP voltou a ser nominado Conselho Nacional de Previdência Social (CNPS) e passou a integrar a estrutura do **Ministério da Economia**, por força da Medida Provisória n. 870, de 1º janeiro de 2019, convertida na Lei n. 13.844/2019.

O CNPS terá como membros:

I – seis representantes do Governo Federal;

II – nove representantes da sociedade civil, sendo:

a) três representantes dos aposentados e pensionistas;

b) três representantes dos trabalhadores em atividade;

c) três representantes dos empregadores.

Os membros do CNPS e seus respectivos suplentes serão nomeados pelo Presidente da República, tendo os representantes titulares da sociedade civil mandato de 2 (dois) anos, podendo ser reconduzidos, de imediato, uma única vez.

Aos membros do CNPS, enquanto representantes dos trabalhadores em atividade, titulares e suplentes, é assegurada a estabilidade no emprego, da nomeação até um ano após o término do mandato de representação, somente podendo ser demitidos por motivo de falta grave, regularmente comprovada através de processo judicial.

No ano de 2001 foram extintos o Conselho Nacional da Seguridade Social (CNSS), os Conselhos Estaduais e os Conselhos Municipais de Previdência Social (CEPS e CMPS).

De se atentar que a revogação do CNSS e dos CEPS E CMPS atenta contra a norma programática do inciso VII do parágrafo único do art. 194 da CF.

O Conselho Nacional de Saúde (CNS) e o Conselho Nacional de Assistência Social (CNAS) atendem ao caráter democrático, com a participação da sociedade civil, **entretanto possuem composição diferenciada daquela preconizada no art. 194, parágrafo único, VII, da CF**.

O CNS, órgão colegiado de caráter permanente e deliberativo, integrante da estrutura regimental do Ministério da Saúde, é composto por representantes do governo, **dos prestadores de serviço, profissionais de saúde e usuários**, cujas decisões, consubstanciadas em resoluções, são homologadas pelo Ministro de Estado da Saúde.

O CNAS possui composição **paritária entre governo e sociedade civil**, sendo constituído por 18 (dezoito) membros e respectivos suplentes, cujos nomes são indicados ao órgão da Administração Pública Federal responsável pela coordenação da Política Nacional de Assistência Social (PNAS), de acordo com os critérios seguintes:

I – 9 (nove) representantes governamentais, incluindo 1 (um) representante dos Estados e 1 (um) dos Municípios;

II – 9 (nove) representantes da sociedade civil, dentre **representantes dos usuários** ou de organizações de usuários, **das entidades e organizações de assistência social** e **dos trabalhadores do setor,** escolhidos em foro próprio sob fiscalização do Ministério Público Federal.

4 EMENDA CONSTITUCIONAL N. 103/2019 E A RELAÇÃO DE CUSTEIO (ART. 195 DA CF)

O Seguro Social apresenta de um lado o panorama contributivo (art. 195 da CF) e no verso dessa medalha, o caráter protetivo (art. 201 da CF).

O binômio custeio-benefício sintetiza a Previdência.

A "Nova Previdência" não está unicamente alicerçada na restrição dos direitos à obtenção dos benefícios previdenciários, mas também na alteração de pontos afetos à relação contributiva.

A Emenda Constitucional da Reforma trouxe no art. 28 novas alíquotas de contribuição previdenciária, reduzindo para os trabalhadores com renda baixa e intermediária o montante a ser recolhido aos cofres públicos.

A renúncia fiscal que levou a Previdência ao abismo encontrou repulsa na redação dada ao § 9º do art. 195, e na consequente revogação do § 13 do referido dispositivo.

Diante da nova redação do § 11 do art. 195, há vedação à moratória e à limitação da quantidade de parcelas na renegociação de dívidas com a Seguridade Social. Programas de recuperação fiscal, por vezes, atraem a concorrência desleal, pois há o claro desprestígio dos produtos e serviços do empresário que honra o pagamento de toda a tributação de forma regular e tempestiva, diante do custo obviamente mais elevado em comparação aos preços dos produtos e serviços praticados pelo concorrente devedor contumaz de tributos, sendo este sabedor que haverá de tempos em tempos novo Refis, com exclusão e atenuação de juros e multa além de permissão de pagamento parcelado em mais de sessenta meses.

Além da nova redação do § 11 do art. 195, o combate ao devedor contumaz e fortalecimento de cobrança da dívida ativa da União, ensejou proposta de lei encaminhada em 20 de março de 2019 ao Congresso Nacional. Trata-se do Projeto de Lei n. 1.646/2019, ainda em tramitação na Câmara dos Deputados por ocasião da promulgação da EC n. 103/2019. Pelo projeto considera-se devedor contumaz o contribuinte cujo comportamento fiscal se caracteriza pela inadimplência substancial e reiterada de tributos, configurando-se a inadimplência substancial quando houver débitos, em nome do devedor ou das pessoas físicas ou jurídicas a ele relacionadas, inscritos ou não em dívida ativa da União, de valor igual ou superior a R$ 15.000.000,00 (quinze milhões de reais), em situação irregular por período igual ou superior a um ano.

O novel § 14 do art. 195, aliado ao art. 29 da Emenda da Reforma, busca equacionar o dilema das contribuições de segurados efetivadas a partir de base de cálculo inferior ao do salário mínimo.

De observar que pretensão governamental de engessamento do Poder Judiciário com o atrelamento constitucional à regra da contrapartida não encontrou eco no Parlamento, diante da rejeição à nova redação que era pretendida na PEC n. 6 para o § 5º do art. 195.

As posturas adotadas nos §§ 9º e 11, aliadas à nova redação atribuídas ao inciso VI do art. 194 e ao § 4º do ADCT, proporcionarão, em poucos anos, que a Nova Previdência retome a marcha superavitária de suas contas, oportunidade na qual deverá a sociedade ficar vigilante para que os recursos excedentes não sejam, como no passado, desviados para outros fins, mas sim para a formação de capital para suportar eventuais dificuldades futuras do seguro social ou quiçá na atenuação das normas protetivas extremamente endurecidas com a publicação da EC n. 103.

Financiamento da seguridade social

O salto qualitativo e quantitativo decorrente da ampliação da proteção social da era bismarckiana para a fase da seguridade social envolve o enorme desafio de obtenção de recursos financeiros que sejam capazes de garantir a realização no mundo fenomênico dos anseios da Constituinte de 1988, para fins de eliminação das hipóteses de necessidade social.

A primeira Constituição a tratar de previdência no Brasil foi a de 1934, que no art. 121, § 1º, letra *h*, previa a instituição de previdência, mediante contribuição "igual" da União, do empregador e do empregado, a favor da velhice, da invalidez, da maternidade e nos casos de acidentes de trabalho ou de morte.

Bem se observa da CF de 1934 que os direitos sociais desde o seu surgimento oneram necessariamente o Estado-Nação, desta feita, a fonte de recursos financeiros necessária a satisfazer o **seguro social** envolvia três atores sociais (fonte tríplice de custeio): pela forma indireta, a União (via orçamentária); pela forma direta, os empregadores e empregados (mediante pagamento de contribuições sociais).

Com o advento da técnica protetiva denominada seguridade social, na Carta Magna de 1988, tornou-se imprescindível ampliar as fontes de recursos financeiros.

Por força da norma programática da diversidade da base de financiamento[1], houve ampliação significativa dos atores sociais, tendo o constituinte originário

---

1   Art. 194. [...]

Parágrafo único. [...] "VI – diversidade da base de financiamento, identificando-se, em rubricas contábeis específicas para cada área, as receitas e as despesas vinculadas a ações de saúde, previdência e assistência social, preservado o caráter contributivo da previdência social;" (*Redação dada pela EC n. 103/2019*).

convocado "toda a sociedade" para satisfazer os recursos financeiros necessários às ações de Saúde, Previdência e Assistência Social.

Estabelece o art. 195 da CF que a Seguridade Social será financiada por toda a sociedade:

a) de forma direta, receitas decorrentes da arrecadação de contribuições sociais; e

b) de forma indireta, mediante recursos provenientes do orçamento da União, dos Estados, do Distrito Federal, dos Municípios.

O § 5º do art. 165 do Texto Maior obriga que a Lei Orçamentária Anual (LOA) possua divisão, tornando patente a preocupação constitucional no sentido de que o orçamento da seguridade social ocupe local de destaque, não podendo ser confundindo com os orçamentos fiscal e de investimento da União.

Na planura federal, dispõe o art. 11 da Lei n. 8.212/91 que o orçamento da Seguridade Social é composto das seguintes receitas:

I – da União (forma indireta);

II – das contribuições sociais (forma direta);

III – de outras fontes.

A Lei n. 8.212, conhecida como "Lei de Custeio", prevê não apenas as formas diretas e indiretas de a sociedade financiar a seguridade social na órbita federal, como também traz previsão de recursos provenientes de "outras fontes", a exemplo de doações feitas a hospital público.

Da contribuição da União

A forma indireta de a sociedade financiar as ações de seguridade social decorre da obrigatoriedade de os entes federativos destinarem parte de suas receitas orçamentárias para a seguridade social.

Do orçamento fiscal de cada um dos entes de direito público interno (União, DF, Estados e Municípios) deve haver dotação orçamentária destinada à manutenção e expansão da seguridade social.

Tributos não vinculados a uma atuação estatal, tais quais os "impostos", não possuem destinação específica, malgrado isso, depois de incorporados aos cofres públicos, parcela decorrente dessa arrecadação tributária deve ser endereçada à seguridade social.

Adverte a CF/88 (art. 195, § 1º) que as receitas dos Estados, do Distrito Federal e dos Municípios destinadas à seguridade social constarão dos respectivos orçamentos, não integrando o orçamento da União.

O art. 16 da Lei n. 8.212/91 esclarece que a contribuição da União é constituída de recursos adicionais do Orçamento Fiscal, fixados **obrigatoriamente na Lei Orçamentária Anual** (LOA).

A **União é responsável** pela cobertura de eventuais **insuficiências financeiras** da Seguridade Social, quando **decorrentes do pagamento de benefícios** de prestação continuada **da Previdência Social**, na forma da LOA.

Contribuições sociais de seguridade social

As contribuições destinadas à seguridade social estão previstas no art. 195, incisos I a IV, e § 4º.

O art. 195, I, na redação original (de 1988), previa contribuições sociais exigíveis dos empregadores, incidentes sobre a folha de salários, o faturamento e o lucro.

Com o advento da Emenda Constitucional n. 20/98, houve ampliação do sujeito passivo da tributação, passando a constar do art. 195, I, redação atual, **em face do empregador, da empresa e da entidade a ela equiparada; houve ainda alargamento da hipótese de incidência**, pois passaram a ser exigidas as contribuições sobre:

a) a folha de salários e demais rendimentos do trabalho pagos ou creditados, **a qualquer título**, à pessoa física que lhe preste serviço, **mesmo sem vínculo empregatício**;

b) a **receita** ou faturamento;

c) o lucro.

Na alínea *a* temos a "contribuição sobre a folha de salários" (CFS); na alínea *b*, a Contribuição de Financiamento da Seguridade Social (Cofins)[2]; na alínea *c*, a Contribuição Social sobre o Lucro Líquido (CSLL)[3].

No inciso II do art. 195 há previsão da contribuição em face dos trabalhadores e demais **segurados da previdência**, ressaltando, ainda, a **imunidade** (isenção constitucionalmente qualificada) à tributação dos valores auferidos a título de aposentadoria e pensão no Regime Geral de Previdência Social.

O inciso III do art. 195 prevê a contribuição incidente sobre a receita do **concurso de prognósticos** (quaisquer sorteios de números, loterias, apostas, inclusive os realizados em reuniões hípicas, nos âmbitos federal, estadual, do Distrito Federal e municipal).

---

2   Art. 195, I, *b*, da CF/88; LC n. 70/91 – *status* de lei ordinária; Ação Declaratória de Constitucionalidade n. 1; ADIn 1.417-DF; art. 56 da Lei n. 9.430/96 (Súmula n. 276/STJ); Lei n. 9.718/98, art. 3º; Lei n. 10.833/2002. Pis/Cofins: base de cálculo. Lei n. 9.718/98, art. 3º, § 1º: inconstitucionalidade. Ao julgar os RREE 346.084, Ilmar Galvão; 357.950, 358.273 e 390.840, Marco Aurélio, Pleno, 9-11-2005 (*Informativo* STF 408), o Supremo Tribunal declarou a inconstitucionalidade do art. 3º, § 1º, da Lei n. 9.718/98, por entender que a ampliação da base de cálculo da Cofins por lei ordinária violou a redação original do art. 195, I, da Constituição Federal, ainda vigente ao ser editada a mencionada norma legal.

3   Art. 195, I, *c*, da CF/88; Lei n. 7.689/88; RE 146.733/SP.

O inciso IV foi introduzido pela Emenda Constitucional n. 42, de 19 de dezembro de 2003. Com isso, há previsão constitucional da instituição de contribuição a ser satisfeita pelo **"importador de bens ou serviços do exterior, ou de quem a lei a ele equiparar"**.

O § 4º do art. 195 possibilita a criação de outras contribuições sociais destinadas à Seguridade Social (além das hipóteses nominadas na Constituição nos incisos I a IV do art. 195); para tanto, exige o texto constitucional a observância ao disposto no art. 154, I, que impõe o manejo de veículo legislativo diferenciado, qual seja, **lei complementar**.

O quadro abaixo sintetiza as **contribuições sociais destinadas à Seguridade Social:**

Contribuições Sociais destinadas à Seguridade Social	
Art. 195, I – Do empregador, da empresa e da entidade a ela equiparada.	• Folha de salários e demais rendimentos do trabalho pagos ou creditados, a qualquer título, à pessoa física que lhe preste serviço, mesmo sem vínculo empregatício.
	• Receita ou faturamento.
	• Lucro.
Art. 195, II – Segurados obrigatórios: empregado; avulso; empregado doméstico; segurado especial; contribuinte individual.	
Art. 195, III – Concurso de prognóstico.	
Art. 195, IV – Importador de bens ou serviços do exterior, ou de quem a lei a ele equiparar.	
Art. 195, § 4º – Contribuições residuais.	

PEC n. 6/2019. Cota patronal (letra *a* do inciso I do art. 195). Pretensão governamental rejeitada pelo Congresso Nacional

A nova redação da letra *a* do inciso I do art. 195 da CF proposta na PEC n. 6/2019 não restou acolhida no Congresso Nacional.

CF/88 (redação anterior à promulgação da EC n. 103/2019)	PEC n. 6/2019 (texto original)	Emenda Constitucional n. 103/2019
Art. 195. A seguridade social será financiada por toda a sociedade, de forma direta e indireta, nos termos da lei, mediante recursos provenientes dos orçamentos da União, dos Estados, do Distrito Federal e dos Municípios, e das seguintes contribuições sociais:	Art. 195. [...]	Art. 195. [...]

I – do empregador, da empresa e da entidade a ela equiparada na forma da lei, incidentes sobre: (*Redação dada pela EC n. 20/98.*)	I – [...]	I – [...]
a) a folha de salários e demais rendimentos do trabalho pagos ou creditados, a qualquer título, à pessoa física que lhe preste serviço, mesmo sem vínculo empregatício; (*Incluída pela EC n. 20/98.*)	a) a folha de salários e demais rendimentos do trabalho pagos, **devidos** ou creditados, a qualquer título **e de qualquer natureza, salvo exceções previstas em lei**, à pessoa física que lhe preste serviço, mesmo sem vínculo empregatício;	a) (Rejeitada proposta de alteração.)

Buscou o Governo, sem sucesso, com a PEC n. 6/2019 a inclusão:

a) do termo "**devidos**" ao lado de pagos e creditados; e

b) da expressão "**de qualquer natureza, salvo exceções previstas em lei**".

Está prevista no art. 195, I, *a*, da CF/88, a regra matriz de incidência fixada pelo legislador constitucional, em face do sujeito passivo: empregador, empresa ou entidade a ela equiparada, sempre que na posição de "tomador de serviço".

Conforme o permissivo da alínea *a* em comento, a contribuição conhecida por **cota patronal** incide sobre a folha de salários e demais rendimentos do trabalho, quando "pagos ou creditados", a qualquer título, à pessoa física que preste serviço a empresa; o prestador de serviço será empregado ou empregado doméstico, quando ostentar vínculo empregatício, ou será trabalhador avulso ou contribuinte individual, caso não tenha vínculo empregatício.

O CTN esclarece no art. 114 que **fato gerador** da obrigação principal é a situação definida em lei como necessária e suficiente à sua ocorrência.

A hipótese de incidência (ou *Tatbestand*, no alemão) nas contribuições previdenciárias é a **prestação de serviço** não voluntário (ou seja, não gracioso), por pessoa física, mesmo sem vínculo empregatício, à empresa, à entidade equiparada à empresa ou a empregador. Esse é o momento no qual se opera o fato gerador desencadeador do crédito do Fisco, a prestação do serviço.

Aplica-se à tributação da pessoa jurídica, para as contribuições destinadas ao custeio da seguridade social, calculadas com base na remuneração, o regime de competência. Assim, o tributo incide no momento em que surge a obrigação legal de pagamento, independentemente de se este irá ocorrer em oportunidade posterior (STF, RE 419.612 AgR, rel. Min. Joaquim Barbosa, 2ª T., j. 1º-3-2011).

Nesse diapasão reza o art. 43, § 2º, da Lei n. 8.212/91: "Considera-se ocorrido o fato gerador das contribuições sociais na data da prestação do serviço".

Importante observar que o fato gerador não é "pagar a remuneração" e sim "tomar serviço não gracioso de pessoa física" (regime de competência).

Por **base de cálculo** da contribuição social previdenciária entende-se o valor sobre o qual incide a alíquota definida em lei para extração do montante a ser repassado aos cofres públicos

A base de cálculo é a remuneração, excluída qualquer verba paga a título de indenização (p.ex.: férias indenizadas e respectivo adicional constitucional, conforme determina o art. 28, § 9º, *d*, da Lei n. 8.212) ou de ressarcimento (v.g., reembolso creche, Súmula 310 do STJ: "O Auxílio-creche não integra o salário de contribuição").

Compreendem-se, dentre outros, no termo *remuneração*:

a) "gorjetas", mesmo sendo verba paga por terceiro, obriga a empresa a satisfazer a cota patronal sobre referido numerário (art. 22, I, da Lei n. 8.212/91);

b) férias gozadas (STJ. AgRg no REsp 1.240.038-PR, rel. Min. Og Fernandes, j. 8-4-2014);

c) gratificação natalina (Súmula 688 do STF: "É legítima a incidência da contribuição previdenciária sobre o 13º salário");

c) salário-maternidade (STJ. REsp 1.230.957, j. 18-3-2014, na sistemática da multiplicidade de recursos).

O desiderato do governo com a PEC n. 6/2019 era incluir na Constituição a expressão "devidas", pois já é anotado no art. 22 da Lei n. 8.212 que a base de cálculo da cota patronal corresponde ao total das remunerações pagas, **devidas** ou creditadas:

Art. 22. A contribuição a cargo da empresa, destinada à Seguridade Social, além do disposto no art. 23, é de:

I – vinte por cento sobre o total das remunerações pagas, **devidas** ou creditadas a qualquer título, durante o mês, aos segurados empregados e trabalhadores avulsos que lhe prestem serviços, destinadas a retribuir o trabalho, qualquer que seja a sua forma, inclusive as gorjetas, os ganhos habituais sob a forma de utilidades e os adiantamentos decorrentes de reajuste salarial, quer pelos serviços efetivamente prestados, quer pelo tempo à disposição do empregador ou tomador de serviços, nos termos da lei ou do contrato ou, ainda, de convenção ou acordo coletivo de trabalho ou sentença normativa;

A Instrução Normativa (IN) 971 da Secretaria da Receita Federal do Brasil (SRFB), no art. 51, registra como fato gerador da contribuição previdenciária o "exercício de atividade remunerada", e registra sua ocorrência "quando for paga, devida ou creditada a remuneração, o que ocorrer primeiro."

A expressão *paga* significa efetivo desembolso da remuneração ao prestador de serviço, ao passo que por creditada considera-se a remuneração na competência em que a empresa contratante for obrigada a reconhecer contabilmente a despesa ou o dispêndio ou, no caso de equiparado ou empresa legalmente dispensada da escrituração contábil regular, na data da emissão do documento comprobatório da prestação de serviços.

Com relação ao vocábulo "devidas" assim enfatiza a doutrina[4]:

> Nota-se, pelo cotejo dos dispositivos constitucional e legal pertinentes, que a hipótese de incidência indicada na Constituição (importância paga ou creditada) mereceu, na Lei de Custeio, a inserção de mais um vocábulo (paga, devida ou creditada). Para alguns, tal inclusão seria inconstitucional, pois se estaria estabelecendo nova hipótese, não contemplada no texto constitucional, por via de lei ordinária, vulnerando a exigência de lei complementar para tanto.
>
> Todavia, é nosso entendimento que a remuneração devida é a mesma que deve ser paga ou creditada ao segurado empregado, por se configurar em direito adquirido, tendo a norma legal apenas o condão de indicar que o fato imponível não se revela apenas no auferir remuneração, mas no fazer jus a ela, ainda que o empregador, violando a lei e o contrato de trabalho, deixe de remunerar corretamente o trabalhador, impedindo a invocação de que, não tendo o empregador feito qualquer pagamento de remuneração (como na hipótese de mora salarial), nenhuma contribuição seria devida, nem pelo mesmo, nem pelo segurado, em relação ao mês em que não houve pagamento.
>
> Ademais, tal raciocínio seria por demais prejudicial ao segurado, pois, no cômputo do salário de benefício, haveria lacunas em seu tempo de contribuição, relativamente aos meses em que não foi vertida contribuição, ou esta foi feita a menor, por infração à norma trabalhista, beneficiando, por conseguinte, o infrator da norma (o empregador).

Diante desse contexto, evidencia-se que a inclusão no *texto constitucional* do termo *devido* pretendida na PEC n. 6/2019 apenas iria aquecer uma discussão sobre a validade da expressão já anotada na legislação infraconstitucional.

Na mesma toada, é a desnecessidade do outro acréscimo postulado na PEC n. 6/2019, qual seja, de inclusão "**e de qualquer natureza**, **salvo exceções previstas em lei**", por evidenciar inócuo o texto!

As sábias palavras de Fábio Zambitte Ibrahim[5] merecem destaque neste particular:

---

4   CASTRO, Carlos Alberto Pereira de; LAZZARI, João Batista. *Manual de direito previdenciário*. 21. ed., rev., atual. e ampl. Rio de Janeiro: Forense, 2018, p. 257.

5   Possível ampliação da cota patronal previdenciária com a PEC 06/2019. In: *Migalhas*, quarta-feira, 6-3-2019. Disponível em: <https://www.migalhas.com.br/Previdencialhas/120, MI297360,81042- -Possivel+ampliacao+da+cota+patronal+previdenciaria+com+a+PEC+ 062019>. Acesso em: 12 nov. 2019.

A previsão de "salvo exceções previstas em lei" também, *data venia*, é tosca. Sempre que a lei prevê exceções à incidência de determinado tributo constitucionalmente previsto, já há instituto jurídico próprio para qualificar a norma: trata-se de isenção tributária. Caso a hipótese não seja albergada pela norma tributária de competência, será simples não incidência. É absolutamente desnecessária essa previsão no texto constitucional. Ao que parece, a tentativa é inserir, na Constituição, a pré-compreensão da Fazenda Nacional de que todo e qualquer valor pago a trabalhadores possui incidência previdenciária, salvo se dotados de exclusão expressa. Algo que não possui suporte doutrinário, jurisprudencial ou normativo.

Na Câmara dos Deputados, por ocasião do trâmite na Comissão Especial, o relator ao apresentar o substitutivo[6], esclareceu as razões pelas quais excluiu *"qualquer natureza"* e *"salvo exceções previstas em lei"* da PEC n. 6/2019:

> Em relação às alterações que a PEC propõe na base de financiamento da seguridade social, é preciso destacar que não deve prosperar a previsão de que a contribuição patronal sobre a folha de salários alcance os rendimentos do trabalho de "qualquer natureza". Trata-se de expressão demasiado ampla, que poderia gerar espaço para cobrança de valores referentes a ressarcimentos de alimentação, transporte, entre outros.
>
> Quanto à expressão "salvo exceções previstas em lei", entendemos desnecessária. Note-se que, em qualquer tributo, a norma infralegal precisa trazer detalhamentos e, especificamente no âmbito da contribuição previdenciária, tais exceções constam do art. 28 da Lei n. 8.212, de 24 de julho de 1991, que traz, ainda, a definição de salário de contribuição.

Diante de todo o exposto, agiu com acerto o Congresso Nacional ao não admitir a alteração da alínea *a* do inciso I do art. 195 da Carta Magna.

EC n. 103/2019. Contribuição devida pelos segurados. Inciso II do art. 195. Pretensão governamental acolhida com modificações pelo Congresso Nacional

O segurado da Previdência Social é chamado para compor a relação de custeio, nos moldes definidos na autorização constitucional, art. 195, II.

Os segurados da previdência dividem-se em obrigatórios e facultativos.

Os obrigatórios compreendem cinco categorias: empregado, trabalhador avulso, empregado doméstico, contribuinte individual e segurado especial (cf. art. 11 da Lei n. 8.213/91).

A pessoa não enquadrada no rol de segurados obrigatórios (por não exercer atividade remunerada) pode, por livre escolha, efetivar sua inscrição acompanhada do

---

6   Disponível em: <https://www.camara.leg.br/proposicoesWeb/prop_mostrarintegra?codt eor=1764444 &filename=SBT+2+PEC00619+%3D%3E+PEC+6/2019>. Acesso em: 12 nov. 2019.

pagamento de contribuição previdenciária mensal ao RGPS, e ser enquadrada como segurado facultativo, com vistas à percepção futura de benefícios previdenciários.

Tendo em vista o conceito de tributo ditado no art. 3º do CTN, como toda prestação pecuniária **compulsória**, as contribuições vertidas pelo segurado facultativo não ostentam natureza tributária, uma vez que a contribuição dá-se por liberalidade e conveniência daquele que não é segurado obrigatório. Não existe obrigação legal de contribuir para o RGPS, desse modo não configura prestação compulsória a contribuição ofertada pelo segurado facultativo. A natureza jurídica da contribuição previdenciária do segurado facultativo é melhor definida como prêmio de seguro.

Não está o segurado facultativo sujeito à inscrição em dívida ativa caso não recolha contribuições à Previdência, por outro lado, não pode socorrer-se o segurado facultativo do estatuto constitucional de proteção ao contribuinte, consistente na limitação do poder de tributar, arts. 150 a 152.

A reprimenda diante da ausência de contribuição por parte do segurado facultativo é a sua exclusão do RGPS, e consequente perda a futuros direitos de fruição de benefícios da previdência.

No que se refere aos segurados obrigatórios, a contribuição se impõe pelo simples exercício da atividade remunerada. Independe da vontade do segurado, trata-se de imposição legal, prestação compulsória, tributo.

A contribuição previdenciária devida pelos segurados é obtida a partir do salário de contribuição.

Salário de contribuição é o valor sobre o qual se faz incidir a alíquota contributiva do segurado. É a base de cálculo da contribuição previdenciária.

Os segurados empregados, domésticos e avulsos possuem alíquotas progressivas estabelecidas no art. 20 da Lei n. 8.212/91, correspondentes a 8%, 9% e 11%, aplicadas sobre seu respectivo salário de contribuição de forma **não cumulativa** (significa dizer, uma única alíquota é aplicável), conforme o enquadramento em faixas salariais estabelecidas na tabela inserta no mesmo art. 20 da Lei de Custeio, cujos valores são reajustados periodicamente com os mesmos índices de reajustamento dos benefícios previdenciários (INPC-IBGE).

No ano de 2019 os valores dos salários de contribuição foram reajustados pela Portaria n. 9 do Ministério da Economia, publicada em 16-1-2019 no *Diário Oficial da União*:

Tabela de contribuição dos segurados empregado, empregado doméstico e trabalhador avulso, a partir de 1º de janeiro de 2019	
Salário de contribuição (R$)	Alíquota para fins de recolhimento ao INSS
até R$ 1.751,81	8%
de R$ 1.751,82 até R$ 2.919,72	9%
de R$ 2.919,73 até R$ 5.839,45	11%

Sempre que a remuneração auferida pelo segurado corresponder a valores superiores ao limite-teto estipulado pela Lei n. 8.212/91, art. 28, § 5º, e legislação ulterior, o salário de contribuição do segurado equivalerá ao teto máximo de pagamento.

Significa, caso qualquer desses segurados obrigatórios receba remuneração de R$ 10.000,00 por mês, que a contribuição incidirá sobre o valor máximo, fixado no ano de 2019 em R$ 5.839,45, e não sobre os R$ 10.000,00.

A alíquota é aplicada conforme o enquadramento em faixas salariais, conforme tabela *supra*, de forma **não cumulativa**, apenas uma única alíquota é aplicável.

Para ilustrar a diferença entre a aplicação de alíquota contributiva de forma cumulativa da não cumulativa, cite-se empregado que recebe a remuneração de R$ 5.000,00. De acordo com a tabela acima apresentada, dar-se-á a incidência da alíquota de 11% (por se enquadrar na terceira faixa salarial), resultando no desconto da contribuição no valor de R$ 550,00, ou seja, na forma não cumulativa, apenas uma alíquota é empregada (de 11%).

De outra banda, caso não constasse a expressão "não cumulativa" no art. 20 da Lei de Custeio, haveria a incidência das três alíquotas (de 8%, de 9% e de 11%) mediante a decomposição da remuneração dentro dos limites das faixas salariais. Resultaria, nesse proceder, a incidência de 8% sobre R$ 1.751,81 (= R$ 140,15), na sequência, a incidência da alíquota de 9% sobre a diferença de valores entre a 1ª e a 2ª faixas salariais = R$ 1.167,91 (R$ 2.919,72 − 1.751,82), resultando em R$ 105,12 de desconto. Por fim, 11% sobre a diferença da remuneração (R$ 5.000,00) e o valor da 2ª faixa salarial (R$ 2.919,72), ou seja, 11% de R$ 2.080,28 = R$ 228,84. O total de desconto seria de R$ 474,10, desconto inferior, como visto, em comparação à forma não cumulativa, que resultou em R$ 550,00.

Para acentuar o caráter dramático da incidência não cumulativa, adote-se o exemplo de empregado que receba R$ 2.919,00, enquadrado na segunda faixa salarial e possui desconto mensal de 9% (= R$ 262,71), recebendo líquido (ignorando-se outros descontos) o montante de R$ 2.656,29. O empregador no mês de junho de 2019 resolver conceder-lhe aumento salarial, de R$ 1,00 (um real), passando a receber a cifra mensal de R$ 2.920,00. A nova renda faz modificar a alíquota para 11%, diante da alteração da faixa salarial, o desconto é de R$ 321,20, passando a receber o valor líquido de R$ 2.598,80, ou seja, graças ao aumento salarial, recebe valor líquido inferior ao que recebia antes do aumento salarial.

A tributação mediante a incidência de uma única alíquota sobre todo o salário de contribuição (aplicação de forma simples da tabela de alíquotas progressivas) tem sido efetivada desde 1991, vigência da Lei n. 8.212.

A incidência não cumulativa da contribuição previdenciária é tema de repercussão geral no STF, mérito ainda não julgado:

Tema 833/STF. Contribuição previdenciária. Art. 20, Lei n. 8.212/91. Sistemática de cálculo. Expressão de forma não cumulativa. Declaração de inconstitucionalidade. Juizado especial. A matéria envolvendo a constitucionalidade da expressão de forma não cumulativa constante no *caput* do art. 20 da Lei n. 8.212/91, o qual prevê a sistemática de cálculo da contribuição previdenciária devida pelo segurado empregado e pelo trabalhador avulso, possui viés constitucional e repercussão geral, pois concerne a afronta aos princípios da capacidade contributiva, da proporcionalidade e da isonomia (RE 852.796 RG/RS, rel. Min. Dias Toffoli, *DJe* 8-10-2015).

Curiosamente, a emenda constitucional alterou o inciso II do art. 195 de forma desnecessária, posto que a progressividade das alíquotas não é questionada judicialmente, mas sim, como visto a "forma não cumulativa".

CF/88 (redação anterior à promulgação da EC n. 103/2019)	Emenda Constitucional n. 103/2019
Art. 195. [...] II – do trabalhador e dos demais segurados da previdência social, não incidindo contribuição sobre aposentadoria e pensão concedidas pelo regime geral de previdência social de que trata o art. 201; (*Redação dada pela EC n. 20/98.*)	Art. 195. [...] II – do trabalhador e dos demais segurados da previdência social, **podendo ser adotadas alíquotas progressivas de acordo com o valor do salário de contribuição**, não incidindo contribuição sobre aposentadoria e pensão concedidas pelo Regime Geral de Previdência Social;

Acrescer ao texto constitucional "podendo ser adotadas alíquotas progressivas de acordo com o valor do salário de contribuição" é bastante supérfluo.

Cabe enfatizar que a Constituição é o normativo ápice do ordenamento jurídico do país, havendo Constituições sintéticas como a norte-americana, e as analíticas como a do Brasil.

A Constituição deveria limitar-se às diretrizes básicas, relegando os detalhes a legislação infraconstitucional.

A progressividade agora com *status* constitucional nada inova na legislação ordinária, e não impede o questionamento sobre a "não cumulatividade" das alíquotas.

Na Câmara dos Deputados, por ocasião do trâmite na Comissão Especial, o relator ao apresentar o substitutivo[7], esclareceu as razões pelas quais manteve a "progressividade" e excluiu os termos "escalonada" e "limites mínimos e máximos" constantes da redação original da PEC n. 6/2019:

---

7   Disponível em: <https://www.camara.leg.br/proposicoesWeb/prop_mostrarintegra? codteor= 1764444&filename=SBT+2+PEC00619+%3D%3E+PEC+6/2019>. Acesso em: 12 nov. 2019.

A alteração do inciso II do art. 195, no entanto, é necessária.

Embora a progressividade de alíquotas já seja uma realidade no RGPS, uma vez que este regime adota as alíquotas de 8, 9 e 11%, conforme a faixa salarial do segurado, reputamos importante que o preceito passe a constar de forma expressa da Constituição Federal, de forma consonante com o dispositivo que trata das alíquotas do servidor público, o qual também traz o conceito da progressividade. Não vislumbramos, no entanto, necessidade de fazer constar, também, a expressão a alíquotas escalonadas, bem como referenciar a existência de limites mínimos e máximos no RGPS. Em razão destas premissas, adotamos no substitutivo o que foi proposto na PEC de forma mais concisa.

A bem da verdade, no art. 28 da EC n. 103/2019 houve o banimento da forma "não cumulativa" ao determinar no § 1º que "as alíquotas previstas no *caput* serão aplicadas de forma progressiva sobre o salário de contribuição do segurado, **incidindo cada alíquota sobre a faixa de valores compreendida nos respectivos limites**".

Novas alíquotas cumulativas da contribuição previdenciária dos segurados do RGPS (art. 28 da EC n. 103/2019)

A alteração promovida pelo art. 28 da EC n. 103/2019 quebrou o ritmo redutor de direitos que é impregnado na PEC n. 6/2019, havendo ganho efetivo em prol dos trabalhadores que sejam contribuintes de renda baixa e de renda intermediária no Regime Geral, havendo elevação da carga tributária unicamente em relação aos segurados de renda mais elevada, considerados aqueles que recebam acima de 90% do limite-máximo contributivo.

EC n. 103/2019

Art. 28. Até que lei altere a alíquota da contribuição de que trata a Lei n. 8.212, de 24 de julho de 1991, devida pelo segurado empregado, inclusive o doméstico, e pelo trabalhador avulso, esta será de:

I – até um salário mínimo, sete inteiros e cinco décimos por cento;

II – acima de um salário mínimo até R$ 2.000,00 (dois mil reais), nove por cento;

III – de R$ 2.000,01 (dois mil reais e um centavo) até R$ 3.000,00 (três mil reais), de doze por cento; e

IV – de R$ 3.000,01 (três mil reais e um centavo) até o limite do salário de contribuição, de quatorze por cento.

§ 1º As alíquotas previstas no *caput* serão aplicadas de forma progressiva sobre o salário de contribuição do segurado, incidindo cada alíquota sobre a faixa de valores compreendida nos respectivos limites.

Observe-se a síntese no quadro comparativo:

Antes da EC n. 103/2019

RGPS	
Faixa salarial (R$)	Alíquota efetiva*
Até R$ 1.751,81	8%
De R$ 1.751,82 a R$ 2.919,72	9%
De R$ 2.919,73 até R$ 5.839,45	11%

* calculada sobre toda remuneração (limitado ao teto).

Art. 28 da EC n. 103/2019

RGPS		
Faixa salarial (R$)	Alíquota **	Alíquota efetiva*
Até 1 salário mínimo (SM)	7,5%	7,5%
998,01 a 2.000,00	9%	7,5% a 8,25%
2.000,01 a 3.000,00	12%	8,25% a 9,5%
3.000,01 a 5.839,45	14%	9,5% a 11,68%

** calculada sobre cada faixa de salário.

Antes da EC n. 103/2019

Salário	Alíquota	Contribuição
R$ 1.250,00	8%	R$ 100,00

Art. 28 da EC n. 103/2019

Salário	Alíquota progressiva	Contribuição
R$ 1.250,00	7,80% Alíquota efetiva	R$ 97,53
=		
R$ 252,00	9%	R$ 22,68
+		
R$ 998,00	7,5%	R$ 74,85

Antes da EC n. 103/2019

Salário	Alíquota	Contribuição
R$ 5.839,45	11%	R$ 642,33

Art. 28 da EC n. 103/2019

Salário	Alíquota progressiva	Contribuição
R$ 5.839,45	11,68% Alíquota efetiva	R$ 682,54
=		
R$ 2.839,44	14%	R$ 397,52
+		
R$ 999,99	12%	R$ 119,99
+		
R$ 1.001,99	9%	R$ 90,17
+		
R$ 998,00	7,5%	R$ 74,85

Com relação ao § 2º do art. 28 da Emenda da Reforma, não há novidade, uma vez que é exatamente o critério de atualização prevista na legislação infraconstitucional para os valores das referidas faixas salariais na mesma data e com o mesmo índice em que se der o reajuste dos benefícios do Regime Geral:

EC n. 103/2019	Lei n. 8.212/91
Art. 28. [...] § 2º Os valores previstos no *caput* serão reajustados, a partir da data de entrada em vigor desta Emenda Constitucional, **na mesma data e no mesmo índice em que se der o reajuste dos benefícios do Regime Geral de Previdência Social,** ressalvados aqueles vinculados ao salário mínimo, aos quais se aplica a legislação específica.	Art. 20. [...] § 1º Os valores do salário de contribuição serão reajustados, a partir da data de entrada em vigor desta Lei, **na mesma época e com os mesmos índices que os do reajustamento dos benefícios** de prestação continuada da Previdência Social.

Vigência das novas alíquotas contributivas do art. 28 da EC n. 103/2019 (art. 36 da EC n. 103/2019)

O art. 195, § 6º, da CF, estabelece que as "contribuições sociais de seguridade social só poderão ser exigidas após decorridos noventa dias da data da publicação da lei que as houver instituído ou modificado, não se lhes aplicando o disposto no art. 150, III, *b*, da CF".

Por conseguinte, o art. 28 da EC n. 103/2019 determina a elevação de alíquota do tributo classificado como contribuição previdenciária, que integra o gênero "contribuição social" referida no art. 196, § 6º, da Carta Magna, de modo que não pode ter exigibilidade a norma tributária gravosa antes de decorrido o regramento da nonagésima.

Por essa razão, o art. 36 da EC n. 103/2019 esclarece que a entrada em vigor do disposto no art. 28 dá-se a contar do primeiro dia do quarto mês subsequente ao da data de publicação da emenda constitucional da Reforma da Previdência.

Publicada a EC n. 103 no dia 13 de novembro de 2019, a nova sistemática de alíquotas cumulativas passa a valer a partir da competência inaugurada no dia 1º de março de 2020.

PEC n. 6/2019. Regra da prévia fonte de custeio (§ 5º do art. 195). Pretensão governamental rejeitada pelo Congresso Nacional

Relevante notar que além dos **princípios constitucionais** relacionados no parágrafo único do art. 194 da CF/88, existem ainda regras constitucionais da Seguridade Social.

A diferença entre princípios e regras é bem esclarecida pelo Ministro Luís Roberto Barroso:

> A dogmática moderna avaliza o entendimento de que as normas em geral, e as normas constitucionais em particular, enquadram-se em duas grandes categorias diversas: os princípios e as regras. Normalmente, as regras contêm relato mais objetivo, com incidência restrita às situações específicas às quais se dirigem. Já os

princípios têm maior teor de abstração e uma finalidade mais destacada no sistema. Inexiste hierarquia entre ambas as categorias, à vista do princípio da unidade da Constituição[8].

São catalogadas como regras constitucionais da Seguridade Social aquelas contidas nos parágrafos do art. 195 da CF, exemplos:

- a **pessoa jurídica em débito** com o sistema da Seguridade Social, como estabelecido em lei, **não poderá contratar** com o Poder Público nem dele receber benefícios ou incentivos fiscais ou creditícios;
- a lei poderá instituir **outras fontes** destinadas a garantir a manutenção ou expansão da Seguridade Social, obedecida a **exigência de lei complementar (denominada contribuição residual)**;
- as contribuições sociais de que trata o art. 195 **só poderão ser exigidas** após decorridos **90** (noventa) dias da data da **publicação da lei** que as houver instituído ou modificado, não se lhes aplicando o disposto no art. 150, III, *b* (ou seja, **as contribuições sociais de seguridade social podem ser exigidas no mesmo exercício financeiro em que haja sido publicada a lei** que as instituiu ou aumentou, bastante o respeito à nonagésima).

Há ainda uma importante regra constitucional anotada no § 5º do art. 195, conhecida como **regra da prévia fonte de custeio, que assinala:**

Nenhum benefício ou serviço da seguridade social poderá ser criado, majorado ou estendido sem a correspondente fonte de custeio total.

O *status* constitucional dessa regra adveio com a Emenda Constitucional n. 11, de 1965, que acrescentou parágrafo ao art. 157 da Constituição de 1946:

§ 2º Nenhuma prestação de serviço de caráter assistencial ou de benefício compreendido na previdência social poderá ser criada, majorada ou estendida sem a correspondente fonte de custeio total.

Registro histórico da regra da precedência do custeio na previdência é encontrado no art. 103[9] da Consolidação das Leis da Previdência Social (CLPS), aprovada pelo Decreto n. 77.077/76, norma reproduzida no art. 94[10] da Consolidação das Leis da Previdência Social (CLPS) aprovada pelo Decreto n. 89.312/84.

---

8   BARROSO, Luís Roberto. Fundamentos teóricos e filosóficos do novo direito constitucional brasileiro (pós-modernidade, teoria crítica e pós-positivismo). *Revista de Direito Administrativo*. Rio de Janeiro, 2001, p. 25. Disponível em: <http://biblioteca digital.fgv.br/ojs/index.php/rda/article/download/47562/44776>. Acesso em: 12 nov. 2019.

9   "Art. 103. Nenhuma prestação da previdência social será criada, majorada ou estendida sem a correspondente fonte de custeio total."

10   "Art. 94. Nenhuma prestação da previdência social urbana será criada, majorada ou estendida sem a correspondente fonte de custeio total."

Na atualidade a Lei de Responsabilidade Fiscal (LRF), Lei Complementar n. 101, reproduz a regra da prévia fonte de custeio no art. 24[11].

Wagner Balera[12] atribui a nomenclatura de **regra da contrapartida** ao § 5º do art. 195, e enxerga[13] o caráter dúplice desse dispositivo constitucional (benefício – custeio; custeio-benefício):

> Não pode haver, diz a regra da contrapartida, benefício ou serviço sem fonte de custeio.
>
> O método lógico de interpretação permite-nos sacar, igualmente, a seguinte conclusão: não pode haver fonte de custeio sem específica destinação aos benefícios e serviços.
>
> É que o sistema de seguridade social somente poderá cumprir suas finalidades se estiver calcado em rígido equilíbrio econômico e financeiro.
>
> A regra importa em verdadeira proibição constitucional à instituição de novas fontes de custeio sem a destinação precisa, assim como em proibição expressa de criação de novas prestações sem a adequada cobertura financeira.

O Ministro Celso de Mello, no julgamento da ADIn 2.010/DF[14] apresentou voto em apoio à aplicação do § 5º do art. 195 também no enfoque da validade da criação e majoração de tributo vinculado, enfatizando a imprescindibilidade de apontamento de benefício ou serviço correspondente:

> Se é certo, portanto, que nenhum benefício ou serviço da seguridade social poderá ser criado, majorado ou estendido sem a correspondente fonte de custeio total (CF, art. 195, § 5º), não é menos exato que também não será lícito, sob uma perspectiva estritamente constitucional, instituir ou majorar contribuição para custear a seguridade social sem que assista àquele que é compelido a contribuir o direito de acesso a novos benefícios ou a novos serviços.

Poder Legislativo. O manuseio mais comum da referida regra da contrapartida é com viés de impedir que projeto de lei de autoria do Legislativo possa criar, majorar ou estender benefício ou serviço, servindo a regra da prévia fonte de fundamentação a vetos presidenciais.

Exemplos:

a) o segurado especial havia sido contemplado pela redação aprovada pelo Congresso Nacional do art. 100 da Lei n. 8.213, todavia, a Presidência da

---

11 "Art. 24. Nenhum benefício ou serviço relativo à seguridade social poderá ser criado, majorado ou estendido sem a indicação da fonte de custeio total, nos termos do § 5º do art. 195 da Constituição, atendidas ainda as exigências do art. 17."

12 BALERA, Wagner. A seguridade social na Constituição de 1988. São Paulo: RT, 1989, p. 58.

13 BALERA, Wagner. Sistema de Seguridade Social. 3. ed. São Paulo: LTr, 2003, p. 159.

14 STF. ADIn 2.010/DF, rel. Min. Celso de Mello, p. 146. Disponível em: http://redir.stf.jus.br/paginadorpub/paginador.jsp?docTP=AC&docID=347383>. Acesso em: 12 nov. 2019.

República vetou referido dispositivo legal. A mensagem de veto ao art. 100 recebeu o n. 381, e justificou a impossibilidade de concessão de salário-família ao segurado especial do seguinte modo:

> De acordo com a lei vigente e a proposição ora sancionada (arts. 68, § 1º, e 72, parágrafo único), os recursos para o pagamento desses benefícios ao segurado empregado estão garantidos, uma vez que a regularidade de tal pagamento é responsabilidade das empresas empregadoras.
>
> O mesmo, no entanto, não ocorre com o segurado especial, pois sua situação não compreende relação empregatícia. Assim, a extensão dos aludidos benefícios aos segurados especiais corresponderia a despesa sem a contrapartida de recursos.
>
> Como o § 5º **do art. 195** da Constituição Federal estatui que "nenhum benefício ou serviço da seguridade poderá ser criado, majorado ou estendido sem a correspondente fonte de custeio total", fica evidenciada a inconstitucionalidade do proposto neste art. 100.

b) atualmente, o segurado empregado doméstico faz jus ao salário-família, em decorrência da EC n. 72/2013 e da Lei Complementar n. 150/2015. Porém, necessário assinalar a historicidade, registrar que anteriormente à novel legislação, o empregado doméstico quase foi contemplado com o salário-família na redação do art. 3º da Lei n. 11.324/2006, dispositivo que, no entanto, recebeu veto presidencial. Na mensagem de veto n. 577 foram ofertadas como razões:

> A alteração aprovada, consistente na inclusão do empregado doméstico no *caput* do referido artigo apresenta-se eivada de vício de inconstitucionalidade, pois contraria frontalmente o § 5º **do art. 195** da Constituição que determina expressamente que "nenhum benefício ou serviço da seguridade social poderá ser criado, majorado ou estendido sem a correspondente fonte de custeio total".
>
> A concessão do salário-família, na forma proposta, também contraria o mandamento constitucional expresso no art. 201, segundo o qual, "a previdência social será organizada sob a forma de regime geral, de caráter contributivo e de filiação obrigatória, observados critérios que preservem o equilíbrio financeiro e atuarial [...]", pois ao criar despesa estimada em R$ 318 milhões ao ano, sem qualquer indicação de fonte de custeio complementar, a eventual manutenção do art. 3º resultaria em aumento do desequilíbrio financeiro e atuarial das contas da Previdência Social.

Cabe especial registro de que no estágio atual da seguridade as normas restritivas de direito estão prevalecendo, e são assentadas na existência de *déficit* atual e futuro nas contas da Previdência Social.

Todavia, as dificuldades econômico-financeiras não convencem, na medida em que o Poder Executivo é useiro e vezeiro de promover criação, majoração ou extensão de benefícios previdenciários sem se preocupar com a indicação formal da correspondente fonte de custeio para suprir os direitos conferidos, violando claramente o art. 195, § 5º, da Carta Magna.

Para ilustrar, cabe a citação trazida pelos seguintes normativos:

- a Lei Complementar n. 142, criando benefício diferenciado para os segurados classificados como pessoa com deficiência;
- a edição da Lei n. 12.873/2013, contemplando:
    a) o segurado do sexo masculino como beneficiário de salário-maternidade;
    b) prazo único de 120 dias de percepção do benefício (antes era escalonado a depender da idade da criança adotada);
    c) a concessão do benefício pela adoção de criança até 12 anos de idade (antes era limitada à idade de até oito anos).
- Lei Complementar n. 150, reduzindo a alíquota contributiva do empregador doméstico à Previdência (era de 12% passou a 8,8%), estendeu o direito a auxílio-acidente e de salário-família ao empregado doméstico.

Dos direitos criados e ampliados, ninguém ousa questionar a pertinência, porém foram lançados no cenário previdenciário sem apontar de onde iriam provir os recursos financeiros necessários à satisfação desses direitos, ou ainda de onde seriam remanejados os recursos para fazer frente ao incremento de despesas contido nas referidas normas protetivas.

Por força do mandamento constitucional, art. 195, § 5º, sempre que houver criação, majoração ou extensão de benefícios em toda a Seguridade Social deve ser registrada a fonte de custeio total, à semelhança do que ocorre com o direito ao benefício de aposentadoria especial (espécie B/46), no qual se atribuiu ao tomador de serviço (não ao trabalhador, a evidenciar que o custeio não deve recair necessariamente sobre a pessoa protegida) a satisfação de alíquota diferenciada de custeio equivalente a 12%, 9% ou 6%, a depender do direito gerado em prol do segurado à aposentação após 15, 20 ou 25 anos de exposição a agentes químicos, físicos ou biológicos prejudiciais à saúde.

Nas últimas décadas direitos foram criados sem apontamento da fonte de custeio, e (lembrando o caráter dúplice assinado pelo Prof. Wagner Balera, citação *supra*) ato contínuo direitos são retirados sem, de outro lado, reduzir o valor das contribuições previdenciárias.

É hora de começar a caminhar certo!

Existe comando constitucional que deve ser seguido, logo, toda norma legislativa ao criar, majorar ou estender direitos previdenciários deve sinalizar a fonte total de recursos, *verbi gratia*, pode-se expressamente destinar certo percentil da arrecadação da Cofins (Contribuição para Financiamento da Seguridade Social), ou da arrecadação decorrente dos concursos de prognósticos, à Previdência para suprir financeiramente os novos direitos.

Somente assim poderá haver debate razoável no Congresso Nacional, por meio de republicano e democrático projeto de lei, com vista à aplicação do princípio da seletividade e da distributividade dos benefícios e serviços.

O desrespeito contumaz pelo próprio Governo à regra da contrapartida traz situação de conforto ao Poder Executivo, pois facilita a afirmativa no sentido de que os benefícios previdenciários dos trabalhadores rurais pesam no orçamento da Previdência quando consideradas apenas as contribuições previdenciárias do setor urbano.

Ninguém nega o merecimento dos direitos previdenciários consagrados aos trabalhadores do meio rural, de outra toada, **onde está a fonte de recurso para compensar as isenções contributivas efetivadas nos arts. 39, 55, II, e 143 da Lei n. 8.213/91?**

Houvesse o destaque de percentil da arrecadação de tributos federais para suprir a fonte de custeio total dos direitos consagrados aos trabalhadores rurais, conforme determina o § 5º do art. 195 da CF, e hoje não existiria margem sustentável ao discurso governamental de "déficit", argumento manejado para implemento de restrições de direitos.

Poder Judiciário e a regra da contrapartida

Como antes afirmado, na PEC n. 6/2019 buscava-se acrescentar na regra da prévia fonte também a sinalização de que a regra da contrapartida deve ser observada "**por ato administrativo, lei ou decisão judicial**".

CF/88 (redação anterior à promulgação da EC n. 103/2019)	PEC n. 6/2019 (texto original)	Emenda Constitucional n. 103/2019
Art. 195 [...] § 5º Nenhum benefício ou serviço da seguridade social poderá ser criado, majorado ou estendido sem a correspondente fonte de custeio total.	Art. 195 [...] § 5º Nenhum benefício ou serviço da seguridade social poderá ser criado, majorado ou estendido **por ato administrativo, lei ou decisão judicial**, sem a correspondente fonte de custeio total.	Art. 195 [...] § 5º (Rejeitada proposta de alteração.)

O verdadeiro alcance pretendido na PEC n. 6 era o atrelamento constitucional do Poder Judiciário à regra da prévia fonte de custeio na apreciação de ações no campo da Seguridade Social.

Certo é que por vezes o STF fundamenta-se no § 5º do art. 195 da CF para obstar teses revisionais de benefícios previdenciários, a exemplo da Tema 165[15] de Repercussão Geral, na qual entendeu:

> [...] A decisão que prevê a incidência da lei nova aos benefícios já concedidos, para a revisão dos próprios parâmetros da concessão, viola os arts. 5º, XXXVI, e 195, § 5º, da CF. Nesse sentido, o RE 470.432, rel. Min. Cezar Peluso, Pleno, *DJ* de 23-3-2007. [...] A Corte ainda assentou o entendimento de que a majoração de benefícios previdenciários, além de submetida ao postulado da contrapartida (CF, art. 195, § 5º), também depende, para sua legítima adequação ao texto da Constituição da República, da observância do princípio da **reserva de lei formal**, cuja incidência traduz **limitação ao exercício da atividade jurisdicional** do Estado. Por isso, não se revela constitucionalmente possível, ao Poder Judiciário, sob o fundamento de isonomia, estender, em sede jurisdicional, majoração de benefício previdenciário, quando inexiste, na lei, a indicação de correspondente fonte de custeio total, sob pena de o tribunal, se assim proceder, atuar em ilegítima condição de legislador positivo, o que contraria o art. 2º da CF (RE 597.389 QO-RG, rel. Min. Gilmar Mendes, j. 22-4-2009, *DJe* 21-8-2009, Tema 165).

Na mesma linha de pensar, o STF obstou a tese da "desaposentação", firmada no RE 661.256 de repercussão geral:

> No âmbito do Regime Geral de Previdência Social (RGPS), **somente lei pode criar benefícios** e vantagens previdenciárias, não havendo, por ora, previsão legal do direito à "desaposentação", sendo constitucional a regra do art. 18, § 2º, da Lei n. 8.213/91.

Acolhe, ainda o STF a correlação de custeio-benefício contida na regra da contrapartida, obstando, assim, **isenção contributiva diante da permanência do benefício**. Nesse ritmo foi o julgamento da ADIn 3.205, na qual o STF fixou a inconstitucionalidade da Lei estadual n. 2.207/2000 do Estado do Mato Grosso do Sul (redação do art. 1º da Lei estadual n. 2.417/2002), que isentava os aposentados e pensionistas do antigo sistema estadual de previdência da contribuição destinada ao custeio de plano de saúde dos servidores Estado, por entender que "norma que concede benefício: necessidade de previsão legal de fonte de custeio, inexistente no caso (CF, art. 195, § 5º)" (ADIn 3.205, rel. Min. Sepúlveda Pertence, j. 19-10-2006, P, *DJ* 17-11-2006).

Convém apontar que o art. 20 da Lei de Introdução às Normas do Direito Brasileiro – LINDB (incluído pela Lei n. 13.655/2018) deu-se ênfase à vedação ao magistrado de não refletir sobre as consequências práticas da decisão judicial adotada,

---

15 Tese firmada pelo STF: Tema 165. "A revisão de pensão por morte e demais benefícios, constituídos antes da entrada em vigor da Lei n. 9.032/95, não pode ser realizada com base em novo coeficiente de cálculo estabelecido no referido diploma legal."

dentre os efeitos decorrentes está a reflexão acerca do financiamento do direito criado/majorado/estendido:

LINDB

Art. 20. **Nas esferas administrativa, controladora e judicial, não se decidirá com base em valores jurídicos abstratos sem que sejam consideradas as consequências práticas da decisão.**

Na Câmara dos Deputados, por ocasião do trâmite na Comissão Especial, o relator, ao apresentar o substitutivo, esclareceu as razões pelas quais excluiu da PEC n. 6/2019 a alteração do § 5º do art. 195:

Não concordamos com a alteração proposta para o § 5º do art. 195 da Constituição Federal, uma vez que, ao detalhar o alcance da norma, pode-se levar à interpretação de que estão sendo promovidas restrições indevidas ao alcance de decisões judiciais[16].

Diante da derrota do governo na alteração do § 5º, pode-se afirmar que ao Poder Judiciário é permitido criar, majorar ou estender benefício ou serviço, sem aprofundamento da questão afeta ao custeio integral, nos seguintes casos:

a) a **prestação social decorra diretamente do texto constitucional**. Exemplo: garantia da concessão de pensão por morte ao cônjuge do sexo masculino nos casos de falecimento de segurada ocorrido após a promulgação da CF/88 (e antes do advento da Lei n. 8.213/91) diante da autoaplicabilidade da Norma Constitucional consagrada no art. 201,V, da CF.

Entendimento do STF:"A norma inscrita no art. 195, § 5º, CRFB/88, veda a criação, majoração ou extensão de benefício sem a correspondente fonte de custeio, disposição dirigida ao legislador ordinário, sendo inexigível quando se tratar de benefício criado diretamente pela Constituição". In: ARE 664.335/SC, rel. Min. Luiz Fux, j. 4-12-2014 (Precedentes no mesmo diapasão: RE 151.106 AgR/SP, rel. Min. Celso de Mello, j. 28-9-1993, 1ª T., *DJ* 26-11-1993; RE 220.742, rel. Min. Néri da Silveira, j. 3-3-1998, 2ª T., *DJ* 4-9-1998);

b) O disposto no art. 195, § 5º, da CF diz respeito apenas à previdência social, não se impondo ao **regramento dos planos privados** (AI 598.382 AgR, rel. Min. Cezar Peluso, j. 31-3-2009, 2ª T., *DJe* 30-4-2009; e RE 596.637 AgR, rel. Min. Cármen Lúcia, j. 8-9-2009, 1ª T., *DJe* 2-10-2009);

---

16 Disponível em: <https://www.camara.leg.br/proposicoesWeb/prop_mostrarintegra?cod teor= 1764444&filename=SBT+2+PEC00619+%3D%3E+PEC+6/2019>. Acesso em: 12 nov. 2019.

c) **premiar materialmente a incalculável visibilidade internacional positiva proporcionada por um grupo específico e restrito**. Assim compreendeu o STF ao apreciar a constitucionalidade da Lei n. 12.663/2012:

> Mostra-se plenamente justificada a iniciativa dos legisladores federais – legítimos representantes que são da vontade popular – em premiar materialmente a incalculável visibilidade internacional positiva proporcionada por um grupo específico e restrito de atletas, bem como em evitar, mediante a instituição de pensão especial, que a extrema penúria material enfrentada por alguns deles ou por suas famílias ponha em xeque o profundo sentimento nacional em relação às seleções brasileiras que disputaram as Copas do Mundo de 1958, 1962 e 1970, as quais representam, ainda hoje, uma das expressões mais relevantes, conspícuas e populares da identidade nacional. O auxílio especial mensal instituído pela Lei n. 12.663/2012, por não se tratar de benefício previdenciário, mas, sim, de benesse assistencial criada por legislação especial para atender demanda de projeção social vinculada a acontecimento extraordinário de repercussão nacional, não pressupõe, à luz do disposto no art. 195, § 5º, da Carta Magna, a existência de contribuição ou a indicação de fonte de custeio total (ADI 4.976, rel. Min. Ricardo Lewandowski, j. 7-5-2014, P, *DJe* 30-10-2014).

Conclusão, o regramento de *status* constitucional do § 5º do art. 195 foi alvo da PEC n. 6/2019, que, malgrado o desejo governamental, não restou acolhida a modificação pelo Congresso Nacional.

PEC n. 6/2019. Segurado especial (§ 8º e inclusão dos §§ 8º-A e 8º-B do art. 195). Pretensão governamental rejeitada pelo Congresso Nacional

De introito, anote-se que a figura desenhada no § 8º do art. 195 é a do "segurado especial".

Trabalhador rural. O segurado especial é segurado obrigatório do RGPS e é sempre trabalhador rural.

Importante observar que nem todo trabalhador rural é segurado especial!

Trabalhador rural é gênero que compreende: empregado; trabalhador avulso; contribuinte individual (CI) e segurado especial.

À exceção do segurado especial, as outras categorias anunciadas (empregado, avulso e CI) podem exercer tanto atividade urbana quanto rural que não podem sofrer qualquer redução de direitos previdenciários em decorrência do enquadramento do labor por força do princípio constitucional da uniformidade e equivalência dos benefícios e serviços às populações urbanas e rurais.

Assim, empregado que exerça atividade urbana (v.g., trabalhe em instituição financeira) e empregado no labor rural (contratado para trabalhar numa fazenda), que tenham o mesmo tempo de trabalho e o mesmo valor contributivo mensal, devem ser tratados com igualdade plena junto ao INSS, mesmo rol de benefícios previdenciários e de mesmo valor. Não é admissível a redução de direitos previdenciários (menor número de benefícios à disposição e fixar valor em salário mínimo) para o empregado, avulso e CI sob pena de afronta ao princípio insculpido no inciso II do parágrafo único do art. 194 da CF.

Note-se que a atividade rural não se caracteriza pelo local em que é prestado, mas sim pela atividade exercida, de cultivar a terra, plantar, colher, cuidar de animais, pescar. Portanto, perfeitamente possível exercer atividade rural em área urbana, e atividade urbana em área rural. Por tal razão a Lei n. 8.213, no art. 11, VII, caracteriza como segurado especial "a pessoa física residente no imóvel rural ou em aglomerado urbano ou rural próximo a ele".

Por essa razão a atividade desenvolvida por empregado doméstico é sempre rotulada como urbana. Não há empregado doméstico rural. Ainda que haja a contratação de uma empregada doméstica para lavar, cozinhar, passar roupa, ser babá numa casa situada numa fazenda, não será modalidade de labor rural.

Importante a diferenciação de trabalhador urbano e rural por conta do direito à aposentadoria por idade com redução em cinco anos conforme reza o art. 201, § 7º, II, da CF. Direito mantido com o advento da EC n. 103/2019:"II – 60 (sessenta) anos de idade, se homem, e 55 (cinquenta e cinco) anos de idade, se mulher, para os trabalhadores rurais e para os que exerçam suas atividades em regime de economia familiar, nestes incluídos o produtor rural, o garimpeiro e o pescador artesanal".

Homem – Aposentadoria por idade	
60 anos – Trabalhador rural	65 anos – Trabalhador urbano
Categoria	
Empregado (rural)	Empregado (urbano)
Trabalhador avulso (rural)	Trabalhador avulso (urbano)
CI (rural)	CI (urbano)
----	Empregado doméstico (sempre urbano)
Segurado especial (sempre rural)	----

Mulher – Aposentadoria por idade	
55 anos – Trabalhador rural	60 anos – Trabalhador urbano
Categoria	
Empregado (rural)	Empregado (urbano)
Trabalhador avulso (rural)	Trabalhador avulso (urbano)
CI (rural)	CI (urbano)
----	Empregado doméstico (sempre urbano)
Segurado especial (sempre rural)	----

Garimpeiro. Os contornos acerca da conceituação do segurado especial nos são dados pelo Texto maior, art. 195, § 8º, redação original, que sofreu singela alteração decorrente da EC n. 20/98 unicamente para excluir "o garimpeiro" do rol dos habilitados constitucionalmente a se revestir na roupagem jurídica de segurado especial:

CF/88	CF/88 após EC n. 20/98
Art. 195. [...] § 8º O produtor, o parceiro, o meeiro e o arrendatário rurais, **o garimpeiro** e o pescador artesanal, bem como os respectivos cônjuges, que exerçam suas atividades em regime de economia familiar, sem empregados permanentes, contribuirão para a seguridade social mediante a aplicação de uma alíquota sobre o resultado da comercialização da produção e farão jus aos benefícios nos termos da lei. (redação original)	Art. 195. [...] § 8º O produtor, o parceiro, o meeiro e o arrendatário rurais e o pescador artesanal, bem como os respectivos cônjuges, que exerçam suas atividades em regime de economia familiar, sem empregados permanentes, contribuirão para a seguridade social mediante a aplicação de uma alíquota sobre o resultado da comercialização da produção e farão jus aos benefícios nos termos da lei. (*Redação dada pela EC n. 20/98.*)

O garimpeiro foi excluído do rol de pessoas habilitadas a serem segurados especiais, tanto pela EC n. 20/98, como pela Lei n. 8.398, de 1992, que o incluiu na categoria de equiparado a autônomo, atual contribuinte individual.

Conquanto o garimpeiro não possa ser catalogado como segurado especial, possui direito à aposentadoria por idade com a redução em cinco anos no requisito etário em decorrência da determinação constitucional alocada na redação original do art. 202, I, e no art. 201, § 7º, II, da CF com a redação dada pela EC n. 20/98 e pela EC n. 103/2019.

O deslocamento do garimpeiro à categoria de CI importa na obrigatoriedade de comprovação e recolhimento de contribuições previdenciárias para efeito de obtenção de proteção previdenciária. Mais adiante será visto que ao segurado especial basta comprovar o "exercício de atividade rural" (além dos requisitos específicos do benefício, por exemplo, invalidez para ter direito à aposentadoria por invalidez), sendo prescindível prova de efetivo recolhimento de contribuições.

O § 8º do art. 195 traz referência às figuras do "produtor, parceiro, meeiro e arrendatário rurais, pescador artesanal e seus assemelhados", mas na verdade, segurado especial é o "produtor rural", podendo ser parceiro, meeiro ou arrendatário rurais.

Com esse viés a Lei de Benefícios Previdenciários (Lei n. 8.213), no art. 11, VII, deu maior clareza ao texto constitucional estabelecendo como segurado especial a pessoa física residente no imóvel rural ou em aglomerado urbano ou rural próximo a ele que, individualmente ou em regime de economia familiar, ainda que com o auxílio eventual de terceiros, na condição de:

a) **produtor**, seja proprietário, usufrutuário[17], possuidor[18], assentado[19], parceiro[20] ou meeiro[21] outorgados, comodatário[22] ou arrendatário[23] rurais, que explore atividade:

1. agropecuária em área de até 4 (quatro) módulos fiscais[24];

2. de seringueiro ou extrativista vegetal[25] que exerça suas atividades nos termos do inciso XII do *caput* do art. 2º da Lei n. 9.985, de 18 de julho de 2000, e faça dessas atividades o principal meio de vida.

b) **pescador artesanal**[26] ou a este assemelhado que faça da pesca profissão habitual ou principal meio de vida.

Verifica-se da lei que o importante é ser **produtor rural**, de nenhum relevo a que título está na terra, podendo ser desde proprietário do lote rural ou até mesmo assentado. Por tal razão o art. 40 da Instrução Normativa n. 77 do INSS/Pres./2015, amplia o rol de possibilidades para o enquadramento da pessoa física como "produtor rural" incluindo, além daqueles já capitulado na Lei de Benefício, também o:

---

17 É aquele que, não sendo proprietário de imóvel rural, tem direito à posse, ao uso, à administração ou à percepção dos frutos, podendo usufruir o bem em pessoa ou mediante contrato de arrendamento, comodato, parceria ou meação (IN n. 77 INSS/Pres./2015, art. 40).

18 É aquele que exerce, sobre o imóvel rural, algum dos poderes inerentes à propriedade, utilizando e usufruindo da terra como se proprietário fosse (IN n. 77 INSS/Pres./2015, art. 40).

19 É aquele que, como beneficiário das ações de reforma agrária, desenvolve atividades agrícolas, pastoris ou hortifrutigranjeiras nas áreas de assentamento (IN n. 77 INSS/Pres./2015, art. 40).

20 É aquele que tem acordo de parceria com o proprietário da terra ou detentor da posse e desenvolve atividade agrícola, pastoril ou hortifrutigranjeira, partilhando lucros ou prejuízos (IN n. 77 INSS/Pres./2015, art. 40).

21 É aquele que tem acordo com o proprietário da terra ou detentor da posse e, da mesma forma, exerce atividade agrícola, pastoril ou hortifrutigranjeira, partilhando rendimentos ou custos (IN n. 77 INSS/Pres./2015, art. 40).

22 É aquele que, por meio de acordo, explora a terra pertencente a outra pessoa, por empréstimo gratuito, por tempo determinado ou não, para desenvolver atividade agrícola, pastoril ou hortifrutigranjeira (IN n. 77 INSS/Pres./2015, art. 40).

23 É aquele que utiliza a terra para desenvolver atividade agrícola, pastoril ou hortifrutigranjeira, mediante pagamento de aluguel, em espécie ou *in natura*, ao proprietário do imóvel rural (IN n. 77 INSS/Pres./2015, art. 40).

24 Turma Nacional de Uniformização (TNU). Súmula 30: "Tratando-se de demanda previdenciária, o fato de o imóvel ser superior ao módulo rural não afasta, por si só, a qualificação de seu proprietário como segurado especial, desde que comprovada, nos autos, a sua exploração em regime de economia familiar".

25 É aquele que explora atividade de coleta e extração de recursos naturais renováveis, de modo sustentável, e faz dessas atividades o principal meio de vida (IN n. 77 INSS/Pres./2015, art. 40).

26 É aquele que não utiliza embarcação ou utiliza embarcação de pequeno porte, nos termos da Lei n. 11.959, de 29 de junho de 2009.

- condômino (aquele que explora imóvel rural, com delimitação de área ou não, sendo a propriedade um bem comum, pertencente a várias pessoas);
- acampado (aquele que se encontra organizado coletivamente no campo, pleiteando sua inclusão como beneficiário dos programas de reforma agrária, desenvolvendo atividades rurais em área de terra pertencente a terceiro);
- quilombola (é afrodescendente remanescente dos quilombos que integra grupos étnicos compostos de descendentes de escravos, considerado segurado especial, desde que comprove o exercício de atividade rural).

Cônjuges e filhos. O § 8º inclui como segurado especial "os respectivos cônjuges", sendo a redação constitucional complementada na legislação ordinária que bem acresce o companheiro(a) e o filho maior de 16 (dezesseis) anos de idade ou a este equiparado. A IN n. 77 do INSS/Pres/2015, esclarece que integram o grupo familiar, também podendo ser enquadrados como segurado especial, o cônjuge ou companheiro, inclusive homoafetivos, e o filho solteiro maior de dezesseis anos de idade ou a este equiparado, desde que comprovem a participação ativa nas atividades rurais do grupo familiar.

Regime de economia familiar. O mandamento constitucional estabelece como segurado especial o produtor e o pescador artesanal, bem como os respectivos cônjuges, que exerçam suas "atividades em regime de economia familiar", sem empregados permanentes.

Entende-se como regime de economia familiar a atividade em que o trabalho dos membros da família é indispensável à própria subsistência e ao desenvolvimento socioeconômico do núcleo familiar e é exercido em condições de mútua dependência e colaboração, sem a utilização de empregados permanentes (art. 11, § 1º, da Lei n. 8.213/91).

Conforme define a Lei de Benefícios, todos os membros da família (cônjuges ou companheiros e filhos maiores de 16 anos de idade ou a eles equiparados) que trabalham na atividade rural, no próprio grupo familiar, são considerados segurados especiais.

Exercer atividade rural em regime de economia familiar significa desenvolver o labor rural para o sustento do respectivo grupo familiar, em atividade que não se confunde com a de empregado rural, nem com a de avulso rural e muito menos com a de CI rural.

Note-se que é plenamente possível que uma família, pais e respectivos filhos vivam do cultivo que façam numa pequena propriedade rural, caracterizando-os como segurados especiais. Entretanto, com o passar do tempo, é natural que os filhos se casem e passem a morar em outra propriedade, ficando apenas os pais com a atividade rural, chegando o momento que um deles falecerá, podendo o cônjuge remanescente continuar na labuta rural para o sustento próprio. Nesta situação, a despeito de "sozinho", manterá a qualidade jurídica de segurado especial. Trata-se de hipótese não vislumbrada no Texto Maior, mas bem captada na Lei n. 8.213, que define, no art. 11, VII, como segurado especial aquele que exerça atividade rural "individualmente" ou em regime de economia familiar.

Não é segurado especial o membro de grupo familiar que possuir outra fonte de rendimento[27]. Para exemplificar, imagine casal de trabalhadores rurais com três filhos maiores de 16 anos, que à exceção do filho mais velho, exercem atividade rural em regime de economia familiar. O filho mais velho do casal a despeito de morar com a família na área rural trabalha como frentista em posto de gasolina da região. Ele será segurado obrigatório na categoria empregado, ao passo que seus familiares (pais e irmãos) serão catalogados no INSS como segurados especiais.

A Lei de Benefícios garantiu aos segurados especiais a percepção de alguns benefícios, art. 39, I e II (aposentadoria por idade ou por invalidez, auxílio--doença, auxílio-reclusão e pensão), todos no valor de um salário mínimo. Fazem jus, também, ao auxílio-acidente, conforme a previsão constante dos arts. 39, I (redação dada pela Lei n. 12.873/2013) e 18, § 1º, da Lei n. 8.213/91, no valor de meio salário mínimo.

Desta feita, todos aqueles da família (cônjuge, companheiro, filhos maiores de 16 anos) que efetivamente trabalham no meio rural em regime de economia familiar são caracterizados cada qual como segurado especial, podendo todos eles, ao mesmo tempo ou separadamente, usufruir benefícios previdenciários. Perfeitamente, factível, que o pai da família receba aposentadoria por idade rural simultaneamente à esposa que receba aposentadoria por invalidez rural, juntamente como filho que receba auxílio-doença e à filha que usufrua salário-maternidade. Todos esses benefícios no importe certo de 1 salário mínimo.

Inscrição. A inscrição de segurado especial junto ao INSS deverá ser feita de forma a vinculá-lo ao respectivo grupo familiar e conterá, além das informações pessoais, a identificação da propriedade em que desenvolve a atividade e a que título, se nela reside ou o Município onde reside e, quando for o caso, a identificação e inscrição da pessoa responsável pelo grupo familiar.

O segurado especial integrante de grupo familiar que não seja proprietário ou dono do imóvel rural em que desenvolve sua atividade deverá informar, no ato da inscrição, conforme o caso, o nome do parceiro ou meeiro outorgante, arrendador, comodante ou assemelhado.

---

27 TNU. Súmula 41: "A circunstância de um dos integrantes do núcleo familiar desempenhar atividade urbana não implica, por si só, a descaracterização do trabalhador rural como segurado especial, condição que deve ser analisada no caso concreto".

Índio. O índio será segurado especial se exercer atividade rural em regime de economia familiar. Nesse exato sentido determina a Instrução Normativa n. 77, do INSS/Pres./2015, no art. 39: "§ 4º Enquadra-se como segurado especial o indígena reconhecido pela Fundação Nacional do Índio (Funai), inclusive o artesão que utilize matéria-prima proveniente de extrativismo vegetal, independentemente do local onde resida ou exerça suas atividades, sendo irrelevante a definição de indígena aldeado, não aldeado, em vias de integração, isolado ou integrado, desde que exerça a atividade rural individualmente ou em regime de economia familiar e faça dessas atividades o principal meio de vida e de sustento".

Sem empregados permanentes. A Carta Magna traz essa referência "sem empregados permanentes", expressão empregada sem rigor técnico, razão pela qual o legislador infraconstitucional aprimorou os dizeres estabelecendo que se compreende como segurado especial a pessoa física que exerça atividade rural, individualmente ou em regime de economia familiar, "ainda que com o auxílio eventual de terceiros".

Auxílio eventual de terceiros mostra-se admissível, até porque a família pode estar desfalcada quando por exemplo a esposa esteja em estágio avançado de gravidez e o filho esteja incapacitado temporariamente (para ilustrar: braço quebrado), justamente na época da colheita. Sabido que se os frutos não forem colhidos em tempo oportuno se perdem. Nesta hipótese é admissível a contratação episódica, sazonal, de terceiros, sem descaracterizar a feição de segurado especial dos integrantes da família.

No outro extremo, não é admissível a contratação de terceiros durante todo o ano, fato que irá descaracterizar a roupagem de segurado especial, tornando o contratante contribuinte individual (empresário rural).

Assim regra a Lei n. 8.213 no § 7º do art. 11: o grupo familiar poderá utilizar-se de empregados contratados por prazo determinado ou de trabalhador prestador de serviço rural autônomo (p.ex., boia-fria), à razão de no máximo 120 (cento e vinte) pessoas por dia no ano civil, em períodos corridos ou intercalados ou, ainda, por tempo equivalente em horas de trabalho, não sendo computado nesse prazo o período de afastamento em decorrência da percepção de auxílio-doença. Significa ser tolerável contratar trabalhadores por no máximo 120 dias no ano, corridos ou intercalados.

A Lei de Benefícios ainda fixa situações que não descaracterizam a condição de segurado especial como por exemplo a exploração da atividade turística da propriedade rural, inclusive com hospedagem, por não mais de 120 (cento e vinte) dias ao ano.

Contribuição obrigatória. O segurado especial, diversamente dos demais segurados, não possui salário de contribuição (salvo se optar pelo recolhimento facultativo, art. 39, II, da Lei n. 8.213, que será visto adiante).

De acordo com o art. 195, § 8º, da CF, o segurado especial tem a sua base de cálculo da contribuição previdenciária definida no valor da receita bruta proveniente da comercialização da sua produção rural, que, por não ser salário de contribuição, não fica sujeita à limitação a teto máximo contributivo.

A contribuição previdenciária do segurado especial possui a alíquota de 1,2% (um inteiro e dois décimos por cento) da receita bruta proveniente da comercialização da sua produção acrescida de 0,1% da mesma base de cálculo para financiamento das prestações por acidente do trabalho (art. 25 da Lei n. 8.212/91, conforme a redação atribuída pela Lei n. 13.606/2018).

Atente-se ao fato de que a empresa adquirente, consumidora, consignatária ou cooperativa fica sub-rogada nas obrigações do segurado especial de recolhimento da contribuição. Assim, a empresa deve recolher o valor da contribuição devida pelo segurado especial até o dia 20 do mês subsequente ao do fato gerador (comercialização da produção rural). Caso não seja dia útil, deverá a empresa adquirente ANTECIPAR o recolhimento para o primeiro dia útil imediatamente ANTERIOR (art. 30, II, da Lei n. 8.212).

Por força do § 3º do art. 32-C da Lei n. 8.212, o segurado especial é obrigado a reter a contribuição devida pelo trabalhador a seu serviço (contratado por prazo determinado de até 120 dias), bem como a contribuição incidente sobre a receita bruta quando a comercialização de sua produção rural for feita (1) no exterior; (2) diretamente no varejo, a consumidor pessoa física; (3) a outro segurado especial ou a produtor rural (CI), até o dia 7 do mês seguinte ao da competência. Caso não haja expediente bancário, o recolhimento deverá ser antecipado para o dia útil imediatamente ANTERIOR.

Como apresentado, as famílias que, sem vínculo empregatício, sobrevivem do labor rural apenas contribuem ao INSS quando comercializarem sua produção rural, o que não corre necessariamente todos os meses. Determinados plantios geram apenas uma ou duas colheitas ao ano. As intempéries climáticas (fortes chuvas, seca, geadas, etc.) aliadas a pragas podem levar à perda total ou parcial da produção rural, levando muitas vezes à impossibilidade de o rurícola comercializar seu produto rural. A despeito disso, é mantida a qualidade de segurados especial, mantida sua proteção previdenciária básica (art. 39 da LB), bastando comprovar que exerce atividade rural.

Para trazer à tona a diferença de vida contributiva, tenha-se em mente uma advogada, enquadrada na previdência como contribuinte individual. Caso esteja grávida, somente terá direito a salário-maternidade se comprovar o efetivo pagamento de ao menos 10 contribuições mensais antes da data do parto.

Já, em outra ilustração, se se tratar de uma trabalhadora campesina, que exerça atividades em regime de economia familiar, será, portanto, segurada especial. Caso esteja grávida, após o parto terá direito ao salário-maternidade, bastando comprovar que exerce atividade rural em regime de economia familiar, de nenhum relevo o fato de não recolher contribuições previdenciárias mensalmente.

Contribuição facultativa. O segurado especial não tem direito a aposentadoria por tempo de contribuição.

Caso queira ter direito aos demais benefícios (como aposentadoria por tempo de contribuição) ou benefícios com valor superior a um salário mínimo, o segurado especial deve também contribuir como segurado facultativo e cumprir a carência exigida para o benefício. Matéria, inclusive, sumulada pelo Superior Tribunal de Justiça:

STJ

Súmula 272: O trabalhador rural, na condição de segurado especial, sujeito à contribuição obrigatória sobre a produção rural comercializada, somente faz jus à aposentadoria por tempo de serviço, se recolher contribuições facultativas.

Nosso posicionamento é no sentido de que, entre os segurados obrigatórios do RGPS somente o segurado especial é que possui permissão legal (art. 39, II, da Lei n. 8.213/91) para também contribuir como segurado facultativo. A norma permite a ele a filiação para que possa receber benefício de valor superior ao salário mínimo e fazer jus a aposentadoria por tempo de contribuição.

De observar que a doutrina previdenciária diverge sobre o enquadramento previsto no art. 39, II, da Lei n. 8.213/91, que possibilita ao segurado especial também (por opção) "contribuir facultativamente".

A Lei n. 8.212/91, preceitua no art. 25, § 1º, que: "O segurado especial de que trata este artigo, além da contribuição obrigatória referida no *caput*, poderá contribuir, facultativamente, na forma do art. 21 desta Lei". O art. 21, por sua vez, trata do segurado contribuinte individual e do segurado facultativo.

Para muitos doutrinadores o segurado especial terá direito à aposentadoria por tempo de contribuição desde que inscrito facultativamente como contribuinte individual.

Divergimos dessa conclusão porque, a nosso ver, apresenta contradição em seus próprios termos, afinal, não é possível ser "facultativamente" um segurado obrigatório (contribuinte individual)!

Mais correta, em nossa análise, é ser "facultada" a inscrição como segurado facultativo. A lei trouxe a faculdade, exclusiva ao segurado especial, de também poder se inscrever como segurado facultativo. Hipótese não atribuída às outras categorias de segurados da Previdência.

Em apoio ao nosso pensar, temos os contornos acerca da conceituação do segurado especial dada pelo Texto Maior, art. 195, § 8º, e pela Lei n. 11.718/2008, que considera como segurado especial todos os membros da família (cônjuges ou companheiros e filhos ou equiparados maiores de 16 anos de idade) que trabalham na atividade rural.

Assim, a filha, o filho, a esposa e o marido, segurados especiais, poderão cada um deles, ou todos, inscrever-se como facultativo no INSS, e recolher contribuições previdenciárias mensais em tal categoria e, em razão disso, aqueles que contribuírem como segurado facultativo poderão auferir benefícios previdenciários calculados com base nas contribuições realizadas, os que assim não procederem farão jus apenas a alguns benefícios previdenciários que serão de valor mínimo (um salário mínimo).

Aliás, o entendimento contrário ao nosso inclui-se no campo da ilegalidade desde o advento da Lei n. 11.718, porque esta norma determina a exclusão do segurado especial dessa categoria (segurado especial) a contar do primeiro dia do mês em que se enquadrar em qualquer outra categoria de segurado obrigatório do RGPS. Por corolário lógico, o segurado especial não pode contribuir facultativamente como contribuinte individual (art. 11, § 10, I, *b*, da Lei n. 8.213/91).

PEC n. 6/2016. Art. 195, §§ 8º, 8º-A e 8º-B

A PEC n. 6/2019 pretendeu dar feição mais técnica ao § 8º do art. 195 para estabelecer o produtor rural **"na condição de proprietário ou possuidor, o extrativista"**, também pretendeu o governo com a PEC n. 6/2019 incluir no texto constitucional além dos respectivos cônjuges os **"companheiros e filhos maiores de dezesseis anos"** que exerçam suas atividades em regime de economia familiar. No entanto, afigura-se despiciendo esses acréscimos, pois a legislação infraconstitucional, cumprindo seu papel, como visto *supra*, já delineou a compreensão do termo "produtor rural" e bem esclareceu a inclusão de companheiros(as), inclusive relações homoafetivas, e filhos. Desta feita, por se tratar de preciosismo desnecessário, bem caminhou a Câmara dos Deputados ao remover do Substitutivo as referidas alterações.

A PEC n. 6/2016 também pretendeu dar nova redação à parte final do § 8º do art. 195 para ajustar o destino da contribuição, haja vista que a CF firma tratar-se de contribuição "da Seguridade Social", enquanto a PEC n. 6 especifica tratar-se de contribuição exclusiva da "previdência social", e ainda fixa terminologia redundante **"valor resultante"** da aplicação de alíquota sobre **"o resultado"** da comercialização da produção **rural**, e ao final estabelece **valor mínimo anual, que seria previsto em lei.** Todas essas alterações foram rejeitadas na Câmara dos Deputados.

O § 8º-A estabelecia que se não houver comercialização da produção rural ou não for atingido o valor mínimo a que se refere o § 8º, deverá ser feito o recolhimento do valor integral ou da diferença, para fins de manutenção da qualidade de segurado no Regime Geral de Previdência Social, do cômputo do tempo de contribuição e carência do segurado e de seu grupo familiar, nos termos, nos limites e nos prazos definidos em lei.

A PEC n. 6/2019 trazia ainda disposição transitória no art. 35:

> Contribuição do segurado especial rural.
>
> Art. 35. Até que entre em vigor a nova lei a que se referem os § 8º e § 8º-A do art. 195 da Constituição, o valor mínimo **anual** de contribuição previdenciária do grupo familiar será de R$ 600,00 (seiscentos reais).

A **contribuição anual** não é novidade no meio campesino, já era prevista no art. 5º da Lei n. 6.260/75, que a exigia do empregador rural.

Mais recentemente, a Lei n. 9.876/99 havia trazido uma via para permitir ao segurado especial o percebimento de benefício em valor superior ao salário mínimo. Referida lei promoveu o acréscimo do § 6º ao art. 29 e do inciso II ao art. 73, ambos da Lei n. 8.213/91, permitindo o cálculo do benefício do segurado especial com base numa fração (1/13 e 1/12, respectivamente) a incidir sobre a "**contribuição anual**". Malgrado a lei fazer referência, não houve a criação, na Lei de Custeio, da "contribuição anual", de modo a despir de eficácia os referidos dispositivos. A contribuição anual do setor rural foi prevista no Projeto de Lei n. 1.733/99, que entretanto não foi aprovado no Congresso Nacional.

O relator da Comissão Mista na Câmara dos Deputados no ato de apresentação de substitutivo[28] à proposta de alteração da CF, rejeitou todas as alterações do § 8º, e a inclusão dos §§ 8º-A e 8º-B, com a seguinte fundamentação:

> [...]
>
> No que se refere aos trabalhadores rurais, posicionamo-nos contrariamente às alterações propostas pela PEC. Historicamente, estes trabalhadores tiveram um papel fundamental no povoamento do nosso país, de dimensões continentais, residindo muitas vezes em rincões em que serviços essenciais, como energia elétrica e água encanada, até hoje não os beneficiam. Além disto, sempre contribuíram para a economia dos pequenos municípios com a comercialização do excedente da produção. Estas famílias desenvolvem um árduo trabalho no campo, de sol a sol, sem observância de datas comemorativas ou algumas conquistas constitucionais garantidas aos trabalhadores urbanos, como repouso semanal remunerado, 13º salário, adicional de férias, entre outros. Tendo em vista a exigência

---

28 Disponível em: <https://www.camara.leg.br/proposicoesWeb/prop_mostrarintegra?cod teor= 1764444&filename=SBT+2+PEC00619+%3D%3E+PEC+6/2019>. Acesso em: 12 nov. 2019.

de dedicação total ao cultivo da terra e de envolvimento de todo o grupo familiar para produzir o mínimo necessário à sobrevivência, os trabalhadores rurais em geral começam a trabalhar muito mais cedo do que os urbanos, sendo comum crianças e adolescentes desde cedo contribuírem com sua força de trabalho para o bem-estar familiar. Considerando todo o esforço realizado por estas pessoas, ao longo da vida, para se manterem no campo e produzirem o mínimo necessário para a subsistência do grupo familiar, não concordamos com a proposta contida na PEC em relação à sua forma de contribuição nem com o aumento na idade mínima da mulher.

É preciso manter a distinção etária entre homens e mulheres do campo para acesso à aposentadoria. De fato, da mesma forma que a mulher urbana, as mulheres que vivem no meio rural também têm de arcar com uma sobrecarga de trabalho doméstico não remunerado, que em regra não recai sobre os homens, na sociedade brasileira.

Desta forma, no tocante aos trabalhadores rurais, entendemos incabíveis alterações nas idades vigentes para aposentadoria, uma vez que exercem uma atividade extremamente desgastante. Mantemos, assim, os atuais requisitos de 55 anos, se mulher, e de 60 anos, se homem.

O substitutivo suprime a alteração feita pela PEC no § 8º do art. 195 da CF e os §§ 8º-A e 8º-B acrescidos ao dispositivo, que tratam da contribuição do pequeno produtor rural que exerça suas atividades de forma individual, com ou sem relação de emprego.

Entendemos que o texto atribuído pela PEC ao § 8º, no sentido de estabelecer um valor mínimo para a referida contribuição, não mantém coerência com o conteúdo do próprio dispositivo, segundo o qual a contribuição do produtor rural deve incidir sobre a comercialização da produção rural.

Com efeito, aderimos ao argumento de diversas emendas de que o segurado especial não terá necessariamente um rendimento sobre o qual incidir uma contribuição, uma vez que há casos em que a produção é suficiente apenas para o consumo próprio.

Em outras situações, o trabalhador rural produz apenas um pequeno excedente, que, ao invés de comercializado, é trocado por outros produtos essenciais à sobrevivência do grupo familiar. Há ainda a possibilidade da perda de toda a produção rural, a depender das condições climáticas.

Reconhecemos que um dos objetivos de instituir a contribuição mínima reside em garantir que a Previdência Social passe a identificar os segurados especiais anualmente, de modo a evitar que a existência destes segurados seja conhecida pelo órgão previdenciário apenas por ocasião do requerimento de aposentadoria. Neste aspecto, entendemos que a Medida Provisória n. 871/2019, alcançará de modo mais eficaz o mesmo objetivo, razão pela qual não foi acatada, neste aspecto, a proposta do governo.

Em suma, a postulação efetivada pelo Poder Executivo na PEC n. 6/2019 não foi acolhida pelo Congresso Nacional.

EC n. 103/2019. Desoneração da folha de salários (§ 9º e a exclusão do § 13, ambos do art. 195 da CF). Alteração promovida pelo Congresso Nacional

Embora diga o Código Tributário Nacional (CTN), no art. 4º, que "a natureza jurídica específica do tributo é determinada pelo fato gerador da respectiva obrigação, sendo irrelevantes para qualificá-la: I – a denominação e demais características formais adotadas pela lei; II – a destinação legal do produto da sua arrecadação", certo é que a destinação legal do produto da arrecadação das contribuições sociais é dado de maior relevo na definição da contribuição social de seguridade social.

Nessa assertiva do art. 4º do CTN não se levam em consideração as contribuições sociais de Seguridade Social, mas apenas as espécies definidas no art. 5º do mesmo diploma normativo, *verbis*: "Art. 5º Os tributos são impostos, taxas e contribuições de melhoria".

O aspecto finalístico, denominado referibilidade, tem caráter marcante na definição da contribuição social de Seguridade Social. Exemplificando, a Contribuição Social sobre o Lucro Líquido (CSLL, art. 195, I, *c*, da CF/88), a despeito de ter a mesma base de cálculo do Imposto de Renda (lucro), com este tributo não se confunde, porque a CSLL tem destinação de sua arrecadação constitucionalmente relevante à sua existência, não se aplicando, pois, como dito acima, o inciso II do art. 4º do CTN.

A referibilidade ganhou relevo com o advento da Emenda Constitucional n. 20/98, que incluiu o inciso XI ao art. 167 da Carta Magna: "Art. 167. São vedados: "XI – a utilização dos recursos provenientes das contribuições sociais de que trata o art. 195, I, *a*, e II, para a realização de despesas distintas do pagamento de benefícios do regime geral de previdência social de que trata o art. 201".

O art. 195, I, *a*, e II, traz as contribuições exclusivamente previdenciárias (as suas receitas não podem ser destinadas nem à Saúde nem à Assistência Social), e são justamente as contribuições previdenciárias que serão tratadas nesta obra, quais sejam:

Art. 195. [...]

I – do empregador, da empresa e da entidade a ela equiparada na forma da lei, incidentes sobre:

a) a folha de salários e demais rendimentos do trabalho pagos ou creditados, a qual- quer título, à pessoa física que lhe preste serviço, mesmo sem vínculo empregatício; [...]

II – do trabalhador e dos demais segurados da previdência social, não incidindo contribuição sobre aposentadoria e pensão concedidas pelo regime geral de previdência social de que trata o art. 201.

Desoneração da folha de salários

As medidas amargas de restrição dos direitos constitucionais previdenciários encontraram forte crítica tanto à época da apresentação da PEC n. 287/2016 como por ocasião da PEC n. 6/2019.

O principal ponto levantado pelos opositores à reforma constitucional da Previdência consiste na (a) ausência da clareza dos informes específicos das receitas e das despesas atreladas a cada ramo da Seguridade Social, aliada a diversas posturas governamentais que indiscutivelmente contribuíram para gerar o tão alardeado *déficit* da Previdência, como a criação da (b) Desoneração[29] da folha de salários e a (c) Desvinculação de Receitas da União[30].

Para contornar os questionamentos anotados no item *a* (maior transparência da receitas e despesas da Previdência), pela Emenda da Reforma/2019 foi efetivada alteração (já analisada no Capítulo 3) no inciso IV do parágrafo único do art. 194 da CF determinando a identificação, em rubricas contábeis específicas para cada área, das receitas e das despesas vinculadas a ações de saúde, previdência e assistência social, preservado o caráter contributivo da previdência social, modificação constitucional que atende a parte do clamor público.

Para manter a coerência quanto à imprescindibilidade de aumento de recursos aos cofres da Seguridade Social, a novel emenda constitucional excetuou da desvinculação das receitas da União – DRU[31] as contribuições sociais destinadas ao financiamento da seguridade social, diante da nova redação do art. 76, § 4º, do ADCT.

O complemento das alterações na planura constitucional reside na nova redação dada ao art. 195, § 9º, aliado à revogação do § 13 do mesmo artigo constitucional, voltadas a não permitir a (b) desoneração da folha de salários.

Para compreender o debate sobre a desoneração da folha, convém reavivar o discurso oficial do governo até o ano de 2014, que era em tom de *superávit*[32] das contas da Previdência:

> **Ano de 2011:** O saldo entre <u>arrecadação</u> e pagamento de benefícios da Previdência Social, em março, foi de R$ 1,1 bilhão – **aumento de 19,1% em relação ao resultado de fevereiro**. Trata-se do **terceiro superávit consecutivo** deste ano no setor urbano. O valor – segundo o ministério – leva em conta o pagamento

---

29 Lei n. 12.546/2011.

30 Emenda Constitucional n. 93/2016.

31 A respeito da "DRU", para evitar repetições, *vide* Capitulo 3: "Emenda Constitucional n. 103/2019 e a segregação contábil e o fim da DRU nas contribuições sociais de seguridade social (art. 76, § 4º, do ADCT)".

32 Disponível em: <http://www.previdencia.gov.br/tag/resultado/>. Acesso em: 12 nov. 2019.

de sentenças judiciais e a Compensação Previdenciária (Comprev) entre o Instituto Nacional do Seguro Social (INSS) e os Regimes Próprios de Previdência Social (RPPS) de Estados e Municípios.

"Estou encarando com certo otimismo esses resultados porque eles vêm se verificando mês a mês", disse o Ministro Garibaldi Alves Filho[33].

Ano de 2012: RGPS: Setor urbano apresenta **sétimo superávit** em 2012. Mesmo computando um aumento nas despesas de R$ 1,2 bilhão, o setor urbano do Regime Geral de Previdência Social (RGPS) apresentou, no mês de agosto, um saldo positivo de R$ 1,6 bilhão. A arrecadação foi de R$ 22 bilhões – o **segundo maior valor da série histórica** (desconsiderados os meses de dezembro, quando arrecadação cresce por causa do 13º salário). Já a despesa foi de R$ 20,4 bilhões[34].

Ano de 2013: RGPS. Previdência Social tem **segunda melhor arrecadação da série histórica**. O setor urbano arrecadou, em setembro, R$ 24,5 bilhões – o segundo maior valor da série histórica (desconsiderando os meses de dezembro em que há incremento de receita por causa do 13º salário). Em relação a setembro de 2012, houve crescimento de 9,8%. O valor inclui R$ 979,3 milhões de repasses do Tesouro Nacional para compensar a desoneração das folhas de pagamento de alguns setores da economia.

Já a despesa com pagamento de benefícios urbanos foi de R$ 29,4 bilhões – aumento de 6,3%, em relação a setembro do ano passado. O aumento na despesa ocorreu por causa do pagamento de R$ 8,6 bilhões, referente à antecipação da primeira parcela do 13º salário aos beneficiários que recebem acima de um salário mínimo. Com isso, o resultado da clientela urbana registrou, em setembro, necessidade de financiamento de R$ 4,9 bilhões. Os valores levam em conta o pagamento de sentenças judiciais e a Compensação Previdenciária (Comprev) entre o Instituto Nacional do Seguro Social (INSS) e os regimes próprios de Previdência Social (RPPS) de estados e municípios.

Os números são do fluxo de caixa do Instituto Nacional do Seguro Social (INSS). O resultado do Regime Geral de Previdência Social (RGPS) é apresentado considerando as duas clientelas da Previdência: urbana (empregados, domésticos, contribuintes individuais, facultativos) e rural (empregados rurais, trabalhadores rurais que produzem em regime de economia familiar, pescador artesanal e índio que exerce atividade rural).

---

33 Disponível em: <http://blog.planalto.gov.br/previdencia-social-registra-em-marco-de-2011--superavit-de-r-11-bilhao/>. Acesso em: 12 nov. 2019.

34 Disponível em: <http://www.previdencia.gov.br/2012/10/rgps-setor-urbano-apresenta-setimo--superavit-em-2012/>. Acesso em: 12 nov. 2019.

No acumulado do ano (janeiro a setembro), o setor urbano **registra superávit de R$ 7,3 bilhões** – resultado de arrecadação de R$ 211,8 bilhões e despesa de R$ 204,4 bilhões[35].

Ano de 2014: RGPS: Setor urbano apresenta **sétimo superávit do ano** (2014). Em julho, o saldo entre arrecadação e despesa de benefícios do setor urbano foi de R$ 1,9 bilhão – é o sétimo superávit mensal do ano. A arrecadação foi de R$ 26,3 bilhões (aumento de 2,2% em relação ao mesmo mês do ano passado). Já a despesa com pagamento de benefícios cresceu 6,3% e foi de cerca de R$ 24,3 bilhões. Os valores levam em conta o pagamento de sentenças judiciais e a Compensação Previdenciária (Comprev) entre o Instituto Nacional do Seguro Social (INSS) e os Regimes Próprios de Previdência Social (RPPS) de estados e municípios.

No acumulado do ano, a arrecadação, em valores reais, soma R$ 180,4 bilhões – aumento de 4,6% em relação ao mesmo período de 2013. A despesa foi de R$ 164,5 bilhões. O resultado urbano, a preços de julho de 2014, corrigidos pelo INPC, é um superávit de R$ 15,9 bilhões – 42% maior que o registrado no mesmo período do ano passado[36].

Entretanto, com a instituição da desoneração da folha de salários o cenário das receitas previdenciárias foi drasticamente alterado.

A desoneração consistiu na adoção do valor da receita bruta como base de cálculo das contribuições previdenciárias das empresas (cota patronal), em substituição àquela incidente sobre a folha de pagamento, previstas nos incisos I e III do *caput* do art. 22 da Lei n. 8.212/91.

Contribuição Previdenciária sobre a Receita Bruta (CPRB) e o art. 30 da EC n. 103/2019

A Contribuição Previdenciária sobre a Receita Bruta (CPRB) destinada à Previdência, com previsão constitucional no art. 195, §§ 9º e 13, surgiu em 2011 com a edição da Lei n. 12.546 (posteriormente alterada pelas Leis n. 13.161/2015 e 13.670/2018), atualmente regulamentada na Instrução Normativa da Receita Federal n. 1.597/2015.

A desoneração da folha, decorrente da instituição da CPRB, resultou na redução da alíquota contributiva e deslocamento da base de cálculo da contribuição que deixou de ser sobre a folha de salários para incidir sobre a receita bruta de empresas de alguns segmentos econômicos.

---

35 Disponível em: <http://www.previdencia.gov.br/2013/10/rgps-previdencia-social-tem-segunda--melhor-arrecadacao-da-serie-historica-2/ >. Acesso em: 12 nov. 2019.

36 Disponível em: <http://www.previdencia.gov.br/2014/09/rgps-setor-urbano-registra-setimo--superavit-do-ano/>. Acesso em: 12 nov. 2019.

Não há dúvida de que a nova sistemática acarretou redução de receitas da Previdência após a instituição da CPRB, porque:

- cabe à empresa optar pela forma contributiva que lhe seja mais favorável[37] (que sempre fará obviamente a opção pela base de cálculo mais vantajosa financeiramente);
- a empresa ao optar por contribuir sobre a receita bruta faz 12 (doze) recolhimentos anuais, ao passo que aquelas que contribuem sobre a folha de salários recolhem 13 (treze) vezes no ano (diante da incidência sobre a folha do 13º salário).

A incontestável redução das receitas da Previdência foi, em tese, amenizada, pelos dizeres do art. 9º, IV, da Lei n. 12.546, que **atribuiu aos cofres da União o dever de compensar ao Fundo**[38] **do Regime Geral de Previdência Social o valor correspondente à estimativa de renúncia previdenciária decorrente da desoneração**, de forma a não afetar a apuração do resultado financeiro do RGPS.

Segundo a SRFB, os valores envolvidos em renúncias aprovadas a partir de 2010, triplicaram em 2011 e cresceram ainda mais em 2012, passando de menos de R$ 10 bilhões para mais de R$ 46 bilhões. E, continuaram aumentando. Em 2014, esses valores superaram a marca de R$ 100 bilhões. Em 2015 e 2016, já em curso os novos elementos da política fiscal, o ritmo de aprovação de novas renúncias diminuiu, mas o volume de renúncias continuou crescendo em 2015, caindo ligeiramente em 2016. Em 2017, a renúncia total cresce em relação ao ano anterior, mas se mantém no patamar de 2015.

O quadro expõe a evolução drástica das renúncias fiscais no campo das contribuições previdenciárias[39]:

---

37 Lei n. 12.546/2011

"Art. 18. A opção pelo regime especial previsto no art. 17 será exercida pela pessoa jurídica em relação a todos os estabelecimentos, até o último dia útil do mês de dezembro de cada ano-calendário, produzindo efeitos a partir do primeiro dia do ano-calendário subsequente ao da opção".

38 Art. 68 da Lei Complementar n. 101, de 4 de maio de 2000.

39 Disponível em: Análise da Seguridade Social – 2017. <https://www3.anfip.org.br/ publicacoes/analise-da-seguridade-social-em-2017/>. Acesso em: 12 nov. 2019.

VALORES DAS RENÚNCIAS TOTAIS E O DAS NOVAS RENÚNCIAS ADOTADAS

Valores correntes, em R$ milhões

		Desonerações Instituídas e Ano de Impacto das Medidas											Impacto [1]
		2010	2011	2012	2013	2014	2015	2016	2017	2018	2019	2020	
Início de Vigência	2010	2.509	5.780	1.727	2.607								12.623
	2011		2.989	29.398	12.010	13.628							58.025
	2012			15.413	47.091	52.358	27.758						142.621
	2013				14.593	32.916	24.687	22.985					95.181
	2014					2.550	40.039	23.771	26.338				92.698
	2015						5.412	8.854	11.380	16.333			41.980
	2016							627	1.372	1.442	916		4.357
	2017								739	18.663	21.109	23.840	64.351
Soma dessas renúncias [2]		2.509	8.769	46.538	76.301	101.452	97.897	56.237	39.829	36.438	22.025	23.840	511.835
Renúncia total do exercício [3]		135.861	152.441	181.747	223.310	256.234	270.054	263.711	270.399				
Soma arrecadação [4]		743.174	874.787	923.300	1.027.340	1.076.681	1.115.409	1.177.889	1.210.348				
Renúncia (em % PIB)		3,50	3,48	3,77	4,19	4,43	4,50	4,21	4,12				
Renúncia (em % da arrecadação)		18,3	17,4	19,7	21,7	23,8	24,2	22,4	22,3				

Fonte: RFB – Desonerações instituídas, diversas edições e Gastos Tributários Estimados por Bases Efetivas, diversas edições, sendo a mais recente a de 2015 série 2013-2018. Para a arrecadação líquida, relatórios fiscais da STN.

Notas: [1] Apenas o impacto das perdas de arrecadação no ano de aprovação das medidas e a dos três anos posteriores. [2] Dados dos relatórios de desonerações instituídas. [3] Dados dos relatórios de Gastos Tributários Estimados por Bases Efetivas, a informação mais recente para cada exercício. [4] Dados da receita administrativa, indicada pelos relatórios da STN.

Org. ANFIP e Fundação ANFIP.

Desde o final do ano de 2016, o dever de a União compensar o fundo do RGPS pelo desequilíbrio gerado com as renúncias decorrentes da desoneração, passou a ser denominado *déficit* da Previdência no discurso governamental:

RGPS: ***Déficit*** da Previdência Social em 2016 foi de R$ 151,9 bilhões.

Da Redação (Brasília) – Em 2016, a Previdência Social registrou um déficit de R$ 151,9 bilhões, crescimento de 59,7% em relação a 2015 – números atualizados pelo INPC. Em valores nominais, o déficit foi de R$ 149,7 bilhões. A despesa com benefícios cresceu 6,6% e fechou o ano em R$ 515,9 bilhões.

Já a arrecadação – R$ 364 bilhões – **registrou a segunda queda consecutiva. Caiu 6,4% se comparada a 2015.** O valor leva em conta o pagamento de sentenças judiciais e a Compensação Previdenciária (Comprev) entre o Instituto Nacional do Seguro Social (INSS) e os Regimes Próprios de Previdência Social (RPPS) de estados e municípios.

Considerando o PIB projetado para 2016, a despesa com benefícios do Regime Geral de Previdência Social representou 8,2%. A arrecadação líquida foi responsável por 5,8% do PIB e o déficit chegou a 2,4%.

Os números foram apresentados nesta quinta-feira (26) pelo secretário de Previdência, Marcelo Caetano. "O déficit tem componentes estruturais, como o envelhecimento populacional, e conjunturais, decorrentes das questões relativas ao mercado de trabalho", observou. Caetano destacou que, mesmo que fossem incluídos os valores referentes às renúncias previdenciárias (Simples, MEI, entidades filantrópicas etc.), o déficit passaria de R$ 106 bilhões em valores correntes[40].

A desoneração da folha de pagamento foi tema de apreciação no Substitutivo[41] apresentado na Comissão Especial da Câmara dos Deputados, oportunidade na qual se entendeu por atribuir nova redação ao § 9º do art. 195 e a revogação do § 13 do mesmo artigo:

Cabe destacar que grande parte do desequilíbrio na Previdência Social tem por origem as aposentadorias precoces e a extensão da duração do pagamento de benefícios em função do aumento da expectativa de sobrevida, mas certamente **as desonerações da folha de pagamento** produzem um efeito considerável sobre o déficit. Para que a proposta contida no § 11-A do art. 195 seja efetiva, reputamos necessário aprimorar o dispositivo. **Com este intuito, seu conteúdo foi contemplado no § 9º do art. 195,** que já trata da matéria, e na **revogação do § 13**

---

40 Disponível em: <http://www.previdencia.gov.br/2017/01/rgps-deficit-da-previdencia-social-em-2016-foi-de-r-1519-bilhoes/>. Acesso em: 12 nov. 2019.

41 Disponível em: <https://www.camara.leg.br/proposicoesWeb/propmostrarintegra?codteor=1764444 &filename=SBT+2+PEC00619+%3D%3E+PEC+6/2019>. Acesso em: 12 nov. 2019.

do art. 195. Note-se que as atuais desonerações estão preservadas, conforme ressalva incluída nas disposições transitórias.

O § 9º do art. 195 é inspirado no princípio da equidade na diferenciação de alíquotas[42] (antes da EC n. 103/2019, também: base de cálculo) das pessoas eleitas para custear a aflição dos necessitados. É da essência da base de financiamento, por exemplo, as pessoas jurídicas contribuírem de forma diferenciada em razão da atividade econômica.

Por exemplo, dentre as empresas obrigadas ao pagamento de cota patronal, as qualificadas como instituições financeiras devem satisfazer o pagamento do tributo com alíquota diferenciada das empresas de outros ramos. Além da alíquota de 20% devida pelas empresas em geral, instituições financeiras devem arcar com adicional de 2,5%, em atenção ao disposto no art. 22, § 1º, da Lei n. 8.212/91, totalizando sua cota patronal na alíquota de 22,5%.

Essa temática foi, inclusive, alvo da Tese 470 de repercussão geral já apreciada pelo Plenário do STF que proferiu:

> É constitucional a contribuição adicional de 2,5% sobre a folha de salários instituída para as instituições financeiras e assemelhadas pelo art. 3º, § 2º, da Lei 7.787/89, mesmo considerado o período anterior à Emenda Constitucional 20/98".

Em decorrência das inovações as contribuições previdenciárias somente podem ter "alíquotas" (%) diferenciadas por lei, ao passo que a autorização constitucional para estabelecimento de base de cálculo (BC) diferenciada somente em se tratando das contribuições sociais previstas nas alíneas *b* e *c* do inciso I do art. 195, quais sejam: Contribuição para Financiamento da Seguridade Social (Cofins[43]) e Contribuição Social sobre o Lucro (CSL[44]).

---

42 STF, Tema 515 da repercussão geral, na qual o Tribunal, por maioria, fixou a seguinte tese: "É constitucional a majoração diferenciada de alíquotas em relação às contribuições sociais incidentes sobre o faturamento ou a receita de instituições financeiras ou de entidades a elas legalmente equiparáveis".

43 Art. 195, I, *b*, da CF/88; LC n. 70/91 – *status* de lei ordinária; Ação Declaratória de Constitucionalidade n. 1; ADIn 1.417-DF; art. 56 da Lei n. 9.430/96 (Súmula 276/STJ); Lei n. 9.718/98, art. 3º; Lei n. 10.833/2002. PIS/Cofins: base de cálculo. Lei n. 9.718/98, art. 3º, § 1º: inconstitucionalidade. Ao julgar os RREE 346.084, Ilmar Galvão; 357.950, 358.273 e 390.840, Marco Aurélio, Pleno, 9-11-2005 (Informativo/STF 408), o Supremo Tribunal declarou a inconstitucionalidade do art. 3º, § 1º, da Lei n. 9.718/98, por entender que a ampliação da base de cálculo da Cofins por lei ordinária violou a redação original do art. 195, I, da Constituição Federal, ainda vigente ao ser editada a mencionada norma legal.

44 Art. 195, I, *c*, da CF/88; Lei n. 7.689/88; RE 146.733/SP.

CF/88 (redação anterior à promulgação da EC n. 103/2019)	Emenda Constitucional n. 103/2019
Art. 195. [...] I – do empregador, da empresa e da entidade a ela equiparada na forma da lei, incidentes sobre: a) **a folha de salários** e demais rendimentos do trabalho pagos ou creditados, a qualquer título, à pessoa física que lhe preste serviço, mesmo sem vínculo empregatício; b) **a receita ou o faturamento;** (*Incluída pela Emenda Constitucional n. 20/98.*) c) **o lucro;**	Art. 195. [...]
[...] § 9º As contribuições sociais previstas no inciso I do *caput* deste artigo poderão ter	[...] § 9º As contribuições sociais previstas no inciso I do *caput* deste artigo poderão ter
alíquotas ou bases de cálculo diferenciadas,	alíquotas diferenciadas
em razão da atividade econômica, da utilização intensiva de mão de obra, do porte da empresa ou da condição estrutural do mercado de traba-lho. (*Redação dada pela EC n. 47/2005.*)	em razão da atividade econômica, da utilização intensiva de mão de obra, do porte da empresa ou da condição estrutural do mercado de traba-lho, sendo também autorizadas a adoção de
	bases de cálculo diferenciadas
	apenas no caso das alíneas *b* e *c* do inciso I do *caput.* (NR)

O § 13 do art. 195 havia sido incluído pela EC n. 42/2003, e trazia a permissão constitucional para substituição gradual, total ou parcial, da contribuição incidente sobre a folha (prevista no inciso I, *a*, do art. 195: contribuição previdenciária) pela incidente sobre a receita ou o faturamento.

O dispositivo (§ 13) apresentava, portanto, estreita correlação com o § 9º, e com a sua revogação (do § 13), somada à nova redação do § 9º, restou excluída autorização ao legislador infraconstitucional de promover diferenciação de base de cálculo das contribuições previdenciárias (cota patronal).

Por força do art. 30 da EC n. 103/2019, mesmo após a revogação do § 13 e da nova redação do § 9º, a vida contributiva das empresas que foram beneficiadas pela desoneração trazida da Lei n. 12.546 (posteriormente alterada pelas Leis n. 13.161/2015 e 13.670/2018, atualmente regulamentada na Instrução Normativa da Receita Federal n. 1.597/2015) não será alterada, permanecendo válida, para as empresas contempladas antes do advento da EC n. 103/2019, a **Contribuição Previdenciária sobre a Receita Bruta em substituição à contribuição** de que trata:

Art. 30. A vedação de diferenciação ou substituição de base de cálculo decorrente do disposto no § 9º do art. 195 da Constituição Federal não se aplica a contribuições que substituam a contribuição de que trata a alínea *a* do inciso I do *caput* do art. 195 da Constituição Federal instituídas antes da data de entrada em vigor desta Emenda Constitucional.

■ **Atenção:** resta a dúvida com relação à recepção pela EC n. 103/2019 da diferença de base de cálculo referente ao empregador doméstico que, diversamente do que ocorre com os demais tomadores de serviço, tem limitador máximo da base contributiva.

A novel disposição constitucional é, portanto, impeditiva de "novas" desonerações.

EC n. 103/2019. Vedação à concessão de moratória e restrição a parcelamento (§ 11 do art. 195 da CF). Alteração promovida pelo Congresso Nacional

A PEC n. 6/2019, trouxe nova redação ao § 11, mantendo a necessidade de lei complementar para fixar os valores que permitam à lei ordinária conceder remissão e anistia de contribuições sociais destinadas à Previdência.

A Proposta do governo, neste aspecto foi acolhida pelo Congresso Nacional, tendo a Emenda da Reforma mantido no § 11 a vedação à concessão, na forma de lei complementar, de remissão e de anistia em se tratando de contribuição previdenciária, introduzindo novas disposições relativas à moratória e ao parcelamento das contribuições previdenciárias.

CF/88 (redação anterior à promulgação da EC n. 103/2019)	EC n. 103/2019
Art. 195. [...] § 11. É vedada a concessão de remissão ou anistia das contribuições sociais de que tratam os incisos I, *a*, e II deste artigo, **para débitos em montante superior ao fixado em lei complementar.** (*Incluído pela EC n. 20/98.*)	Art. 195. [...] § 11. São vedados a **moratória e o parcelamento em prazo superior a sessenta meses e, na forma de lei complementar,** a remissão e a anistia das contribuições sociais de que tratam a alínea *a* do inciso I e o inciso II do *caput.*

Remissão e anistia

Dita o CTN, no art. 156, IV, que a remissão é hipótese de extinção do crédito tributário, ao passo que a anistia (art. 175, II, CTN) retrata exclusão do crédito tributário, abrangendo (art. 180, CTN) exclusivamente as infrações cometidas anteriormente à vigência da lei que a concede.

Hugo de Brito Machado[45] bem adverte que: "Como se percebe, remissão, aqui, com "ss" (não confundir com remição, com "ç"), é perdão. O tributo é devido, mas a autoridade, fundada em autorização legal, pode extinguir o crédito tributário correspondente, dispensando o seu pagamento".

---

45 MACHADO SEGUNDO, Hugo de Brito. *Manual de direito tributário*. 11. ed. São Paulo: Atlas, 2019.

Aliomar Baleeiro[46] ensina que "a anistia não se confunde com a remissão. Esta pode dispensar o tributo, ao passo que a anistia fiscal é limitada à exclusão das infrações cometidas anteriormente à vigência da lei, que a decreta".

A Constituição Federal, no art. 150, § 6º, impõe a edição de "lei específica" para a concessão de remissão ou anistia. Eis a norma suprema: "Qualquer subsídio ou isenção, redução de base de cálculo, concessão de crédito presumido, **anistia ou remissão**, relativas a impostos, taxas ou contribuições, só poderá ser concedido mediante lei específica, federal, estadual ou municipal, que regule exclusivamente as matérias acima e numeradas ou corresponde tributo ou contribuição, sem prejuízo do disposto no art. 155, § 2º, XII, *g*".

No terreno da Seguridade Social há o art. 195, que no § 11 (trazido ao mundo jurídico pela Emenda constitucional n. 20/98) veda a "concessão de remissão ou anistia das contribuições sociais" restritas à previdência (ou seja, aquelas de que tratam os incisos I, *a*, e II do art. 195), para "débitos em montante superior ao fixado em lei complementar."

O § 11 é exigência constitucional vigente desde o ano de 1998 (edição da EC n. 20/98). Todavia, não houve ainda a edição da lei complementar prevista no dispositivo constitucional.

Questão de alta indagação é saber as consequências decorrentes da não edição da lei complementar ditada no § 11 do art. 195.

O caminho mais esperado seria o da invalidade de toda e qualquer lei ordinária concessiva de remissão de contribuições previdenciárias (ou de anistia das obrigações acessórias), no entanto, a prática nos revelou o contrário, a exemplo das leis ordinárias:

a) Lei n. 10.736/2003, que autorizou a remissão de contribuições previdenciárias dispostas no art. 195, I, *a*, da Carta Maior, qualquer que fosse o montante do débito previdenciário relativo ao período de abril de 1994 a abril de 1997, em face do recolhimento com base na Lei n. 8.870, de 15 de abril de 1994, pelas agroindústrias[47];

b) Lei n. 11.941/2009, que, no art. 14, concede a remissão dos débitos com a Fazenda Nacional, inclusive aqueles com exigibilidade suspensa que, em 31 de dezembro de 2007, estejam vencidos há 5 (cinco) anos ou mais e cujo valor total consolidado, em 2009, seja igual ou inferior a R$ 10.000,00

---

46 BALEEIRO, Aliomar. *Direito tributário brasileiro*. 11. ed. Atualização de Misabel Abreu Machado Derzi. Rio de Janeiro: Forense, 1999, p. 955.

47 Para maior aprofundamento, consulte o inteiro teor do artigo: Lei n. 10.736/2003: remissão do débito previdenciário das agroindústrias, por Hermes Arrais Alencar. Disponível em: <https://jus.com.br/artigos/7384/lei-n-10-736-2003-remissao-do-debito-previdenciario-das-agroindustrias>. Acesso em: 12 nov. 2019.

(dez mil reais), e no inciso III do referido art. 14, expressamente relaciona as contribuições previdenciárias.

Raramente são encontradas decisões que obstem os efeitos de leis ordinárias que estabeleçam remissão de contribuições previdenciárias. Cabendo, por isso, destacar:

Lei n. 11.941, de 27-5-2009. Inconstitucionalidade. Violação aos arts. 150, § 6º, e 195, § 11, da Carta Magna. Remissão de contribuições previdenciárias. Necessidade de lei complementar.

A Carta Magna, por seu art. 195, § 11, somente admite a concessão de remissão ou anistia das contribuições sociais para débitos em montante que não ultrapasse o fixado em lei complementar, que, até o presente momento, não foi instituída. Além disso, no caso de remissão, a lei deverá ser específica, a teor do art. 150, § 6º, da CF, o que não se verifica da análise da Lei n. 11.941/2009, que **não pode surtir seus efeitos relativamente às contribuições previdenciárias** (art. 14, § 1º, III), **por ofensa à ordem constitucional** (TRT-22. AGVPET: 225199800322008 PI 00225-1998-003-22-00-8, rel. Fausto Lustosa Neto, j. 27-1-2010, Tribunal Pleno, *DJT*/PI, 19-2-2010, página não indicada).

Moratória e parcelamento (§ 9º do art. 9º e art. 31 da EC n. 103/1019)

Causas de suspensão da exigibilidade do crédito tributário relacionadas no art. 151, incisos I e VI, do CTN.

A respeito desses dois institutos, Hugo de Brito Machado[48] bem assinala que:

Moratória é a dilatação do prazo para o pagamento de uma dívida, já vencida ou ainda por vencer, concedida pelo credor ao devedor. Com ela, o devedor obtém um novo prazo para a quitação da dívida, maior que o prazo original. Esse novo prazo pode ser para o pagamento de todo o débito, integralmente, ou podem ser concedidos novos prazos, sucessivos, para o pagamento da dívida em parcelas. Assim entendida a moratória, conclui-se que o parcelamento é, e sempre foi, uma de suas espécies.

A Lei Complementar n. 104 incluiu o art. 155-A ao CTN, dispondo que o parcelamento será concedido na forma e condição estabelecidas em lei específica, e (§ 1º) salvo disposição de lei em contrário, o parcelamento do crédito tributário não exclui a incidência de juros e multas.

Os devedores de contribuições previdenciárias tiveram por diversas vezes a possibilidade de parcelar o débito pelos programas denominados: Refis, Paes, Paex e Pert:

---

48 MACHADO SEGUNDO, Hugo de Brito. *Manual de direito tributário*. 11. ed. São Paulo: Atlas, 2019.

- Programa de Recuperação Fiscal (refis), Lei n. 9.964, de 10 de abril de 2000;
- Parcelamento Especial (Paes), Lei n. 10.684, de 30 de maio de 2003;
- Parcelamento Excepcional (Paex), de que trata a Medida Provisória n. 303, de 29 de junho de 2006 (que teve seu prazo de vigência encerrado no dia 27-10-2006, por expirado o prazo constitucional de deliberação, conforme Ato do Presidente da Mesa do Congresso Nacional n. 57/2006);
- Programa Especial de Regularização Tributária (Pert), Lei n. 13.496/2017.

Pode ser citado ainda o parcelamento ordinário de até 60 meses que era previsto no art. 38 da Lei n. 8.212/91, e restou revogado pela Lei n. 11.941/2009.

A Lei n. 13.485, de 2 de outubro de 2017, fruto da conversão da Medida Provisória n. 778/2017, dispõe sobre o parcelamento de débitos de contribuições previdenciárias ao RGPS de responsabilidade dos Estados, do Distrito Federal e dos Municípios, poderão ser parceladas em até 200 (duzentas) parcelas:

> Art. 1º Os débitos com a Secretaria da Receita Federal do Brasil e a Procuradoria--Geral da Fazenda Nacional de responsabilidade dos Estados, do Distrito Federal e dos Municípios, e de suas autarquias e fundações públicas, relativos às contribuições sociais de que tratam as alíneas *a* e *c* do parágrafo único do art. 11 da Lei n. 8.212, de 24 de julho de 1991, inclusive os decorrentes do descumprimento de obrigações acessórias, vencidos até 30 de abril de 2017, e os de contribuições incidentes sobre o décimo terceiro salário, constituídos ou não, inscritos ou não em dívida ativa da União, ainda que em fase de execução fiscal já ajuizada, ou que tenham sido objeto de parcelamento anterior não integralmente quitado, poderão ser pagos em até duzentas parcelas, conforme o disposto nesta Lei.

No ano de 2019, o Ministério da Economia, pela Secretaria Especial da Receita Federal do Brasil editou a Instrução Normativa n. 1.891, em 14 de maio de 2019, que trata do parcelamento de débitos perante a Secretaria Especial da Receita Federal do Brasil de que cuidam os arts. 10 a 13 e 14 a 14-F da Lei n. 10.522/2002.

A redação original da PEC n. 6/2019 trouxe a vedação de moratória e de parcelamento **em prazo superior a 60 (sessenta) meses**, e ainda trazia, na parte final do § 11, explicitação da abrangência do dispositivo: "ou das contribuições que a substituam, e a utilização de prejuízo fiscal ou base de cálculo negativa para quitação dessas contribuições ou a compensação das referidas contribuições com tributos de natureza diversa, admitida a compensação se houver o repasse dos valores compensados ao RGPS".

Tal pleito do governo foi acolhido no Substitutivo[49] apresentado na Câmara, que apenas não admitiu o texto acrescido na parte final do § 11 pela redação original

---

49 Disponível em: <https://www.camara.leg.br/proposicoesWeb/prop_mostrarintegra?cod teor=17 64444&filename=SBT+2+PEC00619+%3D%3E+PEC+6/2019>. Acesso em: 12 nov. 2019.

da PEC n. 6/2019, que trazia explicitação considerada exagerada no âmbito constitucional, aduzindo ser mais apropriada em texto infraconstitucional. Eis a fundamentação:

> No mesmo sentido de preservar as receitas previdenciárias, no § 11 do art. 195 veda-se parcelamento de débitos previdenciários com prazo superior a 60 meses, medida com a qual concordamos inteiramente. Quanto à parte final proposta para o referido dispositivo, entendemos conter detalhamentos desnecessários na Constituição, que poderão ser objeto da futura lei complementar referenciada no próprio dispositivo.

O § 11-A constante da redação original da PEC n. 6/2019, trazia os dizeres:

> É vedado o tratamento favorecido para contribuintes, por meio da concessão de isenção, da redução de alíquota ou de base de cálculo das contribuições sociais de que tratam a alínea *a* do inciso I e o inciso II do *caput* ou das contribuições que as substituam, exceto nas hipóteses previstas nesta Constituição.

Porém, tal pretensão foi afastada[50] ainda na Câmara dos Deputados, que entendeu mais apropriado modificar a redação do §9º do art. 195 da CF.

A limitação máxima de 60 meses alcança inclusive Estados e Municípios em débito com as contribuições previdenciárias devidas ao seu respetivo regime próprio, em conformidade com o §9º do art. 9º da EC n. 103/1019:

> Art. 9º [...]
>
> § 9º O parcelamento ou a moratória de débitos dos entes federativos com seus regimes próprios de previdência social fica limitado ao prazo a que se refere o § 11 do art. 195 da Constituição.

Em suma, com a nova redação do §11 do art. 195 há limitação a quantidade de parcelas para satisfação do débito das contribuições sociais de seguridade social

---

50 Substitutivo da Câmara: A PEC propõe inserção de § 11-A no art. 195 da CF com o intuito de vedar o tratamento favorecido para contribuintes da previdência social, tanto em relação à redução de alíquota quanto no que diz respeito à base de cálculo, no que se refere às contribuições sobre folha de pagamentos. Somos totalmente favoráveis a esta medida, pois entendemos que política tributária deve ser realizada por meio dos impostos gerais e não sobre as contribuições sociais, que estão vinculadas a uma finalidade específica, a uma despesa obrigatória, como é o caso do pagamento de benefícios previdenciários. Cabe destacar que grande parte do desequilíbrio na Previdência Social tem por origem as aposentadorias precoces e a extensão da duração do pagamento de benefícios em função do aumento da expectativa de sobrevida, mas certamente as desonerações da folha de pagamento produzem um efeito considerável sobre o déficit. Para que a proposta contida no § 11-A do art. 195 seja efetiva, reputamos necessário aprimorar o dispositivo. Com este intuito, seu conteúdo foi contemplado no § 9º do art. 195, que já trata da matéria, e na revogação do § 13 do art. 195. Note-se que as atuais desonerações estão preservadas, conforme ressalva incluída nas disposições transitórias.

EMENDA CONSTITUCIONAL N. 103/2019 E A RELAÇÃO DE CUSTEIO (ART. 195 DA CF)

(por corolário lógico, inclusive as previdenciárias – RGPS), cabendo registrar que a novel redação do dispositivo não obsta a continuidade dos atuais parcelamentos, conforme consagra o art. 31 da novel Emenda Constitucional:

> Art. 31. O disposto no § 11 do art. 195 da Constituição Federal não se aplica aos parcelamentos previstos na legislação vigente até a data de entrada em vigor desta Emenda Constitucional, sendo vedadas a reabertura ou a prorrogação de prazo para adesão.

EC n. 103/2019. Limite mínimo da base de cálculo da contribuição previdenciária e o direito a agrupamento de contribuições (§ 14 do art. 195 da CF). Alteração promovida pelo Congresso Nacional

A Lei n. 8.212/91, estabelece no § 3º do art. 28 que o limite mínimo do salário de contribuição corresponde ao piso salarial, legal ou normativo, da categoria ou, inexistindo este, ao salário mínimo, tomado no seu valor mensal, diário ou horário, conforme o ajustado e o tempo de trabalho efetivo durante o mês.

Portanto, a contribuição social devida pelo segurado da previdência, como regra, não poderá ter por base de cálculo valor inferior ao salário mínimo, havendo exceção, por exemplo, o mês da contratação ou da demissão do empregado, ou ainda as contratações para jornadas de trabalho com duração inferior a 40 horas semanais, situações nas quais a remuneração será proporcional aos dias trabalhados podendo resultar quantia abaixo de 1 salário mínimo, podendo ser citado

Acerca do menor valor a título de remuneração, a Lei Complementar n. 103, de 14 de julho de 2000, autorizou aos Estados e ao Distrito Federal instituírem o piso estadual mínimo de salário a que se refere o inciso V e VII[51] do art. 7º da Constituição Federal, por aplicação do disposto no parágrafo único[52] do seu art. 22. Adotado pelo Estado[53], o piso salarial atingirá apenas os segurados empregado, avulso[54] e

---

51 "Art. 7º São direitos dos trabalhadores urbanos e rurais, além de outros que visem à melhoria de sua condição social:

V – piso salarial proporcional à extensão e à complexidade do trabalho; (...)

VII – garantia de salário, nunca inferior ao mínimo, para os que percebem remuneração variável".

52 "Art. 22. Compete privativamente à União legislar sobre: [...]

Parágrafo único. Lei complementar poderá autorizar os Estados a legislar sobre questões específicas das matérias relacionadas neste artigo."

53 No Estado de São Paulo, por exemplo, o piso salarial regional foi fixado pela Lei n. 12.640/2007 – alterada pelas Leis Estaduais n. 12.967/2008, 13.485/2009 e 13.983/2010.

54 "Art. 7º São direitos dos trabalhadores urbanos e rurais, além de outros que visem à melhoria de sua condição social: [...]

doméstico[55], não podendo nenhum deles ter salário de contribuição inferior ao piso estadual. Por óbvio, trata-se de relação trabalhista a repercutir no âmbito previdenciário.

Como esclarecido, a Lei n. 8.212/91 sacramenta, para fins de custeio, no art. 28, § 3º[56], que o limite mínimo do salário de contribuição pode ser tomado no seu valor mensal, diário ou horário, conforme o ajustado e o tempo de trabalho efetivo durante o mês.

A teor dessa disposição legal, o empregador não pode ser coagido pelo Estado a recolher contribuições com base de cálculo superior ao valor pago na real contraprestação da atividade laborativa de empregado que, por hipótese, trabalhe alguns dias na semana, ou algumas horas diárias, tendo por remuneração valor inferior ao salário mínimo (proporcional aos dias ou horas trabalhadas).

Orientação Jurisprudencial do TST n. 358

Salário mínimo e piso salarial proporcional à jornada reduzida. Possibilidade. Empregado servidor público (Nova redação. 16-2-2016).

I – Havendo contratação para cumprimento de jornada reduzida, inferior à previsão constitucional de oito horas diárias ou quarenta e quatro semanais, é lícito o pagamento do piso salarial ou do salário mínimo proporcional ao tempo trabalhado.

II – Na Administração Pública direta, autárquica e fundacional não é válida remuneração de empregado público inferior ao salário mínimo, ainda que cumpra jornada de trabalho reduzida. Precedentes do Supremo Tribunal Federal.

Com relação ao contribuinte individual – CI (trabalhador autônomo) que presta serviço a pessoa jurídica, é dever do CI complementar sua contribuição previdenciária para atingir a base de cálculo estabelecida como patamar mínimo, para efeito de utilização em cálculo do futuro benefício previdenciário, por força do art. 5º da Lei n. 10.666/2003:

Art. 5º O contribuinte individual a que se refere o art. 4º **é obrigado a complementar,** diretamente, a contribuição até o valor mínimo mensal do salário de contribuição, quando as remunerações recebidas no mês, por serviços prestados a pessoas jurídicas, forem inferiores a este.

XXXIV – igualdade de direitos entre o trabalhador com vínculo empregatício permanente e o trabalhador avulso".

55 LC n. 103, art. 1º: "[...]

§ 2º: O piso salarial a que se refere o *caput* poderá ser estendido aos empregados domésticos".

56 Art. 28, § 3º, da Lei n. 8.212/91: "O limite mínimo do salário de contribuição corresponde ao piso salarial, legal ou normativo, da categoria ou, inexistindo este, ao salário mínimo, tomado no seu valor mensal, diário ou horário, conforme o ajustado e o tempo de trabalho efetivo durante o mês".

O desiderato da PEC n. 6/2016 com a inclusão do § 14 ao art. 195 é de justamente estabelecer a impossibilidade de cômputo como tempo de contribuição e, por conseguinte, na carência para obtenção de benefício, competências nas quais a base de cálculo da contribuição previdenciária do segurado não tiver atingido ao menos o patamar de 1 salário mínimo.

Emenda Constitucional n. 103/2019
Art. 195 [...]   § 14. O segurado **somente terá reconhecida como tempo de contribuição** ao Regime Geral de Previdência Social a competência cuja contribuição seja igual ou superior à contribuição mínima mensal exigida para sua categoria, **assegurado o agrupamento de contribuições**.

Atente-se que o novo regramento do § 14 ora em comento não atinge aqueles que contribuem na forma do popular **Plano Simplificado de Previdência** (PSP), designado constitucionalmente como SEIPrev (Sistema Especial de Inclusão Previdenciária), uma vez que o **Microempreendedor Individual (MEI) e o segurado facultativo integrante de família de baixa renda**, a despeito de poderem contribuir com a menor alíquota existente, de singelos 5% (havendo ainda a alíquota reduzida de 11%, conforme art. 21 da Lei n. 8.212/91), a base de cálculo do tributo está alicerçada no patamar igual ao salário mínimo.

Um dos principais atingidos pela novel disposição constitucional é o trabalhador intermitente, figura legalizada na recente Reforma Trabalhista, Lei n. 13.467/2017, que promoveu alteração na CLT, definindo regras de contribuição para os trabalhadores com jornada parcial, intermitente ou variável.

A definição de trabalho intermitente é dada pelo § 3º do art. 443[57] (redação dada pela Lei n. 13.467/2017), que assevera:

Consolidação das Leis do Trabalho

Art. 443. [...]

§ 3º Considera-se como intermitente o contrato de trabalho no qual a prestação de serviços, com subordinação, **não é contínua**, ocorrendo com alternância de períodos de prestação de serviços e de inatividade, determinados em horas, dias ou meses, independentemente do tipo de atividade do empregado e do empregador, exceto para os aeronautas, regidos por legislação própria.

O art. 452-A[58] da CLT reza que o contrato de trabalho intermitente deve ser celebrado por escrito e deve conter especificamente o valor da hora de trabalho, que

---

57 CLT (redação dada pela Lei 13.467, de 2017): "Art. 443. O contrato individual de trabalho poderá ser acordado tácita ou expressamente, verbalmente ou por escrito, por prazo determinado ou indeterminado, ou para prestação de trabalho intermitente".

58 CLT (redação dada pela Lei 13.467/2017).

"Art. 452-A. [...]

não pode ser inferior ao valor horário do salário mínimo ou àquele devido aos demais empregados do estabelecimento que exerçam a mesma função em contrato intermitente ou não.

Do § 8º do art. 452-A consta que cabe ao empregador efetuar o recolhimento da **contribuição previdenciária** (e o depósito do Fundo de Garantia do Tempo de Serviço), na forma da lei, com base nos valores pagos no período mensal e fornecerá ao empregado comprovante do cumprimento dessas obrigações.

O Ministério do Trabalho, no ano de 2018, editou a Portaria MTB n. 349, de 23-5-2018, estabelecendo regras voltadas à execução da Lei n. 13.467/2017, especificando alguns pontos do trabalho intermitente.

Cabe realçar que o Poder Executivo se valeu da Medida Palaciana n. 808, datada de 14-11-2017, para, dentre outros pontos, trazer maior especificidade ao trabalho intermitente. Entretanto, não houve respeito ao prazo constitucional de deliberação no Congresso Nacional, perdendo a MP n. 808 sua vigência a partir de 23 de abril de 2018, conforme Ato Declaratório n. 22, de 24-4-2018.

O relator da Comissão Especial na Câmara dos Deputados, ao apresentar seu relatório[59] sobre a PEC n. 6/2019, entendeu pelo cabimento da inclusão do § 14, porém, sintetizando o texto contido no § 15 no próprio § 14:

---

§ 1º O empregador convocará, por qualquer meio de comunicação eficaz, para a prestação de serviços, informando qual será a jornada, com, pelo menos, três dias corridos de antecedência. § 2º Recebida a convocação, o empregado terá o prazo de um dia útil para responder ao chamado, presumindo-se, no silêncio, a recusa.

§ 3º A recusa da oferta não descaracteriza a subordinação para fins do contrato de trabalho intermitente.

§ 4º Aceita a oferta para o comparecimento ao trabalho, a parte que descumprir, sem justo motivo, pagará à outra parte, no prazo de trinta dias, multa de 50% (cinquenta por cento) da remuneração que seria devida, permitida a compensação em igual prazo.

§ 5º O período de inatividade não será considerado tempo à disposição do empregador, podendo o trabalhador prestar serviços a outros contratantes.

§ 6º Ao final de cada período de prestação de serviço, o empregado receberá o pagamento imediato das seguintes parcelas:

I – remuneração;

II – férias proporcionais com acréscimo de um terço;

III – décimo terceiro salário proporcional;

IV – repouso semanal remunerado; e

V – adicionais legais.

§ 7º O recibo de pagamento deverá conter a discriminação dos valores pagos relativos a cada uma das parcelas referidas no § 6º deste artigo."

59 Disponível em: <https://www.camara.leg.br/proposicoesWeb/prop_mostrarintegra? codteor =1764444&filename=SBT+2+PEC00619+%3D%3E+PEC+6/2019>. Acesso em: 12 nov. 2019.

A PEC propõe que sejam acrescidos os §§ 14 e 15 ao art. 195 da Constituição, ambos para tratar das contribuições do trabalhador intermitente. Somos favoráveis à intenção, mas entendemos que os detalhamentos contidos nos §§ 14 e 15 podem ser resumidos, no texto constitucional, pela expressão "assegurado o agrupamento de contribuições", acrescida ao final do § 14, e transferidos para as disposições transitória.

Efeito prospectivo do § 14 do art. 195 da CF

A rigorosa norma constitucional trazida pela Reforma da Previdência não poderá ter o condão de apagar o passado contributivo já contabilizado nos extratos de contagem de tempo de contribuição largamente fornecidos aos contribuintes antes da publicação da Reforma da Previdência.

Todas as contribuições constantes do CNIS efetivadas por empregado, trabalhador avulso e doméstico considerando a remuneração proporcional aos dias de trabalho afetos, por exemplo, aos meses de admissão e de demissão, nos quais o labor se deu em poucos dias, não podem ser apagados pela inovadora disposição do § 14 do art. 195.

Efeitos prospectivos, *pro futuro*, devem ser atribuídos ao dispositivo constitucional do § 14 em respeito à segurança jurídica, à estabilidade necessária das relações jurídico-sociais e em especial da fé pública, haja vista que no ano de 2019 os segurados obtiveram a contagem de seu tempo de contribuição junto ao INSS, que ao prestar o informe computou os meses de admissão e demissão anotados no CNIS, pouco importando se na referida competência a base de cálculo estava aquém do salário mínimo.

Encontra obstáculo na planura constitucional o desfazimento de parte da vida contributiva do trabalhador por norma futura.

A "Nova Previdência" pode fixar a exigência de maior tempo de contribuição a contar da promulgação da EC n. 103/2019, mas o Estado Democrático de Direito não tolera a desconsideração da vida contributiva passada, que estava em conformidade com a legislação da época que o serviço foi prestado.

Carência e o novel § 14 do art. 195 da CF

O novo § 14 do art. 195 dita norma excludente do direito de o segurado ter reconhecida, a contar de 13 de novembro de 2019 (efeito prospectivo), como **tempo de contribuição** ao RGPS a competência cuja contribuição seja igual ou superior à contribuição mínima mensal exigida para sua categoria.

A vedação do referido § 14 não alcança o requisito carência preconizado no art. 24 da Lei n. 8.213.

Para que o segurado possa ser contemplado com benefício previdenciário deve satisfazer o requisito, quando for o caso, da CARÊNCIA exigida para o benefício pretendido.

Período de carência é o número mínimo de contribuições mensais indispensáveis para que o beneficiário faça jus à prestação previdenciária, consideradas a partir do transcurso **do primeiro dia** dos meses de suas competências.

Um dia de trabalho no mês vale como contribuição para efeito de carência para aquela competência tributária, para qualquer categoria de segurado obrigatório.

Portanto, segurado empregado que venha a ter seu primeiro dia de trabalho no dia 29 de janeiro de 2020, e, por hipótese, venha a ser demitido em 3 de dezembro de 2020. Para efeito de carência, ele possuirá no ano de 2020 o total de 12 contribuições (de janeiro a dezembro), pouco importando que tenha contribuído proporcionalmente a poucos dias em janeiro (contratação) e em dezembro (demissão), e, por tal motivo, tenha sido sua base de cálculo da contribuição previdenciária, no mês da admissão e da dispensa do emprego, inferior ao patamar do salário mínimo.

Caso fique desempregado durante o primeiro semestre de 2021, usufruirá o período de graça (art. 15, II, da Lei n. 8.213), se vier a padecer de doença que o deixe incapacitado ao labor, fará jus a auxílio-doença ou à aposentadoria por incapacidade permanente, pois terá satisfeito o requisito carência, diante dos 12 recolhimentos efetivados no ano de 2020, de nenhum relevo o fato de os meses de janeiro e dezembro terem sido recolhidos com base de cálculo abaixo do salário mínimo, pois não se trata de "tempo de contribuição" mas sim de carência.

Contagem de carência é diferente da contagem de tempo de contribuição para efeito de obtenção de aposentadoria programável. No exemplo dado *supra*, conquanto possua o segurado 12 contribuições para efeito de carência, para fins de aposentadoria seu tempo contributivo é de apenas 10 meses (de fevereiro a novembro de 2015) e 6 dias (3 dias trabalhados em janeiro e 3 dias em dezembro). Para se aposentar (homem, 35 anos de tempo de contribuição), deverá trabalhar ainda 34 anos, 1 mês e 24 dias.

Desta feita, a norma excludente de direito alocada no § 14 do art. 195 da CF (incluído pela EC n. 103) **deve ter interpretação restritiva**, de tal sorte a abarcar unicamente o critério "tempo de contribuição" para efeito do atingimento do lapso temporal para obtenção da aposentadoria programável, não constituindo óbice ao cômputo daquelas competências recolhidas abaixo do salário mínimo (no exemplo, meses de janeiro e dezembro) para cômputo da carência para obtenção de auxílio-doença e aposentadoria por incapacidade permanente em 2021.

Direito de complementação, utilização do valor excedente de contribuição em outra e agrupamento de contribuições. Art. 29 da EC n. 103/2019

A norma de eficácia contida do art. 29 da EC n. 103/2019 preconiza a possibilidade de, até que entre em vigor lei que disponha sobre o § 14 do art. 195 da Constituição Federal, o segurado que, no somatório de remunerações auferidas no período de um mês receber remuneração inferior ao limite mínimo mensal do salário de contribuição, venha a:

I – complementar a sua contribuição, de forma a alcançar o limite mínimo exigido;

II – utilizar o valor da contribuição que exceder o limite mínimo de contribuição de uma competência em outra; ou

III – agrupar contribuições inferiores ao limite mínimo de diferentes competências, para aproveitamento em contribuições mínimas mensais.

Os ajustes de complementação ou agrupamento de contribuições previstos nos incisos I, II e III **somente poderão ser feitos ao longo do mesmo ano civil**.

Desse modo, havendo recolhimentos de contribuição previdenciária alicerçados em base de cálculo abaixo de 1 salário mínimo, será (§ 14, *in fine*) assegurado o **agrupamento** de contribuições, ou ainda (art. 29, EC n. 103/2019) **complementar** a sua contribuição, de forma a alcançar o limite mínimo exigido, e como última opção, **utilizar o valor da contribuição que exceder o limite mínimo de contribuição de uma competência em outra.**

Cabe enfatizar que os ajustes de complementação ou agrupamento de contribuições somente poderão ser feitos ao longo do mesmo ano civil, consoante o parágrafo único do art. 29 supramencionado. A Lei n. 810/49 define o ano civil, estabelecendo, no art. 1º, que se considera ano o período de doze meses contado do dia do início ao dia e mês correspondentes do ano seguinte.

A leitura do texto "somente poderão ser feitos ao longo do ano civil" não pode compreender feição decadencial, no sentido de que ultrapassado o ano civil os ajustes não seriam tolerados pela Administração Pública. O agrupamento, a complementação e o redirecionamento de excesso contributivo de um mês em outra competência devem ser admitidos a qualquer tempo, até porque a grande regra é a da regularização da vida contributiva por ocasião da apresentação do requerimento de aposentadoria.

Dentre as três soluções possíveis, acredita-se que a opção que será ofertada nas agências do INSS ao segurado será a de "complementar" contribuições, com acréscimo de juros.

Daí por que imprescindível a análise acurada da situação concreta para ser alcançada a melhor solução dentre as escolhas existentes.

Considere-se que no ano de 2020 o salário mínimo seja estabelecido em R$ 1.039,00, e que determinado segurado no exercício de trabalho intermitente, receba remuneração no mês de abril (A) no importe de R$ 800,00; no mês de maio (B) no valor de R$ 900,00; no mês de junho (c) R$ 1.800,00; no mês de julho (d) o valor de R$ 700,00 e no mês de agosto (e) R$ 1.200,00. Todos os meses sofreram a incidência de contribuição previdenciária, respeitada a forma cumulativa de alíquotas e as faixas salariais.

A partir desse cenário, a primeira indagação deve ser: Quais competências serão consideradas como tempo de contribuição nos moldes ditados pelo § 14 do art. 195 da CF? Resposta: dos cinco meses trabalhados e com contribuição paga apenas 2 meses de mês serão aceitos na contagem de tempo de contribuição, quais sejam os meses de junho (c) e de agosto (e).

Para efeito de complementação da contribuição para atingimento da base equivalente ao salário mínimo, quanto deve ser recolhido (ignorando-se a aplicação de juros) com relação aos meses não admitidos? Resposta: para o mês de abril (a) necessário o complemento de R$ 239,00, para maio (b) pagamento de R$ 139,00, no mês de julho (d) necessária a complementação de R$ 339,00. Totalizando a quantia de R$ 717,00 a ser recolhida para fins de serem considerados todos os 3 meses como tempo de contribuição.

No que toca à opção de agrupamento, a soma de 2 meses seria suficiente para a formação de uma competência válida. O agrupamento não permite sejam considerados todos os cinco meses do ano de 2020.

Agora, chegado o momento de verificar a opção mais econômica em comparação à complementação e com maior alcance frente ao agrupamento, que é a permissão de utilizar o valor da contribuição que exceder o limite mínimo de contribuição de uma competência em outra.

Nesse formato, seriam consideradas todas as cinco competências, mesclando os valores excedentes do mês de junho (c) no importe de R$ 761,00 e do mês de agosto (e) que superou o salário mínimo em R$ 161,00, distribuindo essas quantias nos meses de abril, maio e de julho:

	(A) Abril	(B) Maio	(C) Junho	(D) Julho	(E) Agosto
Remuneração	800,00	900,00	1.800,00	700,00	1.200,00
Contribuição Alíquota 7,5%	R$ 60,00	R$ 67,50	R$ 77,92	R$ 52,50	R$ 77,92
Contribuição Alíquota 9%			R$ 68,49		R$ 14,49
Contribuição válida como TC	Não	Não	Sim	Não	Sim
R$ 1.039,00?	+ R$ 239,00	+ R$ 139,00	(R$ 761,00)	+ R$ 339,00	(R$ 161,00)
Agrupar? Complementar? Utilizar o valor excedente de uma competência em outra?	A + R$ 239,00 (c)	B + R$ 161,00 (E)		D + R$ 339,00 (c)	

Diante dos recursos tecnológicos existentes, operacionalizar essas soluções e proceder ao comparativo alcançando o melhor desfecho será tarefa fácil.

Missão árdua será conscientizar a camada mais simples da população, que é justamente a destinatária da norma.

Os trabalhadores de renda baixíssima que possuem recolhimentos mensais abaixo da base de cálculo de um salário mínimo deverão estar aptos a requerer a regularização de suas contribuições previdenciárias para aproveitamento na contagem de tempo de contribuição.

Contribuição acima do limite-máximo do salário de contribuição. De outro giro, a leitura do § 14 do art. 195, combinada com o art. 29 da EC n. 103, deve propiciar o redirecionamento do excesso contributivo efetivado pelo contribuinte acima do teto de custeio em outra competência para efeito de apuração da renda mensal inicial do benefício previdenciário.

Não raro, há recolhimentos realizados com base de cálculo superior à do fixado como montante máximo contributivo, a exemplo daqueles que exercem múltiplas atividades (quando o segurado deixa de comunicar a cada uma de suas fontes pagadoras a existência de outros rendimentos decorrentes do trabalho).

A sistemática até então aplicada pela Previdência no ato da concessão do benefício é a de incluir um asterisco na memória de apuração da renda mensal inicial da prestação previdenciária com a nota de rodapé de que simplesmente foram desprezados os valores recolhidos aos cofres públicos em montante superior ao limite-teto da referida competência tributária, sem proceder à imediata restituição dos valores recolhidos além do devido.

O respaldo à atuação do INSS está no art. 135 da Lei de Benefícios:

Lei n. 8.213

Art. 135. Os salários de contribuição utilizados no cálculo do valor de benefício serão considerados respeitando-se os limites mínimo e máximo vigentes nos meses a que se referirem.

Da mesma maneira que se exige a complementação, agrupamento e aproveitamento dos valores contributivos ao segurado que tem sua contribuição recolhida em base inferior à do salário mínimo, pelo paralelismo de formas, e com os mesmos efeitos prospectivos, deveria ser feita a restituição ao segurado-contribuinte do montante excedente recolhido acima do teto, ou ainda admitir o agrupamento desse excedente para formação de nova competência na qual haja prova de prestação de labor, e por fim, o aproveitamento do excedente para complementar outras competências nas quais a base de cálculo seja de menor expressão, para efeito de assegurar melhor resultado final na apuração da RMI.

5 EMENDA CONSTITUCIONAL N. 103/2019 E A RELAÇÃO DE PROTEÇÃO SOCIAL (ART. 201, CF)

A EC n. 103/2019 surge após 21 anos da anterior Reforma da Previdência (EC n. 20/98).

Diante do longo lapso temporal é compreensível o forte ritmo restritivo de direitos previdenciários contido na novel reforma.

Repisando a advertência feita no Capítulo 1 desta obra, oportuno acentuar que em decorrência do mandamento constitucional do art. 5º, XXXVI, "a lei não prejudicará o direito adquirido", ou seja, o direito tal como adquirido não pode ser afastado por norma superveniente.

Anote-se que o termo *lei* é utilizado em sentido amplo, abrangendo todas as novas regras restritivas advindas com a Emenda Constitucional n. 103/2019 que serão analisadas neste Capítulo.

De tal sorte que aquele que tenha satisfeito todos os requisitos previstos na lei antes de 13 de novembro de 2019, ainda que não tenha exercido seu direito no momento que foi adquirido, está protegido contra leis futuras (*tempus regit actum*).

Especial destaque à jurisprudência do Colendo STJ delineada no enunciado da Súmula 340, que versa orientação interpretativa a todas as prestações previdenciárias que amargaram cenário de restrição de direitos, ou seja, a norma aplicável ao caso concreto é aquela vigente no momento da realização do ato gerador.

Súmula 340/STJ
A lei aplicável à concessão de pensão previdenciária por morte é aquela vigente na data do óbito do segurado.

Previdência Social – Noções regime geral

Por primeiro, registre-se que o signo "previdência" é equívoco, pois evidencia a um só tempo três regimes diferenciados de seguro.

De filiação obrigatória, denomina-se Regime Geral de Previdência Social (**RGPS**) aquele definido no art. 201 da Magna Carta, e por Regime Próprio de Previdência dos Servidores Públicos (**RPPS**) aquele assentado no art. 40 do mesmo diploma normativo.

Há, ainda, o Regime de Previdência Privada de feição Complementar (**RPPC**), de **vinculação facultativa**, designado no art. 202 do Texto Supremo, lastreado no brocardo da autonomia da vontade.

O "regime geral" é termo inicialmente restrito a textos infraconstitucionais (art. 9º, inciso I, da Lei n. 8.213/91), mas desde 1998 passou a ter *status* constitucional com a EC n. 20, que deu nova redação ao art. 201, dispondo: "A previdência social será organizada sob a forma de regime geral".

O RGPS é **destinado a todos os trabalhadores**, ressalvados os servidores públicos, civis e militares, da União, Estados, Municípios, Distrito Federal e respectivas autarquias e fundações, e os detentores de mandato eletivo federal, estadual e municipal (no regramento do § 13 do art. 40 da CF anterior à redação atribuída pela EC n. 103/2019), **quando amparados por regime de previdência exclusivo**, criado por lei do respectivo ente público, conhecido por **regime próprio** de previdência.

À exceção, portanto, dos detentores de regime próprio de previdência, abarcados nos arts. 40 e 42 da Carta Constitucional, **todos que exerçam atividade remunerada integram o regime caracterizado por geral**, que, por sua vez, é considerado **modelo público e básico de previdência**, servindo, inclusive, seu regramento legal e constitucional como **norma suplementar** ao regime especial dos servidores públicos (art. 40, § 12, CF/88).

Ambos os regimes, geral e próprio, são **PÚBLICOS** e devem **observância aos critérios de preservação do equilíbrio financeiro e atuarial, e apresentam**:

- caráter contributivo;
- filiação obrigatória.

Os benefícios previdenciários do RPPSP e do RGPS serão regulamentados por lei ordinária, ressalvado o benefício de aposentadoria diferenciada previsto nos arts. 40, § 4º, e 201, § 1º, da CF/88, que exige a edição de **lei complementar**.

Conclui-se que Regime Geral é a oposição a regime específico de servidores públicos. Naquele estão assentados os trabalhadores da iniciativa privada, consistente na massa esmagadora da população brasileira, enquanto o Regime Próprio é a exceção, contempla exígua parcela de trabalhadores, classificáveis como servidores públicos ocupantes de *cargo efetivo*, de todas as esferas de governo.

Caráter contributivo

Em realidade, do arcabouço constitucional de seguridade social extrai-se a contemplação dos revolucionários objetivos transformadores do seguro social, originalmente restrito a categorias profissionais (modelo de previdência adotado por Bismarck), à concretização dos ideais de segurança social, mediante ações sociais de implemento de serviços de saúde (direito sanitário) e de garantia de mínimo existencial a pessoas em condição de pobreza e de extrema pobreza (Assistência Social).

Nossa Carta Republicana de 1988 estabelece, com propriedade, que por contribuições previdenciárias entendem-se aquelas exigíveis do tomador de serviço e do prestador de serviço (art. 195, I, *a*, e II), vedando-se a utilização do produto dessas contribuições para realização de despesas distintas das atinentes ao pagamento de benefícios do Regime Geral de Previdência Social (art. 167, inciso XI), e creditados diretamente ao fundo respectivo, tratado no art. 68[1] da Lei Complementar n. 101/2000.

Historicamente, desde a Emenda constitucional n. 8[2], de 14 de abril de 1977, as contribuições destinadas à Seguridade Social deixaram de ostentar a natureza tributária, readquirida somente com a promulgação da atual Carta Magna. As contribuições sociais restabeleceram o *status* tributário no Texto Maior de 1988, revestindo os contribuintes da seguridade social com garantias constitucionais tributárias. Firmou o Colendo STF, por intermédio do julgamento do RE 146.733-9-SP, de 29-6-1992, que as espécies tributárias não são apenas as insertas no art. 145 da CF (imposto, taxas e contribuição de melhoria), mas também as contribuições especiais[3] (gerais, para a seguridade social, de intervenção no domínio econômico, e de interesse de categoria profissional). Afastada, desse modo, a teoria dicotômica (segundo a qual contribuições seriam subespécies ora de impostos, ora de taxas).

No Regime Geral as contribuições afetas à cota patronal (tomador de serviço) diferenciam-se daquela de responsabilidade da pessoa física prestadora de serviço. A natureza **retributiva** da contribuição parafiscal devida pelo segurado é evidenciada pela correlação entre o salário de contribuição (base de cálculo do tributo), que é o fator de mensuração da relação de custeio, e o salário de benefício, que é o aspecto quantificador da relação de benefício.

A equivalência[4] entre as prestações previdenciárias e a exação tributária é sacramentada no âmbito constitucional pelo § 11[5] do art. 201, que assenta o binômio custeio-benefício.

---

1 "Art. 68. Na forma do art. 250 da Constituição, é criado o Fundo do Regime Geral de Previdência Social, com a finalidade de prover recursos para o pagamento dos benefícios do regime geral da previdência social."

2 A EC n. 8/77 alterou a topografia das normas da Constituição Federal de 1967 que dispunham sobre as contribuições para o custeio da Previdência Social, de modo a excluí-las do Capítulo destinado ao Sistema Tributário (arts. 18 a 26), abrigando-as no art. 43, inciso X, da Constituição de 1967 (Seção IV: "Das atribuições do Poder Legislativo").

3 Nessa mesma oportunidade os empréstimos compulsórios foram reconhecidos como espécie de tributo.

4 VILLA GIL, Luis Enrique de La; BONETE, Aurélio Desdentado. *Manual de seguridad social*. Pamplona: Editorial Aranzadi. 2. ed, 1979, p. 34.

5 "Os ganhos habituais do empregado, a qualquer título, serão incorporados ao salário para efeito de contribuição previdenciária e consequente repercussão em benefícios, nos casos e na forma da lei".

Esse paralelo do tributo (contribuição social devida pelo segurado) em face da prestação social (benefício previdenciário) não é exclusividade do Regime Geral, a mesma lógica vigora nos regimes próprios (art. 40, CF). Deve guardar estreito paralelo entre a cifra sobre a qual se operou a incidência tributária com o montante do benefício que substitua a renda do trabalho.

Filiação obrigatória

De caráter cogente, a relação jurídica[6] de benefício e de serviços no Regime Geral de Previdência Social é entabulada, de um lado, pelos segurados obrigatórios, revestidos da roupagem de sujeito[7] ativo, e, na outra extremidade, pela Previdência Social, simbolizada pelo INSS, na qualidade de sujeito passivo. Dessa relação jurídica decorre em prol do sujeito ativo o direito público subjetivo de exigir do INSS amparo previdenciário sempre que comprovada a situação de necessidade contemplada na lei, que repercuta, como regra, na redução (ou perda) de rendimentos ou aumento das despesas no seio familiar.

Com a propriedade que lhe é peculiar, Heloisa Hernandez Derzi[8] evidencia que na concepção de seguro social não há espaço para livre arbítrio do trabalhador no pertinente à sua inclusão no regime de previdência. Ainda que ausente interesse na adesão ao seguro social, o vínculo se estabelece. Ser previdente decorre de obrigação legal, não de opção do trabalhador.

Por segurados obrigatórios compreendem-se todos aqueles que exerçam atividade remunerada. Portanto, o marco fundador da proteção social é exercício de trabalho remunerado[9].

A legislação permite a filiação facultativa das pessoas não enquadradas na norma previdenciária como segurado obrigatório do Regime Geral, desde que não estejam cobertas por nenhum Regime Próprio de Servidor Público. Os segurados

---

(*Incluído pela Emenda Constitucional n. 20/98*).

6   "Em primeiro lugar, uma relação intersubjetiva, ou seja, um vínculo entre duas ou mais pessoas. Em segundo lugar, que esse vínculo corresponda a uma hipótese normativa, de tal maneira que derivem consequências obrigatórias no plano da experiência." REALE. Miguel. *Lições preliminares de direito*. 22. ed. São Paulo: Saraiva, 1995, p. 216.

7   "Sujeito é aquele a quem a ordem jurídica concede a faculdade de agir, é o destinatário da norma jurídica, que corresponde ao homem; objeto é o bem jurídico pretendido pelo sujeito da relação; e relação jurídica é o meio pelo qual o direito subjetivo realiza-se, é o vínculo que impõe a submissão do objeto ao sujeito." PEREIRA, Caio Mário da Silva. *Instituições de direito civil*. 19. ed. Rio de Janeiro: Forense, 1999, p. 20. v. 1.

8   DERZI, Heloisa Hernandez. *Os beneficiários da pensão por morte*. São Paulo: Lex Editora, 2004, p. 137.

9   No âmbito do Regime Geral são tidos por segurado obrigatório aqueles que estejam compreendidos em uma das categorias contidas na Seção I, do Capítulo I, da Lei de Benefícios (Lei n. 8.213/91): 1. Empregado; 2. Trabalhador Avulso; 3. Empregado Doméstico; 4. Contribuinte Individual; e 5. Segurado Especial.

facultativos, como regra, são os que desenvolvem atividade prestada de forma gratuita ou voluntária.

O termo "atividade" é utilizado aqui em sentido amplo, admitindo: a) atividades de longa duração, tais como síndico de condomínio (desde que não remunerado, quer de forma direta, quer indireta: isenção ou abatimento da cota condominial); estudante; o responsável pelos afazeres domésticos em sua própria residência (dona-de-casa); b) atividades de curto prazo: jurados do tribunal do júri; mesários convocados pela Justiça Eleitoral, entre outros particulares que atuem em colaboração com a Administração Pública.

Todos aqueles que auferem rendimentos não derivados do exercício de atividade laborativa, desde que respeitada a premissa de não estarem enquadrados como segurados obrigatórios do Regime Geral nem de Regime Próprio de Servidor Público, podem filiar-se como segurado facultativo ao RGPS. São exemplos: locadores de imóveis; herdeiros, ganhadores de concursos de prognósticos, entre tantos outros.

Duas são as teorias que explicam o fenômeno da cobertura previdenciária. A primeira, denominada unitária, é a que atribui direito à percepção de benefícios no RGPS àqueles que se revestem da situação jurídica contemporânea de contribuintes.

Diante do caráter contributivo exigido constitucionalmente (art. 201), apenas podem se valer de benefícios os que mantenham a regularidade contributiva ao subsistema da Previdência. Trata-se de relação una, indissociável, contemplando na posição de domínio e de contradomínio, a um só tempo, o ente público, com direito subjetivo a exigir tributo do sujeito passivo, e o segurado, com direito subjetivo a benefícios e serviços em face do INSS. Em virtude do sinalagma imanente à teoria unitária, obstada a via contributiva (dever), resta inviabilizada a proteção previdenciária (direitos).

A relação jurídica firmada com o segurado facultativo é calcada na teoria unitária, logo, a cobertura previdenciária decorre da imprescindível regularidade contributiva.

De outra margem, a teoria escisionista[10] baseia-se na independência das relações jurídicas. Segundo se dessume dessa teoria, a situação jurídica de "segurado obrigatório" decorre do singelo exercício do trabalho remunerado. O empregado, o trabalhador avulso, o empregado doméstico, o segurado especial (e o contribuinte individual que preste serviço à empresa, cf. art. 4º da Lei n. 10.666/2003) são segurados obrigatórios da Previdência desde o primeiro dia que realizam o fato social "trabalho remunerado", e desde esse marco estão protegidos pela apólice constitucional previdenciária. A relação de custeio é diversa (tanto que não compete

---

10 Berbel, Fábio Lopes Vilela. *Teoria geral da previdência social.* São Paulo: Quartier Latin, 2005, p. 119 e s.

ao segurado a obrigação de recolhimento do tributo) e não se confunde com a de benefício.

Na conjuntura atual do Seguro Social, a teoria escisionista é acolhida de forma nítida em dois institutos, a saber, automaticidade das prestações e período de graça.

Os segurados empregado, empregado doméstico e trabalhador avulso, com fulcro no princípio da automaticidade das prestações, têm a garantia de fruição de benefício ainda que o responsável tributário não tenha satisfeito a relação de custeio (arts. 34, I, e 35 da Lei n. 8.213/91). É de se ressaltar que esses segurados obrigatórios não são responsáveis pelo recolhimento de sua contribuição previdenciária. Para esses, a relação de custeio é integrada por terceira pessoa, denominada responsável tributário: o empregador, o empregador doméstico ou o órgão gestor de mão de obra.

Heloísa Derzi[11], ao versar sobre o princípio da automaticidade das prestações, sintetiza *o mecanismo de responsabilidade legal atribuído ao empregador que não deve penalizar o trabalhador em razão do descumprimento de obrigação tributária atribuída ao patrão*. Continua a prestigiada doutrinadora: seria contrassenso a lei não permitir que o empregado fizesse jus aos benefícios e serviços previdenciários, se o dever de retenção e recolhimento das contribuições aos cofres da Previdência social está legalmente colocado nas mãos de outra pessoa (empregador), sem que lhe tivesse reservado, ao mesmo tempo, qualquer mecanismo de controle sobre tal procedimento.

Outra nota quanto à adoção da doutrina escisionista que merece destaque é o art. 15 da Lei n. 8.213, ao assegurar *status* de segurado (período de graça), durante certo lapso temporal, com direito à percepção de benefícios previdenciários, àquele que não mais verte contribuições ao regime de previdência. Veja a cabeça do dispositivo, que evidencia o desatrelamento da roupagem jurídica de segurado da compulsoriedade das contribuições previdenciárias: "Mantém a qualidade de segurado, independentemente de contribuições".

De tal sorte a significar, a expressão "segurado", gênero que abrange:

I) segurados obrigatórios (empregado, avulso, doméstico, contribuinte individual e segurado especial);

II) segurado facultativo;

III) segurado em fruição do período de graça, a exemplo daqueles em gozo de benefício previdenciário de aposentadoria.

---

11 DERZI, Heloisa Hernandez. *Os beneficiários da pensão por morte*. São Paulo: Lex Editora, 2004, p. 139.

EC n. 103/2019 e a filiação previdenciária do detentor de mandato eletivo (art. 40, § 13, da CF)

Além do RGPS, que é o foco desta obra, existem o Regime Próprio de Previdência Social (RPPS) e o Regime de Previdência Privada de feição Complementar (RPPC).

Em rigor, para ingressar no RPPS, era necessário revestir-se a pessoa da qualidade de agente público. Impende salientar que, com o passar do tempo, as alterações normativas estão deslocando agentes públicos ao RGPS.

CF/88 (redação anterior à EC n. 103/2019)	CF/88 após EC n. 103/2019
Art. 40. [...] § 13. Ao servidor ocupante, exclusivamente, de cargo em comissão declarado em lei de livre nomeação e exoneração bem como de outro cargo temporário ou de emprego público, aplica-se o regime geral de previdência social. (*Incluído pela EC n. 20/98.*)	Art. 40. [...] § 13. Aplica-se **ao agente público** ocupante, exclusivamente, de cargo em comissão declarado em lei de livre nomeação e exoneração, de outro cargo temporário, **inclusive mandato eletivo,** ou de emprego público, o Regime Geral de Previdência Social.

O termo *agente público* é gênero no qual estão inclusas algumas categorias.

A compreensão do signo *agente público* é patenteada na Lei de Improbidade Administrativa, Lei n. 8.429/92, art. 2º:

> Reputa-se **agente público**, para os efeitos desta lei, todo aquele que exerce, **ainda que transitoriamente** ou **sem remuneração**, por eleição, nomeação, designação, contra- tação ou qualquer outra forma de investidura ou vínculo, **mandato, cargo, emprego ou função** nas entidades mencionadas no artigo anterior.

Da conceituação, evidencia-se ser a definição de agente público gênero que compreende todo aquele que exerce "ainda que transitoriamente" ou "sem remuneração" atividade de qualquer forma vinculada à dimensão do serviço público.

Como predica a melhor doutrina, agentes públicos compreendem: (a) os agentes políticos; (b) servidores estatais; e (c) particulares em colaboração com a Administração Pública.

Agentes políticos

Com arrimo no consagrado administrativista Celso Antônio Bandeira de Mello[50], agentes políticos são os titulares dos cargos estruturais à organização política do país. Dentro da compreensão de agentes políticos situam-se os detentores de mandato eletivo na esfera federal, estadual ou municipal, a saber: Presidente da República, Governadores, Prefeitos e respectivos vices, Senadores, Deputados Federais e Estaduais e os Vereadores.

Os agentes políticos tiveram seu enquadramento previdenciário modificado com a publicação da Lei Ordinária n. 9.506/97, que **extinguiu o Instituto de Previdência dos Congressistas (IPC)**.

A Lei n. 9.506, mediante o incremento da alínea *h* ao inciso I do art. 12 da Lei n. 8.212 e da alínea *h* ao art. 11 da Lei n. 8.213, ambas alíneas com texto idêntico, promoveu o enquadramento do **exercente de mandato eletivo federal, estadual ou municipal, desde que não vinculado a regime próprio** de previdência social, **como segurado obrigatório do RGPS, na categoria de empregado**.

Estampada ficou a insatisfação dos agentes políticos, em face dessa alteração legislativa, com a apresentação da Ação Direta de Inconstitucionalidade n. 3.073, requerida pelo Partido Democrático Trabalhista (PDT).

Alegou-se na referida ADIn, em síntese, que a Lei n. 9.506/97, ao alterar a redação da alínea *h* do inciso I do art. 12 da Lei n. 8.212/91 para estabelecer que os detentores de mandato eletivo são segurados da Previdência Social na condição de empregados, criou **nova figura** de contribuinte obrigatório, em ampliação imprópria do art. 195, I e II, da Constituição Federal, bem como instituiu nova fonte de custeio para a Seguridade Social por meio diverso da lei complementar, em ofensa aos arts. 195, § 4º, e 154, I, também da Carta Constitucional.

O Supremo Tribunal Federal, no julgamento do RE n. 351.717, consagrou a inconstitucionalidade dessa tributação, diante da sólida jurisprudência da Corte no sentido da interpretação restritiva da expressão *empregador e folha de salários*, a permitir incidência de contribuição do trabalhador, considerado como tal aquele que presta serviço mediante vínculo de emprego. Logo, a Lei n. 9.506/97, art. 13, § 1º, ao instituir contribuição social sobre o subsídio de agente político, criou nova fonte de custeio da Seguridade Social, sem observância da exigência constitucional de lei complementar.

Entendeu o Colendo STF, no julgamento desse recurso extraordinário, que essa nova contribuição não incide sobre "a folha de salários, o faturamento e os lucros" (CF, art. 195, I, redação anterior à EC n. 20/98), por conseguinte, somente poderia ser instituída com observância da técnica da competência residual da União, inscrita no art. 154, I, *ex vi* do disposto no art. 195, § 4º, ambos da Constituição Federal.

O Senado Federal, em virtude de declaração de inconstitucionalidade em decisão definitiva do STF no Recurso Extraordinário n. 351.717, editou a Resolução SF n. 26, de 21 de junho de 2005, que suspende a execução da alínea *h* do inciso I do art. 12 da Lei Federal n. 8.212, de 24 de julho de 1991, acrescentada pelo § 1º do art. 13 da Lei Federal n. 9.506, de 30 de outubro de 1997.

Desse modo, os Municípios, Estados e Distrito Federal que não possuíam regime próprio de previdência deixaram de verter contribuição ao RGPS em face do pagamento feito aos parlamentares da respectiva esfera de governo.

Sob outro ângulo, após a EC n. 20/98, tornou-se possível ao legislador ordinário criar exação em face dos Municípios, Estados e Distrito Federal, tendo por base de cálculo o valor desembolsado aos ocupantes de cadeiras no Legislativo respectivo, e de mandatos no Executivo.

Sensível a tal ocorrência, a União editou a Lei Ordinária n. 10.887/2004, que, já sob a vigência da EC n. 20/98, acrescentou a alínea *j* ao art. 12 da Lei n. 8.212/91 e ao art. 11 da Lei n. 8.213/91, dispondo como segurado obrigatório todo aquele que esteja exercendo mandato eletivo federal, estadual ou municipal, **desde que não vinculado a regime próprio** de previdência social.

O texto é exatamente o mesmo que o constante da Lei n. 9.506/97, divergindo tão só quanto ao aspecto cronológico. A Lei n. 9.506/97 é anterior à EC n. 20/98, logo, segundo decidiu o STF no recurso extraordinário acima noticiado, o art. 195, I, da CF, antes da EC n. 20/98, não dava suporte constitucional à norma ordinária.

Desde a Lei n. 10.887/2004, o exercente de mandato eletivo federal, estadual ou municipal, desde que não vinculado a regime próprio de previdência, passou a integrar o RGPS, sendo estabelecidas as exceções:

a) salvo se se tratar de servidor público, ocupante de cargo efetivo, filiado a regime próprio, que venha a ser eleito e ocupar mandato eletivo. Nessa situação, durante o exercício do mandato eletivo, ficará afastado do seu cargo efetivo, mas permanecerá vinculado ao seu respectivo regime de origem (regime próprio de previdência social). Ressalvam-se os servidores públicos, detentores de cargo efetivo, que possam exercer mandato eletivo sem a necessidade de afastar-se do cargo. É o que ocorre com o mandato de vereador (art. 38, III, da CF), que, desde que haja compatibilidade de horários, perceberá as vantagens de seu cargo efetivo (permanecendo vinculado ao respectivo regime próprio), sem prejuízo da remuneração do cargo eletivo, situação na qual será segurado obrigatório do RGPS em decorrência do mandato eletivo de Vereador. Anote-se, ainda, o servidor público aposentado que seja eleito para o exercício de qualquer mandato eletivo, que continuará na percepção dos proventos de aposentadoria (vinculado a regime próprio) e filiado ao RGPS pelo exercício do mandato eletivo;

b) Deputados e Senadores possuem em seu favor o Plano de Seguridade Social dos Congressistas (PSSC), criado pela Lei n. 9.506/97. O Deputado Federal, Senador ou suplente em exercício de mandato que **não estiver vinculado** ao PSSC **participará, obrigatoriamente, do RGPS**. É estabelecido o prazo de 30 (trinta) dias, contados do início do exercício do mandato, para o Senador, Deputado Federal ou suplente requerer sua participação no Regime Próprio dos Congressistas. Da mesma forma, alguns

Estados e Municípios também detinham regime previdenciário específico para agentes políticos.

Com a promulgação da EC n. 103, a nova redação dada ao § 13 do art. 40 da CF, ao detentor de mandato eletivo aplica-se unicamente ao Regime Geral.

O § 14 da Emenda da Reforma veda a adesão de novos segurados e a instituição de novos regimes exclusivos a agentes políticos, os atuais segurados de regime de previdência aplicável a titulares de mandato eletivo da União, dos Estados, do Distrito Federal e dos Municípios poderão, por meio de opção expressa formalizada no prazo de 180 (cento e oitenta) dias a contar de 13-11-2019 (entrada em vigor da Emenda da Reforma), retirar-se dos regimes previdenciários aos quais se encontrem vinculados.

Os agentes políticos segurados, atuais e anteriores, do regime de previdência de que trata a Lei n. 9.506/97, que fizerem a opção de permanecer nesse regime previdenciário do Congresso Nacional deverão cumprir (**pedágio**) período adicional correspondente a 30% (trinta por cento) do tempo de contribuição que faltaria para aquisição do direito à aposentadoria na data de entrada em vigor da EC n. 103/2019 e somente poderão aposentar-se a partir dos 62 (sessenta e dois) anos de idade, se mulher, e 65 (sessenta e cinco) anos de idade, se homem.

Se for exercida a opção pela saída do regime diferenciado, será assegurada a contagem do tempo de contribuição vertido para o regime de previdência ao qual o segurado se encontrava vinculado, nos termos do disposto no § 9º do art. 201 da CF (contagem recíproca, hipótese na qual os diferentes regimes se compensarão financeiramente).

A concessão de aposentadoria aos titulares de mandato eletivo e de pensão por morte aos dependentes de titular de mandato eletivo falecido será assegurada, a qualquer tempo, desde que cumpridos os requisitos para obtenção desses benefícios até a data de entrada da Emenda da Reforma/2019, observados os critérios da legislação vigente na data em que foram atendidos os requisitos para a concessão da aposentadoria ou da pensão por morte.

Observado o disposto nos §§ 9º e 9º-A do art. 201 da CF, o tempo de contribuição a regime próprio de previdência social e ao RGPS, assim como o tempo de contribuição decorrente das atividades militares de que tratam os arts. 42 e 142 da CF, que tenha sido considerado para a concessão de benefício pelos regimes especial de agentes políticos não poderá ser utilizado para obtenção de benefício naqueles regimes.

Lei específica do Estado, do Distrito Federal ou do Município deverá disciplinar a regra de transição a ser aplicada aos segurados que fizerem a opção de permanecer no regime previdenciário de que trata este artigo.

Observância dos critérios de preservação do equilíbrio financeiro e atuarial

A reforma da previdência, implementada tanto pela Emenda Constitucional n. 20/98 quanto pela Emenda Constitucional n. 103/2019, promoveu diversas alterações no texto constitucional, marcadas pelo forte passo da restrição de direitos, sob a bandeira da preservação do equilíbrio financeiro e atuarial.

Os ajustes trazidos fizeram-se em atenção ao aumento da expectativa de vida que, aliado ao planejamento familiar, modificou o ápice e a base do gráfico populacional brasileiro, que deixou de ser representado por um triângulo equilátero para tornar-se isósceles, diante do estreitamento da base.

O fenômeno da alteração da taxa de fecundidade fez reduzir abruptamente a população jovem, e, no mesmo lapso temporal, diante da melhora das condições sanitárias ao lado dos grandes avanços da medicina, houve aumento da longevidade, elevando o quantitativo de pessoas situadas no patamar da idade avançada.

Fabio Giambiagi[12] é enfático ao afirmar que estão superados os gráficos populacionais em forma de pirâmide que nos foram apresentados em nossos bancos escolares, transformados em retângulo com tendências a tornarem-se, em futuro não muito distante, em "cone invertido".

Lourdes Lopez Cumbre esclarece que na Espanha o gráfico populacional no ano de 2025 se converterá de "pirâmide"[13] em "pilar", e nos fala da "bomba demográfica"[14], consistente no fato de o envelhecimento da população constituir importante desafio, afinal, nas próximas décadas o número de pessoas na faixa da terceira idade aumentará consideravelmente em comparação à população economicamente ativa, com forte aumento dos gastos em toda rede da seguridade social; em outras palavras, incremento de benefícios previdenciários (pensões e aposentadorias), maior demanda aos serviços públicos da esfera sanitária e assistencial. O prenúncio da "bancarrota" do sistema de seguridade levou à elaboração, na Espanha, do Pacto de Toledo, no ano de 1995 (fruto do consenso entre todas as forças políticas representadas no Parlamento, com o objetivo de tornar viável financeiramente o modelo de repartição solidária intergeracional tanto das prestações contributivas como das não contributivas[15]).

Efren Borrajo Dacruz[16], ilustre doutrinador hispânico, para evidenciar a longevidade, acentua que atualmente seis são os estágios da vida, quais sejam: infância;

---

12 GIAMBIAGI, Fabio. *Reforma da previdência*: encontro marcado. Rio de Janeiro: Elsevier, 2007, p. 85.

13 CUMBRE, Lourdes Lopez. *Tratado de jubilación*: homenaje al profesor Luis Enrique de la Villa Gil con motivo de su jubilación. Valencia: Lustel, 2007, p. 97.

14 CUMBRE, Lourdes Lopez. Op. cit., p. 77/83.

15 Pacto de Toledo. Disponível em: <http://in-formacioncgt.info/legislacion/acuerdos-marco/pacto-toledo.pdf>.

16 La jubilación laboral como institución jurídica. In: CUMBRE, Lourdes López. Op. cit., p. 164.

adolescência; juventude; maturidade; idade avançada e senilidade. Esses estágios dividem-se em quatro etapas bem definidas:

- primeira idade (infância, adolescência e juventude);
- segunda idade (maturidade, fase laborativa);
- **terceira idade** (compreendida entre os 60 e 75 anos, idade avançada);
- **quarta idade**, dedicada aos maiores de 75 anos de idade.

Afirma, ainda, que a Constituição espanhola em seu art. 50[17] faz referência expressa à "la tercera idad" no sentido de última e derradeira etapa do ciclo vital, critério considerado válido nos idos de 1978, mas anacrônico neste século XXI.

Essa realidade, que como visto não é exclusividade do Brasil, coloca em xeque o sistema de repartição simples[18], segundo o qual os benefícios pagos atualmente são custeados pela parcela da população hoje ativa economicamente; esta, por sua vez, por ocasião da percepção de seus benefícios, dependerá das gerações futuras.

O veloz **processo de envelhecimento** da população brasileira é revelado pelo número crescente de permanência de pagamento de benefícios decorrente da elevação da expectativa de sobrevida, para ilustrar essa realidade sentida pela Previdência note-se que aos 65 anos de idade, a expectativa de sobrevida[19] das brasileiras é de 85 anos, a dos homens, é de 82 anos.

Segundo o IBGE[20], no início do processo de transição demográfica, uma criança sujeita à lei de mortalidade da época, em 1940, esperaria viver em média 45,5 anos. Se do sexo masculino, 42,9 anos e do sexo feminino, 48,3 anos. [...] Para o ano de 2017, a expectativa de vida ao nascer, que foi de 76,0 anos, significou um aumento de 30,5 anos para ambos os sexos, frente ao indicador observado em 1940. Para os homens esse aumento foi de 29,6 anos e para as mulheres 31,3 anos.

---

17 "Artículo 50. Los poderes públicos garantizarán, mediante pensiones adecuadas y periódicamente actualizadas, la suficiencia económica a los ciudadanos durante la tercera edad. Asimismo, y con independência de las obligaciones familiares, promoverán su bienestar mediante um sistema de servicios sociales que atenderán sus problemas específicos de salud, vivienda, cultura y ocio." Constitución Española. 1978. Disponível em: <http://www.boe. es/aeboe/consultas/enlaces/documentos/ConstitucionCASTELLANO.pdf>. Acesso em: 17-11-2009.

18 "Esse esquema, chamado de repartição simples, é aquele no qual os recursos arrecadados em determinado exercício são utilizados para pagamento dos benefícios devidos nesse mesmo exercício." BALERA, Wagner. *Noções preliminares de direito previdenciário*. São Paulo: Quartier Latin, 2004, p. 178.

19 Tabelas IBGE Expectativa de sobrevida/2017. Disponível em: <https://www.ibge. gov.br/estatisticas/sociais/populacao/9126-tabuas-completas-de-mortalidade.html?=&t=resulta dos>. Acesso em: 12 nov. 2019.

20 Disponível em: <https://www.ibge.gov.br/estatisticas/sociais/populacao/9126-tabuas-com pletas-de-mortalidade.html?=&t=resultados>. Acesso em: 12 nov. 2019.

EMENDA CONSTITUCIONAL N. 103/2019 E A RELAÇÃO DE PROTEÇÃO SOCIAL (ART. 201, CF)

Fábio Giambiagi[21] reflete o espírito da reforma de 1998 que pode ser repetida em 2019: "A difícil escolha entre nossos pais ou nossos filhos".

A primeira assentada constitucional de observância dos "critérios que preservem o equilíbrio financeiro e atuarial" deu-se no art. 201, com a redação atribuída pela Emenda Constitucional n. 20, frase que bem sintetiza a preocupação contida na reforma previdenciária de 1998 acima exposta.

Conquanto seja a primeva oportunidade constitucional de atrelamento da previdência à lei dos grandes números, não há como subsistir regime de previdência sem observância aos critérios de preservação do equilíbrio financeiro e atuarial, trata-se de irresponsabilidade manifesta de todo e qualquer administrador que não tenha se adstrito a essa norma básica de conduta da coisa pública, máxime em termos de previdência. A atuária sempre esteve presente no cenário previdenciário, tanto isso é verdadeiro que a Lei n. 5.890/73, fazia referência, em seu art. 3º, à Coordenação dos Serviços Atuariais do Ministério do Trabalho e Previdência Social.

Em atenção ao equilíbrio financeiro e atuarial, em 1998 desconstitucionalizou--se o critério de cálculo da aposentadoria. Antes da Emenda Constitucional n. 20, a prestação previdenciária correspondia à média dos 36 (trinta e seis) últimos salários de contribuição[22], corrigidos mês a mês. Relegou-se à legislação infraconstitucional o regramento acerca da elaboração do valor do benefício.

Cabe enfatizar que, em nosso sentir, a EC n. 20/98 agiu com acerto ao promover a exclusão do exato numerário de salários de contribuição a serem utilizados na apuração da renda mensal do benefício.

O modelo constitucional adotado pelo Brasil diverge da Carta Americana, que é sintética[23] (prevê somente princípios e normas gerais de regência do Estado), a Carta de 1988 é conceituada como analítica (Constituição-dirigente), significa dizer, analisa e regulamenta os assuntos versados.

De ver, entretanto, que muitos temas tratados no Texto Supremo (dentre eles situamos a redação original do art. 202, que definia o número de salários de contribuição a serem utilizados para apuração do salário de benefício) não o são materialmente constitucionais, melhor se situariam na legislação infraconstitucional.

Desdobramento claro do brocardo jurídico da preservação do equilíbrio financeiro e atuarial está na criação do fator previdenciário (Lei n. 9.876/99), aplicável obrigatoriamente aos benefícios de aposentadoria por tempo de contribuição e, facultativamente, nas aposentadorias por idade, cujo intento foi o de ajustar o valor do benefício ao tempo de contribuição do segurado e à sua idade. Desde então, o aspecto quantitativo da prestação previdenciária do RGPS passou a guardar paridade

---

21 GIAMBIAGI, Fabio. *Reforma da previdência*: encontro marcado. Rio de Janeiro: Elsevier, 2007, p. 211.

22 Art. 202 da Constituição Federal de 1988, redação original.

23 MORAES, Alexandre de. *Direito constitucional*. 9. ed. São Paulo: Atlas, 2001, p. 38.

ao número de anos que contribuiu para o subsistema de previdência e à idade no momento da jubilação, de forma que tanto maior será o valor do benefício caso apresente o segurado tempo de contribuição e idade elevados. O inverso também é verdadeiro, menor será a renda mensal da prestação continuada conforme menores o tempo de contribuição e a idade do aposentando.

Oportuno lembrar que as aposentadorias precoces foram combatidas mediante a exclusão da aposentadoria proporcional por tempo de serviço do cenário constitucional, subsistindo tão somente a norma de transição do art. 9º da EC n. 20/98, destinada aos segurados que integravam o sistema previdenciário anteriormente a 1998. Esta regra transitória restou revogada pelo art. 35 da EC n. 103/2019.

Agora, entretanto, com a Reforma de 2019, novamente constitucionalizou-se o critério de cálculo da prestação previdenciária, conforme se observa dos arts. 23 (coeficiente de cálculo da pensão por morte) e 26 (apuração do salário de benefício e coeficiente de cálculo da aposentadoria), ambos da EC n. 103/2019.

Dentre os ideais da atuária contidos na EC n. 20, além da restrição de direitos, esteve o aumento da arrecadação de contribuições sociais, concretizado pela ampliação da hipótese de incidência prevista no art. 195, inciso I, da Lei da Leis. Na mesma planura de pensar, atribuiu-se à Justiça do Trabalho a competência para, de ofício, executar as contribuições previdenciárias decorrentes das sentenças que proferir. Alteração constitucional que proporcionou efetivo aumento da arrecadação das contribuições destinadas à Seguridade Social.

O relato acima demonstra que a mitigação de direitos e elevação da carga tributária foram os pontos nodais na Reforma Previdenciária de 1998, com o intuito de garantir equilíbrio financeiro e atuarial às contas da Previdência. A mesma sintonia é efetivada com a Reforma de 2019, aspectos afetos ao custeio, a exemplo da exclusão das garras da DRU das contribuições sociais de seguridade social (art. 76, § 4º, ADCT, nova redação) e mitigação na esfera protetiva, com o fim da aposentadoria programável exclusivamente por tempo de contribuição.

Cabe enfatizar que a preservação do equilíbrio financeiro e atuarial não significa tornar a previdência superavitária a qualquer custo, nem mesmo pode justificar a exclusão da relação de benefício do trabalhador com a manutenção íntegra da relação de custeio.

Prestações previdenciárias

O Brasil é signatário da Declaração Universal dos Direitos Humanos (1948), que no art. XXV traz compromisso assumido de garantir proteção social no campo da Previdência:

> Toda pessoa tem direito a um padrão de vida capaz de assegurar a si e a sua família saúde e bem-estar, inclusive alimentação, vestuário, habitação, cuidados médicos

e os serviços sociais indispensáveis, **e direito à segurança em caso de desemprego, doença, invalidez, viuvez, velhice ou outros casos de perda dos meios de subsistência** fora de seu controle.

Na órbita do seguro social, a Organização Internacional do Trabalho (OIT), criada em 1919, aprovou em Genebra, no ano de 1952, a Convenção n. 102, conhecida como **Normas Mínimas de Seguridade Social**.

Esse instrumento internacional foi submetido à análise do Brasil no século XX, mas somente em 2008 (56 anos depois) o Congresso Nacional aprovou o texto da Convenção n. 102 da OIT, por intermédio do Decreto Legislativo n. 269, tendo a Presidência da República ratificado na órbita internacional em 15 de junho de 2009.

Está o Brasil, portanto, adstrito, aos termos da Convenção n. 102 da OIT, trazendo a obrigatoriedade de a legislação interna contemplar ao menos as seguintes espécies de benefícios:

- auxílio-doença;
- prestações de desemprego;
- aposentadoria por velhice;
- auxílio em caso de acidentes de trabalho e de doenças profissionais;
- prestações de família;
- prestações de maternidade;
- aposentadoria por invalidez;
- pensão por morte.

Do art. 201 da CF/88, conjugado com a Lei n. 8.213/91, tem-se que a Previdência Social, mediante contribuição, tem por fim assegurar aos seus beneficiários do RGPS (segurados e respectivos dependentes) meios indispensáveis de manutenção, por motivo de perda ou redução de rendimentos decorrentes de incapacidade para o trabalho (aposentadoria por invalidez, auxílio-doença, auxílio-acidente), desemprego involuntário (seguro-desemprego, e o seguro-defeso ao pescador artesanal, este administrado pelo INSS, art. 2º da Lei n. 10.779/2003), idade avançada (aposentadoria por idade), tempo de contribuição (aposentadoria por tempo de contribuição), exposição do trabalhador a agentes prejudiciais à saúde (aposentadoria especial), encargos familiares (salário-família), maternidade e adoção (salário-maternidade), bem como proteção social previdenciária em prol dos dependentes nos casos de prisão (auxílio-reclusão) ou óbito (pensão por morte) de segurado.

Considerada prestação máxima do ordenamento previdenciário, a aposentadoria ocupa, ao lado da pensão por morte, o epicentro do seguro social, e sua concretização é considerada, para o segurado, oportunidade de verdadeiro júbilo, momento de alegria, contentamento e satisfação.

O trabalho dignifica o homem, mas, diante do caráter efêmero da vida, o sistema do seguro social deve oportunizar **direito público subjetivo** em prol do trabalhador de se afastar, em definitivo, do ambiente de trabalho sem prejuízo financeiro.

Desta feita, direito social dos mais relevantes, a aposentadoria constitui direito constitucional[24] à inatividade, ao ócio remunerado, ao afastamento do labor com a percepção de proventos.

Cabe enfatizar que dentre os fundamentos de existência da prestação social denominada "aposentadoria" está o intuito de reciclagem do mercado de trabalho por questões de política de emprego (facilitando o acesso dos mais jovens ao labor remunerado).

Dentre os riscos constitucionalmente definidos no seguro social, verifica-se, que na cessação de renda por motivo de morte ou reclusão do segurado, poderão ser protegidos os respectivos dependentes pelos benefícios de pensão por morte e de auxílio-reclusão, cabendo enfatizar que, na atualidade, este último ficou restrito aos dependentes de segurado de baixa renda.

O rol de benefícios previdenciários encontra-se no art. 18 da Lei n. 8.213/91.

Aposentadorias	Auxílios	Salários	Pensão
Ap. por tempo de contribuição; Ap. por invalidez; Ap. por idade; Ap. especial.	Auxílio-acidente; Auxílio-doença; Auxílio-reclusão.	Salário-maternidade; Salário-família.	Pensão por morte

A classificação das prestações previdenciárias do RGPS também é efetivada nos seguintes moldes:

Aposentadorias programáveis	• Ap. por tempo de contribuição; • Ap. por idade; • Ap. especial.
Benefícios de risco	• Aposentadoria pro invalidez • Auxílio-acidente; • Auxílio-doença;
Prestações decorrentes de encargos familiares	• Salário-maternidade • Salário-família
Benefícios devidos a dependentes	• Auxílio-reclusão • Pensão por morte

---

24 Cf. "Art. 7º São direitos dos trabalhadores urbanos e rurais, além de outros que visem à melhoria de sua condição social: (...) XXIV – aposentadoria."

EC n. 103/2019. Regime Geral de Previdência Social (*caput* do art. 201, CF)

A Proposta de Emenda à Constituição n. 6/2019 foi acompanhada da Exposição de Motivos n. 29/2019, que esclarece que a PEC não é medida única, uma vez que apresentadas outras medidas para tramitação na Casa Legislativa:

a) combate às fraudes e redução da judicialização, encaminhadas por meio da Medida Provisória n. 817, de 18 de janeiro de 2019, aprovada no Congresso Nacional, convolada na Lei 13.846, de 18 de junho de 2019; e

b) combate ao devedor contumaz e fortalecimento de cobrança da dívida ativa da União, cuja proposta foi encaminhada posteriormente à PEC e consta do Projeto de Lei n. 1.646/2019, ainda em tramitação na Câmara dos Deputados por ocasião da promulgação da EC n. 103/2019.

A PEC n. 6/2019 recebeu a alcunha de "PEC da Reforma da Previdência", pelo fato de concentrar forte atenção no art. 201 da Constituição Federal, com o fito de tornar mais rigorosos os ditames constitucionais de elegibilidade dos benefícios previdenciários.

A Nova Previdência traz regras de transição com o objetivo de atenuar o amargor daqueles que, despidos de direito adquirido, encontravam-se na iminência do preenchimento dos requisitos necessários à obtenção da prestação previdenciária na data da publicação da nova emenda constitucional (13-11-2019).

O ponto de partida da PEC n. 6/2019 com relação ao art. 201 é a modificação do seu *caput*.

Buscou-se alteração singela, mera substituição da expressão "a previdência social será organizada sob a forma de regime geral" por "o Regime Geral de Previdência Social", que ao fim no Congresso acabou definida nova redação, sem novidades, mas com redundância "a **previdência social** será organizada na forma de Regime Geral de **Previdência Social**":

CF/88 (redação anterior à promulgação da EC n. 103/2019)	PEC n. 6/2019 (redação original)	EC n. 103/2019
Art. 201. **A previdência social será organizada sob a forma de** regime geral, de caráter contributivo e de filiação obrigatória, observados critérios que preservem o equilíbrio financeiro e atuarial, e atenderá, **nos termos da lei**, a: (*Redação dada pela EC n. 20/98.*)	Art. 201. O Regime Geral de Previdência Social, de caráter contributivo e de filiação obrigatória, observados os critérios que preservem o equilíbrio financeiro e atuarial, atenderá a:	Art. 201. **A previdência social será organizada sob a forma** do Regime Geral de Previdência Social, de caráter contributivo e de filiação obrigatória, observados critérios que preservem o equilíbrio financeiro e atuarial, e atenderá, **na forma da lei**, a:

O termo *regime geral* inicialmente era restrito a textos infraconstitucionais (art. 9º, inciso I, da Lei n. 8.213/91), mas desde 1998 passou a ter *status* constitucional com a Reforma da Previdência de 1988, que deu nova redação ao art. 201, dispondo: "A previdência social será organizada sob a forma de regime geral".

Portanto, a primeira medida da PEC n. 6/2019 seria desfazer a alteração efetivada pela EC n. 20/98. A segunda modificação que seria realizada no *caput* do art. 201 era para retirar a expressão "nos termos da lei", pois a intenção era alterar a espécie normativa necessária para reger o Regime Geral, atualmente tratado em lei ordinária (Lei n. 8.213/91) para, nos termos daquela que seria a nova redação do § 1º do art. 201, o regramento sobre prestações previdenciárias ficar a cargo de lei complementar.

Porém, ainda na Câmara dos Deputados, a Comissão Especial na apresentação do SUBSTITUTIVO[25] excluiu as duas pretendidas modificações acima anunciadas, redigindo-se novo texto com a duplicidade das expressões "previdência social" no mesmo dispositivo legal, além de incluir a preposição acrescida do artigo definido masculino "do Regime Geral" quando o mais apropriado seria "de Regime Geral".

Cobertura dos eventos constitucionalmente definidos

Libertar o indivíduo da necessidade é a função precípua constitucional imposta à Previdência, esta, por sua vez, consiste num dos instrumentais jurídicos da Seguridade Social.

Os cidadãos que exerçam labor remunerado terão na Previdência Social o modelo de proteção hábil a atenuar o amargor dos dissabores da vida, denominados pela doutrina[26] riscos sociais.

O doutrinador hispânico Juan Antonio Maldonado Molina[27] bem demonstra as diferenças entre os termos da situação de proteção: o risco e a contingência. Risco é o estado potencial de sofrer um evento, futuro e incerto, cuja concretização não dependa exclusivamente da vontade do segurado. Verificado o risco social dá-se

---

25 Disponível em: <https://www.camara.leg.br/proposicoesWeb/prop_mostrarintegra? codteor=1764444&filename=Tramitacao-SBT+2+PEC00619+%3D%3E+PEC+6/2019>. Acesso em: 12 nov. 2019.

26 "A legislação social desde logo voltou-se para a proteção de determinadas espécies de riscos, cuja ocorrência traria desfalque patrimonial ao conjunto familiar do trabalhador, ou seja, a morte do segurado, ou a perda deste, por motivo de incapacidade laborativa, decorrente de doença, acidente e velhice. Contudo, o leque das atividades de amparo do Estado tornou-se mais amplo e abrangeu, em breve, certos eventos de que o seguro privado não cogitara, convencionando-se denominar riscos sociais." COIMBRA, José dos reis Feijó. *Direito previdenciário brasileiro*. 11. ed. Rio de Janeiro: Edições Trabalhistas, 2001, p. 17.

27 MOLINA. Juan Antonio Maldonado. *La protección de la vejez em España*. Valencia: Tirant lo Blanch, 2002, p. 37/38.

ensejo à necessidade social, consistente na perda ou insuficiência de rendas para o indivíduo. A contingência é definida como a atuação concreta do estado potencial de risco, em outras palavras, a materialização do risco (no seguro privado a concretização do risco denomina-se sinistro).

De relevo realçar, com a autoridade de Arnaldo Sussekind[28], que o seguro social não cobre apenas os riscos de natureza fisiológica, os de origem socioeconômica por igual constituem seu objeto.

Imperioso, assim, apresentar a classificação exposta na obra *Los Seguros Sociais Obligatorios em España, Madrid*, datada de 1947, de autoria de Carlos Posada, ordenando os riscos sociais em consonância à origem:

I) **patológica:** a) enfermidade, b) invalidez; c) o acidente do trabalho;

II) **biológica**: a) maternidade, b) velhice, c) morte;

III) **econômico-social**: a) desemprego involuntário, b) os excessivos encargos familiares, c) prisão.

A apólice constitucional assegura, no art. 201, inciso I, a cobertura dos eventos de origem patológica: doença e invalidez; e os de cunho biológico: morte e idade avançada.

EC n. 103/2019. Cobertura dos eventos de incapacidade temporária ou permanente para o trabalho (art. 201, inciso I, da CF). Pretensão governamental acolhida pelo Congresso Nacional

A PEC n. 6/2019 promoveu a substituição da nomenclatura "doença e invalidez" por "incapacidade temporária ou permanente para o trabalho", e ainda, excluiu o termo "morte". Essas alterações foram acolhidas pelo Congresso Nacional, sendo efetivamente alterado o texto constitucional pela EC n. 103/2019, que passou a dispor no inciso I:

CF/88 (redação anterior à promulgação da EC n. 103/2019)	EC n. 103/2019
Art. 201 [...] I – cobertura dos eventos de **doença, invalidez, morte** e idade avançada; (*Redação dada pela EC n. 20/98.*)	Art. 201 [...] I – cobertura dos eventos de **incapacidade temporária ou permanente para o trabalho** e idade avançada;

De fato, tecnicamente caminhou bem a Nova Previdência ao substituir as expressões "doença" e "invalidez", pois nem toda "doença" gera direito à cobertura

---

28 SUSSEKIND, Arnaldo. *A jurisprudência social brasileira*. Rio de Janeiro: Livraria Freitas Bastos, 1955, p. 34.

previdenciária. A proteção ao trabalhador, nessas hipóteses, é ativada a partir da constatação de perda ou esgotamento, parcial ou total, de maneira temporária ou definitiva, da capacidade laborativa.

As prestações previdenciárias vigentes na Lei de Benefícios (Lei n. 8.213/91) como aptas a satisfazer a necessidade social decorrente da incapacidade temporária ou permanente para o trabalho são: auxílio-doença, aposentadoria por invalidez e auxílio-acidente.

Insta assinalar que não se mostra apropriada a nomenclatura "auxílio-doença", mais adequada seria "auxílio por incapacidade laboral temporária".

A terminologia "auxílio-doença" traz dificuldades de compreensão aos leigos. A diferença do "auxílio-doença" para o "auxílio-acidente" é interpretada, com frequência, de forma irregular pelos neófitos no estudo da matéria (e pelos segurados da Previdência).

A confusão se estabelece pela ideia errônea que os nomes sugerem: "auxílio--doença" para segurados acometidos de doença e de "auxílio-acidente" para segurados vitimados por acidente, quando a bem da verdade, o auxílio-doença é devido a segurados temporariamente incapacitados para o trabalho, quer por motivo de doença, quer de acidente.

De outro flanco, o auxílio-acidente é devido a segurados que estejam "parcialmente" incapacitados, em caráter definitivo, em decorrência da consolidação de sequelas decorrentes de acidente de qualquer natureza (laboral ou não laboral) e, inclusive, de doenças profissionais ou do trabalho, como a disacusia prevista no § 4º do art. 86 da Lei n. 8.213 e na Súmula 44/STJ: Definição, em ato regulamentar, de grau mínimo de disacusia, não exclui, por si só, a concessão do benefício previdenciário.

Nova nomenclatura da aposentadoria por invalidez

Com o advento da Emenda Constitucional n. 103/2019 a tendência é a breve adequação da nomenclatura dos benefícios por incapacidade, e tanto isso é verdadeiro que a EC n. 103/2019 constitucionalizou nova denominação ao benefício de "aposentadoria por invalidez", batizado de "aposentadoria por incapacidade permanente" nos arts. 23 e 26 da emenda (e na nova redação do art. 40, § 1º, inciso I, da CF).

Curioso notar que no dia 12 de novembro de 2019, mesma data da promulgação da EC n. 103, houve a publicação da Medida Provisória n. 905, que ao fazer menção à base de cálculo do auxílio-acidente perdeu a oportunidade de utilizar a nova terminologia "aposentadoria por incapacidade permanente" para valer-se da expressão não adotada pela Emenda da Nova Previdência: "aposentadoria por invalidez".

Idade avançada (inciso I do art. 201, CF)

O mesmo inciso I do art. 201 garante proteção à idade avançada (origem biológica). Com relação à idade avançada não houve alteração com o advento da EC n. 103/2019.

Importante o registro quanto à nomenclatura contida na redação original do art. 201, antes da Emenda Constitucional n. 20, pois a proteção recaía sobre a "velhice".

O signo *velhice* está intimamente atrelado à ideia de senilidade[29], degeneração progressiva das faculdades físicas e psíquicas decorrentes do transcurso do tempo. O estigma da senilidade está associado à perda da capacidade laborativa, atraindo a presunção de invalidez. De outra toada, a expressão *idade avançada* atrai nova concepção do fenômeno em face da esperança de vida atual (a última etapa do ciclo vital situa-se na fase seguinte, a quarta idade), lastreado no conceito de ancianidade (este signo avoca acúmulo de experiência, não incapacidade), o intento constitucional é garantir o direito ao descanso (recompensa).

A retirada de pessoa plenamente capaz que atende ao requisito etário dá-se com intuito de recompensa e também de reciclagem do mercado de trabalho por questões de política de emprego (facilitando o acesso aos mais jovens).

Na reflexão sobre esse tema, idade avançada, convém anotar que por vezes a aposentadoria acarreta certo choque naquele que até deixa o convívio do ambiente de trabalho onde esteve há décadas.

O impacto decorrente da aposentadoria que pode abalar o psicológico do jubilado pode ser atenuado com o modelo espanhol da *jubilación parcial*[30] mecanismo de transição entre a vida ativa e a inativa, forma de amenizar o choque da cessação abrupta que decorre da concessão da aposentadoria, possibilitar ao jubilando organizar seu novo modelo de vida mediante a redução da jornada de trabalho e a um só tempo transmitir o *know-how* acumulado ao longo dos anos no exercício da atividade profissional ao novo ocupante da vaga.

No Brasil a legislação contempla na política nacional do idoso, desde 1994 (Lei n. 8.842, art. 10, IV, *c*), programas de preparação para aposentadoria (PPA) nos setores público e privado com antecedência mínima de dois anos antes do afastamento, para efeito de oportunizar estímulo a novos projetos sociais, conforme seus interesses, e de esclarecimento sobre os direitos sociais e de cidadania. Curiosamente, o Estatuto do Idoso (Lei n. 10.741/2003) reduz antecedência mínima do PPA para 1 (um) ano.

---

29 MOLINA. Op. cit., p. 42/45.
30 MOLINA. Op. cit., p. 83/84.

Por fim, a proteção à idade avançada no Brasil ainda se dá com faixas etárias diferenciadas entre homens e mulheres, a origem da diferenciação teve fundamento em ação afirmativa em favor do sexo feminino, que sofria preconceito no mercado de trabalho, e ainda pela dupla jornada de trabalho da mulher frente à responsabilidade pelos cuidados e educação dos filhos. A maior longevidade das mulheres associada à extinção dos preconceitos e a repartição dos deveres familiares com o companheiro tem sido causa mundial de afastamento dos privilégios etários ao sexo feminino.

EC n. 103/2019. Morte (inciso I do art. 201, CF). Hipótese excluída

Constava do inciso I do art. 201 o evento de origem biológica: morte. No entanto, a EC n. 103/2019 promoveu a exclusão desse vocábulo, sem com isso trazer qualquer dúvida com relação ao direito dos dependentes à proteção previdenciária quando ocorrer o passamento do segurado, uma vez que a pensão por morte está contemplada no inciso V do mesmo dispositivo constitucional.

Bastante claro ter ocorrido apenas a exclusão da redundância da proteção ao evento morte constante dos incisos I e V.

PEC n. 6/2019. Proteção à maternidade (inciso II do art. 201). Pretensão governamental rejeitada pelo Congresso Nacional

Dentre os eventos de cobertura previdenciária, há momentos de alegria conjugados com certa dose de dificuldade financeira, como ocorre na contingência definida no inciso II do art. 201, maternidade, na qual a parturiente fará jus a salário-maternidade (origem biológica). O mesmo decorre da percepção do salário-família (origem econômico-social, art. 201, IV).

> El riesgo es un acontecimiento infortunado la mayor parte de las veces: la enfermidad, la muerte (si se trata de um riesgo que afecte a la persona asegurada), el incêndio (si se trata de un bien material) [...] Em esos casos adopta el nombre de siniestro. Pero el calificativo de riesgo también puede aplicarse a acontecimentos venturosos: la supervivencia dela segurado, em casos del seguro de vida; el matrimonio, o el nacimiento de um hijo, em los seguros de nupcialildad o natalidad [...][31].

Na órbita internacional, o Decreto n. 58.820/66, promulga a Convenção n. 103 OIT sobre proteção à maternidade. No ano de 2000 a OIT editou a Convenção n. 183, tratado de que o Brasil ainda não é signatário.

---

31 DURAND, Paul. *La política contemporânea de segurid social*. Madrid: Ministério de Trabajo y Seguridad Social, 1991, p. 55.

A PEC n. 6/2019 colimava substituir a expressão "proteção à maternidade, especialmente à gestante" pelo nome do benefício pago pelo RGPS, ou seja, "salário-maternidade", uma vez que a legislação ordinária abrange na atualidade, não apenas proteção em caso de parto (mãe-biológica) como também nas situações de adoção, cabendo ainda anotar que a titularidade do salário-maternidade não é mais exclusividade da "segurada", uma vez que o direito ao segurado do sexo masculino (pai biológico na ocorrência de óbito da genitora, bem como no caso de adoção ou guarda judicial para fins de adoção de criança), gera direito a 120 dias de fruição do benefício, por força da Lei n. 12.873/2013.

Em nosso sentir, tecnicamente deveria constar do texto constitucional "proteção à maternidade e à adoção", adicionando nova nomenclatura da prestação previdenciária: "salário-parental" ou quiçá "auxílio-parental", simbologia que não traria constrangimento ao segurado do sexo masculino por ocasião da fruição do benefício por motivo de adoção de criança ou na ocorrência de óbito da esposa por ocasião do parto (respectivamente, arts. 71-A e 71-B da Lei n. 8.213/91), haja vista que o signo "salário-maternidade" tornou-se *old fashioned*.

A despeito da pretensão governamental lançada na PEC n. 6/2019, o Congresso Nacional recusou a alteração, mantendo o inciso II do art. 201 com a mesma redação atribuída pela Emenda Constitucional n. 20: "II – proteção à maternidade, especialmente à gestante".

Novidade. Maternidade. Reforma trabalhista. Novo fato gerador: gravidez de risco

A Lei n. 13.467/2017, deu nova redação ao art. 394-A, § 3º, da CLT (Consolidação das Leis Trabalhistas), estatuindo ampliação do direito previdenciário.

Assevera a norma trabalhista: "Quando não for possível que a gestante ou a lactante" [...] "exerça suas atividades em local salubre na empresa, a hipótese será considerada como **gravidez de risco** e ensejará a percepção de salário-maternidade, nos termos da Lei n. 8.213, durante todo o período de afastamento".

A inovação é de extrema importância, por trazer novo fato gerador do benefício de salário-maternidade.

Além do parto e da adoção, o art. 394-A da CLT prevê "gravidez de risco" como fato desencadeador do direito ao afastamento com a percepção de salário-maternidade, e aduz o não cabimento da limitação temporal de 120 dias.

Convém realçar que o direito a afastamento do trabalho quando houver constatação médica de gravidez de risco não é novidade, a inovação está na espécie do benefício deferível, que deixou de ser **auxílio-doença** (benefício limitável a valor-teto) para ser salário-maternidade (cujo valor **deve corresponder à remuneração integral**, art. 72 da Lei n. 8.213/91).

Em razão dessa autorização legal o prazo do salário-maternidade será ampliado, podendo ultrapassar os 120 dias fixados na Lei n. 8.213.

Judicialmente, os exemplos mais comuns são os que envolvem a comissária de bordo que, a partir do instante do resultado beta HCG positivo, a Regulamentação da Aviação Civil expedida pela Agencia Nacional da Aviação Civil (ANAC) dispõe:

> [...](d) A gravidez, durante seu curso, é motivo de incapacidade para exercício da atividade aérea, ficando automaticamente cancelada a validade do Certificados de Capacidade Física/Certificados Médicos Aeronáuticos (CCF/CMA). Depois do término da gravidez, a inspecionanda só poderá retornar às suas atividades normais após submeter- se à perícia médica específica numa Juntas Especiais de Saúde (JES).

Durante a gestação a empresa aérea não consegue remanejá-la para exercício de atividade salubre, situação na qual busca no Poder Judiciário a concessão do B/31. No entanto, a contar da vigência da Reforma Trabalhista terá direito à percepção de salário-maternidade antes do parto, diante do enquadramento como situação "gravidez de risco" que se tornou fato gerador do benefício.

Dentre as principais diferenças entre as espécies de prestação previdenciária, está o fato de que o salário-maternidade não encontra limitação a teto máximo contributivo ordinário do RGPS, tornando-o muito mais vantajoso às comissárias de bordo.

A mesma tessitura, por força do princípio da isonomia, deve ser atribuída à gestante que não exerça atividade insalubre, durante o lapso temporal impeditivo de trabalho classificado como gravidez de risco.

Cabe anotar que o Plenário do STF, por maioria de votos, julgou procedente a Ação Direta de Inconstitucionalidade (ADIn) 5.938 para declarar inconstitucionais trechos de dispositivos da Consolidação das Leis do Trabalho (CLT) inseridos pela Reforma Trabalhista (Lei n. 13.467/2017) que admitiam a possibilidade de trabalhadoras grávidas e lactantes desempenharem atividades insalubres em algumas hipóteses (mediante atestado médico específico).

Desemprego involuntário (inciso III do art. 201, CF)

Enquanto o princípio do pleno emprego não é concretizado na Ordem Econômica e Financeira, o art. 201, inciso III, garante a proteção ao trabalhador em situação de desemprego involuntário.

O estado de desemprego, como regra de caráter transitório, porém por vezes agravado nas fases recessivas do ciclo econômico, é, nas palavras sempre sábias de Miguel Horvath Junior[32], "a maior tragédia mundial porque atinge diretamente o indivíduo, destruindo a autoestima do trabalhador, induzindo-o ao crime, provoca destruição da família, sendo elemento desagregador da vida em sociedade".

---

32 HORVATH JUNIOR, Miguel. *Direito previdenciário*. 4. ed. São Paulo: Quartier Latin, 2004, p. 220.

Da leitura do art. XXV da Declaração Universal dos Direitos Humanos (1948) há expressa preocupação com a segurança social na hipótese de desemprego.

Na órbita do seguro social, a Convenção n. 102 da OIT traz a obrigatoriedade de a legislação interna contemplar prestações de desemprego.

No Brasil, a Carta outorgada em 1967, repleta de perfil autoritário (e a Emenda Constitucional n. 1/69, com *status* de Constituição outorgada), não obstante não focar a dignificação do ser humano, foi a primeira a constitucionalizar a expressão "seguro-desemprego" (a Constituição de 1946, art. 157, XV, fez referência de forma genérica à "assistência aos desempregados", enquanto a Constituição de 1967, no art. 158, XVI, referiu-se a seguro-desemprego).

A natureza jurídica do seguro-desemprego é de benefício previdenciário[33], direito pessoal e intransferível do trabalhador que, como regra, não é administrado pelo INSS, tendo por exceção o seguro-desemprego devido ao segurado especial pescador artesanal durante o período de defeso (art. 2º da Lei n. 10.779/2003, com redação dada pela Lei n. 13.134/2015).

O benefício do seguro-desemprego será concedido ao trabalhador desempregado, conforme previsto na Lei n. 7.998/90, com as alterações efetivadas pela Lei n. 13.134/2015.

Com o advento da Emenda Constitucional n. 72/2013, que deu nova redação ao parágrafo único do art. 7º da CF, aos trabalhadores domésticos foram assegurados novos direitos, dentre eles seguro-desemprego, em caso de desemprego involuntário (art. 7º, II, CF).

A legislação prevê, ainda, direito a seguro-desemprego ao trabalhador resgatado da condição análoga à de escravo, em decorrência de ação de fiscalização do Ministério do Trabalho (Lei n. 10.608, de 20-12-2002).

Novidade. Medida Provisória n. 905, publicada em 12 de novembro de 2019

Na mesma data da promulgação da Nova Previdência houve a publicação da Medida Palaciana n. 905, festejada com o título "Contrato de Trabalho Verde e Amarelo", trazendo novidades não apenas no campo trabalhista mas também na seara previdenciária.

---

33 A natureza jurídica de benefício previdenciário está pacificada pelo Parecer Conjur/MTE/n. 256/2010, relativo ao Processo n. 47625.000214/2010-82, acolhido pelo Advogado-Geral da União, e também pela jurisprudência: *Vide* Proc. 0009564-65.2010.4.03.6100, TRF-3, Ementa: "III – O seguro-desemprego consta do rol dos benefícios a serem pagos pela Previdência Social, nos termos do art. 201, inciso III, da Constituição Federal. Assim, nada obstante estar elencado entre os direitos do trabalhador (art. 7º, II, da CF), tem nítido caráter previdenciário. Malgrado isso, houve em 2019 a publicação do Parecer n. 00003/2019/CCONTBEN/PFE-INSS-SEDE/PGF/AGU, colimando retirar a natureza jurídica de benefício previdenciário do seguro-desemprego.

Por força da MP n. 905, considera-se salário de contribuição a parcela mensal do seguro-desemprego de que tratam as Leis n. 7.998/90 e 10.779/2003.

Incumbe à Secretaria Especial de Previdência e Trabalho do Ministério da Economia a retenção da contribuição previdenciária incidente sobre a parcela mensal do Seguro-Desemprego, bem como o consequente recolhimento do valor arrecadado ao Fundo do RGPS

A incidência do custeio torna o beneficiário do seguro-desemprego segurado obrigatório da Previdência Social durante os meses de percepção do benefício, computando-se o período de recolhimento como tempo de contribuição para efeito de concessão de benefícios previdenciários.

A partir do advento da MP n. 905, apenas duas espécies de benefícios previdenciários são passíveis de incidência de contribuição previdenciária: o salário-maternidade e o seguro-desemprego.

Importante registrar que o período de graça de 12 meses, previsto no inciso II do art. 15 da Lei n. 8.213, somente passa a fluir no momento em que o segurado deixar de receber o benefício do seguro-desemprego. Sem descurar da prorrogação prevista no § 2º do art. 15 da Lei de Benefícios, e da jurisprudência do STJ que admite prova de desemprego inclusive por prova testemunhal (STJ, Incidente de Uniformização de Interpretação de Lei Federal Pet 7.115/PR).

PEC n. 6/2019. Salário-família e auxílio-reclusão (inciso IV do art. 201, CF). Pretensão governamental rejeitada pelo Congresso Nacional

Alicerçada no princípio da seletividade e distributividade na prestação dos benefícios (inciso III do parágrafo único do art. 194 da CF/88) a EC n. 20/98, restringiu a concessão do salário-família, sendo devido apenas aos segurados de baixa renda e do auxílio-reclusão, cabível unicamente em prol dos dependentes dos segurados de baixa renda.

Salário-família é benefício previdenciário de periodicidade mensal, que não exige o requisito carência, pago em cota(s) conforme a quantidade de filhos até 14 anos ou inválidos, em prol de segurado de baixa renda, administrado pelo INSS com pagamento operacionalizado, conforme o caso, pela empresa ou pelo empregador doméstico (novidade: Lei Complementar n. 150/2015).

O auxílio-reclusão, benefício previdenciário administrado pelo INSS, que exige a título de carência o prévio recolhimento de 24 (vinte e quatro) contribuições previdenciárias, será devido, nas mesmas condições da pensão por morte, aos dependentes do segurado de baixa renda recolhido à prisão em regime fechado que não receber remuneração da empresa nem estiver em gozo de auxílio-doença, de pensão por morte, de salário-maternidade, de aposentadoria ou de abono de permanência em serviço.

214

O art. 13 da EC n. 20/98, fixou o conceito de baixa renda, para efeito de percepção de salário-família e de auxílio-reclusão, no valor da renda bruta mensal igual ou inferior a R$ 360,00 (trezentos e sessenta reais).

Durante a tramitação da PEC que deu ensejo à EC n. 20/98, o salário mínimo correspondia a R$ 120,00, tendo, por corolário lógico, estabelecido o critério de baixa renda no valor equivalente a 3 (três) salários mínimos.

Porém, expressamente o art. 13 da Reforma de 1998 consagrou que a atualização da quantia qualificadora do critério de baixa renda fosse feita pelos mesmos índices aplicados aos benefícios do RGPS (reajuste), de modo a resultar no ano de 2019 na quantia de R$ 1.364,43 (um mil trezentos e sessenta e quatro reais e quarenta e três centavos), valor muito distante de 3 (três) salários mínimos e bastante próximo à cifra de 1 salário mínimo: R$ 998,00 (novecentos e noventa e oito reais).

Com a PEC n. 6/2019 pretendeu-se a substituição no inciso IV do art. 201 da expressão "segurados de baixa renda" por "segurado que receba rendimento mensal de até um salário mínimo". Ocorre que, como visto, a caracterização do segurado como de baixa renda já está bem próxima ao salário mínimo e, a seguir o ritmo dos índices de reajustamento, provavelmente irá o critério definidor da baixa renda se situar no piso mínimo daqui a pouco anos:

PERÍODO	Baixa Renda (R$)	Normativo	Valor do salário mínimo	Baixa renda quantidade de sm
A partir de 1º-1-2019	1.364,43	Portaria ME n. 9, 15-1-2019	R$ 998,00	= 1,37 sm
A partir de 1º-1-2018	1.319,18	Portaria MF n. 15, 16-1-2018	R$ 954,00	= 1,38 sm
A partir de 1º-1-2017	1.292, 43	Portaria n. 8, de 13-1-2017	R$ 937,00	= 1,38 sm
A partir de 1º-1-2016	1.212,64	Portaria n. 1, de 8-1-2016	R$ 880,00	= 1,38 sm
A partir de 1º-1-2015	1.089,72	Portaria n. 13, de 9-1-2015	R$ 788,00	= 1,38 sm
A partir de 1º-1-2014	1.025,81	Portaria n. 19, de 10-1-2014	R$ 724,00	= 1,42 sm
A partir de 1º-1-2013	971,78	Portaria n. 15, de 10-1-2013	R$ 678,00	= 1,43 sm
A partir de 1º-1-2012	915,05	Portaria n. 02, de 6-1-2012	R$ 622,00	= 1,47 sm
A partir de 1º-1-2011	862,60	Portaria n. 407, de 14-7-2011	R$ 545,00	= 1,58 sm
A partir de 1º-1-2010	810,18	Portaria n. 333, de 29-6-2010	R$ 540,00	= 1,50 sm

PERÍODO	Baixa Renda (R$)	Normativo	Valor do salário mínimo	Baixa renda quantidade de sm
A partir de 1º-2-2009	752,12	Portaria n. 48, de 12-2-2009	R$ 510,00	= 1,47 sm
A partir de 1º-3-2008	710,08	Portaria n. 77, de 11-3-2008	R$ 465,00	= 1,53 sm
A partir de 1º-4-2007	676,27	Portaria n. 142, de 11-4-2007	R$ 415,00	= 1,63 sm
A partir de 1º-8-2006	654,67	Portaria n. 342, de 17-8-2006	R$ 380,00	= 1,72 sm
A partir de 1º-5-2005	623,44	Portaria n. 822, de 11-5-2005	R$ 350,00	= 1,78 sm
A partir de 1º-5-2004	586,19	Portaria n. 479, de 7-5-2004	R$ 300,00	= 1,95 sm
A partir de 1º-6-2003	560,81	Portaria n. 727, de 30-5-2003	R$ 260,00	= 2,16 sm
A partir de 1º-6-2002	468,47	Portaria n. 525, de 29-5-2002	R$ 240,00	= 1,95 sm
A partir de 1º-6-2001	429,00	Portaria n. 1.987, de 4-6-2001	R$ 200,00	= 2,15 sm
A partir de 1º-6-2000	398,48	Portaria n. 6.211, de 25-5-2000	R$ 180,00	= 2,21 sm
A partir de 1º-5-1999	376,60	Portaria n. 5.188, de 6-5-1999	R$ 151,00	= 2,49 sm
A partir de 16-12-1998	360,00	Portaria n. 4.883, de 16-12-1998	R$ 136,00	= 2,65 sm

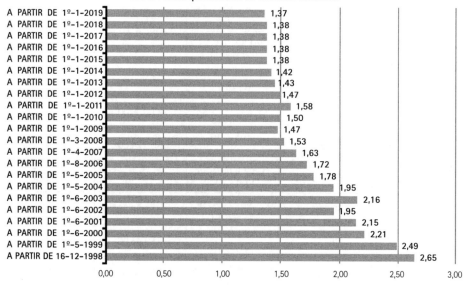

Baixa renda quantidade de salários mínimos

Diante desse cenário, o Substitutivo[34] apresentado na Câmara excluiu a alteração do inciso IV do art. 201 pretendida pelo Governo, sob a seguinte justificativa:

> Em relação à alteração proposta para os benefícios do auxílio-reclusão e do salário-família, o substitutivo suprime a alteração do inciso IV do art. 201 da CF. Trata-se de benefícios garantidos a pessoas de baixa renda, cujos parâmetros constam no art. 13 da Emenda Constitucional n. 20/98, e atendem pessoas com renda mensal de até R$ 1.364,43. O impacto financeiro, caso o direito a estes benefícios seja garantido apenas para quem ganha até um salário mínimo, é inexpressivo para a Previdência Social, mas terá grande repercussão para cada beneficiário que deixará de contar com a renda em questão.
>
> No caso do auxílio-reclusão, é importante lembrar que se faz referência a um benefício que não se destina ao preso, mas aos seus dependentes. Assim, o substitutivo determina a revogação do art. 13 da EC n. 20/98, ao mesmo tempo em que consagra o valor da renda nele referenciado, já atualizado.

Auxílio-reclusão e salário-família. Critério baixa renda. Arts. 27 e 35 da EC n. 103/2019

O art. 35 da EC n. 103/2019 revoga o art. 13 da Emenda da Reforma de 1998, que assim dizia (art. 13, EC n. 20/98):

> Até que a lei discipline o acesso ao salário-família e auxílio-reclusão para os servidores, segurados e seus dependentes, esses benefícios serão concedidos apenas àqueles que tenham renda bruta mensal igual ou inferior a R$ 360,00 (trezentos e sessenta reais), que, até a publicação da lei, serão corrigidos pelos mesmos índices aplicados aos benefícios do regime geral de previdência social.

Houve a constitucionalização no art. 27 da EC n. 103/2019 do valor definidor do critério de baixa renda, do valor da cota do salário-família e do valor máximo do auxílio-reclusão, adotando-se a quantia prevista na Portaria do Ministério da Economia n. 9, de 15 de janeiro de 2019, e mantido o critério de reajustamento como forma de atualização:

> **Art. 27.** Até que lei discipline o acesso ao salário-família e ao auxílio-reclusão de que trata o inciso IV do art. 201 da Constituição Federal, esses benefícios serão concedidos apenas àqueles que tenham renda bruta mensal igual ou inferior a R$ 1.364,43 (mil trezentos e sessenta e quatro reais e quarenta e três centavos), que serão corrigidos pelos mesmos índices aplicados aos benefícios do Regime Geral de Previdência Social.

---

34 Disponível em: <https://www.camara.leg.br/proposicoesWeb/prop_mostrarintegra?codteor=17 64444&filename=Tramitacao-SBT+2+PEC00619+%3D%3E+PEC+6/2019>. Acesso em: 12 nov. 2019.

O art. 27 da Reforma/2019 trouxe os contornos necessários à definição do signo *baixa renda*, adjetivando essa expressão àqueles que, à época da emenda, tenham renda bruta mensal igual ou inferior a R$ 1.364,43, montante reajustável periodicamente pelos mesmos índices dos demais benefícios previdenciários.

Com relação ao auxílio-reclusão, vale recordar o mesmo questionamento efetivado por ocasião da estreia do art. 13 da EC n. 20/98. Imperioso indagar qual a razão da alteração da norma constitucional (art. 201, IV, pela EC n. 20/98), ao garantir a concessão do auxílio-reclusão unicamente aos "dependentes de segurados de baixa renda".

Para melhor reflexão, considere-se duas situações. A primeira (caso "A"), de segurado que percebe remuneração de R$ 5.839,45, valor teto no ano de 2019. Possui dois filhos menores (de 4 e 5 anos, p.ex.), que não possuem fonte de renda própria, sendo as crianças totalmente dependentes da renda do pai-segurado.

Outra situação (caso "B") é a de segurado casado sem filhos. O cônjuge varão (alvo de nosso exemplo) percebe remuneração equivalente a um salário mínimo, ao passo que sua esposa trabalha e recebe rendimentos equivalentes ao teto de R$ 5.839,45. Possui a esposa, sem dúvida alguma, presunção legal de dependência (art. 16, § 4º, Lei de Benefícios), mas efetivamente ao invés de receber ajuda financeira do marido--segurado, a cônjuge virago contribui em proporção maior para o sustento do lar.

Apresentados os exemplos, ainda por hipótese, acrescente-se o recolhimento à prisão dos segurados nos dois casos acima delineados (do pai na primeira hipótese e do marido no segundo caso), cessará, evidentemente, o pagamento de salário por parte da empresa-empregadora em ambas as situações. Ficando, assim, o segurado, e por conseguinte, os dependentes privados do rendimento que antes do recolhimento à prisão ele auferia.

Por corolário lógico, no primeiro caso, o INSS irá indeferir o requerimento de auxílio-reclusão, uma vez que o ente público considera a renda do "segurado" para fins do enquadramento como de baixa renda. Por outro lado, haverá a concessão administrativa em prol da esposa, pouco importando que ela tenha renda mensal equivalente ao teto máximo da previdência, posto que apenas a remuneração do marido (de 1 salário mínimo) é levada em consideração.

No caso "A", crianças ficarão sem nenhum benefício previdenciário a lhes garantir a subsistência enquanto o genitor estiver no cárcere. Questiona-se, o que justifica negar o auxílio-reclusão no primeiro caso às duas crianças (deixando-as ao desamparo) e por que conceder a dependentes (como no segundo caso, à esposa que trabalha e terá condição financeira suficiente à subsistência mensal) que possuem meio suficiente ao sustento próprio?

A negativa funda-se tão só na redação atribuída ao art. 201, inciso IV, da Lei das Leis. Nada mais além da aplicabilidade do indigesto brocardo *dura lex sed lex*.

O mais correto seria o intérprete efetuar uma leitura mais detida ao art. 27 da EC de 2019, para questionar se foi realmente isso que desejou o constituinte derivado reformador.

Ao efetivar a leitura exclusivamente nas palavras contidas no art. 27 da Emenda Constitucional n. 103: o acesso ao salário-família e ao auxílio-reclusão de que trata o inciso IV do art. 201 da Constituição Federal, somente **será concedido àqueles** que tenham renda bruta mensal igual ou inferior a R$ 1.364,43 [...]".

Diz a norma que esses benefícios (salário-família e auxílio-reclusão) serão concedidos apenas "àqueles", mas quem seriam "àqueles"? No caso em apreço, auxílio-reclusão, temos que ele somente é concedido a dependentes (art. 18, II, *b*, da LB). Significa dizer: quando o art. 27 diz que esse benefício, auxílio-reclusão, será concedido apenas "àqueles", a única substituição admissível desse termo será valendo-se da expressão "dependentes", alteração que não acarreta prejuízo da ideia transmitida no texto. Importante observar o descabimento da troca de "àqueles" pela palavra "segurado", justamente porque o auxílio-reclusão não é concedido ao segurado, mas sim ao dependente.

A fórmula linguística adotada no art. 27 acomoda, com sucesso na transmissão de ideias, duas frases:

- salário-família será concedido **apenas aos segurados** que tenham renda bruta mensal igual ou inferior a R$ 1.364,43;
- auxílio-reclusão será concedido **apenas aos dependentes** que tenham renda bruta mensal igual ou inferior a R$ 360,00.

Sintetizados numa única frase: "esses benefícios serão concedidos apenas àqueles que tenham renda bruta mensal igual ou inferior a R$ 1.364,43".

Dessa interpretação decorre que a aferição do critério baixa renda, em se tratando de auxílio-reclusão, não deveria ser efetivada com a remuneração percebida pelo segurado, mas sim, saber se os dependentes se enquadram no critério da baixa renda (em outros termos, saber se os dependentes realmente necessitam da proteção social).

A interpretação demonstra-se claramente mais coerente com a finalidade previdenciária, uma vez que o INSS somente concederá auxílio-reclusão àqueles que realmente precisem do benefício, que seriam dependentes sem renda alguma (como no caso "A", filhos menores), exclusos os dependentes que tiverem rendimento que permita vida digna.

Seria a correta aplicação do princípio da seletividade, inserto no art. 194, inciso III, da CF, que pressupõe a concessão de benefícios aos que realmente necessitam, e com isso mais próxima estará a justiça social.

No entanto, no passado o Colendo STF, por seu Tribunal Pleno, ao deliberar sobre o (agora revogado) art. 13 da EC n. 20/98, reconheceu a existência de repercussão geral no tema ora apresentado, por intermédio do Recurso Extraordinário n. 587.365-0, no qual se questionava saber qual renda deveria ser considerada para fins de caracterização da "baixa renda" exigida pelo texto constitucional no art. 201, inciso IV, se a renda do segurado por ocasião da reclusão ou a do dependente.

O guardião Supremo do texto constitucional, pelo seu órgão Plenário, apreciou os Recursos Extraordinários n. 486.413 e 587.365, aos 25 de março de 2009, tendo, por maioria de votos, e nos termos do voto do relator, dado provimento aos recursos extraordinários apresentados pela autarquia previdenciária, para assentar que a renda a ser aferida para efeito da concessão do benefício de auxílio--reclusão **é a do segurado**, prevalecendo, assim, os dizeres literais do art. 201, inciso IV, da Constituição.

Recentemente, por força da Lei n. 13.846, de 18 de junho de 2019 (fruto da conversão da MP n. 871, de 18-1-2019), foi alterado o art. 80 da Lei n. 8.213 para constar o cabimento de auxílio-reclusão apenas se comprovado ser o "segurado" trabalhador de baixa renda.

Outra polêmica ao redor do critério baixa renda restou apreciada pelo STJ, que em sede de multiplicidade de recursos, Tema 896, firmou a Tese:

> Para a concessão de auxílio-reclusão (art. 80 da Lei n. 8.213/91), o critério de aferição de renda do segurado que não exerce atividade laboral remunerada no momento do recolhimento à prisão é a ausência de renda, e não o último salário de contribuição.

O entendimento do STJ afastou os dizeres do Decreto Federal n. 3.048/99, que no art. 116 determina a caracterização como segurado de baixa renda "desde que o seu **último** salário de contribuição seja inferior ou igual a R$...", assim, pela norma administrativa, se o preso estava desempregado, dever-se-ia retroceder no tempo até encontrar o valor do último salário de contribuição.

Para compreender a diferença prática decorrente de cada um dos entendimentos, considere um gerente de banco com remuneração mensal de vinte mil reais que tenha perdido o emprego em janeiro de 2018, desempregado há 4 meses é preso (no período de graça, art. 15 da Lei n. 8.213/91). Pelos termos do Decreto Federal n. 3.048 os seus dependentes não têm direito ao auxílio-reclusão, porque com base no "último salário de contribuição" o preso não é caracterizado como segurado de baixa renda, ao passo que nos termos da Tese n. 896 firmada pelo STJ, esses dependentes teriam direito ao benefício, pois estava desempregado no mês da prisão a significar inexistência de renda, enquadrando-se assim como segurado de baixa renda.

Para contornar o entendimento jurisprudencial trazido pelo STJ no Tema n. 896, houve a edição de Medida Palaciana sob o n. 871, de 18 de janeiro de 2019, convertida na Lei n. 13.846, de 18 de junho de 2019, que, dando nova redação à Lei n. 8.213, trouxe a forma de aferição do critério baixa renda, estabelecendo que a "aferição da renda mensal bruta para enquadramento do segurado como de baixa renda ocorrerá pela média dos salários de contribuição apurados no período de 12 (doze) meses anteriores ao mês do recolhimento à prisão" (art. 80, § 4º, Lei n. 8.213/91).

Valor do salário-família. Art. 27, § 2º, EC n. 103/2019

A Portaria n. 9 do Ministério da Economia contempla duas possibilidades de valor de cota do salário-família:

a) **R$ 46,54**, para o segurado com remuneração mensal não superior a R$ 907,77;

b) **R$ 32,80**, para o segurado com remuneração mensal superior a R$ 907,77 e inferior ou igual a R$ 1.364,43.

A partir de 2020 o salário-família será concedido em cota única, uma vez que não recepcionada a cota inferior de R$ 32,80, posto que reza a norma de eficácia contida do § 2º do art. 27 da Emenda da Nova Previdência que até que lei discipline o valor do salário-família, de que trata o inciso IV do art. 201 da Norma Suprema, ele será de R$ 46,54 (quarenta e seis reais e cinquenta e quatro centavos).

Valor máximo do auxílio-reclusão. Art. 27, § 1º, EC n. 103/2019

A norma de eficácia contida alocada no art. 27, § 1º, firma que até que lei discipline o valor do auxílio-reclusão, seu cálculo será realizado na forma daquele aplicável à pensão por morte, **não podendo exceder a 1 (um) salário mínimo.**

A parte final do § 1º do art. 27 fixa a limitação máxima do valor do auxílio--reclusão, no importe exato de 1 salário mínimo.

Por outro lado o § 2º do art. 201 traz a garantia de que nenhum benefício de natureza substitutiva do rendimento do trabalho terá valor mensal inferior ao salário mínimo, regra aplicável aos benefícios previdenciários: aposentadorias, auxílio--doença, salário-maternidade, pensão por morte e auxílio-reclusão, excluídos tão só auxílio-acidente e salário-família, por não terem caráter substitutivo do rendimento do trabalho.

Nesse caminhar, o auxílio-reclusão possui valor máximo estabelecido no art. 27, § 1º, da EC n. 103/2019 e também valor mínimo (art. 201, § 2º, CF), ambos de 1 salário mínimo. Fácil concluir ter o valor do auxílio-reclusão sido fixado no importe exato de 1 salário mínimo.

Na mesma moldagem da pensão por morte, havendo mais de um dependente, o auxílio-reclusão será partilhado em cotas, podendo o valor da cota ser abaixo de 1 salário mínimo, porque a garantia constitucional do art. 201, § 2º, aplica-se ao valor integral do benefício, ou seja, a somatória de todas as cotas sempre deverá corresponder ao salário mínimo.

PEC n. 6/2019. Pensão por morte e o valor mínimo (inciso V do art. 201, CF). Pretensão governamental rejeitada pelo Congresso Nacional

Quando se fizer notar a cessação de renda por motivo de morte (origem biológica, art. 201, V, da CF/88) protegidos estarão os respectivos dependentes pelo benefício de pensão por morte.

De relevo observar que expressamente o texto constitucional relaciona como beneficiário de pensão por morte o cônjuge (homem ou mulher) ou companheiro(a) e demais dependentes (contemplados em lei).

O inciso V do art. 201 traz atrelamento do benefício de pensão por morte ao § 2º do art. 201, tratando-se de importante garantia, pois consagra que nenhum benefício que substitua o salário de contribuição ou o rendimento do trabalho do segurado terá valor mensal inferior ao salário mínimo, regra aplicável à pensão por morte não apenas em decorrência da referência contida no inciso V do art. 201, como também pelo fato de ser benefício de natureza substitutiva, pois com o passamento do segurado deixa de existir a renda decorrente do trabalho que o *de cujus* recebia enquanto vivo, sendo da essência do benefício de pensão a proteção social no momento de perda de rendimentos.

No entanto, colimava o Governo com a PEC n. 6/2019 a exclusão da parte final do inciso V do art. 201 ("observado o disposto no § 2º"), porém referida modificação não encontrou acolhida no Congresso Nacional, tendo ocorrido a retirada no Senado Federal dessa alteração prevista na PEC n. 6/2019, sob a seguinte justificativa:

> A garantia de salário mínimo é um direito social previsto em nossa Carta Magna (inciso IV do art. 7º). Desta forma, entendemos que quando a pensão por morte for a única renda auferida pelo beneficiário não poderá haver a desvinculação deste benefício do salário mínimo, razão pela qual é promovida alteração no inciso V do art. 201 da CF.

Felizmente, o mínimo social foi mantido, a garantia constitucional de a pensão por morte não poder apresentar valor aquém do salário mínimo.

Para afugentar eventual dúvida, havendo mais de um pensionista haverá a divisão do benefício em cotas, podendo ostentar valor inferior ao salário mínimo. A garantia contida no § 2º do art. 201 é para o valor total do benefício de pensão, o que significa dizer que a soma de todas as cotas deve oportunizar ao menos a quantia de 1 salário mínimo, nunca menos.

Pensão por morte. Esposa e companheira (inciso V do art. 201, CF)

Desde a primeira Lei de Previdência[35], apelidada de Lei Eloy Chaves (Decreto n. 4.682[36], de 24-1-1923) a esposa[37] é beneficiária de pensão por morte.

A Lei Orgânica da Previdência (LOPS – Lei n. 3.807/60) contemplava no art. 11 a "esposa" como dependente da classe I:

Art. 11. Consideram-se dependentes do segurado, para os efeitos desta lei:

I – a esposa, o marido inválido, os filhos de qualquer condição quando inválidos ou menores de 18 (dezoito) anos, as filhas solteiras de qualquer condição, quando inválidas ou menores de 21 (vinte e um) anos.

A qualidade de dependente da "companheira", ao lado da esposa, constou das leis previdenciárias que sucederam a LOPS, mais precisamente no Decreto-lei n. 66, de 21 de novembro de 1966, se fez acrescentar o § 4º ao art. 11 da LOPS, admitindo, na ausência de casamento civil, efeitos previdenciários ao casamento religioso:

Não sendo o segurado civilmente casado, considerar-se-á tacitamente designada a pessoa com que se tenha casado segundo rito religioso, presumindo-se feita a declaração prevista no parágrafo anterior.

A Lei n. 5.890/73, alterando a redação do art. 11 da LOPS, autorizou a inserção da companheira, mantida há mais de 5 (cinco) anos, no rol de dependentes, ao lado da esposa.

O Decreto n. 77.077/76[38], que expediu a Consolidação das Leis da Previdência Social (CLPS/76), consignou a esposa e a companheira no art. 13:

Consideram-se dependentes do segurado, para os efeitos desta Consolidação:

I – a esposa, o marido inválido, a companheira mantida há mais de 5 (cinco) anos, os filhos de qualquer condição menores de 18 (dezoito) anos ou inválidos e as filhas solteiras de qualquer condição menores de 21 (vinte e um) anos ou inválida.

---

35 Disponível em: <https://www12.senado.leg.br/noticias/especiais/arquivo-s/primeira-lei-da--previdencia-de-1923-permitia-aposentadoria-aos-50-anos>. Acesso em: 12 nov. 2019.

36 Disponível em: <https://www2.camara.leg.br/legin/fed/decret/1920-1929/decreto-4682--24-janeiro-1923-538815-publicacaooriginal-90368-pl.html>. Acesso em: 12 nov. 2019.

37 Lei Eloy Chaves.

"Art. 26. No caso de falecimento do empregado aposentado ou do activo que contar mais de 10 annos de serviços effectivos nas respectivas emprezas, poderão a viuva ou viuvo invalido, os filhos e os paes e irmãs emquanto solteiras, na ordem da successão legal, requerer pensão a caixa creada por esta lei."

38 Decreto confeccionado em atenção ao art. 6º da Lei n. 6.243/75.

O Decreto n. 89.312/84, que expediu nova edição da Consolidação das Leis da Previdência Social (CLPS/84), por igual, arrolou a companheira ao lado da esposa.

Portanto, até o advento do Decreto-lei n. 66, do ano de 1966, a companheira do segurado da previdência não possuía direito à pensão por morte. A partir de 21 de novembro de 1966 (Decreto-lei n. 66) o casamento religioso, na ausência de esposa, autorizava o enquadramento da companheira como dependente tacitamente designada pelo segurado, com direito à pensão por morte.

Desde o ano de 1973, com a edição da Lei n. 5.890, de 08 de julho, a companheira, mantida há mais de cinco anos, passou a ser arrolada, ao lado da esposa, como dependente do segurado, auferindo os direitos imanentes a essa condição. Nesse exato sentido é a decisão monocrática proferida pelo Ministro Félix Fischer, no REsp 599.973, decisão publicada no *DJU* de 29 de março de 2005.

No âmbito acidentário, a figura da "companheira" havia sido contemplada no Decreto-lei n. 7.036/44, que impunha ao empregador o dever de indenizar o acidentado e seus dependentes pelo infortúnio sofrido. O art. 21, parágrafo único, desse decreto-lei dispunha que a companheira mantida pela vítima teria os mesmos direitos do cônjuge legítimo, caso este não existisse ou não tivesse direito ao benefício, desde que houvesse sido declarada como beneficiária na carteira profissional, no registro de empregados, ou em qualquer outro ato solene de declaração de vontade do acidentado.

A Lei n. 5.316/67 atribuiu à Previdência Social o pagamento de benefícios acidentários, considerando dependentes aqueles contidos na LOPS, que desde o Decreto-lei n. 66 permitia o enquadramento tácito da mulher casada no religioso como dependente designada pelo segurado, se este não fosse casado no cível. A Lei n. 6.367/76, que revogou a Lei n. 5.316, tratou dos benefícios acidentários, e, por igual, valia-se do conceito de dependentes extraído da Lei n. 5.890/73, de companheira mantida há mais de 5 anos.

Pensão por morte. Marido (e companheiro) como dependente (inciso V do art. 201, CF)

O marido, por ostentar historicamente a posição de provedor da família, não era enquadrado como dependente da esposa nas leis previdenciárias anteriores à Lei n. 8.213/91.

A Lei n. 3.807/60 (Lei Orgânica da Previdência Social – LOPS), em seu art. 11 arrolava dentre os dependentes da classe I, ao lado da esposa, companheira e filhos, apenas o "marido inválido".

A figura do companheiro não era prevista, ainda que portador de invalidez total. O ordenamento jurídico pátrio não contemplava como dependente nem o marido apto ao trabalho, nem o companheiro, este ainda que inválido.

A Lei n. 7.010/82 acrescentou ao art. 11 da LOPS, o "marido desempregado", na qualidade de dependente da esposa ou companheira segurada do Instituto Nacional da Previdência Social (INPS), para efeito de obtenção exclusivamente de assistência médica, não para benefícios previdenciários (sem direito, assim, a pensão por morte).

Pensão por morte. Norma de eficácia plena (inciso V do art. 201, CF)

A compreensão do Poder Público foi no sentido de que a equiparação entre homem e mulher traduzida no princípio da igualdade, assinalada no dispositivo do Texto Maior (art. 201, V), não detinha eficácia imediata, com a justificativa de ausência de prévia fonte de custeio para o incremento dessa despesa.

Considerada pelo Poder Executivo a regra do art. 201, V, da CF como norma de eficácia limitada, o mandamento constitucional não surtiria efeito enquanto não houvesse a edição de lei capaz de lhe atribuir os contornos necessários acerca do financiamento dessa extensão do rol de contemplados à pensão por morte.

Nos moldes traçados pela Administração Pública, somente passou a ser exercitável o inciso V do art. 201 da CF a partir das Leis n. 8.212 e 8.213, ambas de julho de 1991, em atenção ao art. 195, § 5º, da Constituição.

De modo que óbitos de seguradas ocorridos entre 5 de outubro de 1988 (CF/88) e 4 de abril de 1991 (eficácia da Lei n. 8.213/91, art. 145) não autorizaram a concessão de pensão por morte.

Essa foi a conclusão ofertada pelo Plenário do Supremo Tribunal Federal no Recurso Extraordinário no 204.193, rel. Min. Carlos Velloso, j. 30-5-2001, Tribunal Pleno.

No ano de 2007, o Plenário do Colendo STF (no julgamento do RE n. 385.397-AgR, rel. Min. Sepúlveda Pertence) reuniu-se novamente em torno dessa questão e apresentou conclusão diversa, assegurando, em novo entendimento, direito à pensão por morte desde a promulgação da Constituição Federal de 1988 em prol do cônjuge do sexo masculino, bem como do companheiro.

Considerada norma de eficácia plena, e considerando o brocardo jurídico, *tempus regit actum*, óbitos de segurada no interregno entre a promulgação da CF/88 e a eficácia da Lei n. 8.213/91, geram direito, desde a data do falecimento, ao benefício de pensão, não havendo falar-se em decadência (art. 103 da Lei n. 8.213/91) para requerer benefício, mas apenas a sujeição das prestações em atraso ao prazo de um lustro a título de prescrição.

Pensão por morte. Companheirismo homossexual (inciso V do art. 201, CF)

A relação homoafetiva não era contemplada com direito a pensão por morte perante o INSS, que fundamentava o indeferimento com arrimo no conceito de família insculpido pela Constituição Federal, que considera apenas a advinda:

1. do casamento[39];
2. da união estável entre o homem e a mulher;
3. da comunidade formada por qualquer dos pais e sua respectiva prole, mono-parental.

Não abria possibilidade a Constituição Federal à união entre pessoas de mesmo sexo, razão pela qual a Administração Pública não contemplou as relações homoafetivas.

No entanto, a insatisfação foi levada ao crivo do Poder Judiciário, que por determinação judicial, nos autos da Ação Civil Pública n. 2000.71.00.009347-0[40], originária do Rio Grande do Sul, assegurou ao companheiro ou a companheira homossexual de segurado inscrito no RGPS o direito de integrar o rol dos dependentes

---

39 O casamento celebrado entre pessoas com identidade de sexos é considerado inexistente frente à legislação pátria.

40 O Presidente do STF, Ministro Marco Aurélio de Mello, ao apreciar o Pedido de Suspensão (Pet 1.984/RS) fundado no art. 4º da Lei n. 8.437/92, indeferiu a suspensão postulada pelo INSS, em 10-2-2003:"Constitui objetivo fundamental da República Federativa do Brasil promover o bem de todos, sem preconceitos de origem, raça, sexo, cor, idade e quaisquer outras formas de discriminação (inciso IV do art. 3º da Carta Federal).Vale dizer, impossível é interpretar o arcabouço normativo de maneira a chegar-se a enfoque que contrarie esse princípio basilar, agasalhando-se preconceito constitucional-mente vedado. O tema foi bem explorado na sentença (folhas 351 a 423), ressaltando o Juízo a invia-bilidade de adotar-se interpretação isolada em relação ao art. 226, § 3º, também do Diploma Maior, no que revela o reconhecimento da união estável entre o homem e a mulher como entidade familiar. Considerou-se, mais, a impossibilidade de, à luz do art. 5º da Lei Máxima, distinguir-se ante a opção sexual. Levou-se em conta o fato de o sistema da Previdência Social ser contributivo, prevendo a Constituição o direito à pensão por morte do segurado, homem ou mulher, não só ao cônjuge, como também ao companheiro, sem distinção quanto ao sexo, e dependentes – inciso V do art. 201. Ora, diante desse quadro, não surge excepcionalidade maior a direcionar à queima de etapas. A sentença, na delicada análise efetuada, dispôs sobre a obrigação de o Instituto, dado o regime geral de previdência social, ter o companheiro ou companheira homossexual como dependente preferencial.Tudo reco-menda que se aguarde a tramitação do processo, atendendo-se às fases recursais próprias, com o exame aprofundado da matéria. Sob o ângulo da tutela, em si, da eficácia imediata da sentença, sopesaram-se valores, priorizando-se a própria subsistência do beneficiário do direito reconhecido. É certo que restou salientada a eficácia da sentença em todo o território nacional.Todavia este é um tema que deve ser apreciado mediante os recursos próprios, até mesmo em face da circunstância de a Justiça Federal atuar a partir do envolvimento, na hipótese, da União. Assim, não parece extravagante a óptica da ina-plicabilidade da restrição criada inicialmente pela Medida Provisória n. 1.570/97 e, posteriormente, pela Lei n. 9.497/97 à eficácia *erga omnes*, mormente tendo em conta a possibilidade de enquadrar-se a espécie no Código de Defesa do Consumidor. 3. Indefiro a suspensão pretendida".

e, desde que comprovada a união estável, concorrerem, para fins de pensão por morte (e de auxílio-reclusão), com os dependentes preferenciais de que trata o inciso I do art. 16 da Lei n. 8.213/91, independentemente da data do óbito, ou seja, desde a data do advento da atual CF/88.

O homossexualismo é uma realidade na sociedade e não deve ser ignorada nem desprezada, mas estudada e compreendida.

A sociedade fechou os olhos tempo demais aos que optam por uma vida sexual diferente da norma básica de conduta.

Cabível a reprodução das sábias palavras do Mestre Wladimir Novaes Martinez[41]:

> Hoje poder-se-á alegar não haver ainda aceitação universal da vida em comum dessa minoria que se pretende protegida pelo Estado, mas isso é falácia, pois mais cedo ou mais tarde o reconhecimento, como sempre sucede, virá com o tempo e o aprofundamento da questão. Resta saber se estamos dispostos a esperar, permitir que a distorção jurídica continue sendo cometida e tenhamos de aguardar por 20 anos, como aconteceu com a legalização do divórcio.

Convém também trazer à colação os dizeres proferidos pelo Desembargador Federal Dr. Nylson Paim de Abreu, integrante da 6ª Turma do Colendo TRF da 4ª Região[42], nos autos da Apelação Cível n. 2000.04.01.073643-8/RS:

> 1. A realidade social atual revela a existência de pessoas do mesmo sexo convivendo na condição de companheiros, como se casados fossem.
>
> 2. O vácuo normativo não pode ser considerado obstáculo intransponível para o reconhecimento de uma relação jurídica emergente de fato público e notório.
>
> 3. O princípio da igualdade consagrado na Constituição Federal de 1988, inscrito nos arts. 3º, IV, e 5º, aboliram definitivamente qualquer forma de discriminação.
>
> 4. A evolução do direito deve acompanhar as transformações sociais, a partir de casos concretos que configurem novas realidades nas relações interpessoais.

O Pleno do Supremo Tribunal Federal, no julgamento da ADI 4.277 e da ADPF 132, ambas da Relatoria do Ministro Ayres Britto, Sessão de 5-5-2011, decidiu que:

> A norma constante do art. 1.723 do Código Civil ("É reconhecida como entidade familiar a união estável entre o homem e a mulher, configurada na convivência pública, contínua e duradoura e estabelecida com o objetivo de constituição de família') não obsta que a união de pessoas do mesmo sexo possa ser reconhecida como entidade familiar apta a merecer proteção estatal" (*Informativo* 625/STF).

---

41 Direito do homossexual à pensão por morte, *Revista de Previdência Social*, n. 236, jul. 2000, p. 684.

42 Apelação Cível n. 2000.04.01.073643-8/RS, *DJU* 10-1-2001, p. 373.

Houve a consagração da família eudemonista, sistema ético em que a felicidade é o supremo fim.

De relevo apontar o entendimento administrativo, consignado na Portaria MPS n. 513, de 09 de dezembro de 2010 – DOU de 10-12-2010, em que o Ministro da Previdência estabeleceu que, no âmbito do Regime Geral de Previdência Social (RGPS), os dispositivos da Lei n. 8.213, de 24 de julho de 1991, que tratam de dependentes para fins previdenciários devem ser interpretados de forma a abranger a união estável entre pessoas do mesmo sexo.

O Supremo Tribunal Federal reconheceu a união estável para casais do mesmo sexo, por ocasião do julgamento da Ação Direta de Inconstitucionalidade (ADIn) 4.277 e da Arguição de Descumprimento de Preceito Fundamental (ADPF) 132.

O Superior Tribunal de Justiça firmou o *leading case* no julgamento do REsp 395.904/RS, rel. Min. Hélio Quaglia Barbosa, 6ª T., j. 13-12-2005, *DJ* 6-2-2006, p. 365.

EC n. 103/2019. Regras de cálculo da pensão por morte. Pretensão governamental acolhida pelo Congresso Nacional

Assim reza a novel disposição constitucional alocada no art. 23 da Emenda Constitucional n. 103/2019:

Art. 23. A pensão por morte concedida a dependente de segurado do Regime Geral de Previdência Social **ou de servidor público federal** será equivalente a **uma cota familiar de 50%** (cinquenta por cento) do valor da aposentadoria recebida pelo **segurado ou servidor** ou daquela a que teria direito se fosse aposentado por incapacidade permanente na data do óbito, **acrescida de cotas de 10 (dez) pontos percentuais** por dependente, até o máximo de 100% (cem por cento).

§ 1º As **cotas por dependente cessarão** com a perda dessa qualidade **e não serão reversíveis** aos demais dependentes, preservado o valor de 100% (cem por cento) da pensão por morte quando o número de dependentes remanescente for igual ou superior a 5 (cinco).

§ 2º Na hipótese de **existir dependente inválido ou com deficiência intelectual**, mental ou grave, o valor da pensão por morte de que trata o *caput* será equivalente a:

I – 100% (cem por cento) da aposentadoria recebida pelo **segurado ou servidor** ou daquela a que teria direito se fosse **aposentado por incapacidade permanente** na data do óbito, até o limite máximo de benefícios do Regime Geral de Previdência Social; e

II – uma cota familiar de 50% (cinquenta por cento) acrescida de cotas de 10 (dez) pontos percentuais por dependente, até o máximo de 100% (cem) por cento, **para**

o valor que supere o limite máximo de benefícios do Regime Geral de Previdência Social.

§ 3º Quando não houver mais dependente inválido ou com deficiência intelectual, mental ou grave, o valor da pensão **será recalculado** na forma do disposto no *caput* e no § 1º.

§ 4º O **tempo de duração da pensão por morte** e das cotas individuais por dependente até a perda dessa qualidade, o rol de dependentes e sua qualificação e as condições necessárias para enquadramento **serão aqueles estabelecidos na Lei n. 8.213, de 24 de julho de 1991**.

§ 5º Para o dependente inválido ou com deficiência intelectual, mental ou grave, **sua condição pode ser reconhecida previamente** ao óbito do segurado, por meio de avaliação biopsicossocial realizada por equipe multiprofissional e interdisciplinar, observada revisão periódica na forma da legislação.

§ 6º Equiparam-se a filho, para fins de recebimento da pensão por morte, **exclusivamente** o enteado e o menor tutelado, desde que comprovada a dependência econômica.

§ 7º **As regras sobre pensão previstas neste artigo** e na legislação vigente na data de entrada em vigor desta Emenda Constitucional **poderão ser alteradas na forma da lei** para o Regime Geral de Previdência Social e para o regime próprio de previdência social da União.

§ 8º Aplicam-se às pensões concedidas aos dependentes de servidores dos Estados, do Distrito Federal e dos Municípios **as normas constitucionais e infraconstitucionais anteriores** à data de entrada em vigor desta Emenda Constitucional, enquanto não promovidas alterações na legislação interna relacionada ao respectivo regime próprio de previdência social.

Reitere-se uma vez mais, por plenamente aplicável nos tópicos ora em estudo, o teor do enunciado que bem ilustra o brocardo *tempus regit actum*, qual seja, a Súmula 340 do STJ: "A lei aplicável à concessão de pensão previdenciária por morte é aquela vigente na data do óbito do segurado".

Coeficiente de cálculo da pensão. Art. 23 da EC n. 103/2019

Em breve retrospecto, ao lançar olhares no passado, constata-se que a alteração do coeficiente de cálculo do benefício de pensão por morte trazida pelo art. 23 da EC da Nova Previdência consagra a repristinação da regra vigente na década de 60 do século passado.

A redação atribuída pela Reforma da Previdência traz idêntica estrutura firmada no art. 37 da Lei Orgânica da Previdência Social (LOPS), Lei n. 3.807/60, mas com agravamento, ao excluir o direito de acrescer e ao contemplar para pensão por morte acidentária (B/94), pela primeira vez na história, patamar abaixo de 100%.

A redação original da Lei n. 8.213/91 (art. 75) já havia evoluído o percentil da parcela familiar dos 50% vigentes na LOPS para 80%, admitindo acréscimo de 10% por dependente, respeitado o limitador de 100%. Mantido o percentil de 100% (cem por cento) do salário de benefício ou do salário de contribuição vigente no dia do acidente, o que fosse mais vantajoso, caso o falecimento fosse consequência de acidente do trabalho, que era a mesma regra contida no art. 5º, II, da Lei n. 6.367/76.

Graças à Lei n. 9.032, de 28 de abril de 1995, editada no ritmo do avanço social, foi elevado e unificado o coeficiente de cálculo da pensão ao patamar máximo de 100% (cem por cento) do salário de benefício, inclusive a decorrente de acidente do trabalho.

O auge previdenciário (alíquota de 100% da pensão por morte) trazida pela Lei n. 9.032/95, quase teve fim por ocasião da edição da Medida Provisória n. 664, no dia 30 de dezembro de 2014, publicada na edição extra do *Diário Oficial da União*, quando o Governo almejou idêntica alteração do coeficiente de cálculo do benefício de pensão por morte à ora efetivada na EC n. 103/2019.

A MP n. 664/2014 foi editada na linha do retrocesso social, por modificar em muito o cenário do direito previdenciário, trazendo diversas regras gravosas.

Alvo de muitos embates políticos, a MP n. 664/2014 não logrou êxito neste particular, tendo o Congresso Nacional[43] excluído a alteração do coeficiente de cálculo da pensão por morte, de modo que a lei de conversão, Lei n. 13.135/2015, manteve o percentil integral[44] da pensão por morte.

Agora, em 2019, por força do art. 23 da EC n. 103/2019, a Nova Previdência acoberta coeficiente de cálculo da pensão por morte aos moldes que vigia há 59 anos (LOPS de 1960).

---

43 As alterações promovidas pelo Poder Executivo por intermédio de Medida Palaciana regem-se pela disposição constitucional prevista no art. 62, carecendo de ratificação pela Câmara dos Deputados e após pelo Senado Federal, oportunidade na qual poderá ser convolada em lei ou rejeitada (total ou parcialmente) caso não haja a satisfatória comprovação dos requisitos de urgência e de relevância. O prazo para tramitação no Congresso Nacional é de 60 dias, admitida uma prorrogação.

44 Cabível **ação revisional com arrimo no art. 5º da Lei n. 13.135/2015,** caso o INSS tenha fixado valor da pensão por morte ou auxílio-reclusão com fundamento na MP n. 664, em percentil inferior a 100%. A tese revisional ensejará a percepção de pensão por morte com novo valor, e direito de percepção dos atrasados, cabendo anotar que para cônjuge e companheiro a duração do benefício deve observar o estabelecido no art. 77, V, da Lei n. 8.213/91, com a redação atribuída pela Lei n. 13.135/2015.

Lei n. 3.807/60	Lei n. 8.213/91, com a redação dada pela MP n. 664/2014 (rejeitada neste ponto no Congresso Nacional)	Emenda Constitucional n. 103/2019
Art. 37. A importância da pensão devida ao conjunto dos dependentes do segurado será constituída de uma **parcela familiar, igual a 50%** (cinquenta por cento) do valor da aposentadoria que o segurado percebia ou daquela a que teria direito se na data do seu falecimento fosse aposentado, **e mais tantas parcelas iguais, cada uma, a 10% (dez por cento)** do valor da mesma aposentadoria **quantos forem os dependentes** do segurado, **até o máximo de 5** (cinco).	Art. 75. O valor mensal da pensão por morte corresponde a **cinquenta por cento** do valor da aposentadoria que o segurado recebia ou daquela a que teria direito se estivesse aposentado por invalidez na data de seu falecimento, **acrescido de tantas cotas individuais de dez por cento** do valor da mesma aposentadoria, **quantos forem os dependentes** do segurado, **até o máximo de cinco**, observado o disposto no art. 33.	Art. 23. A pensão por morte concedida a dependente de segurado do Regime Geral de Previdência Social ou de servidor público federal será equivalente a **uma cota familiar de 50%** (cinquenta por cento) do valor da aposentadoria recebida pelo segurado ou servidor ou daquela a que teria direito se fosse aposentado por incapacidade permanente na data do óbito, **acrescida de cotas de 10 (dez) pontos** percentuais por dependente, **até o máximo de 100%** (cem por cento).

Duvidosa constitucionalidade. Coeficiente de cálculo da pensão por morte decorrente de acidente do trabalho

O ápice do retrocesso social é verificado no percentil do coeficiente de cálculo assegurado à pensão decorrente de acidente de trabalho (B/93), que com a Emenda da Reforma de 2019 deixou de corresponder ao patamar máximo de 100%.

Valor da pensão por morte				
LOPS, Lei n. 3.807/60 (art. 37)	Lei n. 8.213/91, redação original (art. 75)	Lei n. 9.032/95 (altera art. 75 da Lei n. 8.213)	MP n. 664/2014 (não aprovada no Congresso Nacional)	Emenda Constitucional n. 103/2019 (art. 23)
50%, acrescido de 10% por dependente, até o limite de 100%.	80%, acrescido de 10% por dependente, até o limite de 100%.	100% (sem diferenciação com relação a acidente trabalho)	50%, acrescido de 10% por dependente, até o limite de 100%. (sem diferenciação com relação a acidente trabalho)	cota familiar de 50% acrescida de cotas de 10 (dez) pontos percentuais por dependente, até o máximo de 100% (sem diferenciação com relação a acidente trabalho)
Lei n. 6.367/76 (art. 5º) Morte decorrente de acidente trabalho: **100%**	Morte decorrente de acidente trabalho: **100%**			

A justificativa cunhada na exposição de motivos para reavivar o critério redutor da pensão foi a despesa excessiva com o benefício previdenciário da pensão por morte.

As dificuldades econômico-financeiras do Estado possibilitam a restrição de direitos, com supedâneo no princípio da seletividade, porém a reserva do possível não é bandeira que admita a exclusão do mínimo social, **maculando a novel disposição, a constitucionalidade merece ser levado ao crivo do Poder Judiciário** na medida em que exclui a integralidade da pensão por morte quando o óbito for relacionado ao ambiente de trabalho.

A inconstitucionalidade pode ser patenteada na redução do coeficiente de cálculo da pensão decorrente de acidente do trabalho, máxime pelo fato de haver **complemento contributivo no art. 22, II, da Lei n. 8.212/91,** que trata do adicional à cota patronal, prevendo alíquotas de 1%, 2% ou 3% a título justamente de seguro de acidentes do trabalho (complemento em razão do risco ambiental do trabalho), alíquota final do tributo é apurada após método bifásico que contempla a aplicação do Fator Acidentário de Prevenção (FAP – Lei n. 10.666/2003), capaz de elevar a alíquota em até o dobro, ou reduzir à metade conforme a atuação concreta do tomador de serviço considerada.

Não bastasse haver custeio específico para as prestações acidentárias (contribuição adicional à cota patronal, SAT, art. 22, II, da Lei n. 8.212/91), é cabível o ajuizamento de ação regressiva pela autarquia previdenciária para fins de, comprovada a culpa, condenar a empresa causadora do acidente a ressarcir ao INSS toda as despesas com o pagamento ocorrido no passado e que ocorrerá no futuro pela prestação acidentária desembolsada pelo ente público ao segurado vitimado pelo acidente de trabalho.

Há *discrímen* entre o B/21 (pensão por morte sem relação com o trabalho) e o B/91 (pensão relacionada ao ambiente de trabalho) a autorizar a manutenção do coeficiente de cálculo da pensão no patamar de 100% quando a causa do óbito for ligada ao ambiente de trabalho.

Para evitar repetições, recomenda-se reavivar o quanto explicitado **acerca do caráter dúplice da regra da contrapartida** no item "**PEC n. 6/2019. Regra da prévia fonte de custeio (§ 5º do art. 195). Pretensão governamental rejeitada pelo Congresso Nacional",** alocado no Capítulo 4.

Nesse particular, convém deixar claro que na redação original da PEC n. 6/2019 o Governo expressamente garantia o coeficiente da pensão em 100% quando a causa da morte fosse relacionada ao labor.

No entanto, no Substitutivo da Câmara ao se reescrever o dispositivo da PEC n. 6/2019 cometeu-se o lapso legiferante ao esquecer da pensão por morte decorrente de acidente do trabalho, fixando assim regra única para o beneficio de pensão quer seja o passamento relacionado ou não ao labor, de modo a ser possível falar-se de lacuna normativa, a ensejar integração da norma.

Base de cálculo da pensão por morte. Art. 23 da EC n. 103/2019

Conforme visto, na apuração do valor da pensão por morte, deve-se extrair a cota familiar de 50% que será acrescida de cota individual de 10% por dependente, tendo referidas alíquotas por base de cálculo (a) o valor da aposentadoria recebida pelo segurado ou (b) daquela a que teria direito se fosse aposentado por incapacidade permanente na data do óbito.

Parêntesis, a EC n. 103/2019 constitucionalizou nova denominação ao benefício de "aposentadoria por invalidez", batizado de "aposentadoria por incapacidade permanente" no art. 23 (e também no art. 26 da emenda). A tendência é, em breve, a legislação infraconstitucional proceder à adequação da nomenclatura dos benefícios por incapacidade atualmente conhecidos por auxílio-doença e auxílio-acidente.

Aqui se encontra o duplo critério redutor, pois o valor da aposentadoria também foi drasticamente reduzido pelo art. 26 da EC n. 103/2019.

O novo critério de cálculo da aposentadoria estabelecido no § 2º do art. 26 da EC n. 103/2019 consagra o coeficiente de cálculo de 60% da média aritmética de todo o período contributivo, com acréscimo de 2 (dois) pontos percentuais para cada ano de contribuição que exceder o tempo de 20 (vinte) anos de contribuição (ou 15 anos de contribuição para as seguradas, cf. § 5º do art. 26 da EC n. 103/2019) nos casos de aposentadoria por incapacidade permanente aos segurados do RGPS.

A bem da verdade, falecendo segurado cuja vida ostente menos de 21 anos de contribuição o coeficiente de cálculo real da pensão por morte de um único pensionista é de 36% (coeficiente de 60% a incidir sobre base de cálculo equivalente a 60% da média).

Verdadeiro mecanismo utilizado em show de ilusionismo para o público não enxergar a realidade, fazendo-se crer que a redução da pensão foi de 100% para 60%, cenário que não é tão impactante, bem diferente de exibir de forma nua e crua a redução de 100% para singelos 36%, realidade que choca!

Para evitar repetições desnecessárias, recomenda-se a leitura do item "Eficácia da lei previdenciária no tempo: expectativa de direito" alocado no Capítulo 1, onde sinteticamente demonstra-se a enorme diferença entre o falecimento de segurado registrado até às 23h59m do dia 12-11-2019 (antes da publicação da Emenda da Nova Previdência) com o passamento anotado em certidão após a zero do dia 13-11-2019. Enquanto na primeira hipótese a única pensionista possui direito à pensão de 100%, a partir do dia 13-11-2019 a pensão ostentará o valor equivalente a 36% da média da vida contributiva.

Diante desse contexto, ocorrendo o óbito, depois da promulgação da EC n. 103/2019, de segurado do INSS que contribua há 10 anos sempre pelo valor teto, a pensão por morte devida à esposa (viúva), com idade de 28 anos, com quem o falecido era casado há mais de dois anos, será calculada:

Etapa 1: apurando-se o valor que teria direito se fosse aposentado por incapacidade permanente na data do óbito.	Por hipótese, considere que da média aritmética de todo período contributivo do segurado falecido na vigência da EC n. 103/2019, resulte o valor de R$ 5.000,00. Na sequência, deve-se aplicar a alíquota do benefício de aposentadoria, de 60% (sem nenhum acréscimo, pois contribuiu para a previdência por menos de 21 anos). Totaliza R$ 3.000,00.
Etapa 2: coeficiente de cálculo da pensão sobre a base de cálculo.	Havendo apenas 1 dependente (esposa), totalizará a alíquota de 60% (cota familiar de 50% + 10% de cota individual). **Resulta em R$ 1.800,00 o valor da pensão por morte.**
Etapa 3: duração da pensão por morte. Art. 77, § 2º, V, *c*, da Lei n. 8.213/91.	Viúva com idade de 28 anos na data do óbito, com quem o falecido era casado há mais de dois anos, terá direito de **receber a cota de pensão por 10 anos.**

Exemplo 2. Considere óbito de segurado com 30 anos de tempo de contribuição, apresentando a média de sua vida contributiva o valor de R$ 2.500,00, deixando esposa com 45 anos de idade, com a qual o falecido era casado há menos de 2 anos.

Etapa 1: apurando-se o valor a que teria direito se fosse aposentado por incapacidade permanente na data do óbito.	Segurado falecido na vigência da EC n. 103/2019, com média de sua vida contributiva no valor de R$ 2.500,00. Na sequência, deve-se aplicar a alíquota do benefício de aposentadoria, de 60%, com acréscimo de 2% sobre os anos que ultrapassem os 20 anos de tempo de contribuição. Alíquota final de 78%. Totaliza R$ 1.950,00.
Etapa 2: coeficiente de cálculo da pensão sobre a base de cálculo.	Havendo apenas 1 dependente (esposa), totalizará a alíquota de 60% (cota familiar de 50% + 10% de cota individual). **Resulta em R$ 1.170,00 o valor da pensão por morte.**
Etapa 3: duração da pensão por morte. Art. 77, § 2º, V, *b*, da Lei n. 8.213/91.	Viúva com idade de 45 anos na data do óbito, com quem o falecido era casado há menos de dois anos, terá direito de **receber a cota de pensão por apenas 4 meses.**

Anote-se que com relação à aposentadoria, o 3º do art. 26 da EC n. 103/2019 corretamente prevê que o valor do benefício de aposentadoria corresponderá a 100% (cem por cento) da média aritmética de toda a vida contributiva no caso de aposentadoria por incapacidade permanente, quando decorrer de acidente de trabalho, de doença profissional e de doença do trabalho.

Desta feita, conquanto não mais decorram efeitos da morte acidentária sobre o coeficiente de cálculo da pensão, remanesce, felizmente, efeitos sobre a base de cálculo (coeficiente da aposentadoria, § 3º do art. 26 da EC n. 103/2019), bem como com relação à duração da pensão (art. 77, § 2º-A, da Lei n. 8.213).

EMENDA CONSTITUCIONAL N. 103/2019 E A RELAÇÃO DE PROTEÇÃO SOCIAL (ART. 201, CF)

Exemplo 1: o óbito de segurado do INSS que contribua há 10 anos sempre pelo valor teto, a pensão por morte devida à esposa (viúva), com idade de 28 anos, com quem o falecido era casado há mais de dois anos.

Óbito sem relação com o ambiente de trabalho	Óbito relacionado com o ambiente de trabalho
Etapa 1: por hipótese, considere que da média aritmética de todo o período contributivo do segurado falecido na vigência da EC n. 103/2019, resulte o valor de R$ 5.000,00. Na sequência, deve-se aplicar a alíquota do benefício de aposentadoria, de 60% (sem nenhum acréscimo, pois contribuiu para a previdência por menos de 21 anos). Totaliza R$ 3.000,00.	**Etapa 1:** por hipótese, considere que da média aritmética de todo o período contributivo do segurado falecido na vigência da EC n. 103/2019, resulte o valor de R$ 5.000,00. Na sequência, deve-se aplicar a alíquota do benefício de aposentadoria, de 100% (art. 26, § 3º, da EC n. 103/2019). Totaliza R$ 5.000,00.
Etapa 2: havendo apenas 1 dependente (esposa), totalizará a alíquota de 60% (cota familiar de 50% + 10% de cota individual). **Resulta em R$ 1.800,00 o valor da pensão por morte.**	**Etapa 2:** havendo apenas 1 dependente (esposa), totalizará a alíquota de 60% (cota familiar de 50% + 10% de cota individual). **Resulta em R$ 3.000,00 o valor da pensão por morte.**
Etapa 3: duração. Viúva com idade de 28 anos na data do óbito, com quem o falecido era casado há mais de dois anos, terá direito a **receber a cota de pensão por 10 anos** (art. 77, § 2º, V, c, da Lei n. 8.213/91).	**Etapa 3:** duração. Viúva com idade de 28 anos na data do óbito, com quem o falecido era casado há mais de dois anos, terá direito a **receber a cota de pensão por 10 anos** (art. 77, § 2º, V, c, da Lei n. 8.213/91).

Exemplo 2: óbito de segurado com 30 anos de tempo de contribuição, apresentando a média de sua vida contributiva o valor de R$ 2.500,00, deixando esposa com 45 anos de idade, com a qual o falecido era casado há menos de 2 anos.

Óbito sem relação com o ambiente de trabalho	Óbito relacionado com o ambiente de trabalho
Etapa 1: segurado falecido na vigência da EC n. 103/2019, com média de sua vida contributiva no valor de R$ 2.500,00. Na sequência, deve-se aplicar a alíquota do benefício de aposentadoria, de 60%, com acréscimo de 2% sobre os anos que ultrapassem os 20 anos de tempo de contribuição. Alíquota final de 78%. Totaliza R$ 1.950,00.	**Etapa 1:** segurado falecido na vigência da EC n. 103/2019, com média de sua vida contributiva no valor de R$ 2.500,00. Na sequência, deve-se aplicar a alíquota do benefício de aposentadoria, de 100% (art. 26, § 3º, da EC n. 103/2019). Totaliza R$ 2.500,00.
Etapa 2: havendo apenas 1 dependente (esposa), totalizará a alíquota de 60% (cota familiar de 50% + 10% de cota individual). **Resulta em R$ 1.170,00 o valor da pensão por morte.**	**Etapa 2:** havendo apenas 1 dependente (esposa), totalizará a alíquota de 60% (cota familiar de 50% + 10% de cota individual). **Resulta em R$ 1.500,00 o valor da pensão por morte.**
Etapa 3: duração. Viúva com idade de 45 anos na data do óbito, com quem o falecido era casado há menos de dois anos, terá direito de **receber a cota de pensão por apenas 4 meses** (art. 77, § 2º, V, b, da Lei n. 8.213/91).	**Etapa 3:** duração. Viúva com idade de 45 anos na data do óbito, com quem o falecido era casado há menos de dois anos, terá direito de **receber a cota de pensão por morte de forma VITALÍCIA** (art. 77, § 2º-A c/c § 2º, V, c, da Lei n. 8.213/91).

Fim do direito de acrescer. Art. 23, § 1º, da EC n. 103/2019

O direito de acrescer encontra barreira construída no § 1º do art. 23 da EC n. 103/2019, patenteando a irreversibilidade da **cota individual**, de modo que no recálculo do benefício em favor dos dependentes que sobejarem não haverá o acréscimo da "**cota cessada**".

EC n. 103/2019

Art. 23. [...]

§ 1º As **cotas por dependente cessarão** com a perda dessa qualidade **e não serão reversíveis** aos demais dependentes, preservado o valor de 100% (cem por cento) da pensão por morte quando o número de dependentes remanescente for igual ou superior a 5 (cinco).

Deixou de ser recepcionado pela EC n. 103/2019 o art. 77, § 1º, da Lei n. 8.213/91, que assinala: "Reverterá em favor dos demais a parte daquele cujo direito à pensão cessar".

Outra importante observação é a de que o § 1º do art. 23 determina que "as cotas por dependente cessarão", texto que é bem diferente do que constava da MP n. 664/ 2014, que por igual colocava fim ao direito de acrescer (conforme antes esclarecido, o texto da MP n. 664 sobre a redução de coeficiente de cálculo da pensão não restou acolhido no Congresso Nacional).

A Medida Provisória n. 664/2014 assim preconizava: "Reverterá em favor dos demais a parte daquele cujo direito à pensão cessar, **mas sem o acréscimo da correspondente cota individual de dez por cento**".

Portanto, *de lege ferenda*, o regramento trazido pela Nova Previdência é mais severo, porque determina a **irreversibilidade da cota cessada**, ao passo que a MP n. 664 previa apenas a extinção da cota individual de 10%.

Para tornar cristalina a diferença, no quadro comparativo abaixo evidencia-se que a Emenda da Reforma foi redigida com viés mais severo, na medida em que **determina a cessação da cota do pensionista excluído sem direito à reversão** ao grupo de pensionista remanescente, ao passo que a redação da MP n. 664/2014 determinava unicamente o fim da cota individual de 10%.

Exemplo – Art. 23, § 1º, EC n. 103/2019 (As cotas por dependente cessarão com a perda dessa qualidade e não serão reversíveis aos demais dependentes, preservado o valor de 100% da pensão por morte quando o número de dependentes remanescente for igual ou superior a 5).	Pensionistas
Falecimento de segurado após o advento da EC n. 103/2019 deixando 6 filhos menores de idade, o coeficiente de cálculo da pensão corresponderá à alíquota máxima prevista no art. 23, *caput*, da EC n. 103/2019, de 100%, que será dividida em 6 cotas idênticas.	6
Considere-se o valor da pensão no importe de R$ 2.000,00, que resultará em 6 cotas de R$ 333,33. Realçando que a cota da pensão pode apresentar valor inferior a 1 salário mínimo (o patamar mínimo de 1 salário aplica-se ao valor total da pensão, não ao valor da cota).	

EMENDA CONSTITUCIONAL N. 103/2019 E A RELAÇÃO DE PROTEÇÃO SOCIAL (ART. 201, CF)

Quando o filho mais velho atingir a idade de 21 anos, cessará sua cota-parte, momento a partir do qual haverá recálculo da cota de pensão dos 5 pensionistas remanescentes (1/5 para cada um), passando a R$ 400,00 cada uma das cotas e havendo, neste caso, melhoria do valor da cota de pensão.	5
Assim que o próximo filho adimplir a idade limite de percepção de pensão (21 anos de idade), cessará sua cota, de R$ 400, remanescendo 4 pensionistas recendo R$ 400,00 cada um. O total valor da pensão passou a corresponder a R$ 1.600,00.	4
A partir de então as cotas cessarão, permanecendo os pensionistas remanescentes recebendo a cota de R$ 400,00. Valor total da pensão R$ 1.200,00 (3 pensionistas)	3
Agora, com a existência de apenas 2 pensionistas, o valor total da pensão não pode corresponder a R$ 800,00, porque o art. 201, § 2º, não permite que o benefício de pensão seja pago em quantia abaixo de 1 salário mínimo. Considerando o salário mínimo de R$ 1.039,00 no ano de 2020 (obviamente, dever-se-á considerar o salário mínimo do ano do recálculo). Haverá nova apuração do valor das 2 cotas remanescentes, recebendo cada pensionista a cifra de R$ 519,50. Havendo neste caso melhoria do valor da cota de pensão.	2
Subsistindo apenas 1 pensionista, deverá, neste exemplo, haver recálculo, para manter o respeito ao patamar mínimo (art. 201, § 2º, CF), havendo, neste caso, melhoria do valor da cota de pensão.	1
Extinção da pensão por morte.	0

	Pensionistas
Exemplo 2 – Como seria na MP n. 664/2014 (Reverterá em favor dos demais a parte daquele cujo direito à pensão cessar, mas sem o acréscimo da correspondente cota individual de dez por cento.)	
Falecimento de segurado deixando 6 filhos menores de idade, o coeficiente de cálculo da pensão corresponderá à alíquota máxima prevista na MP 664, de 100%, que será dividida em 6 cotas idênticas.	
Considere-se o valor da pensão no importe de R$ 2.000,00, que resultará em 6 cotas de R$ 333,33. Realçando que a cota da pensão pode apresentar valor inferior a 1 salário mínimo (o patamar mínimo de 1 salário aplica-se ao valor total da pensão, não ao valor da cota).	6
Quando o filho mais velho atingir a idade de 21 anos, cessará sua cota-parte, momento a partir do qual haverá recálculo da cota de pensão dos 5 pensionistas remanescentes (1/5 para cada um), passando a R$ 400,00 cada uma das cotas, havendo neste caso, melhoria do valor da cota de pensão.	5
Assim que o próximo filho adimplir a idade limite de percepção de pensão (21 anos de idade), cessará a "cota individual de dez por cento", de modo que o valor total da pensão passará a 90% dos R$ 2.000,00 = R$ 1.800 a serem partilhados entre os 4 pensionistas remanescentes, resultando em cotas de R$ 450,00.	4
Cessará mais uma "cota individual de dez por cento", equivalendo a pensão a 80% dos 2.000,00 = R$ 1.600,00. Cada uma das 3 cotas será de R$ 533,33.	3
Cessará mais uma "cota individual de dez por cento", equivalendo a pensão a 70% dos 2.000,00 = R$ 1.400,00. Cada uma das 2 cotas será de R$ 700,00.	2
Cessará mais uma "cota individual de dez por cento", equivalendo a pensão a 60% dos 2.000,00 = R$ 1.200,00.	1
Extinção da pensão por morte.	0

Deve-se aguardar o surgimento das normas infraconstitucionais que irão definir a compreensão dada pelo Poder Público sobre a abrangência da regra da não reversão, se será limitada apenas à cota individual de 10%, ou a toda cota até então recebida por aquele que deixou de ser pensionista.

Valor da pensão. Pensionista inválido ou com deficiência intelectual, mental ou grave

O § 2º do art. 23 da Emenda da Nova Previdência estabelece que na hipótese de existir dependente inválido ou com deficiência intelectual, mental ou grave, o valor da pensão por morte será equivalente a 100% (cem por cento) da aposentadoria recebida pelo segurado ou daquela a que teria direito se fosse aposentado por incapacidade permanente na data do óbito.

Em outras palavras, se dentre o rol de pensionistas houver a presença de pessoa inválida ou com deficiência intelectual, mental ou grave, não se aplica a regra da cota familiar de 50% e da cota individual de 10 pontos percentuais, fixando-se o percentil máximo de 100%.

A alíquota máxima permanecerá enquanto remanescer o pensionista inválido ou com deficiência intelectual, mental ou grave.

A partir do instante que referido pensionista tiver sua cota cessada (por falecimento, por exemplo), os pensionistas que sobejarem terão recálculo do coeficiente de cálculo do benefício, considerando a regra ordinária (50% de cota familiar + 10% de cota individual, conforme a quantidade de dependentes). Seguindo-se, a partir de então a regra explicitada no tópico anterior.

Não há como negar a boa intenção do Poder Constituinte derivado reformador com a produção da regra do § 2º do art. 23 da EC n. 103/2019 (texto dado na Comissão Especial da Câmara dos Deputados), mas que em verdade não protege a contento a pessoa inválida ou com deficiência intelectual, mental ou grave.

O mais correto teria sido garantir a exclusividade da percepção do acréscimo decorrente do cotejo da regra (art. 23, *caput*) com a exceção (art. 23, § 2º) em prol do pensionista inválido ou com deficiência intelectual, mental ou grave.

Haja vista que ao determinar o rateio do acréscimo igualmente entre todos os dependentes, reduziu, injustificadamente, a proteção diferenciada daquele que preenche a hipótese legal (pessoa inválida ou com deficiência intelectual, mental ou grave). Houve elevação da cota-parte daqueles que não preenchem o critério diferencial que fundamenta a exceção trazida na norma do § 2º.

Visualize-se a situação de segurado que ao falecer deixa como pensionista a sua esposa à época do óbito e filho inválido de outra relação. Não fosse o incremento do § 2º do art. 23, a pensão alcançaria o valor total de 70% (50% base familiar e 2 cotas individuais), a resultar em 35% de cota de pensão por morte para cada dependente.

EMENDA CONSTITUCIONAL N. 103/2019 E A RELAÇÃO DE PROTEÇÃO SOCIAL (ART. 201, CF)

Todavia, por haver filho inválido, haverá acréscimo no valor total da pensão na ordem de 30%, patamar máximo de 100%, rateáveis igualmente entre todos os pensionistas. A viúva terá cota de 50%, consistente em acréscimo de 15%, a despeito de ela (a) não ser inválida, nem pessoa com deficiência intelectual, mental ou grave, e de (b) não ser responsável pelo pensionista protegido pela norma.

A inexistência de justificativa plausível para o rateio dos 100%, estabelecido no patamar máximo em razão da condição individual do dependente inválido (ou com deficiência intelectual, mental ou grave), entre todos os pensionistas, evidencia a elaboração apressada da norma, sem a devida reflexão.

Não se olvide que, havendo justificável fator discriminante, há plena possibilidade de as cotas apresentarem valores diferenciados entre os pensionistas, à exata semelhança, aliás, da previsão que havia no § 4º[45] do art. 77 da Lei n. 8.213/91, introduzido pela Lei n. 12.470/2011, que assegurava modificação somente[46] do valor da parte individual da pensão do dependente com deficiência intelectual ou mental na forma e situação que a norma estabelecia, sem qualquer reflexo na cota-parte dos outros pensionistas.

Por derradeiro, o § 4º do art. 77 não mais apresenta a redação supramencionada, tendo a Lei n. 13.183/2015 incluído § 6º ao art. 77 da Lei n. 8.213/91, admitindo o exercício de atividade remunerada, inclusive na condição de microempreendedor individual, **sem que isso impeça a concessão ou manutenção da parte individual da pensão do dependente com deficiência intelectual ou mental ou com deficiência grave**.

Por fim, o § 5º do art. 23 possibilita que para o dependente inválido ou com deficiência intelectual, mental ou grave, sua condição seja reconhecida previamente ao óbito do segurado, por meio de avaliação biopsicossocial realizada por equipe multiprofissional e interdisciplinar, observada revisão periódica na forma da legislação.

---

45 Lei n. 8.213/91. Art. 77: "§ 4º A parte individual da pensão do dependente com deficiência intelectual ou mental que o torne absoluta ou relativamente incapaz, assim declarado judicialmente, que exerça atividade remunerada, será reduzida em 30% (trinta por cento), devendo ser integralmente restabelecida em face da extinção da relação de trabalho ou da atividade empreendedora". (Incluído pela Lei n. 12.470/2011.)

46 IN 77 INSS/Pres. Art. 375:

"§ 7º A cota individual da pensão por morte do dependente que com deficiência intelectual ou mental que o torne absoluta ou relativamente incapaz, assim declarado judicialmente, que exerça atividade remunerada, será reduzida em 30% (trinta por cento) durante o período em que exercer atividade remunerada, devendo ser integralmente restabelecida em face da extinção da relação de trabalho ou da atividade empreendedora.

§ 8º O valor relativo à redução de que trata o § 7º deste artigo, não reverterá para os demais dependentes".

O § 5º do art. 23 é harmonizado com o art. 2º da Lei Brasileira de Inclusão da Pessoa com Deficiência (Estatuto da Pessoa com Deficiência), Lei n. 13.146/2015, que, por sua vez concretiza o texto da Convenção Internacional sobre os Direitos das Pessoas com Deficiência (Decreto n. 6.949/2009).

Lei n. 13.146/2015

Art. 2º Considera-se pessoa com deficiência aquela que tem impedimento de longo prazo de natureza física, mental, intelectual ou sensorial, o qual, em interação com uma ou mais barreiras, pode obstruir sua participação plena e efetiva na sociedade em igualdade de condições com as demais pessoas.

§ 1º A avaliação da deficiência, quando necessária, será biopsicossocial, realizada por equipe multiprofissional e interdisciplinar e considerará:

I – os impedimentos nas funções e nas estruturas do corpo;

II – os fatores socioambientais, psicológicos e pessoais;

III – a limitação no desempenho de atividades; e

IV – a restrição de participação.

A avaliação biopsicossocial é pautada pela Classificação Internacional de Funcionalidade (CIF) e pelo Índice de Funcionalidade Brasileira (IF-Br), cujo resultado final é uma numeração que enquadrará o avaliado dentro do grau grave, moderado ou leve, conforme tabela que segue:

Deficiência		
grave	moderada	leve
≤ 5.739	≥ 5.740 e ≤ 6.354	≥ 6.355 e ≤ 7.584

Rol de dependentes. Pensão por morte, Lei n. 8.213. Art. 23, § 4º, da EC n. 103/2019

O § 4º do art. 23 da EC n. 103, para que não paire dúvida, esclarece que o tempo de duração da pensão por morte e das cotas individuais por dependente até a perda dessa qualidade, o rol de dependentes e sua qualificação e as condições necessárias para enquadramento **serão aqueles estabelecidos** na Lei n. 8.213, de 24 de julho de 1991.

Teria a EC n. 103/2019 incorporado em seu texto a redação da Lei n. 8.213 vigente na data de sua promulgação? Seria defensável a tese de que a referência feita pela Emenda da Reforma a disposições da Lei de Benefício teria o condão de obstar a modificação do regramento atual da Lei 8.213 por lei ordinária futura? A reflexão sobre esse ponto é realizada adiante no item: "Norma constitucional do art. 23. Alteração".

Rol de dependentes. O art. 16 da Lei n. 8.213/91 traz o rol taxativo de dependentes, divididos em três classes:

CLASSE I: o cônjuge, a companheira, o companheiro e o filho não emancipado, de qualquer condição, menor de 21 (vinte e um) anos ou inválido ou que tenha deficiência intelectual ou mental ou deficiência grave;

CLASSE II: os pais;

CLASSE III: o irmão não emancipado, de qualquer condição, menor de 21 (vinte e um) anos ou inválido ou que tenha deficiência intelectual ou mental ou deficiência grave.

Para fins de percepção de benefício, os dependentes na classe I afastam os das classes II e III. Na ausência de cônjuge, companheira, companheiro, filho não emancipado, de qualquer condição, menor de 21 anos ou inválido, terão vez os da classe II.

A classe III somente será contemplada com benefício previdenciário na ausência de dependentes das classes I e II.

Dentro desse contexto, os pais e irmãos (classe II e III) deverão, para fins de concessão de benefícios, comprovar a inexistência de dependentes preferenciais, mediante declaração firmada perante o Instituto Nacional do Seguro Social (INSS).

Apenas as pessoas da classe I possuem a dependência econômica presumida por lei, incumbindo aos integrantes das demais classes comprová-la. Portanto, os pais (quando inexistentes dependentes da classe I), e os irmãos (se não existirem dependentes das classes I e II), devem comprovar a dependência econômica conforme os meios admitidos em direito (ex.: constar como dependente do imposto de renda do segurado; demonstrar que o segurado é quem pagava as despesas de aluguel, plano de saúde etc.).

A dependência econômica do cônjuge, companheiro(a) e filhos é presumida pela lei. No entanto, em se tratando de cônjuge divorciado ou separado judicialmente ou de fato deve comprovar que recebia pensão de alimentos para concorrer em igualdade de condições com os demais integrantes da classe I.

Em 18 de junho de 2019 houve a publicação da Lei n. 13.846, consagrada como Minirreforma da Previdência (fruto da MP n. 871, de 18-1-2019), incluindo o § 6º ao art. 16 da Lei de Benefícios, estabelecendo que:

> As provas de união estável e de dependência econômica exigem início de prova material contemporânea dos fatos, produzido em período não superior a 24 (vinte e quatro) meses anterior à data do óbito ou do recolhimento à prisão do segurado, não admitida a prova exclusivamente testemunhal, exceto na ocorrência de motivo de força maior ou caso fortuito, conforme disposto no regulamento.

Menor sob guarda. Art. 23, § 6º, da EC n. 103/2019

O art. 16, no § 2º, permite a inclusão na classe I do rol de dependente das figuras do enteado e do menor tutelado quando equiparados a filho mediante declaração do segurado e desde que comprovada a dependência econômica.

A EC n. 103/2019, no § 6º do art. 23, traz idêntica disposição à do § 2º do art. 16, assim estabelecendo: "§ 6º Equiparam-se a filho, para fins de recebimento da pensão por morte, exclusivamente o enteado e o menor tutelado, desde que comprovada a dependência econômica".

A diferença entre a redação constitucional e o texto já existente do § 2º do art. 16 está no acréscimo constitucional do advérbio "exclusivamente".

O desiderato do Constituinte foi contornar a jurisprudência firmada no Colendo Superior Tribunal de Justiça, acerca da proteção ao "menor sob guarda".

A Lei de Benefícios, em sua redação original, dispunha no § 2º do art. 16 que:

Equiparam-se a filho, nas condições do inciso I, mediante declaração do segurado: o enteado; o menor que, por determinação judicial, **esteja sob a sua guarda**; e o menor que esteja sob sua tutela e não possua condições suficientes para o próprio sustento e educação.

A partir de 14 de outubro de 1996, data da publicação da Medida Provisória n. 1.523, reeditada e convertida na Lei n. 9.528, de 10 de dezembro de 1998, o menor que, por determinação judicial, esteja sob guarda deixou de integrar a relação de dependentes para os fins previstos no RGPS, inclusive aquele já inscrito, salvo se o óbito do segurado tenha ocorrido em data anterior à MP n. 1.523 (Súmula 340 do STJ).

A alteração legislativa buscou reverter o quadro crescente de avôs (ou de avós) que postulavam a guarda judicial de neto, a despeito de a criança manter convivência normal e harmônica junto aos pais, com o fim único de garantir ao menor sob guarda o direito de pensão por morte junto à Previdência. Manipulavam o instituto da guarda judicial como se fosse instrumento de disposição de última vontade, na busca de outorgar, como se testamento fosse, ao neto o direito ao benefício previdenciário, consistente na pensão por morte.

Muito se discutiu a exclusão desse direito com supedâneo no art. 227, § 3º, da CF, que consagra o dever da família, da sociedade e do Estado assegurar à criança, ao adolescente e ao jovem, com absoluta prioridade, o direito à vida, à saúde, à alimentação, à educação [...] e, no § 3º, acentua que o direito a proteção especial abrangerá (inciso II) a **garantia de direitos previdenciários** e trabalhistas.

De acordo com a Lei de Benefícios, o menor sob guarda não consta desde 1997 dentre aqueles que podem ser equiparados a filho para efeito de aquisição de direito à pensão por morte.

De outra toada, o Estatuto da Criança e do Adolescente, em cumprimento ao mandamento previsto no art. 227, § 3º, II, da CF, traz orientação diversa no § 3º do art. 33: "a guarda confere à criança ou adolescente a condição de dependente, para todos os fins e efeitos de direito, **inclusive previdenciários**".

Heloisa Hernandez Derzi, na obra *Os beneficiários da pensão por morte*, às fls. 282 *usque* 285, retrata a dificuldade de compatibilizar a característica da temporariedade do instituto da guarda com a concessão de benefício previdenciário de pensão por morte:

A guarda, figura estatutária que visa a colocação do menor em família substituta, apresenta um caráter transitório aliado à possibilidade de revogação a qualquer tempo, os quais não se compaginam inteiramente com o benefício da pensão por morte do Regime Geral de Previdência Social, do ponto de vista meramente técnico.

No campo infraconstitucional o Tribunal Regional Federal da 3ª Região, no julgamento da apelação cível n. 0039149-08.2010.4.03.9999/MS, trouxe importante reflexão anotada na ementa do julgado, que concluiu pela inclusão da figura "menor sob guarda" na expressão "menor sob tutela", porque não faria sentido interpretação que contemple a proteção ao menor sob tutela (que pressupõe a existência de patrimônio em nome do menor), e desproteger a criança sem patrimônio (por tal razão não pode valer-se do isntituto da tutela):

O instituto da tutela – tanto no Código Civil de 1916, como no atual – objetiva, principalmente, a proteção do menor com patrimônio, ou seja, destina-se primordialmente à preservação de seus bens, não se justificando, portanto, a interpretação no sentido de que o art. 16, § 2º, da Lei n. 8.213/91 tenha dado prioridade à proteção social do menor com patrimônio material.

A interpretação adequada a ser dada à expressão "menor tutelado", contida na atual redação do art. 16, § 2º, da Lei n. 8.213/91, é aquela que considera, para fins previdenciários, que menor tutelado não é apenas o declarado judicialmente, mas também o menor sem patrimônio material, cujos pais decaíram implicitamente de seu poder familiar e que não esteja sob guarda circunstancial.

Jurisprudência do STJ: menor sob guarda

O STJ havia firmado entendimento que se manteve por mais de uma década, no sentido de que o art. 33 do ECA seria qualificado como de cunho genérico, não se aplicando aos benefícios mantidos pelo RGPS, considerada a Lei n. 8.213/91 lei específica sobre a matéria, e por essa razão o comando excludente deveria imperar.

No ano de 2014 a Corte Superior estreou novo posicionamento sobre esta temática no julgamento do RMS 36.034-MT, que teve por relator o Ministro Benedito Gonçalves, julgado em 26 de fevereiro de 2014. O atual entendimento do STJ é no sentido de que ocorrendo o óbito de segurado de regime previdenciário detentor da guarda judicial de criança ou adolescente que dependa economicamente do guardião, será assegurado o benefício da pensão por morte ao menor sob guarda, de nenhum relevo o fato de não constar como dependentes na lei previdenciária aplicável (art. 16, § 2º, da Lei n. 8.213). A justificativa é a de que o fim social da lei previdenciária é abarcar as pessoas que foram acometidas por alguma contingência da vida. Nesse aspecto, o Estado deve cumprir seu papel de assegurar a dignidade da pessoa humana a todos, em especial às crianças e aos adolescentes, cuja proteção (enfatizou o STJ) tem absoluta prioridade. O Estatuto da Criança e do Adolescente (ECA) não é uma simples lei, uma vez que representa política pública de proteção à criança e ao adolescente, verdadeiro cumprimento do mandamento previsto no art. 227 da CF. Ademais, não é dado ao intérprete atribuir à norma jurídica conteúdo que atente contra a dignidade da pessoa humana e, consequentemente, contra o princípio de proteção integral e preferencial a crianças e adolescentes, já que esses postulados são a base do Estado Democrático de Direito e devem orientar a interpretação de todo o ordenamento jurídico. Desse modo, embora a lei previdenciária aplicável ao segurado seja lei específica da previdência social, não menos certo é que a criança e adolescente têm norma específica que confere ao menor sob guarda a condição de dependente para todos os efeitos, inclusive previdenciários (art. 33, § 3º, do ECA). Em outubro de 2017, o posicionamento foi confirmado pela Primeira Seção do STJ, no julgamento do REsp 1.411.258/RS, Rel. Napoleão Nunes Maia Filho, afetado como representativo da controvérsia, no sentido da prevalência do ECA sobre a lei geral previdenciária (Lei n. 8.213), em ordem a assegurar em prol do menor o recebimento de pensão previdenciária decorrente da morte de seu guardião.

Agora o entendimento proclamado pelo STJ não se harmoniza com a disposição constitucional do art. 23, § 6º, da EC n. 103/2019, cabendo apenas ao STF a missão de confirmar (ou não) a constituconalidade da exclusão do menor sob guarda pelo emprego do advérbio "exclusivamente", frente a norma também de índole constitucional alocada art. 227, § 3º, II.

Duração. Pensão por morte. Lei n. 8.213. EC n. 103/2019. Art. 23, § 4º

O § 4º do art. 23 da EC n. 103, para que não paire dúvida, esclarece que o tempo de duração da pensão por morte e das cotas individuais por dependente até a perda dessa qualidade, o rol de dependentes e sua qualificação e as condições necessárias para enquadramento serão aqueles estabelecidos na Lei n. 8.213, de 24 de julho de 1991.

Lei n. 13.135/2015. Duração limitada da pensão por morte. **Regra 1**.

O direito à percepção de cada cota individual cessará para cônjuge ou companheiro: em 4 (quatro) meses, se o óbito ocorrer sem que o segurado tenha vertido 18 (dezoito) contribuições mensais ou se o casamento ou a união estável tiverem sido iniciados em menos de 2 (dois) anos antes do óbito do segurado.

Lei n. 13.135/2015. Duração limitada da pensão por morte. **Regra 2**.

O direito à percepção de cada cota individual cessará para cônjuge ou companheiro transcorridos os seguintes períodos, estabelecidos de acordo com a idade do beneficiário na data de óbito do segurado, se o óbito ocorrer depois de vertidas 18 (dezoito) contribuições mensais e pelo menos 2 (dois) anos após o início do casamento ou da união estável:

- 3 (três) anos, com menos de 21 (vinte e um) anos de idade;
- 6 (seis) anos, entre 21 (vinte e um) e 26 (vinte e seis) anos de idade;
- 10 (dez) anos, entre 27 (vinte e sete) e 29 (vinte e nove) anos de idade;
- 15 (quinze) anos, entre 30 (trinta) e 40 (quarenta) anos de idade;
- 20 (vinte) anos, entre 41 (quarenta e um) e 43 (quarenta e três) anos de idade;
- vitalícia, com 44 (quarenta e quatro) ou mais anos de idade.

Lei n. 13.135/2015. Duração limitada da pensão por morte. Não se aplica a Regra 1 (de 4 meses de duração da pensão por morte) para cônjuge ou companheiro se o óbito do segurado decorrer de acidente de qualquer natureza ou de doença profissional ou do trabalho, independentemente do recolhimento de 18 (dezoito) contribuições mensais ou da comprovação de 2 (dois) anos de casamento ou de união estável, nesta situação aplica-se a Regra 2.

Lei n. 13.135/2015. Duração limitada da pensão por morte. Respeitado o prazo mínimo previsto nas Regras 1 e 2, conforme o caso (18 meses de contribuição e 2 anos de casamento/união), a cessação da pensão por morte para cônjuge ou companheiro considerado inválido ou com deficiência somente se dará pela cessação da invalidez ou pelo afastamento da deficiência.

Norma constitucional do art. 23. Alteração

Há dúvida sobre se o § 4º do art. 23 da EC n. 103/2019 teria constitucionalizado os artigos da Lei n. 8.213 que versam sobre "tempo de duração", "dependentes" e "perda da qualidade de dependente".

Eis a redação do § 4º do art. 23:

O tempo de duração da pensão por morte e das cotas individuais por dependente até a perda dessa qualidade, o rol de dependentes e sua qualificação e as condições necessárias para enquadramento serão aqueles estabelecidos na Lei n. 8.213, de 24 de julho de 1991.

Diante desse parágrafo seria constitucional a edição de lei ordinária no ano de 2020 revogar artigos da Lei n. 8.213 para regrar o tema "tempo de duração" ou "rol de dependentes" da pensão por morte de modo diferente do que prevê a Lei de Benefícios na data da promulgação da Emenda da Nova Previdência?

Ao que tudo indica, defensável a tese de ter o § 4º do art. 23 constitucionalizado a regra anotada na Lei n. 8.213 na data da promulgação da EC n. 103/2019, havendo assim a necessidade de emenda constitucional para alterar o regramento constitucionalizado.

Talvez para contornar a tese ora exposta, o § 7º do art. 23 trouxe curiosa permissão:

Art. 23 da EC n. 103/2019

§ 7º As regras sobre pensão **previstas neste artigo** e na legislação vigente na data de entrada em vigor desta Emenda Constitucional **poderão ser alteradas na forma da lei** para o Regime Geral de Previdência Social e para o regime próprio de previdência social da União.

Desse modo seria possível a edição de lei ordinária para alterar a Lei n. 8.213: "as regras sobre pensão[...] na legislação vigente na data de entrada em vigor desta Emenda Constitucional **poderão ser alteradas** na forma da lei para o RGPS", afastando-se a tese da constitucionalização antes referida.

Porém subsiste outra questão que se extrai do texto do § 7º desse art. 23, quando afirma que "as regras sobre pensão **previstas neste artigo**" [...] "**poderão ser alteradas** na forma da lei para o RGPS".

As regras trazidas no art. 23 da EC n. 103/2019 podem realmente ser alteradas na forma da lei em sentido estrito?

O art. 23, como visto, constitucionaliza no *caput* a regra sobre o coeficiente de cálculo da pensão. Em conformidade com o § 7º seria admissível a publicação de lei ordinária modificando o critério firmado pelo art. 23 da EC n. 103/2019, tornando--o norma de eficácia contida, texto restringível por lei de hierarquia inferior.

Diante desse cenário, singela lei ordinária seria hábil a restabelecer o coeficiente de cálculo da pensão por morte ao patamar de 100%, sem esbarrar na mácula da inconstitucionalidade.

EC n. 103/2019. Vedação à adoção de requisitos ou critérios diferenciados para concessão de benefícios (§ 1º do art. 201). Alterado pelo Congresso Nacional

Inicialmente, a postulação feita pelo Governo contida na redação original da PEC n. 6/2019 **era a de dedicar praticamente todos os temas de previdenciário à lei complementar**:

PEC n. 6/2019 (redação original – não aceita no Congresso Nacional):
Art. 201 [...]

§ 1º **Lei complementar** de iniciativa do Poder Executivo federal disporá sobre os seguintes critérios e parâmetros do regime de que trata este artigo:

I – rol taxativo dos benefícios e dos beneficiários;

II – requisitos de elegibilidade para os benefícios, que contemplarão idade mínima, tempo de contribuição, carência e limites mínimo e máximo do valor dos benefícios;

III – regras de cálculo e de reajustamento dos benefícios;

IV – limites mínimo e máximo do salário de contribuição;

V – atualização dos salários de contribuição e remunerações utilizados para obtenção do valor dos benefícios;

VI – rol, qualificação e requisitos necessários para enquadramento dos dependentes, o tempo de duração da pensão por morte e das cotas por dependentes;

VII – regras e condições para acumulação de benefícios; e

VIII – sistema especial de inclusão previdenciária, com alíquotas diferenciadas, para atender aos trabalhadores de baixa renda e àqueles sem renda própria que se dediquem exclusivamente ao trabalho doméstico no âmbito de sua residência, desde que pertencentes a famílias de baixa renda, garantido o acesso a benefícios de valor igual a um salário mínimo.

No substitutivo presentado na Comissão Mista na Câmara dos Deputados, deu-se nova redação ao § 1º do art. 201 da CF, não acolhidos, portanto, os termos iniciais da proposta de emenda:

Art. 201 [...]

§ 1º É vedada a adoção de requisitos ou critérios diferenciados para concessão de benefícios, ressalvada, nos termos de lei complementar, a possibilidade de previsão de idade e tempo de contribuição distintos da regra geral para concessão de aposentadoria exclusivamente em favor dos segurados:

I – com deficiência, previamente submetidos a avaliação biopsicossocial realizada por equipe multiprofissional e interdisciplinar;

II – cujas atividades sejam exercidas com efetiva exposição a agentes químicos, físicos e biológicos prejudiciais à saúde, ou associação desses agentes, vedados a caracterização por categoria profissional ou ocupação e o enquadramento por periculosidade.

Norma de eficácia plena, a primeira parte do § 1º do art. 201 da Emenda da Nova Previdência estende a vedação à adoção de requisitos ou critérios diferenciados para concessão de todas as espécies de benefícios.

Como breve recapitulação histórica, cabe anotar que o § 1º do art. 201, na redação dada pela EC n. 20/98, trouxe a regra que restou mantida pela EC n. 47/2005, qual seja, vedação à adoção de requisitos e critérios diferenciados **para a concessão de "aposentadoria"**.

Já a atual EC n. 103/2019 promoveu a substituição do termo restritivo *aposentadoria* pela expressão mais ampla *benefícios*, mantida, no mais, a essência da regra constitucional:

	Art. 201, § 1º, CF (EC n. 20/98)	Art. 201, § 1º, CF (EC n. 47/2005)	Art. 201, § 1º, CF (EC n. 103/2019)
Regra	É vedada a adoção de requisitos e critérios diferenciados para a concessão de aposentadoria aos beneficiários do regime geral de previdência social.	É vedada a adoção de requisitos e critérios diferenciados para a concessão de aposentadoria aos beneficiários do regime geral de previdência social.	É vedada a adoção de requisitos ou critérios diferenciados para concessão de benefícios.

Nessa linha, antes do advento da Nova Previdência/2019, não havia óbice à legislação infraconstitucional para estabelecer requisitos e critérios diferenciados para concessão das outras espécies de benefícios previdenciários diversos de aposentadoria, ressalvando-se unicamente requisitos e critérios decorrentes de mandamento constitucional.

Tome-se como exemplo o salário-família que é direito do "segurado de baixa renda", por força do art. 201, IV, da CF, mas na legislação ordinária, diante da discricionariedade que havia antes da EC n. 103/2019, traz distinção na aplicação desse critério constitucional, tornando o benefício previdenciário alcançável ao "segurado de baixa renda" quando preencher o requisito ser empregado, empregado doméstico ou trabalhador avulso, mas o negando ao "segurado de baixa renda" enquadrado como contribuinte individual e como segurado especial.

Diz o art. 65 da Lei n. 8.213: "O salário-família será devido, mensalmente, ao segurado empregado, inclusive o doméstico, e ao segurado trabalhador avulso, na proporção do respectivo número de filhos ou equiparados [...]".

Considere duas hipóteses comuns:

a) contribuinte individual (autônomo) que contribua mensalmente à previdência, com alíquota de 20% sobre 1 salário mínimo, portanto nesta ilustração está enquadrado no requisito constitucional ser "segurado de baixa renda", e que também preencha o requisito específico previsto na Lei n. 8.213 "ter filho de até 14 anos de idade";

b) empregado, com remuneração fixada em 1 salário mínimo, cuja contribuição previdenciária mensal é de 7,5% (art. 28 da EC n. 103/2019), portanto também enquadrado no requisito constitucional ser "segurado de baixa renda", e por igual preencha o requisito específico previsto na Lei n. 8.213 "ter filho de até 14 anos de idade".

Diante da nova disposição constitucional (art. 201, § 1º), qual é o fundamento de validade para o critério de distinção entre segurados de baixa renda que autoriza o indeferimento de salário-família na hipótese "a" e deferimento na situação "b"?

Após a EC n. 103/2019 não há compatibilidade do art. 65 aos ditames constitucionais que **vedam à lei ordinária a adoção de requisitos ou critérios diferenciados para concessão de "benefícios"**, sendo o salário-família prestação previdenciária, decorre a **não recepção do art. 65 da Lei n. 8.213** pela EC n. 103/2019.

EMENDA CONSTITUCIONAL N. 103/2019 E A RELAÇÃO DE PROTEÇÃO SOCIAL (ART. 201, CF)

Obviamente, não era essa a intenção do Poder Constituinte Derivado Reformador. Em verdade promoveu a modificação do texto constitucional sem a devida cautela. Entretanto, a mudança promovida na norma ápice não pode ser ignorada!

O novo texto traz leitura que impõe harmonização da legislação infraconstitucional aos novos parâmetros da Carta Magna, que impedem à lei ordinária o estabelecimento de critérios distintos para obtenção de qualquer espécie de benefício.

São válidos os requisitos e critérios diferenciados previstos na própria Constituição Federal a exemplo da citações constitucionais a "pessoa com deficiência"; "mulher"; "trabalhador rural"; "professor"; "professora", "segurado de baixa renda", integrantes do "Sistema Especial de Inclusão Previdenciária" (previsto no art. 201, §§ 12 e 13, CF), de trabalhador que comprove "exposição a agentes químicos, físicos e biológicos prejudiciais à saúde" etc.

A validade dos requisitos legais estará presente quando idênticos a todos os segurados: qualidade de segurado, carência e os requisitos específicos de cada benefício, de maneira que, por exemplo, a incapacidade temporária (art. 201, I, da CF) admite a concessão de benefício previdenciário de auxílio-doença quando (art. 59 da Lei n. 8.213) satisfeitos os requisitos:

- segurado (qualidade de segurado);
- carência (de 12 contribuições, art. 25, I, da Lei de Benefícios);
- específico: incapacidade temporária ("ficar incapacitado para o seu trabalho ou para a sua atividade habitual por mais de 15 dias consecutivos").

Nessa ordem de ideias, quer seja contribuinte individual, quer seja segurado empregado, a concessão de auxílio-doença deve ser garantida quando houver a satisfação dos três requisitos acima, e indeferido na ausência da comprovação de qualquer deles.

De outro quadrante, no campo da incapacidade parcial, qual a validade do critério diferenciador estabelecido no art. 18, § 1º, da Lei n. 8.213[47], que exclui do segurado contribuinte individual o direito ao benefício de auxílio-acidente, quando preenchidos os requisitos: ser segurado, carência (inexistente para esta espécie de benefício, art. 26, I, Lei n. 8.213/91), e a consolidação da incapacidade parcial permanente (art. 86 da Lei n. 8.213/91)?

Justificativa plausível é no sentido de que a legislação pode ser considerada constitucionalmente válida, porque o critério fixado é amparado no custeio (arts. 195, § 5º, e 201, *caput*), tendo o § 1º do art. 18 (em suas entrelinhas) eleito como protegidos com relação ao auxílio-acidente aqueles em prol dos quais haja o custeio por intermédio de contribuição específica, de seguro de acidente do trabalho (SAT), que decorre do trabalho desenvolvido pelo empregado e por trabalhador avulso, com

---

47 O § 1º do art. 18 da Lei n. 8.213/91, diz que somente poderão beneficiar-se do auxílio-acidente os segurados empregado, avulso, doméstico e segurado especial.

249

espeque no art. 22, II, da Lei n. 8.212/91, pelo empregado doméstico, alicerçada no art. 24, II, da mesma Lei de Custeio, e decorrente da atividade rural do segurado especial, art. 25, II, da Lei n. 8.212/91.

A validade do critério diferenciador do § 1º do art. 18 da Lei n. 8.213 ficaria garantida com relação ao auxílio-acidente decorrente de causa relacionada ao labor (B/94), entretanto ausente fundamento para o estabelecimento de "critério diferenciado" em face do auxílio-acidente alicerçado em causa de qualquer natureza (B/36).

Em suma, em consonância com o novel § 1º do art. 201, a lei somente poderá estabelecer critério diferenciador entre os segurados na obtenção e benefício com espeque na plataforma constitucional, não havendo destaque no texto constitucional deste ou daquele trabalhador, não poderá a lei infraconstitucional fixar privilégios para estes ou aqueles, sendo a regra constitucional a da igualdade entre todos os que vestirem a roupagem de pessoa protegida no RGPS, vedados requisitos ou critérios diferenciados.

EC n. 103/2019. Aposentadoria diferenciada. Art. 201, § 1º, da CF

O § 1º do art. 201, na redação dada pela EC n. 20/98, contemplava apenas uma possibilidade de fixação de critérios e requisitos diferenciados na aposentadoria, em prol daqueles que exercessem atividade prejudicial à saúde, situação mantida na redação dada pela EC n. 47/2005 que, por sua vez, acrescentou nova hipótese de aposentadoria diferenciada em favor do segurado capitulado como pessoa "portadora" de deficiência.

A EC n. 103/2019 modificou a redação do § 1º do art. 201, mantida a mesma estrutura básica da redação antes atribuída pela EC n. 47/2005, incluindo o adjetivo "exclusivamente" para dar ênfase à regra contida na primeira parte do dispositivo, a da proibição de requisitos e critérios diferenciados na legislação infraconstitucional, ressalvadas duas situações anotadas no § 1º do art. 201 que somente podem ser concretizadas por intermédio de **lei complementar**.

A primeira parte do § 1º do art. 201, ao firmar a regra constitucional, **é norma de eficácia plena,** de modo a ter aplicabilidade imediata. De outra monta, a segunda parte do dispositivo, que permite a criação de exceções, **é norma de eficácia limitada**, posto que dependente da edição de lei complementar. Portanto, a exceção é de aplicabilidade mediata, sem operar efeitos no mundo fenomênico enquanto não advinda a norma legal exigida pelo texto constitucional.

	Art. 201, § 1º, CF (EC n. 20/98)	Art. 201, § 1º, CF (EC n. 47/2005)	Art. 201, § 1º, CF (EC n. 103/2019)
Regra (norma de eficácia plena)	É vedada a adoção de requisitos e critérios diferenciados para a concessão **de aposentadoria** aos beneficiários do regime geral de previdência social **ressalvados** os casos de	É vedada a adoção de requisitos e critérios diferenciados para a concessão **de aposentadoria** aos beneficiários do regime geral de previdência social **ressalvados** os casos de	É vedada a adoção de requisitos ou critérios diferenciados **para concessão de benefícios.**

			ressalvada, nos termos de **lei complementar**, a possibilidade de previsão de idade e tempo de contribuição distintos da regra geral para concessão de aposentadoria exclusivamente em favor dos segurados:
Exceção por lei complementar (norma de eficácia limitada)	atividades exercidas sob **condições especiais que prejudiquem a saúde** ou a integridade física, definidos em **lei complementar.**	atividades exercidas sob **condições especiais que prejudiquem a saúde** ou a integridade física	II – cujas atividades sejam exercidas com **efetiva exposição** a agentes químicos, físicos e biológicos **prejudiciais à saúde**, ou associação desses agentes, vedados a caracterização por categoria profissional ou ocupação e o enquadramento por periculosidade.
		e quando se tratar de segurados **portadores de deficiência**, nos termos definidos **em lei complementar.**	I – com **deficiência**, previamente submetidos a avaliação biopsicossocial realizada por equipe multiprofissional e interdisciplinar;

Aposentadoria especial. Lei n. 8.213/91

Benefício previdenciário de periodicidade mensal, substitutivo da renda do trabalho, administrado pelo INSS sob a codificação B/46, a aposentadoria especial encontra substrato constitucional no art. 201, § 1º, combinado com o art. 15 da EC n. 20/98: "Art. 15. Até que a lei complementar a que se refere o art. 201, § 1º, da Constituição Federal, seja publicada, permanece em vigor o disposto nos arts. 57 e 58 da Lei n. 8213, de 24 de julho de 1991, na redação vigente à data da publicação desta Emenda".

Hipótese de concessão fixada na Lei n. 8.213: exercer durante 15, 20 ou 25 anos atividade laborativa sujeita a condições especiais, de forma permanente, não ocasional nem intermitente, que prejudiquem a saúde ou a integridade física do trabalhador.

Aposentadoria especial não traz diferenças em razão do sexo.

Independentemente de ser homem ou mulher, o segurado que exerça atividades de mineração de forma permanente no subterrâneo em frente de produção (profissão: mineiro) faz jus à aposentadoria com 15 anos de labor nessas condições prejudiciais à saúde. Calha recordar que a CLT no art. 387 proibia o trabalho da mulher nos subterrâneos, nas minerações em subsolo (dispositivo revogado pela Lei n. 7.855, de 24-10-1989).

O trabalhador com exposição, por exemplo, ao agente químico asbesto garante direito à aposentadoria após 20 anos.

E ainda a título de ilustração, tem direito à aposentadoria especial o trabalhador exposto durante 25 anos a níveis de ruídos ocupacionais superiores a 85 dB(A).

Beneficiário(s): segurados empregado, trabalhador avulso e contribuinte individual, este somente quando filiado à cooperativa de trabalho ou de produção (e para períodos posteriores à Lei n. 10.666/2003, que trouxe a permissão legal) que tenha trabalhado mediante exposição a agentes físicos, químicos ou biológicos prejudiciais à saúde ou à integridade física, durante pelo menos 15, 20 ou 25 anos.

Atividade especial: considera-se aquela na qual o trabalhador está efetivamente exposto, de forma permanente, não ocasional nem intermitente, a agentes nocivos químicos, físicos ou biológicos ou associação de agentes prejudiciais à saúde ou integridade física.

São considerados como período de trabalho sob condições especiais, para fins de benefícios do RGPS, o período de férias, bem como de benefício por incapacidade acidentária (auxílio-doença e aposentadoria por invalidez) e o período de percepção de salário-maternidade, desde que, à data do afastamento, o segurado estivesse exercendo atividade considerada especial.

A comprovação do exercício de atividade especial será feita pelo Perfil Profissiográfico Previdenciário (PPP), emitido pela empresa com base em Laudo Técnico de Condições Ambientais de Trabalho (LTCAT) expedido por médico do trabalho ou engenheiro de segurança do trabalho.

Trabalho permanente: compreende-se aquele em que o segurado, no exercício de todas as suas funções, esteve efetivamente exposto a agentes nocivos físicos, químicos, biológicos ou associação de agentes.

Trabalho não ocasional nem intermitente: é aquele em que, na jornada de trabalho, não houve interrupção ou suspensão do exercício de atividade com exposição.

EC n. 103/2019. Aposentadoria especial. Norma de eficácia limitada (art. 201, § 1º, CF)

A Emenda da Reforma, em sintonia com o novo regramento constitucional por ela trazido de atrelamento ao requisito etário para obtenção de aposentadoria programável, traz no § 1º permissão para que lei complementar estipule **requisitos de idade** e de tempo de contribuição distintos daqueles fixados no § 7º do art. 201 aos demais segurados do RGPS, unicamente para as duas exceções contempladas.

De acordo com o art. 201, § 7º, inciso I, a aposentadoria programável será alcançada aos 65 (sessenta e cinco) anos de idade, se homem, e 62 (sessenta e dois) anos de idade, se mulher, observado tempo mínimo de contribuição a ser fixado por lei, **portanto norma de eficácia limitada**.

Requisitos – previsão normativa	Aposentadoria Previsão constitucional			
	Idade		Tempo de Contribuição	
Art. 201, § 7º, I, CF (EC n. 103/2019)	Homem	Mulher	Homem	Mulher
	65 anos de id	62 anos de id	a ser fixado em lei	

O § 1º do art. 201 admite que lei complementar, **portanto como antes esclarecido, norma de eficácia limitada**, estabeleça requisito etário e de tempo de contribuição diferenciado para a aposentadoria conhecida como APOSENTADORIA ESPECIAL (B/46) ao segurado cujas atividades sejam exercidas com **efetiva exposição** a agentes químicos, físicos e biológicos **prejudiciais à saúde,** ou associação desses agentes, vedados a caracterização por categoria profissional ou ocupação e o enquadramento por periculosidade.

Regra de transição. Aposentadoria especial. Arts. 19 e 21 da EC n. 103/2019. Norma de eficácia limitada

O art. 19, § 1º, da Emenda da Nova Previdência garante ao **filiado até a data de entrada em vigor da emenda, 13 de novembro de 2019**, o direito à APOSENTADORIA ESPECIAL com requisito etário inferior ao estabelecido na norma permanente (art. 201, § 7º, I), fixando idade de 55, 58 ou de 60 anos aos que, na forma da Lei n. 8.213, tiverem direito, respectivamente, à aposentadoria especial aos 15, 20 ou 25 anos de atividade especial.

Há ainda o art. 21 da EC n. 103/2019, assegurando ao filiado antigo, considerado como tal aquele que ingressou no RGPS até a data de entrada em vigor da Emenda da Reforma, o direito à APOSENTADORIA ESPECIAL, quando o total da soma resultante da idade do segurado com o seu tempo de contribuição atingir pontuação de 66, 76, 86, aos que, na forma da Lei n. 8.213, tiverem direito, respectivamente, à aposentadoria especial aos 15, 20 ou 25 anos de atividade especial.

No entanto, as normas contidas no § 1º do art. 19 e no art. 21 da EC n. 103/2019 não estão completas, na medida em que não regram o valor do benefício de aposentadoria especial aos segurados que preencham os requisitos constitucionais anunciados, relegando ambas as normas à legislação infraconstitucional a concretização do critério quantificador do benefício.

Diante desse enredo, tanto a norma do § 1º do art. 19 como a do art. 21 da EC n. 103/2019 **são capituladas como normas de eficácia limitada**, por conseguinte, de aplicabilidade mediata, carecendo de complementação legal, para fixar o critério quantitativo do benefício de aposentadoria especial.

Requisitos – previsão normativa	Aposentadoria Especial com Idade FIXA Previsão constitucional	
Art. 19, § 1º, da EC n. 103/2019, ao segurado **filiado até** a data de entrada em vigor da EC n. 103/2019 (13-11-2019)	Até que lei complementar disponha sobre a redução de idade mínima ou tempo de contribuição prevista no § 1º do art. 201 da Constituição Federal, será concedida aposentadoria:	
	Segurados que comprovem exercício de atividades com efetiva exposição a agentes químicos, físicos e biológicos prejudiciais à saúde, ou associação desses agentes	
	Idade (Id)	Tempo de Contribuição (TC)*
	Homem ou Mulher	Homem ou Mulher
	55 anos de Id.	15 anos de TC
	58 anos de Id.	20 anos de TC
	60 anos de Id.	25 anos de TC
		(*) nos termos do disposto nos arts. 57 e 58 da Lei n. 8.213/91
Norma de eficácia limitada: o valor da aposentadoria será apurado **na forma da lei.**		

Requisitos – previsão normativa	Aposentadoria Especial com Idade Redutível (aposentadoria por pontos) Previsão constitucional	
Art. 21 da EC n. 103/2019, ao segurado **filiado até** a data de entrada em vigor da EC n. 103/2019 (13-11-2019)	Segurados que comprovem exercício de atividades com efetiva exposição a agentes químicos, físicos e biológicos prejudiciais à saúde, ou associação desses agentes	
	poderão aposentar-se quando **o total da soma** resultante da sua idade e do tempo de contribuição e o tempo de efetiva exposição forem, respectivamente, de	
	Pontos (TC + Id.)	Tempo de Contribuição **mínimo** (TC) *
	Homem ou Mulher	Homem ou Mulher
	66 pontos (por exemplo: 15 anos de TC + 51 anos de Id.; 16 anos de TC + 50 anos de id.; 17 anos de TC + 49 anos de Id. etc.)	15 anos de TC
	76 pontos (por exemplo: 20 anos de TC + 56 de Id.; 21 anos de TC + 55 anos de Id.; 22 anos de TC + 54 anos de Id. etc.)	20 anos de TC
	86 pontos (por exemplo: 25 nos de TC + 61 anos de Id.; 26 anos de TC + 60 anos de Id.; 27 anos de TC + 59 anos de Id. etc.)	25 anos de TC
		(*) nos termos do disposto nos arts. 57 e 58 da Lei n. 8.213/91
Norma de eficácia limitada: o valor da aposentadoria será apurado **na forma da lei.**		

Valor do benefício. Complemento das normas dos arts. 19, § 1º, e 20 da EC n. 103/2019. Art. 26 da EC n. 103/2019

Da forma como estudado adrede, o § 1º, inciso II, do art. 201 da CF (na redação atribuída pela EC n. 103/2019) é norma de eficácia limitada, dependendo de complemento a ser trazido por lei complementar.

Enquanto não advém a necessária norma complementar, os arts. 19, § 1º, e 21 da EC n. 103/2019, buscam suprir a lacuna normativa.

O art. 19, § 1º, prevê direito à Aposentadoria Especial com Idade FIXA de 55 anos de idade em se tratando de atividade especial que autorizaria aposentadoria com 15 anos de TC; aos 58 anos de idade, para o trabalho em atividade que ensejaria aposentadoria após 20 anos de TC, e finalmente aos 60 anos de idade para os que exercem trabalhos expostos a agentes prejudiciais enquadrados como de 25 anos para aposentadoria.

Já o art. 21 da EC n. 103/2019 estabelece a Aposentadoria Especial com Idade Redutível, conhecida como aposentadoria por pontos, que é fixada com base na soma da idade do segurado com o seu tempo de contribuição. De tal sorte que, quanto maior o tempo de contribuição, menor será a idade mínima exigida para aposentação.

Ocorre que, como visto anteriormente, ambas as normas carecem de complementação legal, por serem dependentes de "lei" para regrar o critério de apuração da renda mensal do benefício.

Porém, o desiderato imediatista do Poder Constituinte Derivado Reformador é constatado no art. 26 da EC n. 103/2019, que traz o complemento do critério quantificador do benefício de aposentadoria especial exigido nos arts. 19, § 2º, e 21, § 2º, ambos da EC n. 103/2019.

O art. 26, portanto, busca dar concretude às regras de transição previstas nos arts. 19, § 1º, e 21 da mesma EC n. 103/2019.

Prescreve o art. 26 da EC n. 103/2019 que "até que lei discipline o cálculo dos benefícios" do Regime Geral de Previdência Social, como será elaborada a renda mensal do benefício, fixando como **primeira etapa** a apuração da **média aritmética simples dos salários de contribuição** ao Regime Geral de Previdência Social, observando-se:

a) atualização monetária dos salários de contribuição;

b) correspondentes a 100% (cem por cento) do período contributivo desde a competência julho de 1994 ou desde o início da contribuição, se posterior àquela competência.

No § 1º é estipulada a segunda etapa do cálculo, consistente na definição do coeficiente de cálculo a incidir sobre a média apurada na etapa anterior.

O valor do benefício de aposentadoria partirá da alíquota base de 60% (sessenta por cento), com acréscimo de 2% (dois por cento) para cada ano de contribuição que exceder o tempo de 20 (vinte) anos de contribuição, ressalvada a aposentadoria especial atrelada a 15 anos de atividade prejudicial à saúde, situação na qual o percentil de acréscimo de 2% incidirá após a satisfação dos 15 anos de TC.

Resumindo, o art. 26 estabelece na etapa 1 o salário de benefício, que é a base de cálculo de apuração da prestação previdenciária. Na etapa 2 identifica o coeficiente de cálculo que incidirá sobre o salário de benefício.

Como sobejamente esclarecido, o intento do art. 26 é dar concretude às regras de transição que são por sua vez dependentes de legislação no que tange ao critério de cálculo, de modo que o art. 26 da EC n. 103/2019 deve ser completo, deve ser norma de eficácia plena, para tanto não podendo trazer em seu texto termos que careçam de complementação legal.

Ocorre que as disposições alocadas no art. 26 da EC n. 103/2019 são extremamente próximas ao texto trazido na redação original do art. 202 da Constituição Cidadã de 1988, que acabou sendo acolhido pelo STF como norma de eficácia limitada, por conter elementos que careciam de definição por lei superveniente.

CF, art. 202 – Redação original (critério de cálculo/ salário de benefício)	Art. 26 da EC n. 103/2019 (critério de cálculo/ salário de benefício)
Art. 202. É assegurada aposentadoria, nos termos da lei, calculando-se o benefício sobre **a média dos trinta e seis últimos salários de contribuição, corrigidos monetariamente** mês a mês, e comprovada a regularidade dos reajustes dos salários de contribuição de modo a preservar seus valores reais e obedecidas as seguintes condições:	Art. 26. Até que lei discipline o cálculo dos benefícios do regime próprio de previdência social da União e do Regime Geral de Previdência Social, será utilizada a média aritmética simples dos salários de contribuição e das remunerações adotados como base para contribuições a regime próprio de previdência social e ao Regime Geral de Previdência Social, ou como base para contribuições decorrentes das atividades militares de que tratam os arts. 42 e 142 da Constituição Federal, **atualizados monetariamente**, correspondentes a 100% (cem por cento) do período contributivo desde a competência julho de 1994 ou desde o início da contribuição, se posterior àquela competência.

Como antecipado, na ocasião, a jurisprudência do STF afastou a pretensão de aplicabilidade plena, consagrando tratar-se de norma não autoaplicável:

> Benefício previdenciário – **Cálculo** – Salário de contribuição – **Atualização**. Na dicção da ilustrada maioria, os preceitos dos arts. 201, § 3º, e **202, da CF não são autoaplicáveis.**
> **O concretismo das normas neles insertas deu-se somente com a Lei n. 8.213**, de 24-7-1991.
> Precedente: RE 193.456-5/RS, j. pelo Pleno em 26-2-1997.

Da mesma forma como ocorreu com o art. 202, redação original, da CF, sobre o art. 26 da EC n. 103/2019, podem ser lançadas dúvidas, por exemplo, sobre qual seria o indexador para fins de **atualização monetária** dos salários de contribuição? Seria o INPC, o IPCA, o IPCA-E, o IGP-DI, a TR?

Se a resposta for "utiliza-se o indexador previsto na legislação previdenciária vigente da data da promulgação da EC n. 103/2019", surgem novas indagações sobre os outros pontos de complementação constantes da legislação ordinária, por exemplo: A média aritmética simples dos salários de contribuição está sujeita ao divisor mínimo previsto no art. 3º, § 2º, da Lei n. 9.876/99?

No § 1º do art. 26 da EC determina-se que a média resultante será limitada ao valor máximo do salário de contribuição do RGPS. Todavia, questiona-se: Haverá aplicação do art. 21, § 3º, da Lei n. 8.880/94[48], que garante nesta situação direito ao "índice de reposição ao teto" por ocasião do primeiro reajustamento?

Há ainda incongruências, pois o art. 26 não trata da espécie auxílio-doença, o que significa não ter sido esse benefício alterado, e, por corolário lógico, permanece com o percentil de 91% da média contributiva, ainda que tenha contribuído por apenas 1 ano à previdência, ao passo que a aposentadoria por incapacidade permanente corresponde a 60% da média caso o segurado tenha contribuído por menos de 21 anos. A renda do auxílio-doença ainda será superior mesmo que o segurado tenha contribuído por 35 anos, hipótese em que a aposentadoria por incapacidade ou programável corresponderá a 90% da média, ou seja, ainda abaixo da renda mensal do B/31.

O texto constitucional do art. 26 não responde a essas indagações.

Exsurge que caberá aos tribunais definir a provável controvérsia que será inaugurada, saber se o art. 26 da EC n. 103/2019 é norma realmente de eficácia plena ou se pode ser patenteada como de eficácia limitada.

Cabe enfatizar que, caso seja considerada norma de eficácia limitada, permanecem repletas de eficácia as disposições contidas na Lei n. 8.213 para o B/46, que não prevê, por sua vez, critério etário.

PEC n. 133. A PEC Paralela teve origem no Senado, onde foi aprovada ainda em 2019 em dois turnos de votação, tramita perante a Casa Revisora, Câmara dos Deputados. De *lege ferenda*, a base de apuração do salário de benefício será correspondente a 80% (oitenta por cento) dos maiores salários do período contributivo desde a competência julho de 1994 ou desde o início da contribuição, se posterior àquela competência. Assim, caso seja aprovada na Câmara, trará melhor cenário ao critério de cálculo, permitindo o descarte dos 20% menores salários de contribuição, à exata semelhança do que preconiza a Lei n. 9.876/99.

---

48 Lei n. 8.880/94.

Art. 26. [...] "§ 3º Na hipótese da média apurada nos termos deste artigo resultar superior ao limite máximo do salário de contribuição vigente no mês de início do benefício, a diferença percentual entre esta média e o referido limite será incorporada ao valor do benefício juntamente com o primeiro reajuste do mesmo após a concessão, observado que nenhum benefício assim reajustado poderá superar o limite máximo do salário de contribuição vigente na competência em que ocorrer o reajuste."

Aposentadoria especial. Fixação de idade mínima. EC n. 103/2019

Lançando olhares ao passado, tem o B/46 seu marco de surgimento na Lei n. 3.807/60 (LOPS), desde então catalogada como espécie qualificada de aposentadoria por tempo de serviço (B/42).

A aposentadoria especial tem natureza extraordinária, de concessão restrita a algumas categorias de segurado do RGPS, e colima preservar a integridade física do trabalhador, mediante a outorga de aposentadoria mediante o implemento de menor tempo de contribuição, em comparação ao B/42.

Ostenta manifesto cunho preventivo, afinal, por ventura não existisse a aposentadoria especial, o segurado fatalmente seria aposentado por invalidez antes de adimplir o tempo mínimo para a aposentadoria ordinária de tempo de contribuição (B/42).

A proteção social em epígrafe era à época da Lei 3.807/60 destinada aos segurados que exercessem atividade profissional considerada penosa, insalubre ou perigosa (art. 31 da LOPS).

Na Lei n. 8.213/91, conforme antes esclarecido, há direito à aposentadoria especial ao segurado que exerça atividades de mineração de forma permanente no subterrâneo em frente de produção (profissão: mineiro) após o exercício por 15 anos dessa atividade prejudicial à saúde.

Aposentadoria especial não traz diferenças em razão do sexo, calha recordar que a CLT no art. 387 proibia o trabalho da mulher nos subterrâneos, nas minerações em subsolo, dispositivo que restou revogado pela Lei n. 7.855, de 24 de outubro de 1989.

Na esfera trabalhista, a CLT, no art. 301, consagra limitação etária ao trabalhador que exerça atividade nas profundezas do subsolo extraindo minério, limitando-a apenas àqueles com idade compreendida entre 21 (vinte e um) e 50 (cinquenta) anos. A razão da limitação etária para o exercício dessa atividade na mineração decorre do caráter extremante prejudicial à saúde[49], posto que o labor envolve ambiente claustrofóbico, exposição a gazes tóxicos, umidade, abalos psíquicos pela ausência de noção de dia e de noite, pelo temor de soterramento, exposição a agentes cancerígenos, entre outros agentes de risco.

Frente à impossibilidade do exercício do labor, por conta da restrição na esfera trabalhista, surge a proteção previdenciária ao trabalhador por meio da aposentadoria especial.

A nova ordem trazida com a EC n. 103/2019, norma como visto de eficácia limitada, é a de condicionar a concessão dessa aposentadoria diferenciada pela exposição a agentes prejudiciais à saúde a requisito etário, que, no caso específico dos

---

49 Sobre os males no exercício da atividade de mineração: SOUSA, Milena Nunes Alves de; QUEMELO, Paulo Roberto Veiga. Saúde do trabalhador e riscos ocupacionais na mineração. *Rev. Bras. Pesq. Saúde*, Vitória, 17(2): 111-121, abr.-jun., 2015.

que labutam na extração de minério, o art. 19 da EC n. 103/2019 estabelece a idade mínima de 55 anos.

Exsurge, como visto, que o mineiro encontra óbice legal ao exercício de sua atividade após o adimplemento dos 50 anos de idade (art. 301, CLT), porém segundo o novel mandamento constitucional somente poderá se aposentar junto ao INSS aos 55 anos.

O atrelamento da aposentadoria especial a limite etário não é novidade. Na LOPS/60, essa aposentadoria somente era deferida a quem ostentasse 50 anos de idade:

Lei 3.807/60 – LOPS

Art. 31. A aposentadoria especial será concedida ao segurado que, contando **no mínimo 50 (cinquenta) anos de idade** e 15 (quinze) anos de contribuições, tenha trabalhado durante 15 (quinze), 20 (vinte) ou 25 (vinte e cinco) anos pelo menos, conforme a atividade profissional, em serviços que, para esse efeito, forem considerados penosos, insalubres ou perigosos, por Decreto do Poder Executivo.

No entanto, o nefasto requisito etário restou aclamado como incompatível com a natureza preventiva do B/46, justamente porque neutralizava a essência da concessão do benefício.

De nenhuma valia, por exemplo, era conceber no texto da lei "direito" à aposentadoria especial em favor dos que labutam sob a terra, em minas de carvão, após 15 anos de exposição a esse meio ambiente extremamente nocivo à saúde, e, ao mesmo tempo, restringir a concessão a pessoas com idade mínima de 50 anos (LOPS/60; 55 anos na EC n. 103/2019).

Afinal, quem labuta em local tão prejudicial à integridade física e mental inicia suas atividades bastante jovem, permitida pela CLT a partir dos 21 anos de idade, e depois do transcurso de 15 anos nessa profissão, resulta idade inferior a 40 anos.

Exigir a idade mínima de 50 anos (LOPS/60; 55 anos na EC n. 103/2019) tornava o direito inexequível!

A Lei n. 5.440-A/68, com todo acerto, suprimiu a absurda exigência.

Malgrado isso, algumas normas administrativas da autarquia previdenciária permaneceram em descompasso com as normas de hierarquia superior, fixando a indevida exigência da idade mínima até o início da década de 90.

O requisito dos 50 anos de idade somente foi efetivamente afastado do entender administrativo após a elaboração do Parecer/CJ do MPAS[50] sob o n. 223, de 21 de agosto de 1995.

Extrai-se do rol de precedentes jurisprudenciais, o teor do enunciado da Súmula 33 do TRF da 1ª Região: Aposentadoria especial decorrente do exercício de atividade perigosa, insalubre ou penosa não exige idade mínima do segurado".

---

50 Disponível em: <https://www.normasbrasil.com.br/norma/parecer-223-1995_91285.htm l>.

Na Câmara dos Deputados, a Comissão Especial ao aprovar o SUBSTITUTI-VO[51] à PEC n. 6, fez constar do parecer adotado a justificativa para o atrelamento da aposentadoria do trabalhador exposto a condições especiais **ao limite de idade**:

> [...] Enquanto não editada lei complementar, para os trabalhadores que exercem atividades prejudiciais à saúde, foram adotadas as idades mínimas sugeridas na PEC, fixadas em 55, 58 e 60 anos, conforme grau de prejuízo à saúde, combinada com o tempo mínimo de contribuição e de exposição ao agente nocivo. Entendemos que estes trabalhadores **precisam ser afastados da atividade nociva, mas podem e devem ser realocados em outras funções.**
>
> Ressalte-se que a grande maioria daqueles que hoje se aposentam sem limite de idade nestas condições, alguns até mesmo antes dos 40 anos de idade, retornam ao mercado de trabalho, pois possuem condições de se manterem na ativa, desde que em atividade diversa. Como premissa, **adotamos que nenhum trabalhador, excetuado a pessoa com deficiência, deve se aposentar antes dos 55 anos de idade.**
>
> Adotamos esta premissa, pois sabemos que antes da referida idade há capacidade para manter a atividade produtiva e que não é razoável sobrecarregar as novas gerações. Caso, no entanto, **seja constatado que faltam condições para o trabalho, o segurado terá acesso a aposentadoria por incapacidade permanente**, sem limite etário.

Como se observa, a fundamentação do parecer está alicerçada:

a) na realocação do trabalhador exposto a condições especiais para outras funções (não prejudiciais à saúde);

b) e, caso "**constatado que faltam condições para o trabalho, o segurado terá acesso a aposentadoria por incapacidade permanente**, sem limite etário"

Não nos parece, com todas as vênias, acertada a solução simplista e desumana dada pelo relator do Substitutivo: "Caso, no entanto, **seja constatado que faltam condições para o trabalho, o segurado terá acesso a aposentadoria por incapacidade permanente**, sem limite etário".

A partir do instante que se constata a incapacidade permanente do trabalhador exposto a condições prejudiciais à sua saúde, e a relação de causalidade entre os males que foi acometido e o ambiente de labor, falhou o Poder Público na missão de preservar a saúde do trabalhador.

Não tendo sido acionada a proteção social a tempo oportuno, **há erro sistêmico a ser reparado**, a Previdência além de receber a contribuição do segurado (alíquotas mensais cumulativas de 7,5%; 9%; 12% e de 14%), recebe mensalmente

---

51 Disponível em: <https://www.camara.leg.br/proposicoesWeb/prop_mostrarintegra? codteor =1764444&filename=Tramitacao-SBT+2+PEC00619+%3D%3E+PEC+6/2019>. Acesso em: 12 nov. 2019.

contribuição do tomador de serviço (cota patronal de 20%), que é acrescida de adicional de atividade especial (de 6%, 9% ou 12%, conforme a atividade especial se enquadre em 25, 20, ou 15 anos), há pagamento que se pode afirmar de montante elevado para que justamente haja recursos financeiros para o Seguro Social atender sua finalidade precípua de proteger o trabalhador contra o risco que a ciência médica já identificou, relativo às limitações humanas na exposição durante certo número de anos a agentes químicos, físicos e biológicos listados.

Prevenção. Não se pode deixar de anotar que a função do B/46 é justamente evitar a concessão de aposentadoria por incapacidade permanente àquele que sabidamente ficará incapacitado se exceder o número de anos de trabalho estabelecido em estudos técnicos com relação ao segurado submetido a exposição à ambiente prejudicial à saúde.

Não há dúvida de que novamente será o Poder Judiciário chamado para analisar a constitucionalidade do requisito etário que leva à inevitável extinção do direito constitucional à garantia individual (art. 60, IV, CF) da aposentadoria (art. 7º, XXIV, CF) àqueles que exerçam labor em atividade especial.

Aposentadoria especial. Fixação de idade mínima. Fonte específica de custeio. Contribuição adicional de aposentadoria especial. EC n. 103/2019

Para efeito de equilíbrio financeiro e atuarial, a exposição a agentes prejudiciais à saúde caracteriza a um só tempo:

a) direito em prol do segurado de aposentar-se com menor tempo de contribuição;

b) fato gerador do denominado adicional de aposentadoria especial, dever tributário do tomador de serviço.

Há fonte de custeio específica para satisfação das despesas do INSS com o pagamento da aposentadoria precoce aos que exercem atividade considerada especial.

A cota patronal do tomador de serviços de 20% sobre a folha de salários será acrescida da alíquota de doze, nove ou seis pontos percentuais, incidente sobre a remuneração do segurado que exerce atividade prejudicial à saúde, conforme a atividade exercida pelo segurado a serviço da empresa permita a concessão de aposentadoria especial após 15, 20 ou 25 anos de contribuição, respectivamente.

Exposição a agentes prejudiciais à saúde caracteriza:	
Direito ao segurado de aposentar-se:	Dever do tomador de serviço de contribuir sobre o valor da remuneração do trabalhador:
25 anos de atividade especial	6%
20 anos de atividade especial	9%
15 anos de atividade especial	12%

O benefício de aposentadoria especial está amparado por fonte específica de custeio de modo que, a consagrar o atrelamento à idade mínima, obrigando o trabalhador que exerce suas atividade por exemplo no subsolo, extraindo minério, a permanecer em atividade remunerada após os 15 anos de labor na atividade prejudicial, faz com que não legitime direito ao ente público de ser o titular das quantias recolhidas mensalmente pelo tomador de serviço a título de cota patronal adicional de aposentadoria especial.

De lege ferenda, deve o legislador alterar a natureza jurídica dessa contribuição social para verba trabalhista para, à semelhança da FGTS, autorizar o empregador a depositar o numerário mensal em conta vinculada do trabalhador exposto a condições prejudiciais à saúde, para que possa levantar esse numerário após 15, 20 ou 25 anos de atividade prejudicial à saúde.

Para evitar repetições, recomenda-se reavivar o quanto exposto no Capítulo 4: "PEC 6/2019. Regra da prévia fonte de custeio".

A existência de fonte de custeio fortalece a mácula do descabimento do atrelamento do B/46 à idade mínima.

Aos 5 de novembro de 2019, foi apresentado no Senado Federal o Projeto de Lei Complementar (PLC) n. 245/2019, para regulamenta o inciso II do § 1º do art. 201 da Norma Ápice, para dispor sobre a concessão de aposentadoria especial aos segurados do RGPS.

Do PLC n. 245 consta, no art. 8º, que depois do período de manutenção do contrato de trabalho previsto no art. 7º, os segurados empregado e trabalhador avulso farão jus a um auxílio por exposição, de natureza indenizatória, a cargo da Previdência Social, correspondente a 15% (quinze por cento) do valor do salário de benefício.

Pelo art. 7º do mesmo PLC, o "período de manutenção do contrato de trabalho" será os 15, 20 ou 25 anos acrescido de 40%, ou seja, torna-se tolerável trabalhar na mesma atividade prejudicial por mais 6, 8 ou 10 anos, respectivamente, após o que (a teor do PLC n. 245) fica a empresa obrigada a readaptar o segurado para outra atividade em que não haja exposição, sendo garantida a ele a manutenção do seu contrato de trabalho na empresa por um período de 24 (vinte e quatro) meses.

Dito de outro modo, o trabalhador em subsolo trabalhará no ambiente prejudicial à sua saúde por 21 anos, lapso no qual a Previdência receberá mensalmente, além da cota patronal de 20%, mais 12% do salário de contribuição do segurado. E somente após decorrida a estabilidade de mais 2 anos, será concedido, à semelhança do antigo "pé na cova", benefício mensal de 15% do salário de benefício.

Com todas as vênias, não se demonstra acertado o caminhar inaugurado; como antes afirmado, mais correta seria a alteração da natureza jurídica do recolhimento do adicional para tornar-se verba de cunho trabalhista, passível de ser levantada pelo segurado ao cabo do lapso temporal preconizado pela área da saúde como limite máximo de tempo de exposição, devendo ser acrescida de hipóteses de saque em caso de ser acometido de doença inerente à profissão.

O PLC n. 245, da maneira como redigido, longe está de assegurar a justiça social.

Atividade de risco. Aposentadoria especial. EC n. 103/2019

A PEC n. 6 colima dar nova redação ao § 1º do art. 201 da CF para efeito de, na parte final, vedar a caracterização de atividade especial por categoria profissional ou ocupação e o enquadramento por periculosidade.

A exclusão do enquadramento por periculosidade foi aprovada nos dois turnos na Câmara e no Primeiro Turno da Casa Revisora, tendo o Senado **depois de aprovado o texto base da PEC n. 6 em segundo turno, apreciado e aprovado destaque para excluir da parte final do § 1º do art. 201 a vedação ao enquadramento por periculosidade.**

A redação aprovada da Reforma da Previdência que restou promulgada no dia 12 de novembro de 2019 não veda expressamente a caracterização por periculosidade para efeito de aposentadoria especial.

Revendo a trilha histórica, a proteção social da aposentadoria especial era à época da Lei n. 3.807/60 destinada aos segurados que exercessem atividade profissional considerada **penosa, insalubre ou perigosa** (art. 31 da LOPS).

Na esteira do conceito legal ditado no art. 189 da CLT, insalubre é o trabalho que exponha o empregado a agentes nocivos à saúde acima do limite de tolerância fixado em razão da natureza e da intensidade do agente e do tempo de exposição aos efeitos prejudiciais.

Penoso, conquanto não submetido a agentes nocivos, é o labor em si extenuante, capaz de provocar grande desgaste físico e mental no trabalhador.

E, por fim, **perigosas, a teor do art. 193 da norma trabalhista, são as atividades em que, por sua natureza ou métodos de trabalho, impliquem contato permanente com inflamáveis ou explosivos em condição de risco acentuado.**

O rol de atividades consideradas especiais era disposto no anexo do Decreto n. 53.831/64, e no anexo II do Decreto n. 83.080/79. Os referidos anexos tiveram ultratividade declarada pelo art. 152 da Lei n. 8.213, por conseguinte, permaneceram vigentes, mesmo após o ano de 1991, servindo como instrumento base de enquadramento da aposentadoria especial.

Segundo o anexo do Decreto n. 53.831, **o eletricitário** (considerado aquele que exerce sua jornada de trabalho exposto a tensão superior a 250 volts) tinha sua atividade enquadrada como perigosa (código 1.1.8), autorizando aposentadoria aos 25 de exercício da profissão.

O magistério era considerado atividade penosa (cód. 2.1.4), e ensejava direito à aposentadoria especial após 25 anos de atividade como docente (o professor deixou de ter direito ao B/46 a partir do momento que veio à lume a EC n. 18/81. A partir de então, faz jus ao B/57, aposentadoria exclusiva de professor).

Por insalubres eram registradas, dentre tantas outras, as operações em locais com temperatura excessivamente baixa. Para trabalhadores em câmaras frigoríficas, por exemplo, a aposentadoria era alcançada aos 25 anos de exposição ao frio (cód. 1.1.2).

A relação contida nesses anexos revestia caráter meramente exemplificativo, como assinala a Súmula 198 do hoje extinto Tribunal Federal de Recursos: "Atendidos os demais requisitos, é devida a aposentadoria especial, se perícia judicial constata que a atividade exercida pelo segurado é perigosa, insalubre ou penosa, mesmo não inscrita em regulamento".

A Norma Constitucional de 88, em sua redação original, tratou da aposentadoria especial em dois artigos. No art. 40, § 1º, garantiu o benefício em comento aos servidores públicos (RPPS) que, nos termos da lei complementar até hoje não editada, exercessem atividades consideradas penosas, insalubres ou perigosas.

A Carta Política, em sua redação original, tratou do B/46 no RGPS no art. 202, inciso II, limitando a sua concessão tão apenas aos segurados sujeitos a trabalho sob condições especiais prejudiciais à saúde ou a integridade física. Em tese, unicamente atividade insalubre.

As Emendas constitucionais n. 20 e 47 mantiveram (deslocando o tema para o § 1º do art. 201) a limitação da aposentadoria especial no RGPS apenas ao labor prejudicial à saúde, insalubre. Para o RPPS restringiu-se a atividades perigosas (art. 40, § 4º, inciso II), e insalubres (art. 40, § 4º, inciso III).

RPPS – EC n. 47/2005	RGPS – EC n. 47/2005
Art. 40. [...] § 4º É vedada [...] de aposentadoria aos abrangidos pelo regime de que trata este artigo, ressalvados, nos termos definidos em leis complementares, os casos de servidores: I – portadores de deficiência; **II – que exerçam atividades de risco;** III – cujas atividades sejam exercidas sob condições especiais que prejudiquem a saúde ou a integridade física.	Art. 201. [...] § 1º É vedada a adoção de requisitos e critérios diferenciados para a concessão de aposentadoria aos beneficiários do regime geral de previdência social, ressalvados os casos de atividades exercidas sob condições especiais **que prejudiquem a saúde** ou a integridade física e quando se tratar de segurados portadores de deficiência, nos termos definidos em lei complementar.

Do cotejo da redação do texto constitucional ao versar sobre a aposentadoria especial deferível no Regime Próprio dos Servidores Públicos com o art. 201, § 1º, entendeu a Administração Pública que não mais subsistia substrato constitucional a caracterizar como especiais **no RGPS** as atividades perigosas e penosas.

Não contemplada a atividade de risco na ressalva constitucional da parte final do § 1º do art. 201, deveria prevalecer a máxima inserta na primeira parte da assentada constitucional do mesmo § 1º: "É vedada a adoção de requisitos e critérios diferenciados para a concessão de aposentadoria aos beneficiários do regime geral de previdência social".

A partir dessa conclusão, deixou-se de reconhecer como especial atividade exercida pelo eletricitário, pouco importando as voltagens da rede que presta manutenção.

Decorrência natural dos indeferimentos administrativos é o ajuizamento de demandas no Poder Judiciário, tendo o STJ, em sede de resolução de demandas repetitivas, apreciado essa temática, registrando-se sob o n. 534, no qual foi a questão jurídica posta em debate: "Discute-se a possibilidade de configuração do trabalho exposto ao agente **perigoso eletricidade**, exercido após a vigência do Decreto n. 2.172/97, como atividade especial, para fins do art. 57 da Lei n. 8.213/91".

Entendeu o STJ no julgamento do Tema 534:

> É cabível o enquadramento como atividade especial do trabalho exposto ao **agente perigoso eletricidade**, exercido após a vigência do Decreto n. 2.172/97, para fins de aposentadoria especial, desde que a atividade exercida esteja devidamente comprovada pela exposição aos fatores de risco de modo permanente, não ocasional, nem intermitente, em condições especiais (REsp 1.306.113/SC, rel. Min. Herman Benjamin, 1ª S., j. 14-11-2012, *DJe* 7-3-2013).

Para contornar a derrota do entendimento da Administração Pública que postulava a não caracterização do labor exercido em atividade de risco como atividade especial, por intermédio da PEC n. 6 buscava o Governo constitucionalizar a vedação ao enquadramento por periculosidade no RGPS.

Como antecipado, o Governo sofreu derrota no Senado, não constando da Nova Previdência a vedação que era pretendida na redação original da PEC n. 6.

Ademais, aos 5 de novembro de 2019, foi apresentado no Senado Federal Projeto de Lei Complementar (PLC) n. 245, para regulamenta o inciso II do § 1º do art. 201 da Norma Ápice, para dispor sobre a concessão de aposentadoria especial aos segurados do RGPS.

Do PLC n. 245 consta que se enquadram também nas situações que autorizam aposentaria especial (conjugadas com requisito etário) as atividades de riscos:

a) a atividade em que haja exposição a campos eletromagnéticos de baixa frequência que tenham como fonte a energia elétrica e que realizem serviços dentro de um raio de 100 metros da geração de energia elétrica, linhas de transmissão, estações distribuidoras e transformadoras de energia elétrica, ou subestações, quando o trabalho for interno;

b) vigilância ostensiva e transporte de valores, **ainda que sem o uso de arma de fogo**, bem como proteção de bens, serviços, logradouros públicos municipais e instalações de Município;

c) contato direto com energia elétrica de alta tensão;

d) contato direto com explosivos ou armamento.

Conversão de tempo especial em comum. Art. 25, § 2º, EC n. 103/2019

Breve anotação histórica se faz necessária para melhor compreensão da temática.

Com relação a segurado que laborou parte de sua vida contributiva em atividade especial e parte em atividade comum, era admissível desde dezembro de 1980, oportunidade na qual a legislação pátria passou a contemplar a referida possibilidade, a conversão de tempo especial em comum, **e vice-versa**.

Até antes do surgimento da Lei n. 9.032/95, era possível a conversão da atividade especial em comum, e da comum em especial, conforme a tabela que segue:

Multiplicadores a converter				
	Para 15 anos	Para 20 anos	Para 25 anos	Para 30 anos (mulher)	35 anos (homem)
de 15 anos	1,00	1,33	1,67	2,00	2,33
de 20 anos	0,75	1,00	1,25	1,50	1,75
de 25 anos	0,60	0,80	1,00	1,20	1,40
de 30 anos (mulher)	0,50	0,67	0,83	1,00	1,17
de 35 anos (homem)	0,43	0,57	0,71	0,86	1,00

Desse modo, uma mulher, segurada que trabalhasse em mina de carvão por 10 anos (tempo insuficiente à obtenção do B/46 = 15 anos), teria seu tempo convertido para comum mediante a multiplicação do conversor 2,00, resultando em 20 anos. Precisaria trabalhar mais 10 anos em atividades comuns (não prejudiciais à saúde, por exemplo: balconista em loja; secretária em consultório; advogada; arquiteta etc.) para atingir os 30 anos necessários ao B/42.

Até o ano de 1995, era também admissível a conversão do tempo comum em especial, mas com a edição da Lei n. 9.032/95, que alterou a redação do § 3º do art. 57 (que permitia a soma de trabalho especial com o comum e vice-versa), e acresceu o § 5º, permitindo tão só a conversão do tempo especial para o comum, **a tabela acima apresentada perdeu parcialmente sua valia.**

Após a Lei n. 9.032 foi admitida unicamente a conversão de **tempo especial em comum**, conforme se observa do art. 70 do Decreto n. 3.048/99.

Nesse ritmo argumentativo, bem se observa que segurado que exerça atividade considerada especial, porém em tempo não suficiente à caracterização de B/46 tem direito à contagem de seu tempo ESPECIAL de forma diferenciada para a obtenção da aposentadoria por tempo de contribuição (B/42), que sofrerá a incidência do Fator Previdenciário (caso fosse admitida a conversão de tempo comum em especial, o segurado iria obter B/46 e escaparia da incidência do FP).

O Decreto Federal n. 3.048/99, no art. 70, assim regra a matéria: a conversão de tempo de atividade sob condições especiais em tempo de atividade comum dar--se-á de acordo com a seguinte tabela:

Tempo a converter	Multiplicadores	
	Mulher (para 30)	Homem (para 35)
De 15 anos	2,00	2,33
De 20 anos	1,50	1,75
De 25 anos	1,20	1,40

Agora, assim normatiza o art. 25, § 2º, da EC n. 103/2019:

§ 2º Será reconhecida a conversão de tempo **especial em comum,** na forma prevista na Lei n. 8.213, de 24 de julho de 1991, ao segurado do Regime Geral de Previdência Social que comprovar tempo de efetivo exercício de atividade sujeita a condições especiais que efetivamente prejudiquem a saúde, **cumprido até a data de entrada em vigor desta** Emenda Constitucional, vedada a conversão para o tempo cumprido após esta data.

A conversão de tempo **comum em especial** ficou vedada com a Lei n. 9.032/95, e agora a EC n. 103/2019 proíbe a conversão de **especial em comum com relação a tempo laborado após a promulgação da Emenda da Reforma da Previdência de 2019.**

A permissão de conversão do tempo laborado até, inclusive, dia 12 de novembro de 2019, de especial em comum é muito importante na aplicação das regras transitórias dos arts. 17, 20 e 21 da EC n. 103/2019.

Exemplo 1. Segurado que em 12 de novembro de 2019 possuía 24 anos de tempo exposto à atividade prejudicial à saúde que lhe daria direito a B/46 com 25 anos de exposição. Nesta situação, deve ser convertido o TC de 24 especial em tempo comum, resultando 33 anos e 7 meses de TC em atividade comum, autorizando a aplicação do art. 17 da EC n. 103/2019, que garante proteção ao direito iminente à aposentadoria B/42 (aos segurados que restavam menos de 2 anos de TC). Deverá laborar o tempo restante ao atingimento dos 35 anos de TC com acréscimo de pedágio de 50%, totalizando 2 anos e 3 meses após a promulgação da EC n. 103/2019 e terá direito à aposentadoria sem atrelamento à idade mínima

Exemplo 2. Segurado que em 12 de novembro de 2019 possuía 20 anos de tempo exposto à atividade prejudicial à saúde que lhe daria direito a B/46 com 25 anos de exposição. Nesta situação, deve ser convertido o TC de 20 especial em tempo comum, resultando 28 anos de TC em atividade comum, autorizando a aplicação do art. 20 da EC n. 103/2019, que garante direito à aposentadoria com atrelamento de idade (60 anos, se homem, 57 anos se mulher), com acréscimo de pedágio de 100% do tempo faltante, ou seja, deverá laborar por mais 14 anos.

Exemplo 3. Segurado que em 12 de novembro de 2019 possuía 20 anos de tempo exposto à atividade prejudicial à saúde que lhe daria direito a B/46 com 25 anos de exposição. Nesta situação, deve ser convertido o TC de 20 especial em tempo comum, resultando 28 anos de TC em atividade comum. Para esta hipótese **a melhor solução**

é o enquadramento na regra do art. 21 da EC n. 103, que contempla a Aposentadoria Especial com Idade Redutível (aposentadoria por pontos). O acesso a essa regra exige 25 anos de atividade especial, de modo que depois da EC n. 103 deverá laborar por mais 5 anos em atividade prejudicial à saúde (para completar os 25 de atividade especial). O segurado nesta situação deverá somar sua idade ao TC convertido até 12 de novembro de 2019, de 28 anos de TC com os anos (sem conversão) de labor posterior a EC n. 103, de modo que, em novembro de 2024, terá 33 anos de TC (28 convertidos e 5 anos não convertidos), e para o atingimento da pontuação 86 deverá ter 53 anos de idade. A partir de 2024 cada ano laborado a mais autoriza a redução de 1 ano na idade.

EC n. 103/2019. Aposentadoria diferenciada de segurado pessoa com deficiência (art. 201, § 1º, CF). LC n. 142/2013

Editada com amparo no art. 201, § 1º, da CF (com a redação dada pela EC n. 47/2005), a Lei Complementar n. 142/2013, define pessoa com deficiência (PcD) como aquela que tem impedimentos de longo prazo de natureza física, mental, intelectual ou sensorial, os quais, em interação com diversas barreiras, podem obstruir sua participação plena e efetiva na sociedade em igualdade de condições com as demais pessoas.

Esse conceito advém do art. 1º da Convenção Internacional sobre os Direitos das Pessoas com Deficiência e seu Protocolo Facultativo, assinados em Nova Iorque, em 30 de março de 2007, aprovado pelo Congresso Nacional por meio do Decreto Legislativo n. 186, de 9 de julho de 2008, tendo o Governo brasileiro depositado o instrumento de ratificação dos referidos atos junto ao Secretário-Geral das Nações Unidas em 1º de agosto de 2008, conforme Decreto Presidencial n. 6.949, de 25 de agosto de 2009.

A LC n. 142 trouxe em favor dos segurados da Previdência que sejam PcD direito à aposentadoria por tempo de contribuição, no valor de 100% do salário de benefício, sem qualquer exigência de idade mínima, e com aplicação facultativa do fator previdenciário, desde que satisfeito o tempo de contribuição:

Com relação ao segurado que seja pessoa com deficiência, por exemplo, trabalhador com problemas visuais severos (cegueira), desde o nascimento, não fará jus à aposentadoria por invalidez, por ser o mal preexistente à filiação ao RGPS, mas em seu favor, desde a edição da LC n. 142/2013, há direito à aposentadoria por tempo de contribuição diferenciada, desde que cumprida a carência, que tenha contribuído na qualidade de segurado empregado, inclusive o doméstico, trabalhador avulso, contribuinte individual e facultativo, se atendidos os seguintes requisitos:

Aposentadoria por Tempo de Contribuição do segurado PcD	Tempo de Contribuição (TC) Lei Complementar n. 142/2013	
	ao segurado:	à segurada:
se a deficiência for grave;	após 25 anos	após 20 anos
se a deficiência for moderada	após 29 anos	após 24 anos
se a deficiência for leve	após 33 anos	após 28 anos

Admite o Decreto Federal n. 3.048/99, no art. 70-E, que em prol do segurado que, após a filiação ao RGPS, tornar-se pessoa com deficiência, ou tiver seu grau alterado, os parâmetros para APTC diferenciada serão proporcionalmente ajustados e os respectivos períodos serão somados após conversão, conforme as tabelas abaixo, considerando o grau de deficiência preponderante:

Mulher				
Tempo a converter	Multiplicadores			
	Para 20	Para 24	Para 28	Para 30
De 20 anos	1,00	1,20	1,40	1,50
De 24 anos	0,83	1,00	1,17	1,25
De 28 anos	0,71	0,86	1,00	1,07
De 30 anos	0,67	0,80	0,03	1,00

Homem				
Tempo a converter	Multiplicadores			
	Para 25	Para 29	Para 33	Para 35
De 25 anos	1,00	1,16	1,32	1,40
De 29 anos	0,86	1,00	1,14	1,21
De 33 anos	0,76	0,88	1,00	1,06
De 35 anos	0,71	0,83	0,94	1,00

A referida tabela é de uso sempre que o segurado tenha contribuído alternadamente na condição de pessoa sem deficiência e com deficiência. Os respectivos períodos poderão ser somados, após aplicação do conversor estabelecido.

Bem apregoa o Decreto n. 3.048/99, que o **grau de deficiência preponderante** será aquele em que o segurado cumpriu maior tempo de contribuição, antes da conversão, e servirá como parâmetro para definir o tempo mínimo necessário para a aposentadoria por tempo de contribuição da pessoa com deficiência e para a conversão.

A redução do tempo de contribuição da pessoa com deficiência **não poderá ser acumulada**, no mesmo período contributivo, com a redução aplicada aos períodos de contribuição relativos a atividades exercidas sob condições especiais que prejudiquem a saúde ou a integridade física (art. 70-F, Decreto n. 3.048/99). É vedada a conversão do tempo de contribuição da pessoa com deficiência para fins de concessão da aposentadoria especial.

A LC n. 142 trouxe também em favor dos segurados da Previdência que sejam PcD direito à **aposentadoria por idade** com redução de 5 (cinco) anos para ambos os sexos (60 anos ao homem se PcD, 55 anos à mulher, se PcD)

A redução em cinco anos no requisito etário independe do grau da deficiência (grave, moderada ou leve). Há exigência do requisito carência, ou seja, deve ter contribuído com pelo menos 180 contribuições.

Tanto a aposentadoria por tempo de contribuição como a aposentadoria por idade em prol do segurado PcD estão regulamentadas nos arts. 70-A a 70-I do Decreto n. 3.048/99.

Não há como deixar de anotar ser esta a melhor aposentadoria programável existente no ordenamento jurídico após a promulgação da Nova Previdência.

Aposentadoria diferenciada de segurado pessoa com deficiência (art. 201, § 1º, CF). Recepção da LC n. 142. Art. 22 da EC n. 103/2019

De acordo com o § 1º do art. 201 com a redação atribuída pela EC n. 103/2019, nos termos de lei complementar, há possibilidade de previsão de idade e tempo de contribuição distintos da regra geral para concessão de aposentadoria aos segurados com deficiência, previamente submetidos a avaliação biopsicossocial realizada por equipe multiprofissional e interdisciplinar.

Trata-se de **norma de eficácia limitada**, de aplicabilidade mediata por ser dependente da edição de lei complementar.

Por corolário lógico, permanece operante a aposentadoria prevista na Lei Complementar n. 142/2013.

Nessa esteira, aliás, é o texto expresso do art. 22 da EC n. 103/2019:

Requisitos – previsão normativa	Aposentadoria segurado pessoa com deficiência Previsão constitucional
Art. 22 da EC n. 103/2019. Segurado pessoa com deficiência	**Até que lei discipline** o inciso I do § 1º do art. 201 da Constituição Federal, a aposentadoria da pessoa com deficiência segurada do Regime Geral de Previdência Social será concedida na forma da Lei Complementar n. 142, de 8 de maio de 2013, **inclusive quanto aos critérios de cálculo dos benefícios.**

PEC n. 6/2019. Atualização dos salários de contribuição (§ 3º do art. 201). Não alterado pelo Congresso Nacional

Uma Constituição pode ser classificada como analítica ou sintética, sendo a brasileira classificada como analítica, por descer a detalhes muitas minúcias que poderiam, com tranquilidade, ser dedicadas à legislação infraconstitucional, tendo por exemplo clássico o art. 242, § 2º, da CF/88: O Colégio Pedro II, localizado na cidade do Rio de Janeiro, será mantido na órbita federal.

Conceito[52]	
Constituição sintética	Constituição analítica
As Constituições sintéticas, também denominadas breves, sumárias ou básicas, sucintas ou concisas, são aquelas que se restringem apenas aos elementos substancialmente constitucionais, emitindo, especialmente, princípios, organizando e limitando o poder. O exemplo clássico é o da Constituição norte-americana.	As Constituições analíticas, também chamadas prolixas, extensas, inchadas, amplas, minuciosas, detalhistas ou desenvolvidas, acabam extrapolando, descendo a certas minúcias, contemplando grande número de regras jurídicas. É o caso da Constituição brasileira de 1988 e da Constituição da Índia, de 1950, com mais de 400 artigos.

A atualização monetária de todos os salários de contribuição considerados para o cálculo de benefício previdenciário é direito constitucional averbado no § 3º do art. 201.[52]

Com a PEC n. 6/2019, pretendeu o Governo excluir do texto constitucional a proteção à correção monetária dos salários de contribuição que integram o período básico de cálculo. Buscava, assim, que o tema ficasse adstrito a lei complementar.

CF/88 (redação anterior à promulgação da EC n. 103/2019)	PEC n. 6/2019 (redação original)	EC n. 103/2019
Art. 201. [...] § 3º Todos os salários de contribuição considerados para o cálculo de benefício serão devidamente atualizados, na forma da lei. (*Redação dada pela Emenda Constitucional n. 20/98*)	Art. 201. [...] § 3º É vedada a contagem de tempo de contribuição fictício para efeito de concessão dos benefícios previdenciários e de contagem recíproca.	§ 3º (Rejeitada proposta de alteração.)

Felizmente, referida pretensão não foi acolhida no Congresso Nacional, que manteve o importante direito alocado no § 3º.

Para melhor compreensão, convém esclarecer que na vigência da Constituição anterior, a de 1967, não havia semelhante direito na Carta Maior (nem mesmo após a EC n. 1/69).

Como consequência, a legislação anterior à CF/88 não previa a correção monetária dos salários de contribuição dos benefícios por incapacidade laborativa.

Decorria, a partir disso, que o cálculo de uma aposentadoria por invalidez era efetivado mediante a média dos imediatamente anteriores 12 salários de contribuição, todos eles sem correção monetária.

---

52 Conceito de André Ramos Tavares. *Curso de direito constitucional*. 16. ed. São Paulo: Saraiva Jur, 2018, p. 178.

A situação decorrente era desastrosa ao segurado, uma vez que na década de 1980 do século passado o país vivenciava elevados índices de inflação, por conseguinte, a apuração da renda mensal inicial considerando salários totalmente defasados na data do cálculo trazia enorme prejuízo financeiro ao aposentado.

A Constituição Cidadã de 1988 constitucionalizou o direito à correção monetária de todos os salários considerados na apuração da renda mensal inicial do benefício previdenciário.

Anote-se que o direito constitucional ora em destaque não teve efeito retroativo, não acobertou os benefícios concedidos com data de início (DIB) anterior ao Texto Magno de 1988.

Nesse diapasão, é o teor da Súmula 456, aprovada pela Terceira Seção do Superior Tribunal de Justiça (STJ): "É incabível a correção monetária dos salários de contribuição considerados no cálculo do salário de benefício de auxílio-doença, aposentadoria por invalidez, pensão ou auxílio-reclusão concedidos antes da vigência da CF/88".

A título de fecho, o § 3º não foi alterado, sucumbiu o Governo neste ponto que constava da redação original da PEC n. 6/2019, permanecendo, felizmente, o direito à atualização de todos os salários de contribuição manejados na apuração do valor do benefício previdenciário.

EC n. 20/98. A derrota do Governo no atrelamento de idade mínima à aposentadoria por tempo de contribuição

Na Constituição Federal de 1988 exigia-se tão só o implemento do tempo de 35 anos para o homem, e de 30 para a mulher (art. 202, inciso II, redação original), para que fizesse o segurado jus à aposentadoria por tempo de serviço integral (codificação INSS: B/42).

Não havia vinculação a limite mínimo de idade para a aposentadoria por tempo de serviço, bastava o implemento relativo ao tempo de serviço para assegurar o direito ao B/42 ao segurado.

Com a apresentação ao Congresso Nacional do Projeto de Emenda Constitucional n. 33/95 (essa é a PEC que deu origem à Emenda Constitucional n. 20/98) buscou o Governo tornar mais dificultosa a aposentadoria, por intermédio da cumulação de requisitos de tempo de contribuição de 35 e 30 anos, com idade mínima de 65 anos e 60 anos respectivamente para homem e para mulher.

No próprio projeto de emenda se fez constar regra de transição, que reclamava além do tempo de contribuição, idade menor que a exigida no corpo permanente (de 53 anos para homem, e 48 anos, mulher) e acréscimo de tempo de contribuição de 20% a ser calculado sobre o tempo restante à época da publicação da emenda (16-12-1998).

Mas, levado o tema ao Plenário da Câmara dos deputados, o Governo restou derrotado nesse particular. O limite mínimo de idade, para requerer aposentadoria, previsto na PEC n. 33/95 da Previdência deixou de ser aprovado na Câmara dos Deputados. A base governista obteve 307 votos a favor da imposição de idade mínima para aposentadoria no RGPS, quando 308 votos era a quantidade necessária. Na oportunidade, um deputado integrante da base governista (PSDB-SP)[53] declarou ter votado "errado" no ato de apertar os botões, voto esse que teria dado aprovação ao limite etário.

No corpo permanente da Constituição Federal, art. 201, § 7º, contentou-se o Poder Constituinte derivado reformador em manter apenas o requisito tempo (alterado apenas "de serviço" para "de contribuição"), sem atrelá-lo à idade.

Sucumbiu, assim, o Governo no principal ponto que motivou a reforma da Previdência de 1998.

CF/88 redação original		PEC n. 33/95		EC n. 20/98	
Aposentadoria por tempo de serviço – RGPS		Aposentadoria por tempo de contribuição – RGPS		Aposentadoria por tempo de contribuição – RGPS	
Homem	Mulher	Homem	Mulher	Homem	Mulher
Requisito: Tempo de Serviço (TS)		Requisito: Tempo de Contribuição (TC) com idade mínima (Id.)		Requisito: Tempo de Contribuição (TC)	
35 anos de TS	30 anos de TS	35 anos de TC + 60 anos de Id.	30 anos de TC + 55 anos de Id.	35 anos de TC	30 anos de TC

EC n. 103/2019. Aposentadoria proporcional. Art. 9º, § 1º, EC n. 20/98. Extinção. Art. 35, EC n. 103/2019. Observância do art. 3º, EC n. 103/2019

A Constituição Federal, em sua redação original (§ 1º do art. 202), possibilitava a fruição de aposentadoria àqueles que completassem 30 anos de serviço, se homem, e de 25 anos, se mulher, com valor proporcional ao tempo de serviço.

A Emenda Constitucional n. 20 extinguiu esse direito. Não mais existe em nosso ordenamento o benefício denominado aposentadoria proporcional para os que se filiaram à previdência depois do advento da Reforma de 1998.

Aos segurados inscritos depois de 16 de dezembro de 1998, não há direito a aposentadoria por tempo de contribuição proporcional, mas tão só a aposentadoria na modalidade "integral".

---

53 Disponível em: <https://www.gazetadopovo.com.br/economia/voto-errado-barrou-a-idade--minima-para-aposentadoria-em-1998-2088t863g6q8cjavf7el81rh2/>. Acesso em: 12 nov. 2019.

Para resguardar aos que já contribuíam para o Sistema Previdenciário, houve a inclusão de regra de transição no art. 9º, § 1º, benéfica ao antigo filiado, uma vez que a regra permanente não oferta direito à aposentadoria proporcional.

Com efeito, em respeito ao direito expectado, o art. 9º, § 1º, constitui importante direito remanescente em favor do segurado inscrito até 16 de dezembro de 1998, mas que não completou o tempo mínimo exigido para aposentadoria por tempo de contribuição naquela data.

Em síntese, após 16 de dezembro de 1998, os segurados até então inscritos no RGPS, para usufruir aposentadoria proporcional, devem comprovar, cumulativamente:

1. idade mínima: 53 anos para o homem e 48 anos, mulher;

2. tempo de contribuição: 30 anos de contribuição para o homem e 25 anos de contribuição para a mulher;

3. tempo de contribuição adicional (pedágio): equivalente a 40% (quarenta por cento) do tempo que, em 16-12-1998, faltava para atingir o limite de contribuição (30 anos, se do sexo masculino, 25, se do feminino).

	Aposentadoria por tempo de contribuição modalidade PROPORCIONAL			
	Idade (Id.)		Tempo de Contribuição (TC)	
	homem	mulher	homem	mulher
EC n. 20/98. Art. 9º, § 1º Regra de transição alcançável apenas ao segurado inscrito até 16-12-1998	53 anos de Id.	48 anos de Id.	30 anos de TC + pedágio equivalente a 40% (quarenta por cento) do tempo que, em 16-12-1998, faltava para atingir o limite de contribuição de 30 anos.	25 anos de TC + pedágio equivalente a 40% (quarenta por cento) do tempo que, em 16-12-1998, faltava para atingir o limite de contribuição de 25 anos.

O cálculo da renda mensal da aposentadoria proporcional segue a regra de transição, art. 9º, § 1º, inciso II.

A redação do § 1º do art. 9º é no sentido de fazer incidir a majoração de 5% a contar de cada ano completo que ultrapassar não apenas os 30 anos, se segurado do sexo masculino, e 25, se do sexo feminino, mas, e principalmente, que sobejar o período adicional de contribuição, lapso temporal conhecido como "pedágio".

Aposentadoria por tempo de contribuição modalidade PROPORCIONAL			
Espécie EC n. 20/98. Art. 9º, § 1º Regra de transição alcançável apenas ao segurado inscrito até 16-12-1998	Porcentagem Base	Porcentagem de Acréscimo	Porcentagem de Cálculo
	70%	Regra transição: 5% a cada ano que ultrapassar o tempo de pedágio após os 30 anos de TC para homem e 25 TC para a segurada	70% (aos 30 anos de serviço, se homem, e aos 25 anos de serviço, se mulher) a no máximo 100% (aos 35 anos de serviço, se homem, 30, se mulher)

Desta feita, para ilustrar, considere segurado que ostentava em 15 de dezembro de 1998 tempo de serviço equivalente a 20 anos, não possuindo, portanto, direito adquirido a aposentadoria proporcional (em 15-12-1998, faltavam 10 anos), mas poderá valer-se da regra de transição prevista no art. 9º, § 1º, da EC n. 20/98, devendo contribuir além dos 10 anos que faltam por mais 4 anos a título de pedágio (40% do tempo faltante).

Considerando que trabalhou de forma ininterrupta nos anos subsequentes, no ano de 2012, esse segurado demonstrará a satisfação dos 30 anos de tempo de contribuição, e, ainda, com o adimplemento do tempo de "pedágio" (no caso, 40% sobre os dez anos faltantes ao preenchimento dos 30 anos na data da EC n. 20/98. Pedágio de 4 anos) totaliza 34 anos de tempo de contribuição. Para essa hipótese, o coeficiente de cálculo é exclusivamente de 70%, sem qualquer acréscimo, haja vista que, desse tempo de contribuição, 4 anos referem-se ao pedágio, e esse interregno não se presta ao cômputo dos 5%.

Diante desse cenário, o B/42 tornou-se financeiramente desinteressante ao segurado, tornando regra a orientação no sentido de continuar contribuindo para alcançar os 35 anos de TC, se do sexo masculino, ou 30 anos de TC, se mulher, e aposentar-se com 100% do salário de benefício.

Anote-se, ainda, que o INSS faz incidir no cálculo do B/42 proporcional o fator previdenciário (FP), que muito prejudica o valor final da renda mensal. Em nosso sentir, postura incorreta, haja vista a modalidade proporcional do B/42 existir unicamente na regra de transição prevista no art. 9º, § 1º, da EC n. 20/98, em favor dos segurados filiados ao RGPS antes da EC n. 20/98.

Todos os contornos necessários à aposentação proporcional estão relacionados no art. 9º, § 1º, da EC n. 20/98. Ao passo que toda a base da elaboração do FP foi efetivada com reflexão única na aposentadoria por tempo de contribuição integral.

O B/42 proporcional já sofre os temperos necessários em decorrência do menor tempo de contribuição (redução da alíquota para 70%, acrescido de 5% ao ano somente com relação ao ano que exceder a soma do tempo mínimo necessário acrescido do "pedágio"), e está atrelado à idade mínima. Convém recordar que o principal motivo para criação do FP foi a derrota sofrida pelo Governo na fixação de idade mínima no B/42 integral.

A Lei n. 9.876/99 determina a incidência obrigatória do FP unicamente no B/2 previsto na Lei n. 8.213/91, não existindo norma recepcionada na Lei de Benefícios sobre o B/42 proporcional. A incidência do FP somente poderia se dar pelo INSS na apuração do SB do B/42 proporcional caso a Lei n. 9.876 expressamente fizesse referência ao art. 9º da EC n. 20/98, o que não ocorre.

Em suma, o B/42 proporcional sofre dupla brutal redução: pela proporcionalidade prevista no art. 9º da EC n. 20/98 e pela, em nosso sentir, indevida incidência do FP.

Essa questão será apreciada pelo STF, que dará a palavra final, por ocasião do julgamento do Recurso Extraordinário (RE) 639.856, que teve repercussão geral reconhecida, por meio de votação no Plenário Virtual do Supremo Tribunal Federal. Essa temática revela-se tese revisional das mais expressivas, em decorrência da enorme elevação que poderá proporcionar à renda mensal inicial, caso o STF entenda pela exclusão do FP.

A EC n. 103/2019, no art. 35, revoga o art. 9º da Emenda Constitucional n. 20, de 15 de dezembro de 1998, deixando assim de existir a aposentadoria proporcional por tempo de contribuição desde a data da entrada em vigor da EC n. 103/2019, vigência atribuída na data da publicação.

Como não poderia deixar de ser, o art. 3º da EC n. 103/2019 garante a ultratividade das normas revogadas, em prol daqueles que possuam direito adquirido à aposentadoria até a véspera da publicação da EC n. 103/2019, respeitadas as regras vigentes na data do implemento de todos os requisitos necessários à aposentação.

> EC n. 103/2019.
>
> Art. 3º A concessão de aposentadoria [...] ao segurado do Regime Geral de Previdência Social e de pensão por morte aos respectivos dependentes será assegurada, a qualquer tempo, desde que tenham sido cumpridos os requisitos para obtenção desses benefícios até a data de entrada em vigor desta Emenda Constitucional, observados os critérios da legislação vigente na data em que foram atendidos os requisitos para a concessão da aposentadoria ou da pensão por morte.
>
> [...]
>
> § 2º Os proventos de aposentadoria devidos ao segurado a que se refere o *caput* e as pensões por morte devidas aos seus dependentes serão apurados de acordo com a legislação em vigor à época em que foram atendidos os requisitos nela estabelecidos para a concessão desses benefícios.

Nota importante: **conquanto revogado o art. 9º da EC n. 20/98, é a aposentadoria proporcional importante tábua de salvação em prol daqueles que não implementaram o direito à aposentaria por tempo de contribuição integral até a data da publicação da EC n. 103/2019.**

Lei n. 8.213/91. Aposentadoria por idade

Benefício de prestação continuada administrado pelo INSS, tem direito a aposentadoria por idade (Cód. INSS B/41) o segurado que completar 65 anos de idade se homem, ou 60 anos se do sexo feminino, desde que cumprida a carência de (regra) 180[54] meses (exceção, art. 142, LB) exigida para concessão do benefício.

O segurado trabalhador rural (e para os que exerçam suas atividades em regime de economia familiar, nestes incluídos o produtor rural, o garimpeiro[55] e o pescador artesanal) é beneficiado pela norma constitucional, art. 201, § 7º, inciso II, *in fine*[56], que possibilita a aposentadoria com 60 anos de idade ao segurado do sexo masculino, e 55 anos de idade à mulher.

	Aposentadoria por Idade (B/41)	
	Segurado urbano	
	Sexo masculino	Sexo feminino
Lei n. 8.213/91	65 anos de Id.	60 anos de Id.
	Segurado rural	
	Sexo masculino	Sexo feminino
	60 anos de Id.	55 anos de Id.

No direito anterior (art. 30 da LOPS; art. 37 da CLPS/76; art. 32 da CLPS/84) a nomenclatura do benefício era outra, aposentadoria por velhice. O mesmo signo era utilizado no art. 201, redação original, da Carta Política de 88, que foi corretamente substituído na EC n. 20 pela expressão mais adequada e contemporânea "idade avançada".

---

54 Art. 25, inciso II, da LB.

55 O garimpeiro no período de 12 de janeiro de 1975 a 24 de julho de 1991 passou a ser beneficiário do PRO-RURAL na condição de trabalhador rural, desde que exercesse a atividade em caráter individual e por conta própria e estivesse matriculado no órgão competente do Ministério da Fazenda. No período de 25 de julho de 1991 a 31 de março de 1993, o garimpeiro foi enquadrado como equiparado a autônomo se utilizasse empregado no exercício da atividade, e como segurado especial se explorasse o garimpo individualmente ou em regime de economia familiar. A partir de 1º de abril de 1993, o garimpeiro passou à categoria de equiparado a autônomo, atual contribuinte individual.

56 Art. 201. [...]

"§ 7º É assegurada aposentadoria no regime geral de previdência social, nos termos da lei, obedecidas as seguintes condições: (Redação dada pela Emenda Constitucional n. 20, de 1998.)

I – *omissis*

II – sessenta e cinco anos de idade, se homem, e sessenta anos de idade, se mulher, reduzido em cinco anos o limite para os trabalhadores rurais de ambos os sexos e para os que exerçam suas atividades em regime de economia familiar, nestes incluídos o produtor rural, o garimpeiro e o pescador artesanal". (Incluído pela Emenda Constitucional n. 20, de 1998.)

O adjetivo *velhice* está impregnado do estigma da senilidade, ao passo que idade avançada se reporta a ancianidade.

Na aposentadoria por velhice presumiam-se inválidos os que atingissem o limite etário. Em abono a essa afirmativa, basta recordar que no início do século XX reduzidíssimo era o número de trabalhadores sexagenários (na Espanha[57] a esperança de vida em 1900 era de tão só 34,8 anos! No Brasil, não há dúvidas, não superava essa marca).

Em decorrência da melhora significativa nas condições de vida, o risco idade avançada reporta-se à verdadeira política de emprego, mecanismo de recompensa aos mais experientes, e ainda aptos ao labor, pelas décadas de trabalho dedicadas à sociedade, a fim de permitir o ingresso dos mais jovens. De um lado o direito ao descanso, de outro o direito ao trabalho.

A aposentadoria por velhice fatalmente acentuava o último ciclo da vida, enquanto a atual aposentadoria por idade é assegurada aos que ingressam na terceira idade, sem prejuízo de fluírem a quarta etapa da vida.

Não é exigido o desligamento da empresa para requerer a aposentadoria.

No âmbito administrativo, pode o segurado requerer a desistência do seu pedido de aposentadoria por idade desde que manifeste essa intenção, e requeira o arquivamento definitivo do pedido, antes do recebimento do primeiro pagamento do benefício. Após esse lapso temporal, não se torna admissível o desfazimento da aposentadoria.

EC n. 103/2019. Aposentadoria programável atrelada à idade (§ 7º, I, do art. 201). Alterado pelo Congresso Nacional. Norma de eficácia limitada

O texto do § 7º do art. 201 não foi alterado pela EC n. 103/2019, alterados restaram os incisos do § 7º, de tal modo que o texto constitucional após a EC n. 103/2019 deixou de contemplar a aposentadoria estritamente por tempo de contribuição.

Neste aspecto, grande vitória do Governo, pois era esse justamente o principal ponto postulado pelo Poder Executivo com a Reforma da Previdência de 2019.

Na Câmara dos Deputados, a Comissão Especial ao aprovar o SUBSTITUTIVO[58], fez constar do parecer adotado a justificativa para exclusão da aposentadoria por tempo de contribuição:

---

57 MOLINA, Juan Antonio Maldonado. *La protección de la vejez em España*. La pensión de jubilación. Valencia: Tirant lo Blanch, 2002, p. 44.

58 Disponível em: <https://www.camara.leg.br/proposicoesWeb/prop_mostrarintegra?codteor=1764444&filename=Tramitacao-SBT+2+PEC00619+%3D%3E+PEC+6/2019>. Acesso em: 12 nov. 2019.

Com relação às supressões das regras de aposentadoria constantes no § 7º do art. 201 da CF, entendemos cabível apenas a exclusão da aposentadoria por tempo de contribuição, constante do inciso I deste normativo. De fato, esse benefício **promove aposentadorias precoces e gera enorme distorção no sistema previdenciário**. Por outro lado, não concordamos em extrair do texto constitucional a aposentadoria por idade. Assim, devolvemos ao texto constitucional esse benefício, deixando no inciso I do §7º do art. 201 a regra do trabalhador urbano com fixação da idade mínima em 65 anos, se homem, e de 62 anos, se mulher.

No inciso I do § 7º fez-se exigência afeta à idade mínima de 65 anos ao segurado, e de 62 anos de idade à segurada da Previdência, além do tempo mínimo de contribuição a ser definido em norma infraconstitucional.

Art. 201 [...]

§ 7º É assegurada aposentadoria no regime geral de previdência social, **nos termos da lei**, obedecidas as seguintes condições: (mantida a redação dada pela Emenda Constitucional n. 20/98)

I – 65 (sessenta e cinco) anos de idade, se homem, e 62 (sessenta e dois) anos de idade, se mulher, **observado tempo mínimo de contribuição**;

Com a extinção da aposentadoria puramente por tempo de contribuição, remanesce a jubilação por idade, restando, para este a definição do **requisito denominado por carência**, na Lei n. 8.213/91, ou seja, o "tempo mínimo de contribuição".

Note-se com enorme clareza que o novel dispositivo constitucional ostenta feição de **norma de eficácia limitada**, exigindo expressamente o § 7º a confecção de "lei" e no inciso carece de complementação por meio de norma infraconstitucional para definir "tempo mínimo de contribuição".

Regras para aposentadoria – inciso I do § 7º do art. 201 da CF/88 na redação dada pela EC n. 103/2019:

Requisitos – previsão normativa	Aposentadoria Previsão constitucional			
Art. 201. [...] §7º, "nos termos da lei" Inciso I: "observado tempo mínimo de contribuição" Norma de eficácia limitada	Idade		Tempo de Contribuição	
	Homem	Mulher	Homem	Mulher
	65 anos de id.	62 anos de id.	a ser fixado em lei	

A despeito da promulgação da EC n. 103/2019, o novo inciso I do § 7º do art. 201 é de aplicabilidade mediata, não produzindo efeitos enquanto não editada a lei exigida no próprio dispositivo constitucional.

Regra transitória. Art. 19 da EC n. 103/2019. Requisitos para concessão de aposentadoria programável para os novos filiados ao RGPS

O art. 19 da EC n. 103/2019 colima suprir a lacuna legislativa existente com relação ao inciso I do § 7º do art. 201, por se tratar de norma de eficácia limitada.

Como adrede analisado, o referido inciso I não produz efeitos enquanto não houver a devida integração legislativa.

O art. 19 traz regra destinada ao "novo filiado", ou seja, do segurado filiado ao RGPS "após" a data de entrada em vigor da EC n. 103/2019. Como regra, o alcance do dispositivo é o jovem que ingressa após a publicação da Emenda Constitucional n. 103/2019 no mercado de trabalho.

O art. 19 assevera que, até que lei disponha sobre o tempo de contribuição a que se refere o inciso I do § 7º do art. 201 da Constituição Federal, será o "novo filiado" aposentado aos 62 (sessenta e dois) anos de idade, se mulher, 65 (sessenta e cinco) anos de idade, se homem, **com 15 (quinze) anos de tempo de contribuição**, se mulher, **e 20 (vinte) anos de tempo de contribuição**, se homem.

Trouxe a definição do tempo mínimo de contribuição indispensável para a obtenção da aposentadoria por idade, restando mantido, a bem da verdade, o mesmo tempo exigido para carência com relação às seguradas, de 15 anos de tempo de contribuição. Elevando, por outro lado, em cinco anos, a carência para os segurados do RGPS, totalizando 20 anos de TC.

Requisitos – previsão normativa	Aposentadoria por Idade Previsão constitucional			
Art. 201. [...] **§ 7º, I** combinado com art. 19 da EC n. 103/2019, ao filiado **após** a publicação da EC n. 103/2019 (até que "lei disponha")	Idade		Tempo de Contribuição	
	Homem	Mulher	Homem	Mulher
	65 anos de id.	62 anos de id.	20 anos de TC	15 anos de TC

A primeira impressão da norma é no sentido da sua dispensabilidade, uma vez que ao imaginar o ingresso de novo filiado ao RGPS no ano de 2020, portanto pessoa que pela primeira vez torna-se segurado do Seguro Social, para atender aos requisitos exigidos para aposentadoria programável, levará mais de uma década, pois com relação ao tempo de contribuição deverá satisfazer 15 ou 20 anos (se mulher, ou homem, respectivamente).

Por corolário lógico, o novo filiado (que ingressar no ano de 2020) somente poderá se aposentar, caso contribua de forma ininterrupta, depois do ano de 2035, se do sexo feminino, ou do ano de 2040, se segurado, ainda assim, desde que atenda ao requisito etário (65 anos de Id se do sexo masculino, 62 anos de Id, se do sexo feminino).

Não é crível que a lei exigida no inciso I do § 7º do art. 201 (para estabelecer o tempo mínimo, requisito carência) leve mais de dez anos para ser debatida, aprovada e publicada!

A única possível aplicação desse norma no ano de 2020 será com relação a eventual servidor público, titular de cargo efetivo, integrante de regime próprio por mais de 20 anos, que venha a pedir exoneração e inicie atividade remunerada na iniciativa privada, filiando-se, portanto, ao RGPS, sendo "novo filiado" após a EC n. 103/2019, e que averbe no RGPS todo o período contributivo não usufruído junto ao Regime Próprio, e na sequência implemente a idade mínima ainda no ano de 2020.

À exceção dessa hipótese excepcional narrada, a norma em comento pode ser tida por folclórica, pois está fadada a ser regra sem aplicabilidade prática, e de provável duração efêmera, pois assim que sobrevier a publicação da lei exigida pelo inciso I do § 7º do art. 201 restará sepultada a previsão do art. 19 da EC n. 103/2019.

Regra de transição. Art. 18 da EC n. 103/2019. Aposentadoria por idade. Filiado antigo

Segundo apregoa o art. 18 da EC n. 103/2019, o segurado de que trata o inciso I do § 7º do art. 201 da Constituição Federal que tenha se filiado ao RGPS até a data de entrada em vigor da EC n. 103/2019 poderá aposentar-se quando preencher, cumulativamente, os seguintes requisitos:

I – 60 (sessenta) anos de idade, se mulher, e 65 (sessenta e cinco) anos de idade, se homem; e
II – 15 (quinze) anos de contribuição, para ambos os sexos.

Busca-se com o dispositivo constitucional suprir a lacuna legislativa existente, justamente por se tratar o inciso I do § 7º do art. 201 de norma de eficácia limitada, incapaz de produzir efeitos enquanto não haja a devida integração legislativa.

Traz, como bem se vê, os mesmos requisitos etário e de carência previstos na Lei n. 8.213/91, para obtenção da aposentadoria por idade (cód. B/41).

Acontece que o § 2º relega à lei o critério quantificador da renda mensal do benefício, **de modo que a norma constitucional do art. 18 da EC n. 103/2019 é incompleta** (*vide* Valor do Benefício. Art. 26, § 2º, inciso I, da EC n. 103/2019).

Atente-se, por fim, que a partir de 1º de janeiro de 2020, o requisito etário para a segurada da previdência será elevado 6 (seis) meses, passando a ser de 60 (sessenta) anos e 6 (seis) meses.

O acréscimo de 6 (seis) meses continuará anualmente até atingir no ano de 2023, a idade mínima 62 (sessenta e dois) anos de idade, que é exatamente a idade mínima estabelecida no inciso I do § 7º do art. 201 da CF com a redação dada pela EC n. 103/2019.

Requisitos – previsão normativa	Aposentadoria por Idade Previsão constitucional			
	Idade		Tempo de Contribuição	
	Homem	Mulher	Homem	Mulher
Art. 201. [...] § 7º, I, combinado **com art. 18 da EC n. 103/2019**, ao filiado **antes** da sua publicação	65 anos de Id.	60 anos de Id.	15 (quinze) anos de contribuição (carência)	
		A partir de 1º de janeiro de 2020, a idade de 60 (sessenta) anos da mulher será acrescida em 6 (seis) meses a cada ano, até atingir 62 (sessenta e dois) anos de idade.		
		2020 = 60 anos e 6 meses de Id.; 2021 = 61 anos de Id; 2022 = 61 anos e 6 meses de Id.; 2023 = 62 anos de Id.		
O valor da aposentadoria será apurado **na forma da lei.**				

Regra de transição. Art. 15 da EC n. 103/2019. Aposentadoria por tempo de contribuição com idade mínima redutível. Aposentadoria de pontos (TC + Id). Filiado antigo

Ao segurado antigo, ou seja, em prol daqueles que estavam filiados ao RGPS na data da vigência da EC n. 103/2019, há regra lançada no art. 15 da EC n. 103/2019.

À exata semelhança da aposentadoria por tempo de contribuição (B/42), a regra do art. 15 exige tempo de contribuição de ao menos 35 anos, para o sexo masculino, e de no mínimo de 30 anos para a segurada.

Seguindo o enredo buscado na EC n. 103/2019, há a exigência de idade mínima, porém, a regra admite idade inferior para aposentação em comparação àquela do inciso I do § 7º do art. 201.

Trata-se, portanto, de **aposentadoria por tempo de contribuição com idade mínima redutível**.

Por esta regra, o segurado do sexo masculino poderá **se aposentar antes dos 65 anos previstos**:

- no inciso I do § 7º do art. 201;
- e nos arts. 18 e 19 da EC n. 103/2019.

Exigirá, em contrapartida, maior número de anos contribuídos.

O art. 15 constitucionaliza, com agravamentos, a sistemática de pontos trazida pela Lei n. 13.183/2015, consistente na soma da idade com o tempo de contribuição do segurado.

Traçando comparativo, satisfeita a pontuação fixada na norma, a diferença entre as disposições normativas reside que nos moldes da Lei n. 13.183/2015, surge a possibilidade de ser dispensada a aplicação do Fator Previdenciário na apuração da renda mensal inicial da aposentadoria por tempo de contribuição, caso seja a exclusão benéfica ao segurado, enquanto o art. 15 da EC n. 103/2019 exige a satisfação dos pontos para efeito de deferimento da aposentadoria.

	Lei n. 13.183/2015	Art. 15 da EC n. 103/2019
	Estabelece critério de pontuação (TC + Id)	Estabelece critério de pontuação (TC + Id)
Não atingimento da pontuação. Consequência	Não impede a concessão do B/42, porém torna obrigatória a incidência do FP	Obsta o deferimento do B/42
Preenchimento da pontuação exigida pela norma	Torna facultativa a incidência do FP (será excluído se trouxe melhoria na renda mensal inicial do segurado)	É requisito constitucional para deferimento do B/42 aos antigos filiados (segurado que ingressou antes da publicação da EC n. 103/2019)

A Lei n. 13.183/2015, no ano de sua estreia, fixou para o segurado do sexo masculino a Fórmula Progressiva 95, que é elevada 1 ponto de tempos em tempos até o atingimento dos 100 pontos. Para a mulher, a Fórmula Progressiva iniciou-se em 85, prevendo o atingimento máximo dos 90 pontos. Reiterando, os pontos referem-se à soma do tempo de contribuição com a idade do segurado. Assim, ter-se-á: 95 = 35TC + 60Id, ou 95 = 36TC + 59Id. A idade pode ser reduzida conforma cada ano completo de contribuição além do tempo mínimo de 35 anos de TC para homens e de 30 anos de TC para as seguradas do RGPS.

Como esclarecido, o art. 15 da EC n. 103/2019 adotou a mesma sistemática de pontuação da Lei n. 13.183/2015. Na comparação, tem-se que para o ano de 2019, o art. 15 da EC n. 103/2019 fixa idêntica pontuação à exigida pela Lei n. 13.183/2015. Entretanto, já em 2020, antecipa a fórmula progressiva da lei para 87 e 97, respectivamente, para homem e mulher, atingindo o ápice já no ano de 2023, enquanto pela Lei n. 13.183/2015, seria somente em 2027.

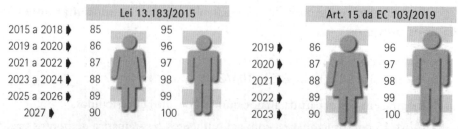

Requisitos – previsão normativa	Aposentadoria por Tempo de Contribuição com Idade Mínima Redutível Previsão constitucional			
	Idade (id)		Tempo de Contribuição (TC)	
	Homem	Mulher	Homem	Mulher
Art. 15 da EC n. 103/2019, ao segurado filiado até a data de entrada em vigor da EC n. 103/2019	Somatório da idade e do tempo de contribuição, incluídas as frações, equivalente **96 (noventa e seis) pontos.**	Somatório da idade e do tempo de contribuição, incluídas as frações, equivalente a **86 (oitenta e seis) pontos.**	No mínimo 35 anos de TC	No mínimo 30 anos de TC
	por exemplo: 61 anos de Id. + 35 anos de TC.; 60 anos de Id. + 36 anos de TC; 59 anos de Id. + 37 anos de TC	Por exemplo: 56 anos de Id. + 30 anos de TC.; 55 anos de Id. + 31 anos de TC; 54 anos de Id. + 32 anos de TC		
	A partir de 1º de janeiro de 2020, a pontuação será acrescida a cada ano de 1 (um) ponto, até atingir o limite de 100 (cem) pontos, se mulher, e de 105 (cento e cinco) pontos, se homem.			
	2020 = 97 pontos 2021 = 98 pontos 2022 = 99 pontos 2023 = 100 pontos 2023 = 101 pontos **2024 = 102 pontos 2025 = 103 pontos 2026 =104 pontos 2028 = 105 pontos**	2020 = 87 pontos 2021 = 88 pontos 2022 = 89 pontos 2023 = 90 pontos **2024 = 91 pontos 2025 = 92 pontos 2026 = 93 pontos 2027 = 94 pontos 2028 = 95 pontos 2029 = 96 pontos 2030 = 97 pontos 2031 = 98 pontos 2032 = 99 pontos 2033 = 100 pontos**		
	O valor da aposentadoria concedida nos termos do disposto neste artigo **será apurado na forma da lei.**			

Art. 15 da EC 103/2019

	96	2019	86	
	97	2020	87	
	98	2021	88	
	99	2022	89	
	100	2023	90	
	101	2024	91	
	102	2025	92	
	103	2026	93	
	104	2027	94	
	105	2028	95	
	105	2029	96	
	105	2030	97	
	105	2031	98	
	105	2032	99	
	105	2033	100	

Regra de transição. Art. 16 da EC n. 103/2019. Aposentadoria por tempo de contribuição com idade mínima progressiva. Filiado antigo

Ao segurado filiado ao RGPS até a data de entrada em vigor da Emenda da Reforma de 2019, foi assegurado o direito à aposentadoria por tempo de contribuição com atrelamento à idade mínima progressiva no tempo.

O segurado que venha a implementar os exatos 35 anos de TC, se homem, 30 anos de TC, se mulher, somente poderá se aposentar se possuir a idade válida para o ano de 2019 de 61 anos de idade, se do sexo masculino, e de 56 anos, se mulher.

Bem se observa que o requisito etário exigido pelo art. 16 é inferior ao fixado no inciso I do § 7º do art. 201, e nos art. 18 e 19 da EC n. 103/2019. De outra monta, o art. 16 exige maior número de contribuições previdenciárias (35 anos de TC aos homens, e de 30 anos de TC às mulheres).

Requisitos – previsão normativa	Aposentadoria por Tempo de Contribuição com Idade Mínima Progressiva Previsão constitucional			
	Idade (id)		Tempo de Contribuição (TC)	
	Homem	Mulher	Homem	Mulher
Art. 16 da EC n. 103/2019, ao segurado filiado até a data de entrada em vigor da EC n. 103/2019	61 ano de Id.	56 anos de Id.	35 anos de TC	30 anos de TC
	A partir de 1ª de janeiro de 2020, a idade será acrescida de 6 (seis) meses a cada ano, até atingir 62 (sessenta e dois) anos de idade, se mulher, e 65 (sessenta e cinco) anos de idade, se homem			

	2020 = 61 anos e 6 meses 2021 = 62 anos 2022 = 62 anos e 6 meses 2023 = 63 anos 2024 = 63 anos e 6 meses 2025 = 64 anos 2026 = 64 anos e 6 meses 2027 = 65 anos.	2020 = 56 anos e 6 meses 2021 = 57 anos 2022 = 57 anos e 6 meses 2023 = 58 anos 2024 = 58 anos e 6 meses 2025 = 59 anos 2026 = 59 anos e 6 meses 2027 = 60 anos 2028 = 60 anos e 6 meses 2029 = 61 anos 2030 = 61 anos e 6 meses 2031 = 62 anos	
O valor da aposentadoria concedida nos termos do disposto neste artigo **será apurado na forma da lei.**			

Art. 15	Art. 16		Art. 16	Art. 15
96	61 anos	2019	56 anos	86
97	61,5 anos	2020	56,5 anos	87
98	62 anos	2021	57 anos	88
99	62,5 anos	2022	57,5 anos	89
100	63 anos	2023	58 anos	90
101	63,5 anos	2024	58,5 anos	91
102	64 anos	2025	59 anos	92
103	64,5 anos	2026	59,5 anos	93
104	65 anos	2027	60 anos	94
105	65 anos	2028	60,5 anos	95
105	65 anos	2029	61 anos	96
105	65 anos	2030	61,5 anos	97
105	65 anos	2031	62 anos	98
105		2032		99
105		2033		100

Regra de transição. Art. 17 da EC n. 103/2019. Proteção ao direito iminente à aposentadoria B/42 (há menos de 2 anos). Aposentadoria sem atrelamento à idade mínima. Pedágio 50%. Filiado antigo

Esta regra tem como público os segurados que estão na iminência de se aposentar por tempo de contribuição, compreendidos como tais aqueles que já tenham mais de 33 anos de tempo de contribuição, se do sexo masculino, ou mais de 28 anos, em se tratando de segurada.

Direito expectado. O foco deste artigo é amenizar o impacto das regras novas aos que tinham legítima expectativa de direito melhor, quer dizer, o segurado que ainda não tenha implementado todas as condições necessárias à obtenção do benefício de aposentadoria por tempo de contribuição na data da vigência da EC n. 103/2019.

Não há direito adquirido a regime jurídico, já sacramentou o STF[59] por diversas vezes, ou seja, não pode o segurado que não havia, na data da lei nova, implementado todas as condições para obtenção do benefício, pretender a aplicação da lei antiga, aduzindo que no momento do seu ingresso na previdência (ocorrido há décadas) o regime jurídico existente era mais brando.

Para amenizar o impacto severo da legislação nova, é praxe, a despeito de não estar o legislador a isso obrigado, a criação de regras de transição, com o desiderato de criar situação intermediária em prol dos antigos segurados.

A regra de transição torna-se terceira regra de aplicação restrita aos filiados antes da nova norma do art. 17 da EC n. 103/2019, que não é tão boa quanto a antiga que foi revogada (inciso I do § 7º do art. 201, na redação anterior à EC n. 103/2019), mas por outro lado não será tão severa como a recém-editada.

Não se exige o requisito etário, necessário à comprovação do tempo de contribuição que era exigido na redação anterior do inciso I do § 7º do art. 201: trinta e cinco anos de contribuição, se homem, e trinta anos de contribuição, se mulher (na redação dada pela Emenda Constitucional n. 20/98).

Esse tempo deverá ser complementado, aumento de tempo denominado "pedágio", de 50% (cinquenta por cento) do tempo que, na data da publicação da EC n. 103/2019, faltaria para atingir 30 (trinta) anos de contribuição, se mulher, ou de 35 anos de TC, se homem.

Art. 17 da EC n. 103/2019	SEGURADO	SEGURADA
TC completo na data da vigência da EC n. 103/2019	33 anos de TC e 1 dia	28 anos de TC e 1 dia
TC faltante na data da vigência da EC n. 103/2019	2 anos	2 anos
TC faltante com pedágio	3 anos	3 anos
TC total necessário para o B/42	36 anos de TC	31 anos de TC

Art. 17 da EC n. 103/2019	SEGURADO	SEGURADA
TC completo na data da vigência da EC n. 103/2019	34 anos de TC	29 anos de TC
TC faltante na data da vigência da EC n. 103/2019	1 anos	1 anos
TC faltante com pedágio	1 ano e 6 meses	1 ano e 6 meses
TC total necessário para o B/42	35 anos e 6 meses de TC	30 anos e 6 meses de TC

---

59 A título de ilustração, STF: RE 626.489, rel. Min. Roberto Barroso, j. 16-10-2013, P, *DJe* 23-9-2014, Tema 313, no qual concluiu-se pela inexistência direito adquirido a determinado regime jurídico.

Com relação ao cálculo, o art. 17 afirma que o benefício terá seu valor apurado de acordo com a média aritmética simples dos salários de contribuição e das remunerações calculada **na forma da lei**, multiplicada pelo **fator previdenciário**, calculado na forma do disposto nos §§ 7º a 9º do art. 29 da Lei n. 8.213, de 24 de julho de 1991.

Sabidamente, o desejo do Governo era o de colocar fim no critério de cálculo permissivo da exclusão dos 20% menores salários de contribuição, regramento trazido pela Lei n. 9.876/99. Malgrado esse intento, não se deduz do art. 17 da EC n. 103/2019 tenha tido êxito o Poder Executivo. Daí por que, remanesce o direito de não serem computados os salários de contribuições de menor valor constantes do período básico de cálculo (limitado a 20% de todo o período).

Requisitos – previsão normativa	Aposentadoria SEM atrelamento à Idade Mínima Previsão constitucional			
	Homem	Mulher	Tempo de Contribuição	
			Homem	Mulher
Art. 17 da EC n. 103/2019, ao segurado filiado até a data de entrada em vigor da EC n. 103/2019	Desde que até a data de entrada em vigor da EC n. 103/2019 conte com mais de 33 (trinta e três) anos de contribuição, se homem	Desde que até a data de entrada em vigor da EC n. 103/2019 conte com mais de 28 (vinte e oito) anos de contribuição, se mulher	35 anos de TC + Pedágio	30 anos de TC + Pedágio
			Pedágio de 50% (cinquenta por cento) do tempo que, na data de entrada em vigor da EC n. 103/2019, faltaria para atingir 35 (trinta e cinco) anos de contribuição, se homem.	Pedágio de 50% (cinquenta por cento) do tempo que, na data de entrada em vigor da EC n. 103/2019, faltaria para atingir 30 (trinta) anos de contribuição, se mulher
O benefício terá seu valor apurado de acordo com a média aritmética simples dos salários de contribuição e das remunerações calculada **na forma da lei**, multiplicada pelo **fator previdenciário**, calculado na forma do disposto nos §§ 7º a 9º do art. 29 da Lei n. 8.213, de 24 de julho de 1991.				

Como última importante nota, reafirma-se ao segurado incluso na situação acobertada pelo art. 17 da EC n. 103/2019, bem provável já tenha implementado direito à aposentadoria na modalidade proporcional, prevista no art. 9º da EC n. 20/98, antes de essa norma ter sido revogada pelo art. 35 da EC n. 103/2019. Direito adquirido pode ser exercido mesmo após a revogação da norma que dava suporte à jubilação.

Regra de transição. Art. 20 da EC n. 103/2019. Aposentadoria B/42 com pedágio de 100% e idade mínima (menor)

Nesta regra de aplicação restrita ao "antigo filiado", aquele que ingressou no RGPS antes da publicação da EC n. 102/2019, exige-se:

a) TC de 35 anos de homem ou 30 anos se mulher;

b) pedágio equivalente a **100% do tempo faltante** na data da publicação da EC n. 103/2019;

c) Id. de 60 anos se homem, 57 se do sexo feminino.

Regra de transição bastante gravosa, máxime quando comparada com as regras de transição fixadas aos detentores de mandato eletivo, para os quais o generoso art. 14 da EC n. 103/2019, estabelece período adicional (pedágio) correspondente a **30% (trinta por cento)** do tempo de contribuição que faltaria para aquisição do direito à aposentadoria na data de entrada em vigor da EC n. 103/2019.

Ao segurado do RGPS que ainda faltasse, na data da publicação da EC n. 103/2019, prazo de 2 anos ou mais para obtenção de sua aposentadoria (ou seja, não incluído na regra do art. 17 da EC n. 103/2019) deverá contribuir pelo dobro do prazo faltante, e ainda deverá atender ao requisito etário.

Imagine-se segurado do RGPS que na data da publicação da EC n. 103/2019 faltasse 4 anos para atingir os 35 anos de TC, deverá contribuir além desses 4 anos faltantes mais 4 anos a título de pedágio, portanto, TC + pedágio = 39 anos de TC, além do atendimento ao requisito etário (60 anos de Id. se homem, 57 anos de Id. se mulher).

Requisitos – previsão normativa	Aposentadoria B/42 com pedágio de 100% e Idade mínima (menor) Previsão constitucional			
	Idade (id)		Tempo de Contribuição (TC)	
	Homem	Mulher	Homem	Mulher
Art. 20 da EC n. 103/2019, ao segurado **filiado até a data de entrada em vigor** da EC n. 103/2019	60 anos de Id.	57 anos de Id.	35 anos de TC	30 anos de TC
			+ pedágio	
			Pedágio correspondente a 100% do tempo que, na data de entrada em vigor EC n. 103/2019, falta para atingir o tempo mínimo de contribuição de 35 anos TC para homem e de 30 anos de TC para mulher	
O valor da aposentadoria será apurado **na forma da lei.**				

Art. 20	Art. 15		Art. 16	Ano	Art. 16		Art. 15	Art. 20
	96		61 anos	2019	56 anos		86	
	97		61,5 anos	2020	56,5 anos		87	
	98		62 anos	2021	57 anos		88	
	99		62,5 anos	2022	57,5 anos		89	
	100		63 anos	2023	58 anos		90	
	101		63,5 anos	2024	58,5 anos		91	
60 anos	102		64 anos	2025	59 anos		92	57 anos
Idade	103		64,5 anos	2026	59,5 anos		93	Idade
	104		65 anos	2027	60 anos		94	
+	105		65 anos	2028	60,5 anos		95	+ pedágio
Pedágio	105		65 anos	2029	61 anos		96	100%
100%	105		65 anos	2030	61,5 anos		97	TC
	105		65 anos	2031	62 anos		98	
TC	105			2032			99	
	105			2033			100	

Observa-se que esta regra, a despeito de assinalar pedágio extremamente elevado (de 100% do tempo faltante), ainda é mais atrativa em comparação à regra prevista no art. 15 da EC n. 103/2019, que versa sobre a Aposentadoria por Tempo de Contribuição com Idade Mínima Redutível.

Tanto a regra do art. 20, ora em análise, como a prevista no art. 15 destinam-se ao amparo do segurado filiado até a data de entrada em vigor da EC n. 103/2019.

Pelo regramento do art. 20 o segurado do sexo masculino necessariamente contribuirá além dos 35 anos de TC, por conta do pedágio, mas terá o requisito etário congelado, inalterado:

Art. 20 da EC n. 103/2019	SEGURADO	SEGURADA
TC completo na data da vigência da EC n. 103/2019	32 anos de TC	26 anos de TC
TC faltante na data da vigência da EC n. 103/2019	3 anos	4 anos
TC faltante com pedágio	6 anos	8 anos
TC total necessário para o B/42	38 anos de TC	34 anos de TC
Ano do implemento do TC + pedágio	2025	2027
Requisito Etário	60 anos	57 anos

Na aposentadoria por tempo de contribuição com idade mínima Redutível (art. 15 da EC n. 103/2019) exigir-se-á no ano de 2025 o Fator equivalente a 102 pontos. Para a mulher, o art. 15 exige em 2027 o total de 94 pontos.

No entanto, analisando as duas hipóteses no quadro acima, pelo regramento do art. 15, o segurado do sexo masculino terá de comprovar 102 pontos no ano de 2025. Na ilustração feita supra, o segurado que em 2025 possuir 38 anos de TC deverá comprovar **64 anos** de idade (38TC + 64 Id = Fator 102). Ao passo que o art. 20, mais benéfico, permitirá a aposentadoria ainda que esteja com **60 anos** de idade.

No segundo exemplo do quadro. A segurada que em 2027 tenha contribuído 34 anos deverá comprovar, pela regra do art. 15 da EC n. 103/2019, a idade mínima de 60 anos de idade, idade três anos superior à prevista para obtenção da Aposentadoria por Tempo de Contribuição com Idade Mínima Redutível.

Art. 20	Art. 15	Art. 16	Ano	Art. 16	Art. 15	Art. 20
60 anos	96	61 anos	2019	56 anos	86	**57 anos**
	97	61,5 anos	2020	56,5 anos	87	
Idade	98	62 anos	2021	57 anos	88	**Idade**
	99	62,5 anos	2022	57,5 anos	89	
	100	63 anos	2023	58 anos	90	
	101	63,5 anos	2024	58,5 anos	91	
	102	64 anos	2025	59 anos	92	
	103	64,5 anos	2026	59,5 anos	93	
	104	65 anos	2027	60 anos	94	
	105	65 anos	2028	60,5 anos	95	
	105	65 anos	2029	61 anos	96	
	105	65 anos	2030	61,5 anos	97	
	105	65 anos	2031	62 anos	98	
	105		2032		99	
	105		2033		100	

Outra importante diferença em prol da **Aposentadoria B/42 com pedágio de 100% e Idade mínima (menor)**, art. 20 da EC n. 103/2019, diz referência ao valor do benefício, **que será de 100% do salário de benefício**, ainda que tenha menos de 40 anos de TC, por força do art. 26, §3º, da EC n. 103/2019.

Ao passo que para a Aposentadoria por Tempo de Contribuição com Idade Mínima Redutível (art. 15 da EC n. 103/2019), o valor do benefício de aposentadoria corresponderá a 60% do salário de benefício com acréscimo de 2% para cada ano de contribuição que exceder o tempo de 20 anos de contribuição, se homem, ou de 14 anos de contribuição, se do sexo feminino.

Valor do benefício. Art. 26 da EC n. 103/2019. Complemento das normas dos arts. 15, § 4º, 16, § 3º, 18, § 2º, e 20, § 2º, da EC n. 103/2019

Das regras transitórias de aposentadoria trazidas na EC n. 103/2019, já estudadas nos tópicos anteriores, há disposição em comum que aduz: "O valor da aposentadoria concedida nos termos do disposto neste artigo será **apurado na forma da lei**":

- do § 4º do art. 15, aposentadoria por tempo de contribuição com idade mínima redutível;
- do § 3º do art. 16: aposentadoria por tempo de contribuição com idade mínima progressiva;

- do § 2º do art. 18: aposentadoria por idade;
- do § 2º, II, do art. 20: aposentadoria B/42 com pedágio de 100% e idade mínima (menor).

Referida disposição traz a patente da imprescindibilidade de edição de norma legal, respeitada a moldura constitucional, que dará concretude ao anseio do constituinte reformador.

Significa dizer, **são normas de eficácia limitada**, não autoexecutáveis, dependentes de complemento, por serem dependentes de "lei" para regrar o critério de apuração da renda mensal do benefício.

Enquanto não advém a necessária norma complementar exigida no § 4º do art. 15, no § 3º do art. 16, no § 2º do art. 18, e no inciso II do § 2º do art. 20, todas da EC n. 103/2019, haverá lacuna normativa, impedindo a produção dos efeitos esperados pelos dispositivos constitucionais.

Porém, o desiderato imediatista do Poder Constituinte Derivado Reformador é constatado no art. 26 da EC n. 103/2019, que traz o complemento do critério quantificador do benefício de aposentadoria exigido no § 4º do art. 15, no § 3º do art. 16, no § 2º do art. 18, e no inciso II do § 2º do art. 20, todos da EC n. 103/2019.

O art. 26, portanto, busca dar concretude às regras de transição estudadas.

Prescreve o art. 26 da EC n. 103/2019 que "até que lei discipline o cálculo dos benefícios" do Regime Geral de Previdência Social, como será elaborada a renda mensal do benefício, fixando como **primeira etapa** a da apuração da **média aritmética simples dos salários de contribuição** ao Regime Geral de Previdência Social, observando-se:

a) **atualização monetária** dos salários de contribuição;

b) correspondentes a 100% (cem por cento) do período contributivo desde a competência julho de 1994 ou desde o início da contribuição, se posterior àquela competência.

No § 1º é estipulada a segunda etapa do cálculo, consistente na definição do coeficiente de cálculo a incidir sobre a média apurada na etapa anterior.

O valor do benefício de aposentadoria partirá da alíquota base de 60% (sessenta por cento), com acréscimo de 2% (dois por cento) para cada ano de contribuição que exceder o tempo de 20 (vinte) anos de contribuição nos casos, ressalvado o valor do benefício de Aposentadoria B/42 com pedágio de 100% e Idade mínima (menor), previsto no art. 20 da EC n. 103/2019, que corresponderá ao coeficiente de 100% (cem por cento) da média aritmética.

Apurada a renda mensal inicial, os valores serão reajustados nos termos estabelecidos para o Regime Geral de Previdência Social (art. 206, § 7º, EC n. 103/2019).

Resumindo, o art. 26 estabelece na etapa 1 o salário de benefício, que é a base de cálculo de apuração da prestação previdenciária. Na etapa 2 identifica o coeficiente de cálculo que incidirá sobro o salário de benefício.

		Art. 15 Aposentadoria por Tempo de Contribuição com Idade Mínima Redutível	Art. 16 Aposentadoria por Tempo de Contribuição com Idade Mínima Progressiva	Art. 18 Aposentadoria por Idade	Art. 20 Aposentadoria B/42 com pedágio de 100% e Idade mínima (menor)
Destinatário da norma		Filiado até a data de entrada em vigor da EC n. 103/2019	Filiado até a data de entrada em vigor da EC n. 103/2019	Filiado até a data de entrada em vigor da EC n. 103/2019	Filiado até a data de entrada em vigor da EC n. 103/2019
Requisitos		Pontos (TC + Id.): Homem: 96 pontos Mulher: 86 pontos Tempo de Contribuição (TC) mínimo: Homem: 35 anos de TC Mulher: 30 anos de TC	Idade (id.) Homem: 61 ano de Id. Mulher: 56 anos de Id. Tempo de Contribuição (TC) Homem: 35 anos de TC Mulher: 30 anos de TC	Idade (id.) Homem: 65 anos de Id. Mulher: 60 anos de Id. Tempo de Contribuição (TC) Homem/Mulher: 15 anos	Idade (id.): Homem: 60 anos de Id. Mulher: 57 anos de Id. Tempo de Contribuição (TC) Homem 35 anos TC Mulher 30 anos TC + pedágio de 100%
Art. 26 da EC n. 103/2019 Valor da renda mensal inicial	Etapa 1 (salário de benefício	Até que lei discipline o cálculo dos benefícios do RGPS, será utilizada a média aritmética simples dos salários de contribuição ao RGPS, atualizados monetariamente, correspondentes a 100% (cem por cento) do período contributivo desde a competência julho de 1994 ou desde o início da contribuição, se posterior àquela competência.			
	Etapa 2 (coeficiente de cálculo)	60% da média aritmética, com acréscimo de 2% para cada ano de contribuição que exceder o tempo de 20 (vinte) anos de contribuição	60% da média aritmética, com acréscimo de 2% para cada ano de contribuição que exceder o tempo de 20 (vinte) anos de contribuição	60% da média aritmética, com acréscimo de 2% para cada ano de contribuição que exceder o tempo de 20 (vinte) anos de contribuição	100% da média aritmética
		Art. 26, § 5º, *in fine*: para as mulheres o acréscimo de 2% será aplicado para cada ano que exceder 15 (quinze) anos de tempo de contribuição.			

O salário de benefício previsto no novel texto constitucional supra-anunciado é diferente do legalmente previsto no art. 29 da Lei n. 8.213/91, que assim preceitua ao B/42 e ao B/41: média aritmética simples **dos maiores** salários de contribuição correspondentes **a 80%** de todo o período contributivo, **multiplicada pelo fator previdenciário.**

O art. 26 da EC n. 103/2019 fixa a utilização de todos os salários de contribuição para o cálculo do salário de benefício, ou seja, 100% dos salários de contribuição. Ao passo que a Lei n. 8.213/91 autoriza o descarte dos 20% menores salários de contribuição.

A exclusão dos menores salários de contribuição para efeito de apuração da média aritmética é algo bom para o segurado, na medida em que, excluídos os menores, a média resultante será mais elevada.

Cabe anotar, por derradeiro, que o art. 26, § 6º, traz permissão, em moldes diferentes do estabelecido na Lei n. 8.213, para exclusão dos menores salários de contribuição para apuração do salário de benefício.

Permite o referido § 6º do art. 26 o descarte das contribuições que resultem em redução do valor do benefício, desde que mantido o tempo mínimo de contribuição exigido. No entanto, veda a utilização do tempo excluído para qualquer finalidade, inclusive para o acréscimo do coeficiente em 2%.

Nesse caminhar, desde que mantido o tempo mínimo de contribuição para a concessão do benefício, podem ser excluídos, a critério do segurado, tantos salários de contribuição quantos sejam necessários para melhoria do valor do salário de benefício, não havendo a baliza dos 20% fixados na Lei n. 8.213.

Porém, a opção pela exclusão desses "menores" salários de contribuição é drástica, pois não se dá apenas no campo da apuração do salário de benefício. Desprezados salários de contribuição "menores", estes não serão considerados para o adimplemento do requisito "tempo de contribuição", e não motivará o acréscimo de 2% na definição do coeficiente de cálculo.

Outro ponto que merece relevo é o silêncio do art. 26 da EC n. 103/2019 quanto ao fator previdenciário (FP). A não aplicação do FP é desejo da maior parcela de segurados, posto que como regra o FP é prejudicial na apuração do salário de benefício.

Seria, portanto, o silêncio da norma do art. 26 motivo de festejo, mas, diante dos requisitos exasperados para obtenção do benefício programável (maior tempo de contribuição, e idade mais elevada), o fator previdenciário depois da EC n. 103/2019 seria mais benéfico ao segurado, porque elevaria o valor da média dos salários de contribuição.

Caso se compreenda o art. 26 como norma de eficácia contida, poderia haver a restrição do seu conteúdo por norma infraconstitucional, abrindo o debate para a recepção ou não do FP.

Como sobejamente esclarecido, o intento do art. 26 é dar concretude às regras de transição que são por sua vez dependentes de legislação no que tange ao critério de cálculo (§ 4º do art. 15, § 3º do art. 16, § 2º do art. 18, e inciso II do § 2º do art. 20, todos da EC n. 103/2019), de modo que o art. 26 da EC n. 103/2019 deve ser completo, caracterizado como norma de eficácia plena (ou ao menos de eficácia contida), para tanto não podendo trazer em seu texto termos que careçam de complementação legal.

Ocorre que as disposições alocadas no art. 26 da EC n. 103/2019 são extremamente semelhantes ao texto trazido na redação original do art. 202 da Constituição Cidadã de 1988, que **acabou sendo acolhido pelo STF como norma de eficácia limitada,** por conter elementos que careciam de definição por lei superveniente.

CF, art. 202 – Redação original (critério de cálculo/ salário de benefício)	Art. 26 da EC n. 103/2019 (critério de cálculo/ salário de benefício)
Art. 202. É assegurada aposentadoria, nos termos da lei, calculando-se o benefício sobre a **média dos trinta e seis últimos salários de contribuição, corrigidos monetariamente** mês a mês, e comprovada a regularidade dos reajustes dos salários de contribuição de modo a preservar seus valores reais e obedecidas as seguintes condições:	Art. 26. Até que lei discipline o cálculo dos benefícios do regime próprio de previdência social da União e do Regime Geral de Previdência Social, será utilizada a **média aritmética simples dos salários de contribuição** e das remunerações adotados como base para contribuições a regime próprio de previdência social e ao Regime Geral de Previdência Social, ou como base para contribuições decorrentes das atividades militares de que tratam os arts. 42 e 142 da Constituição Federal, **atualizados monetariamente**, correspondente a 100% (cem por cento) do período contributivo desde a competência julho de 1994 ou desde o início da contribuição, se posterior àquela competência.

Como antecipado, na ocasião a jurisprudência do STF afastou a pretensão de aplicabilidade plena, consagrando tratar-se de norma não autoaplicável:

Benefício previdenciário – **Cálculo** – Salário de contribuição – **Atualização**. Na dicção da ilustrada maioria, os preceitos dos arts. 201, § 3º, e **202, da CF não são autoaplicáveis.**

O concretismo das normas neles insertas deu-se somente com a Lei n. 8.213, de 24-7-1991.

Precedente: RE 193.456-5/RS, julgado pelo Pleno no dia 26-2-1997" (RE 239.932, rel. Min. Marco Aurélio, j. 15-12-1998, 2ª T., *DJ* de 14-5-1999.) No mesmo sentido: AI 753.524-AgR, Rel. Min. Ayres Britto, julgamento em 28-9-2010, 2ª T.,

DJe 29-11-2010; AR 1.668, rel. Min. Ellen Gracie, j. 14-10-2009, Plenário, *DJe* 11-12-2009; AI 279.377-AgR-ED, rel. Min. Ellen Gracie, j. 22-5-2001, *DJ* 22-6-2001; RE 201.091, rel. Min. Sydney Sanches, j. 18-4-1997, *DJ* 30-5-1997. *Vide*: RE 602.692-AgR, voto do Rel. Min. Celso de Mello, j. 22-6-2010, 2ª T., *DJe* 6-8-2010.

Da mesma forma como ocorreu com o art. 202, redação original, da CF, sobre o art. 26 da EC n. 103/2019 podem ser lançadas dúvidas sobre, por exemplo, qual seria o indexador para fins de **atualização monetária** dos salários de contribuição. Seria o INPC, o IPCA, o IPCA-E, o IGP-DI, a TR?

Se a resposta for "utiliza-se o indexador previsto na legislação previdenciária vigente da data da promulgação da EC n. 103/2019", surgem novas indagações sobre os outros pontos de complementação constantes da legislação ordinária, por exemplo: a média aritmética simples dos salários de contribuição está sujeita ao divisor mínimo previsto no art. 3º, § 2º, da Lei n. 9.876/99?

No § 1º do art. 26 da EC determina-se que a média resultante será limitada ao valor máximo do salário de contribuição do RGPS. Todavia, questiona-se: Haverá aplicação do art. 21, § 3º, da Lei n. 8.880/94[60], que garante nesta situação direito ao "índice de reposição ao teto" por ocasião do primeiro reajustamento?

Há ainda incongruências, o art. 26 não trata da espécie auxílio-doença, significando não ter sido esse benefício alterado, por corolário lógico, permanece com o percentil de 91% da média contributiva, ainda que tenha contribuído por apenas 1 ano à previdência. Ao passo que a aposentadoria por incapacidade permanente corresponde a 60% da média caso o segurado tenha contribuído por menos de 21 anos. A renda do auxílio-doença ainda será superior ainda que o segurado tenha contribuído por 35 anos, hipótese em que a aposentadoria por incapacidade ou programável corresponderá a 90% da média, ou seja, ainda abaixo da renda mensal do B/31, que é de 91%.

O texto constitucional do art. 26 não responde a essas indagações.

Exsurge que caberá aos tribunais definir a provável controvérsia que será inaugurada, saber se o art. 26 da EC n. 103/2019 é norma realmente de eficácia plena ou se pode ser patenteada como de eficácia limitada.

---

60 Lei n. 8.880/94. Art. 26. [...]

"§ 3º Na hipótese da média apurada nos termos deste artigo resultar superior ao limite máximo do salário de contribuição vigente no mês de início do benefício, a diferença percentual entre esta média e o referido limite será incorporada ao valor do benefício juntamente com o primeiro reajuste do mesmo após a concessão, observado que nenhum benefício assim reajustado poderá superar o limite máximo do salário de contribuição vigente na competência em que ocorrer o reajuste."

Cabe enfatizar que, caso seja considerada norma de eficácia limitada, permanecem repletas de eficácia as disposições contidas na Lei n. 8.213 para o B/42, que não prevê, por sua vez, critério etário.

PEC n. 133. A PEC Paralela teve origem no Senado, onde foi aprovada ainda em 2019 em dois turnos de votação, e tramita perante a Casa Revisora, Câmara dos Deputados. *De lege ferenda*, a base de apuração do salário de benefício será correspondente a 80% (oitenta por cento) dos maiores salários do período contributivo desde a competência julho de 1994 ou desde o início da contribuição, se posterior àquela competência. Assim, caso seja aprovada na Câmara, trará melhor cenário ao critério de cálculo, permitindo o descarte dos 20% menores salários de contribuição, à exata semelhança do que preconiza a Lei n. 9.876/99.

Valor do benefício diverso de aposentadoria. Art. 26 da EC n. 103/2019

Deve o intérprete se atentar ao fato de que o art. 26 não é restrito à aposentadoria:

Até que lei discipline o cálculo **dos benefícios** do [...] **Regime Geral de Previdência Social**, será utilizada a média aritmética simples dos salários de contribuição [...] atualizados monetariamente, correspondentes a 100% (cem por cento) do período contributivo desde a competência julho de 1994 ou desde o início da contribuição, se posterior àquela competência.

O artigo em comento refere-se aos "benefícios" do RGPS, firmando que o salário de benefício será apurado sem o descarte dos 20% menores salários de contribuição, e sim com a média da totalidade dos salários de contribuição integrantes do período básico de cálculo.

Entretanto, não traz o coeficiente de cálculo das espécies diversas de aposentadoria!

O § 2º do art. 26 refere-se unicamente ao "valor do benefício de aposentadoria" que corresponderá a 60% (sessenta por cento) da média aritmética definida na forma prevista no *caput* e no § 1º, com acréscimo de 2 (dois) pontos percentuais para cada ano de contribuição que exceder o tempo de 20 (vinte) anos de contribuição nos casos.

Este ponto reforça a tese de ser a norma incompleta, carece de regulamentação.

O auxílio-doença permanece de 91%? Nada diz o art. 26 da EC n. 103/2019!

Se a norma for complementada pela Lei n. 8.213 haverá paradoxo, pois a aposentadoria por incapacidade permanente (B/32) corresponde a 60% da média (art. 26, § 2º, da EC n. 103/2019), ao passo que o B/31, auxílio-doença, será de 91% sobre a mesma média.

Ter-se-á que o auxílio-doença valerá mais do que a aposentadoria por incapacidade permanente, e o auxílio-doença terá valor muito próximo ao de uma aposentadoria.

Note-se que o auxílio-acidente recebeu nova disposição pela Medida Provisória n. 905 publicada exatamente na mesma data da promulgação da Emenda da Reforma, e fixou para B/36 e B/94 o valor da renda mensal correspondente a 50% (cinquenta por cento) do benefício de aposentadoria por invalidez a que o segurado teria direito.

De tal sorte que, com a integração legislativa propiciada pela MP n. 905, o cálculo do auxílio-acidente ficou harmônico, haja vista que o cálculo do B/32 e B/92, que se constitui na base de apuração do B/36 e B/94, é estipulado na Emenda da Nova Previdência.

Quando o art. 26 diz "o cálculo **dos benefícios**" do RGPS, a quais benefícios a norma se refere? Contempla o salário-maternidade? Caso a resposta seja afirmativa, não teria sido recepcionado o art. 72 da Lei n. 8.213, que garante a remuneração integral para a empregada (ainda que ultrapasse o limite-teto do RGPS)?

Diante desse contexto, a única solução plausível é a da aplicabilidade mediata da norma do art. 26 da EC n. 103/2019, não produzindo efeitos enquanto não surgir no cenário jurídico a lei imprescindível para dirimir as lacunas contidas no dispositivo constitucional.

PEC 133. A PEC Paralela teve origem no Senado, onde foi aprovada ainda em 2019 em dois turnos de votação, e tramita perante a Casa Revisora, Câmara dos Deputados. *De lege ferenda*, também será admissível coeficiente de cálculo de 100% no caso de aposentadoria por incapacidade, sem relação com o trabalho, que gere deficiência ou no caso de aposentadoria por incapacidade decorrente de doença neurodegenerativa.

EC n. 103/2019. Aposentadoria por idade do trabalhador rural. Art. 201, § 7º, II, CF. Art. 25, § 1º, da EC n. 103/2019

Com relação ao trabalhador rural, a essência do texto do inciso II do § 7º do art. 201 não foi alterado pela EC n. 103/2019.

Redação do inciso II do § 7º do art. 201 ANTES da EC n. 103/2019	Redação do inciso II do § 7º do art. 201 DEPOIS da EC n. 103/2019
Art. 201. [...] § 7º [...]	Art. 201. [...] § 7º [...]
II – sessenta e cinco anos de idade, se homem, e sessenta anos de idade, se mulher, reduzido em cinco anos o limite para os trabalhadores rurais de ambos os sexos e para os que exerçam suas atividades em regime de economia familiar, nestes incluídos o produtor rural, o garimpeiro e o pescador artesanal. (*Incluído pela EC n. 20/98*)	II – 60 (sessenta) anos de idade, se homem, e 55 (cinquenta e cinco) anos de idade, se mulher, para os trabalhadores rurais e para os que exerçam suas atividades em regime de economia familiar, nestes incluídos o produtor rural, o garimpeiro e o pescador artesanal.

Os trabalhadores rurais foram extraídos da regra de transição, uma vez que mantidas as regras atuais.

Por derradeiro, convém anotar que, aos 18 de janeiro de 2019, o Poder Executivo editou a Medida Provisória n. 871, com espeque no art. 62 da Constituição Federal que permite ao Presidente da República editar medida palaciana, com força de lei, em caso de relevância e urgência.

Por determinação constitucional, a MP deve ser submetida de imediato ao Congresso Nacional, onde terá sua votação iniciada na Câmara dos Deputados, e, se aprovada, seguirá para deliberação do Senado Federal. O prazo para deliberação do Congresso Nacional é de sessenta dias, prorrogável uma única vez por igual período.

Durante a tramitação, o Congresso Nacional promoveu alterações no texto da Medida Provisória n. 871 (inclusões e exclusões de texto na Lei n. 8.213).

Aprovada a MP n. 871 no Senado Federal no último dia do prazo constitucional, dia 3 de junho de 2019, houve o envio do "projeto de lei de conversão" (§ 12 do art. 62 CF) à Presidência da República que sancionou a norma: Lei n. 13.846, de 18 de junho de 2019.

Trata-se de verdadeira Minirreforma da Previdência, diante da enorme quantidade de alterações nas Leis n. 8.212/91 e 8.213/91.

Com relação específica ao trabalhador rural, merece referência aos artigos da Lei n. 8.213/91, que sofreram inovação com o advento da Lei n. 13.846/2019.

No art. 38-A consta que o Ministério da Economia manterá sistema de cadastro dos segurados especiais no Cadastro Nacional de Informações Sociais (CNIS), e poderá firmar acordo de cooperação com o Ministério da Agricultura, Pecuária e Abastecimento e com outros órgãos da Administração Pública federal, estadual, distrital e municipal para a manutenção e a gestão do sistema de cadastro.

Da aplicação do disposto do art. 38-A não poderá resultar nenhum ônus para os segurados.

O art. 38-B esclarece que o INSS utilizará as informações constantes do cadastro de que trata o art. 38-A para fins de comprovação do exercício da atividade e da condição do segurado especial e do respectivo grupo familiar.

Como nota final, a EC n. 103/2019 trouxe no art. 25, § 1º, disposição prorrogando os prazos previstos nos §§ 1º e 2º do art. 38-B supratranscrito:

> **Para fins de comprovação de atividade rural** exercida até a data de entrada em vigor desta Emenda Constitucional, o prazo de que tratam os §§ 1º e 2º do art. 38-B da Lei n. 8.213, de 24 de julho de 1991, será prorrogado até a data em que o Cadastro Nacional de Informações Sociais (CNIS) atingir a cobertura mínima de 50% (cinquenta por cento) dos trabalhadores de que trata o § 8º do art. 195 da

Constituição Federal, apurada conforme quantitativo da Pesquisa Nacional por Amostra de Domicílios Contínua (Pnad).

EC n. 103/2019. Atrelamento da aposentadoria de professor à idade mínima (art. 201, § 8º, CF). Norma de eficácia limitada

O inciso I do § 7º do art. 201 (na redação atribuída pela EC n. 103/2019), estabelece a aposentadoria aos 65 (sessenta e cinco) anos de idade, se homem, e 62 (sessenta e dois) anos de idade, se mulher, observado tempo mínimo de contribuição a ser definido em lei ordinária.

A Emenda da Reforma/2019 deu nova redação ao § 8º do art. 201, para efeito de atrelar a aposentadoria por tempo de contribuição de professor (codificado no INSS sob o n. B/57) ao requisito de idade a que se refere o inciso I do § 7º do art. 201, reduzido em 5 (cinco) anos, para o professor que comprove tempo de efetivo exercício nas funções de magistério na educação infantil e no ensino fundamental e médio **fixado em lei complementar**.

A exigência de lei complementar é considerada norma de eficácia limitada, por ser dependente de lei complementar, de modo que de aplicabilidade mediata o novel dispositivo.

Requisitos – previsão normativa	Aposentadoria de Professor Previsão constitucional		
Art. 201. [...] § 8º **Norma de eficácia limitada**	Professor	Professora	Tempo de contribuição: efetivo exercício das funções de magistério na educação infantil e no ensino fundamental e médio
	60 anos de idade	57 anos de idade	**a ser fixado em lei complementar**

Para registro histórico, a aposentadoria diferenciada de docentes possui assento constitucional desde a Emenda n. 18/81. Antes desse marco, era a atividade de professor considerada penosa, capitulada como atividade especial. Desde a EC 18/81, tornou-se inadmissível a conversão do tempo de exercício de magistério com acréscimo ficto para obtenção de aposentadoria comum, tendo em vista que retirou essa categoria profissional do quadro anexo ao Decreto n. 53.831/64 (atividade especial), para incluí-la em legislação específica, passando, portanto, a ser regida por legislação própria.

Atividade fora da sala de aula: a Lei Federal n. 11.301/2006, introduziu o § 2º no art. 67 da Lei Federal n. 9.394/96, que estabelece as diretrizes e bases da educação nacional, com a seguinte redação:

Para os efeitos do disposto no § 5º do art. 40 e no § 8º do art. 201 da Constituição Federal, são consideradas funções de magistério as exercidas por professores e especialistas em educação no desempenho de atividades educativas, quando exercidas em estabelecimento de educação básica em seus diversos níveis e modalidades, incluídas, além do exercício da docência, as de direção de unidade escolar e as de coordenação e assessoramento pedagógico.

Com a promulgação da EC n. 20/98, o professor universitário deixou de ser contemplado dentre os docentes com direito à aposentadoria diferenciada de professor.

Desde a EC n. 20/98 somente estão protegidos com a aposentaria diferenciada de professor os docentes nas funções de magistério na **educação básica** que é a formada pela educação infantil, ensino fundamental e ensino médio nas modalidades presencial e à distância.

Regra de transição. Professores. EC n. 20/98. Art. 35 da EC n. 103/2019

Os professores não contemplados pela EC n. 20/98, que não tenham satisfeito as condições para aposentadoria diferenciada de docente até 16 de dezembro de 1998, poderão ter contado todo e qualquer tempo de atividade de magistério exercido até a data da Emenda n. 20, com acréscimo de 17% (dezessete por cento), se homem, e de 20% (vinte por cento), se mulher, se optar por aposentadoria comum por tempo de contribuição. O acréscimo ficto trata-se de exceção constitucional inserta no § 2º do art. 9º da EC n. 20, aplicável tão só para efeito de obtenção de aposentadoria comum (35 anos para homem, e 30 anos para mulher) desde que se valha o professor universitário exclusivamente de tempo de efetivo exercício de atividade de magistério.

O art. 35 da EC n. 103/2019 revoga o art. 9º da EC n. 20/98, malgrado isso, o direito ao acréscimo do tempo laborado até 1998 pelo professor universitário já integra seu patrimônio jurídico, não podendo, em nosso sentir, ser prejudicado por legislação superveniente.

A Lei n. 11.301 define, para efeitos legais, "funções de magistério" como aquela exercida por professores e especialistas em educação compreendendo, além do exercício da docência, as atividades de direção de unidade escolar e as de coordenação e assessoramento pedagógico. O conceito legal é diverso do até então consagrado pelo STF: Súmula 726. "Para efeito de aposentadoria especial de professores, não se computa o tempo de serviço prestado fora da sala de aula".

Houve a apresentação de ADIn, sob o n. 3.772, em face da referida lei, tendo o STF declarado constitucional a norma legal. Resta claro que a definição legal ampliativa se sobrepôs aos termos da Súmula 726 do STF.

Regra de transição. Art. 19, II, da EC n. 103/2019. Aposentadoria de professor com idade mínima fixa

O art. 19, inciso II, da EC n. 103/2019, traz regra aplicável ao NOVO filiado, considerado como tal aquele que se filiar ao RGPS após a data da publicação da EC n. 103/2019.

Enquanto não editada a lei complementar que clama o § 8º do art. 201, o art. 19, inciso II, admite a concessão de aposentadoria diferenciada ao docente desde que, independentemente do sexo, exerça por 25 anos suas funções de magistério exclusivamente na educação infantil e no ensino fundamental e médio.

Exige-se, ainda, o requisito etário fixo: idade mínima de 60 anos para o professor e de 57 anos de idade à professora.

Requisitos – previsão normativa	Aposentadoria de professor com idade mínima fixa Previsão constitucional		
Art. 19, II, da EC n. 103/2019, ao segurado filiado **até a data de entrada em vigor** da EC n. 103/2019	**Até que lei complementar** disponha sobre a redução de idade mínima ou tempo de contribuição prevista no § 8º do art. 201 da Constituição Federal, será concedida aposentadoria:		
	Idade (id)		Tempo de Contribuição (TC) exclusivamente em efetivo exercício das funções de magistério na educação infantil e no ensino fundamental e médio
	Professor	Professora	Homem ou Mulher
	60 anos de Id.	57 anos de Id.	25 anos de TC
	O valor da aposentadoria será apurado **na forma da lei.**		

Na Câmara dos Deputados, a Comissão Especial ao aprovar o SUBSTITU-TIVO[61], fez constar do parecer adotado a justificativa sobre o limite de idade aos docentes:

> Quanto aos professores, adotamos a mesma sistemática já vigente para a aposentadoria diferenciada da pessoa com deficiência e de trabalhadores em atividades prejudicais à saúde, no sentido de que os critérios sejam definidos em lei complementar.
>
> Enquanto não editada referida norma, mantivemos a idade mínima para aposentadoria do professor em 60 anos, consoante proposta da PEC, mas reduzimos a da professora para 57 anos, de forma a assegurar diferenciação etária entre homem e mulher, como restou garantido para as trabalhadoras urbanas e rurais.

---

61 Disponível em: <https://www.camara.leg.br/proposicoesWeb/prop_mostrarintegra? codteor =1764444&filename=Tramitacao-SBT+2+PEC00619+%3D%3E+PEC+6/2019>. Acesso em: 12 nov. 2019.

Regra de transição. Art. 15, § 3º, EC n. 103/2019. Aposentadoria de professor com idade mínima redutível (pontos)

O art. 15 da EC n. 103/2019 é aplicável apenas ao antigo filiado, e ecoa na sistemática de aposentadoria por pontos à semelhança da Lei n. 13.183/2015, que por sua vez sacramentou hipótese de aplicação facultativa do Fator Previdenciário na apuração da renda mensal inicial da aposentadoria por tempo de contribuição, sempre que o segurado do sexo masculino comprovar o preenchimento da Fórmula Progressiva: 95 a 100, ou da Fórmula Progressiva: 85 a 90 para a segurada. Progressiva porque com o passar dos anos o total de pontos decorrente dessa fórmula é elevado.

Lei n. 13.183/2015. O professor e a professora possuem direito a acréscimo de cinco anos para apuração da fórmula progressiva 95/100 para homens e 85/90 se mulher. O tempo mínimo de contribuição do professor e da professora que comprovarem exclusivamente tempo de efetivo exercício de magistério na educação infantil e no ensino fundamental e médio será de, respectivamente, 30 e 25 anos, e serão acrescidos cinco pontos à soma da idade com o tempo de contribuição, para efeito de verificação de atingimento da fórmula prevista na Lei n. 13.183/2015.

Lei n. 13.183/2015. Observe-se, assim, que tendo uma professora trabalhado 26 anos no ensino fundamental, para verificarmos o atingimento da fórmula progressiva 85, dever-se-á acrescer mais 5 anos, ou seja, na realidade ela trabalhou 26 anos, no entanto, deve-se considerar fictamente 31 anos trabalhados, que serão somados à idade dela no momento da aposentação, por conseguinte, se ela possuir 54 anos de idade será afastado o fator previdenciário. Por outro lado, caso possua apenas 52 anos de idade, será aplicado necessariamente o FP, lembrando que no cálculo do FP a professora possui sempre o tempo fictício de 10 anos (não confundir o art. 29, § 9º, com a disposição nova contida no § 3º do art. 29-C, ambos da Lei n. 8.213/91).

Na comparação, tem-se que para o ano de 2019, o art. 15 da EC n. 103/2019 fixa idêntica pontuação exigida pela Lei n. 13.183/2015. Entretanto, já em 2020, antecipa a fórmula progressiva da lei para 82 e 92, respectivamente para professora e professor.

Por fim, o valor da aposentadoria, diz o art. 15 da EC n. 103/2019, **será apurado na forma da lei.**

Requisitos – previsão normativa	Aposentadoria de professor com idade mínima redutível		
	Previsão constitucional		
	Professor	Professora	Tempo **mínimo** de contribuição de efetivo exercício das funções de magistério na educação infantil e no ensino fundamental e médio
Art. 15, § 3º, da EC n. 103/2019, ao segurado filiado até a data de entrada em vigor da EC n. 103/2019	o somatório da idade e do tempo de contribuição, incluídas as frações, será equivalente a 91 (noventa e um) pontos	o somatório da idade e do tempo de contribuição, incluídas as frações, será equivalente a 81 (oitenta e um) pontos	30 anos de TC
	por exemplo: 61 anos de Id. + 30 anos de TC; 60 anos de Id. + 31 anos de TC; 59 anos de Id. + 32 anos de TC	Por exemplo: 56 anos de Id. + 25 anos de TC; 55 anos de Id. + 26 anos de TC; 54 anos de Id. + 27 anos de TC	
	a partir de 1º de janeiro de 2020, 1 (um) ponto a cada ano para o homem e para a mulher, até atingir o limite de 92 (noventa e dois) pontos, se mulher, e 100 (cem) pontos, se homem.		
	2020 = 92 pontos 2021 = 93 pontos 2022 = 94 pontos 2023 = 95 pontos 2024 = 96 pontos 2025 = 97 pontos 2026 = 98 pontos 2027 = 99 pontos 2028 = 100 pontos	2020 = 82 pontos 2021 = 83 pontos 2022 = 84 pontos 2023 = 85 pontos 2024 = 86 pontos 2025 = 87 pontos 2026 = 88 pontos 2027 = 89 pontos 2028 = 90 pontos 2029 = 91 pontos 2030 = 92 pontos	25 anos de TC
O valor da aposentadoria concedida nos termos do disposto neste artigo **será apurado na forma da lei.**			

Regra de transição. Art. 16, § 2º, EC n. 103/2019. Aposentadoria de professor com idade mínima progressiva

A regra de transição constante do art. 16, § 2º, da EC n. 103/2019, assegura a aposentadoria ao professor da educação básica que tenha exercido funções de magistério na educação infantil e no ensino fundamental e médio por 30 anos, se do sexo masculino, ou 25 anos se professora.

O requisito etário é progressivo, inaugurando na promulgação da EC n. 103/2019 em 56 anos de idade ao professor e de 51 anos de idade à professora.

Requisitos – previsão normativa	Aposentadoria de professor com idade progressiva Previsão constitucional		
	Professor	Professora	
	Idade		Tempo de contribuição de efetivo exercício das funções de magistério na educação infantil e no ensino fundamental e médio
Art. 16, § 2º, da EC n. 103/2019, ao segurado filiado até a data de entrada em vigor da EC n. 103/2019	56 anos de Id.	51 anos de Id.	30 anos de TC
	A partir de 1º de janeiro de 2020, acrescidos 6 (seis) meses, a cada ano, às idades, até atingirem 57 (cinquenta e sete) anos, se mulher, e 60 (sessenta) anos, se homem.		
	2020 = 56 anos e 6 meses 2021 = 57 anos 2022 = 57 anos e 6 meses 2023 = 58 anos etc.	2020 = 51 anos e 6 meses 2021 = 52 anos 2022 = 52 anos e 6 meses 2023 = 53 anos etc.	25 anos de TC
O valor da aposentadoria **será apurado na forma da lei.**			

Regra de transição. Art. 20, § 1º, da EC n. 103/2019. Aposentadoria de professor com pedágio de 100% e idade mínima fixa e menor

O § 1º do art. 20 da EC n. 103/2019 possibilita aposentadoria ao professor da educação básica com a exigência de pedágio de 100% do tempo faltante na data da publicação da EC n. 103/2019.

Regra de transição bastante gravosa, máxime quando comparada com as regras de transição fixadas aos detentores de mandato eletivo, para os quais o generoso art. 14 da EC n. 103/2019 estabelece período adicional (pedágio) correspondente a **30% (trinta por cento)** do tempo de contribuição que faltaria para aquisição do direito à aposentadoria na data de entrada em vigor da EC n. 103/2019.

Convém apontar que o professor não incluso na regra de transição do art. 17 da EC n. 103/2019, destinada aos que restam na data da publicação da EC n. 103/2019 menos de dois anos para o implemento da aposentadoria por tempo de contribuição (33 anos e 1 dia já cumpridos, se homem, ou 28 anos de TC e 1 dia, se segurada), para os quais o art. 17 fixou pedágio menor, de 50% do tempo faltante.

Para melhor visualização da regra do art. 20, § 1º, imagine-se que na data da publicação da EC n. 103/2019 faltavam 4 anos para o professor atingir os 30 anos de TC. Ele deverá contribuir além desses 4 anos faltantes mais o pedágio de 100% (ou seja, mais 4 anos). Portanto, TC + pedágio = 34 anos de TC, além da necessidade de satisfação do requisito etário fixo de 55 anos de Id. se homem, 52 anos de Id. se mulher.

Requisitos – previsão normativa	Aposentadoria de professor com pedágio de 100% e idade mínima menor			
	Previsão constitucional			
Art. 20 da EC n. 103/2019, ao segura-do **filiado até a data de entrada em vigor** da EC n. 103/2019	Idade (id)		Tempo de Contribuição (TC) exclusivamente tempo de efetivo exercício das funções de magistério na educação infantil e no ensino fundamental e médio	
	Professor	Professora	Professor	Professora
	55 anos de Id.	52 anos de Id.	30 anos de Id.	25 anos de Id.
			+ pedágio	
			Pedágio correspondente a 100% do tempo que, na data de entrada em vigor EC n. 103/2019, falta para atingir o tempo mínimo de contribuição de 35 anos TC para homem e de 30 anos de TC para mulher	
O valor da aposentadoria será apurado **na forma da lei**.				

Além da idade fixa e menor em comparação as outras regras transitórias, o grande atrativo desta regra do art. 20, § 1º, da EC n. 103/2019 é o fato de que o valor do benefício corresponderá a 100% (cem por cento) da média aritmética dos salários de contribuição, conforme previsão do art. 26, § 3º, da EC n. 103/2019.

Regra de transição. Art. 26 da EC n. 103/2019. Valor do benefício. Complemento das normas dos arts. 15, § 4º, 16, § 3º, 18, § 2º, e 20, § 2º, da EC n. 103/2019

Das regras transitórias de aposentadoria trazidas na EC n. 103/2019, já estudadas nos tópicos anteriores, há disposição em comum que aduz: "O valor da aposentadoria concedida nos termos do disposto neste artigo será **apurado na forma da** lei". Referida disposição traz a patente da imprescindibilidade de edição de norma legal, respeitada a moldura constitucional, para dar concretude ao anseio do constituinte reformador:

- do § 3º do art. 15, aposentadoria de professor com idade mínima redutível;
- do § 2º do art. 16: aposentadoria de professor com idade mínima progressiva;
- do § 2º, II, do art. 20: aposentadoria de professor com pedágio de 100% e idade mínima menor.

Significa dizer que os arts. 15, 16 e 20 são normas de eficácia limitada, dependentes de complemento, por serem dependentes de "lei" para regrar o critério de apuração da renda mensal do benefício.

Enquanto não advém a necessária norma complementar exigida no § 4º do art. 15, no § 3º do art. 16, e no inciso II do § 2º do art. 20, todos da EC n. 103/2019, haverá lacuna normativa, impedindo a produção dos efeitos esperados pelos dispositivos constitucionais.

Porém, o desiderato imediatista do Poder Constituinte Derivado Reformador é constatado no art. 26 da EC n. 103/2019, que traz o complemento do critério quantificador do benefício de aposentadoria exigido no § 4º do art. 15, no § 3º do art. 16, e no inciso II do § 2º do art. 20, todos da EC n. 103/2019.

O art. 26, portanto, busca dar concretude às regras de transição estudadas.

Prescreve o art. 26 da EC n. 103/2019 que "até que lei discipline o cálculo dos benefícios" do Regime Geral de Previdência Social, como será elaborada a renda mensal do benefício, fixando como **primeira etapa** a apuração da **média aritmética simples dos salários de contribuição** ao Regime Geral de Previdência Social, observando-se:

a) **atualização monetária** dos salários de contribuição;

b) correspondentes a 100% (cem por cento) do período contributivo desde a competência julho de 1994 ou desde o início da contribuição, se posterior àquela competência.

No § 1º é estipulada a segunda etapa do cálculo, consistente na definição do coeficiente de cálculo a incidir sobre a média apurada na etapa anterior.

O valor do benefício de aposentadoria partirá da alíquota base de 60% (sessenta por cento), com acréscimo de 2% (dois por cento) para cada ano de contribuição que exceder o tempo de 20 (vinte) anos de contribuição nos casos, ressalvado valor do benefício de aposentadoria B/42 com pedágio de 100% e idade mínima (menor), previsto no art. 20 da EC n. 103/2019, que corresponderá ao coeficiente de 100% (cem por cento) da média aritmética.

Apurada a renda mensal inicial, os valores serão reajustados nos termos estabelecidos para o Regime Geral de Previdência Social (art. 206, § 7º, EC n. 103/2019).

Resumindo, o art. 26 estabelece na etapa 1 o salário de benefício, que é a base de cálculo de apuração da prestação previdenciária. Na etapa 2 identifica o coeficiente de cálculo que incidirá sobre o salário de benefício.

		Art. 15 Aposentadoria de professor com idade mínima redutível	Art. 16 Aposentadoria de professor com idade mínima progressiva	Art. 20 Aposentadoria de professor com pedágio de 100% e idade mínima menor
Destinatário da norma		Filiado até a data de entrada em vigor da EC n. 103/2019	Filiado até a data de entrada em vigor da EC n. 103/2019	Filiado até a data de entrada em vigor da EC n. 103/2019
Requisitos		Pontos (TC + Id): Homem: 91 pontos. Mulher: 81 pontos. Tempo de Contribuição (TC) mínimo: Homem: 30 anos de TC Mulher: 25 anos de TC	Idade (id) Homem: 56 anos de Id. Mulher: 51 anos de Id. Tempo de Contribuição (TC) Homem: 30 anos de TC Mulher: 25 anos de TC	Idade (id): Homem: 55 anos de Id. Mulher: 52 anos de Id. Tempo de Contribuição (TC) Homem 30 anos TC Mulher 25 anos TC + pedágio de 100%
Art. 26 da EC n. 103/2019 Valor da renda mensal inicial	Etapa 1 (salário de benefício)	Até que lei discipline o cálculo dos benefícios do RGPS, será utilizada a média aritmética simples dos salários de contribuição ao RGPS, atualizados monetariamente, correspondentes a 100% (cem por cento) do período contributivo desde a competência julho de 1994 ou desde o início da contribuição, se posterior àquela competência.		
	Etapa 2 (coeficiente de cálculo)	60% da média aritmética, com acréscimo de 2% para cada ano de contribuição que exceder o tempo de 20 (vinte) anos de contribuição	60% da média aritmética, com acréscimo de 2% para cada ano de contribuição que exceder o tempo de 20 (vinte) anos de contribuição	100% da média aritmética
		Art. 26, § 5º, *in fine*: para as mulheres o acréscimo de 2% será aplicado para cada ano que exceder 15 (quinze) anos de tempo de contribuição.		

O salário de benefício previsto no novel texto constitucional supra-anunciado, é diferente do legalmente previsto no art. 29 da Lei n. 8.213/91, que assim preceitua ao B/42 e ao B/41: média aritmética simples **dos maiores** salários de contribuição correspondentes **a 80%** de todo o período contributivo, **multiplicada pelo fator previdenciário**.

O art. 26 da EC n. 103/2019 fixa a utilização de todos os salários de contribuição para o cálculo do salário de benefício, ou seja, 100% dos salários de contribuição. Ao passo que a Lei n. 8.213/91 autoriza o descarte dos 20% menores salários de contribuição.

A exclusão dos menores salários de contribuição para efeito de apuração da média aritmética é algo bom para o segurado, na medida em que, excluídos os menores, a média resultante será mais elevada.

Cabe anotar, por derradeiro, que o art. 26, § 6º, traz permissão, em moldes diferentes do estabelecido na Lei n. 8.213, para exclusão dos menores salários de contribuição para apuração do salário de benefício.

Permite o referido § 6º do art. 26 o descarte das contribuições que resultem em redução do valor do benefício, desde que mantido o tempo mínimo de contribuição exigido. No entanto, veda a utilização do tempo excluído para qualquer finalidade, inclusive para o acréscimo do coeficiente em 2%.

Nesse caminhar, desde que mantido o tempo mínimo de contribuição para a concessão do benefício, podem ser excluídos, a critério do segurado, tantos salários de contribuição quantos sejam necessários para melhoria do valor do salário de benefício, não havendo a baliza dos 20% fixados na Lei n. 8.213.

Porém, a opção pela exclusão desses "menores" salários de contribuição é drástica, pois não se dá apenas no campo da apuração do salário de benefício. Desprezados os salários de contribuição "menores", estes não serão considerados para o adimplemento do requisito "tempo de contribuição", e não motivará o acréscimo de 2% na definição do coeficiente de cálculo.

Como sobejamente esclarecido, o intento do art. 26 é dar concretude às regras de transição que são por sua vez dependentes de legislação no que tange ao critério de cálculo (§ 4º do art. 15, § 3º do art. 16, e inciso II do § 2º do art. 20, todos da EC n. 103/2019), de modo que o art. 26 da EC n. 103/2019 deve ser completo, para ser caracterizado como norma de eficácia plena (ou ao menos de eficácia contida), para tanto não pode trazer em seu texto termos que careçam de complementação legal.

Para evitar repetições, recomenda-se a leitura do item "Valor do benefício. Art. 26 da EC n. 103/2019. Complemento das normas dos arts. 15, § 4º, 16, § 3º, 18, § 2º, e 20, § 2º, da EC n. 103/2019".

EC n. 103/2019. Contagem recíproca de tempo de contribuição. RGPS – RPPS/RPPS – RPPS (§§ 9º e 9º-A do art. 201, CF). Alterado/incluído pelo Congresso Nacional

O aproveitamento de tempo entre regimes públicos de previdência denomina-se "contagem recíproca de tempo de contribuição".

A CF/88 no art. 201, § 9º, determina que "para fins de aposentadoria, será assegurada a contagem recíproca do tempo de contribuição entre o Regime Geral de Previdência Social e os regimes próprios de previdência social, e destes entre si, observada a compensação financeira, de acordo com os critérios estabelecidos em lei" (redação dada pela EC da Nova Previdência).

Significa dizer que uma pessoa que tenha sido segurada do RGPS durante 10 (dez) anos, ao ser aprovada em concurso público e tomar posse em cargo efetivo, poderá requerer ao INSS uma Certidão de Tempo de Contribuição (CTC), documento no qual constará o período contributivo junto ao RGPS. Ato contínuo, poderá computar seu tempo de filiação ao RGPS mediante a apresentação da CTC ao seu órgão público, que, por sua vez, irá AVERBAR o tempo contributivo migrado do RGPS ao prontuário do servidor, para efeitos de fruição em futuro requerimento de aposentadoria no Regime Próprio.

O inverso também é verdadeiro. Aquela pessoa que venha a deixar o serviço público sem se aposentar (exoneração do cargo efetivo) para desenvolver atividade remunerada na iniciativa privada pode migrar o tempo de serviço público (Regime Próprio) para o Regime Geral. Isso se faz por intermédio de CTC a ser requerida no regime de origem e averbada no regime instituidor.

Por fim, o mesmo fenômeno ocorre entre regimes próprios diversos. Servidor público estadual que venha a ser aprovado em concurso público federal também pode migrar a vida contributiva que tinha no serviço público estadual para seu prontuário no órgão federal.

Hipótese em que os diversos regimes de previdência social se compensarão financeiramente, em outras palavras, toda vez que o regime instituidor recebe uma CTC contendo, por exemplo, período contributivo junto ao regime de origem, deverá o regime instituidor requerer, oportunamente, ao regime de origem todas as contribuições que foram recebidas durante os anos anotados na CTC.

Essa compensação financeira se dá em atenção ao equilíbrio financeiro e atuarial.

A Lei n. 9.796/99 dispõe sobre a compensação financeira entre o RGPS e os regimes de previdência dos servidores da União, dos Estados, do Distrito Federal e dos Municípios, nos casos de contagem recíproca de tempo de contribuição para efeito de aposentadoria.

Sobre a emissão de CTC pelo INSS, devem ser observadas as normas previstas nos arts. 94 e 96 da Lei n. 8.213/91. Aliás, recentemente alguns desses dispositivos foram alterados pela Lei n. 13.846, de 18 de junho de 2019 (Minirreforma da Previdência), e dentre as novidades podem ser citadas:

- a vedação à emissão de CTC com o registro exclusivo de tempo de serviço, sem a comprovação de contribuição efetiva, exceto para o segurado empregado, empregado doméstico, trabalhador avulso e, a partir de 1º de abril de 2003, para o contribuinte individual que presta serviço a empresa obrigada a arrecadar a contribuição a seu cargo, observado o disposto no § 5º do art. 4º da Lei n. 10.666, de 8 de maio de 2003;
- a CTC somente poderá ser emitida por regime próprio de previdência social para ex-servidor;
- é vedada a contagem recíproca de tempo de contribuição do RGPS por regime próprio de previdência social sem a emissão da CTC correspondente, ainda que o tempo de contribuição referente ao RGPS tenha sido prestado pelo servidor público ao próprio ente instituidor;
- é vedada a desaverbação de tempo em regime próprio de previdência social quando o tempo averbado tiver gerado a concessão de vantagens remuneratórias ao servidor público em atividade; e
- para fins de elegibilidade às aposentadorias especiais referidas no § 4º do art. 40 e no § 1º do art. 201 da CF, os períodos reconhecidos pelo regime previdenciário de origem como de tempo especial, sem conversão em tempo comum, deverão estar incluídos nos períodos de contribuição compreendidos na CTC e discriminados de data a data.

No Substitutivo[62] à PEC n. 6/2019, apresentado na Câmara dos Deputados pela Comissão Especial, houve o esclarecimento sobre o aprimoramento do dispositivo em testilha:

> Seguindo o art. 201 da CF, são acrescidos §§ 9º e 9º-A para aprimorar as regras de contagem recíproca de tempo de contribuição e de compensação financeira entre regimes em prol do próprio trabalhador. A medida também assegura maior equilíbrio para os sistemas que irão efetivamente pagar a aposentadoria do trabalhador.

A título de arremate, o §9º-A dispõe que o tempo de serviço militar exercido nas atividades de que tratam os arts. 42, 142 e 143 e o tempo de contribuição ao RGPS ou a RPPS terão contagem recíproca para fins de inativação militar ou aposentadoria, e a compensação financeira será devida entre as receitas de contribuição referentes aos militares e as receitas de contribuição aos demais regimes.

---

62 Disponível em: <https://www.camara.leg.br/proposicoesWeb/prop_mostrarintegra? codteor =1764444&filename=Tramitacao-SBT+2+PEC00619+%3D%3E+PEC+6/2019>. Acesso em: 12 nov. 2019.

EC n. 103/2019. Atuação concorrente entre RGPS e o setor privado (§ 10 do art. 201). Alterado pelo Congresso Nacional

Norma de eficácia limitada, o §10 do art. 201 traz moldura cuja pintura deverá ser satisfeita por lei complementar.

Desde 1998, quando a EC n. 20 possibilitou a atuação concorrente entre RGPS e setor privado, aguarda-se a edição da lei exigida pelo § 10.

A primeira alteração promovida pela EC n. 103/2019 consiste basicamente na alteração da espécie normativa exigida que deixou de ser lei ordinária para espécie de mais difícil aprovação, qual seja, lei complementar.

A segunda modificação foi a ampliação das hipóteses de atuação concorrente. O § 10 do art. 201 permitia cobertura do risco de acidente do trabalho, a ser atendida concorrentemente pelo RGPS e pelo setor privado. Agora, em sua nova redação, o § 10 possibilita a cobertura de benefícios não programados, inclusive os decorrentes de acidente do trabalho.

A proteção do segurado quando incapacitado de forma total ou parcial, de maneira temporária ou permanente, dá ensejo junto ao INSS a prestações previdenciárias de auxílio-doença, auxílio-acidente, aposentadoria por invalidez ou, ainda, em caso de óbito, a pensão por morte aos dependentes.

Trata-se de benefícios de risco cuja proteção ocorre quer sejam os males decorrentes de causa relacionada ao ambiente de trabalho, quer sejam estranhas ao labor.

Esse dispositivo desde 1998 traz certa preocupação, porque a lei a ser editada poderá vir a conceder uma verdadeira mina de ouro a instituições financeiras.

Exemplo de lei temida será aquela que pretenda destinar a bancos a cobertura securitária de setores da economia que muito contribuem à previdência e que apresentam baixa estatística de ocorrência de acidentes de trabalho (sinistralidade), e manter no INSS setores com baixa ou difícil arrecadação e que gerem elevado índice de deferimento de benefícios por incapacidade.

De arremate, transcreve-se trecho do substitutivo[63] à PEC n. 6/2019 apresentado na Câmara dos Deputados sobre o § 10:

> Por fim, no art. 201 da CF, a PEC altera o §10 para ampliar a possibilidade de o setor privado gerir tanto a cobertura de risco de acidente de trabalho, quanto dos demais benefícios de riscos não programados do RGPS. Embora tenha previsão constitucional da concorrência da iniciativa privada, não há lei que discipline tal matéria e a cobertura é prestada exclusivamente pelo RGPS.

---

63 Disponível em: <https://www.camara.leg.br/proposicoesWeb/prop_mostrarintegra?codteor =1764444&filename=Tramitacao-SBT+2+PEC00619+%3D%3E+PEC+6/2019>.

SEIPrev. Sistema especial de inclusão previdenciária (§§ 12 e 13 do art. 201, CF)

A Emenda Constitucional n. 41, de 19 de dezembro de 2003, promoveu o acréscimo do § 12 ao art. 201 da Carta Suprema, trazendo a permissão para criação de um Sistema Especial de Inclusão Previdenciária (SEIPrev), também conhecido como Plano Simplificado de Previdência (PSP), para trabalhadores de baixa renda, garantindo-lhes acesso a benefícios de valor igual a um salário mínimo. A Emenda Constitucional n. 47/2005 deu nova redação ao § 12 do art. 201, e inseriu o § 13 ao mesmo artigo constitucional atribuindo maiores contornos ao SEIPrev.

Com a EC n. 47, o SEIPrev passou a abranger pessoas sem renda própria e que se dediquem exclusivamente ao trabalho doméstico no âmbito de sua residência, desde que pertencentes a família de baixa renda.

O § 13 trouxe permissão ao legislador ordinário de reduzir as alíquotas **e a carência** dos que integrarem o SEIPrev.

Para atender os ditames constitucionais, adveio ao cenário jurídico nacional a Lei Complementar n. 123/2006, que promoveu significativa alteração na Lei de Custeio e de Benefício (Leis n. 8.212 e 8.213) em prol da inclusão de pessoas de baixa renda no Sistema Especial de Inclusão Previdenciária (SEIPrev).

A barreira contributiva (20% sobre o salário de contribuição) sempre se demonstrou obstáculo à inserção de contribuintes individuais (CI) de baixa renda (tais como vendedores ambulantes: camelôs), e segurados facultativos de baixa renda no RGPS.

Com vistas a proporcionar proteção social àqueles que exercem atividades de autônomo (CI) com baixo retorno financeiro e àqueles que não exercem atividade laborativa (donas de casa e estudantes, por exemplo), e em atenção ao comando constitucional trazido pelas EC n. 41 e 47, procedeu-se à criação da primeira versão do SEIPrev com a promulgação da Lei Complementar n. 123, com o incremento e alterações no art. 21 da Lei n. 8.212, fixando alíquota reduzida de 11% (onze por cento) sobre o valor correspondente ao limite mínimo mensal do salário de contribuição (um salário mínimo) a alíquota de contribuição do segurado CI que trabalhe por conta própria, sem relação de trabalho com empresa ou equiparado, e do segurado facultativo, **desde que optem pela exclusão do direito ao benefício de aposentadoria por tempo de contribuição.**

A Lei Complementar criou alíquota contributiva menor, correspondente a 11%, que incidirá sobre o valor mínimo mensal do salário de contribuição (SC), noutras palavras, sobre o valor de um salário mínimo, para os contribuintes individuais e segurados facultativos que optarem pela exclusão do benefício de aposentadoria por tempo de contribuição do rol de benefícios a que poderão fazer jus no RGPS.

No ano de 2011 foi editada a segunda versão (atual) do SEIPrev, por intermédio da edição da Lei n. 12.470. O art. 21 da Lei n. 8.212 teve nova redação, mantendo a alíquota de 11% sobre o menor SC, e, ainda, criando NOVA alíquota contributiva ainda menor, de 5% a incidir também sobre o menor SC.

A alíquota de 5% somente é passível de manejo restrito a uma espécie de CI e de segurado facultativo:

- CI quando enquadrado como Microempreendedor Individual (MEI). O MEI é capitulado no art. 18-A da LC n. 123, que o define como empresário individual a que se refere o art. 966 da Lei n. 10.406/2002 (Código Civil), que tenha auferido receita bruta, no ano-calendário anterior, de até R$ 36.000,00[64] (trinta e seis mil reais), e seja optante pelo Simples Nacional;
- segurado facultativo, pessoa física sem renda própria que se dedique exclusivamente ao trabalho doméstico no âmbito de sua residência, desde que integrante de família de baixa renda. Considera-se de baixa renda (§ 4º do art. 21, Lei n. 8.212/91), para os fins do SEIPrev, a família inscrita no Cadastro Único para Programas Sociais do Governo Federal (CadÚnico) cuja renda mensal seja de até 2 (dois) salários mínimos. Nos termos do Decreto Federal n. 6.135/2007, art. 6º, o cadastramento das famílias ao CadÚnico será realizado pelos Municípios.

Coexistem, portanto, duas espécies de contribuinte individual e de segurado facultativo:

a) as figuras do contribuinte individual e do segurado facultativo "pleno", que contribuem mensalmente com a alíquota "cheia" de 20% sobre o salário de contribuição (SC = base de cálculo, desde um salário mínimo até o teto máximo contributivo) e fazem jus a benefícios previdenciários: auxílio-doença, aposentadoria por invalidez, aposentadoria por idade, aposentadoria por tempo de contribuição, salário-maternidade, em valor a ser calculado considerando sua média contributiva, podendo a renda mensal, desse modo, alcançar até mesmo o valor-teto do RGPS;

b) o contribuinte individual e o segurado facultativo integrantes do SEIPrev são não detentores de direito à aposentadoria por tempo de contribuição (arts. 9º, § 1º, e 55, § 4º, da Lei n. 8.213/91), não possuem direito à contagem recíproca (art. 94, § 2º, da Lei n. 8.213/91. Significa dizer que não é possível aproveitar esse tempo de contribuição de SEIPrev no RPPS, quando aprovados em concurso público), contribuem à Previdência Social com alíquota reduzida (de 5% ou de 11%) sobre a menor base de cálculo (de

---

64 Para ser um microempreendedor individual, desde o ano de 2018, é necessário faturar no **máximo até R$ 81.000,00** por ano e não ter participação em outra empresa como sócio ou titular.

um salário mínimo), e farão jus a benefício **apenas no valor exato de um salário mínimo.**

No que se refere aos CI, apenas poderão fazer parte do SEIPrev (por opção), com a alíquota de 11%, os que trabalhem por conta própria, sem relação de trabalho com empresa ou equiparado. Dentre estes CI somente poderão aderir à alíquota ainda menor, de 5%, os que se enquadrem como MEI. Quanto aos segurados facultativos, qualquer deles, por opção, pode fazer parte do SEIPrev, com a alíquota contributiva de 11%. Mas somente o segurado facultativo que se dedique exclusivamente ao trabalho doméstico no âmbito de sua residência, e desde que pertencente à família de baixa renda, ou seja, devidamente inscrita no CadÚnico, é que poderá contribuir com a alíquota de 5% do salário mínimo.

O legislador trouxe admissibilidade ao arrependimento por parte do contribuinte individual e do segurado facultativo integrantes do SEIPrev, que contribuem com alíquota reduzida (de 5% ou de 11%), de readquirir o direito à aposentadoria por tempo de contribuição (art. 21, § 3º, da Lei n. 8.212/91), bem como o direito à contagem recíproca (gerar direito à obtenção de benefícios previstos em regimes próprios de servidor público), desde que as contribuições feitas durante o período de SEIPrev sejam complementadas mediante o recolhimento da diferença entre o percentual pago (5% ou 11%) e a alíquota "cheia" de 20%, acrescido dos juros moratórios.

Enfim, caso de um estudante de Direito, segurado facultativo, que tenha feito a opção pelo SEIPrev, recolhendo mensalmente 11% sobre o menor SC durante 3 anos, e, posteriormente, seja aprovado em concurso público no cargo de Procurador da Fazenda Nacional, por exemplo, não poderá migrar o tempo contributivo de SEIPrev feito ao RGPS para o seu prontuário no serviço público. Somente poderá aproveitar esses três anos de SEIPrev no Regime Próprio de Servidor Público Federal caso venha a complementar os 9% (diferença entre a alíquota "normal" de 20% e a paga de 11%) relativo aos 36 meses contribuídos no SEIPrev (3 anos) acrescidos de juros de mora.

No mesmo diapasão, se uma dona de casa que havia contribuído durante 29 anos com a alíquota de 20% sobre o teto máximo da Previdência e, diante de toda a publicidade feita com a edição da Lei n. 12.470, no ano de 2011, tenha aderido à alíquota modesta de 5% sobre um salário mínimo (porque sua família estava inscrita no CadÚnico), e no ano de 2012, ao completar os 30 anos de tempo de contribuição, é surpreendida com a notícia de que a adesão feita ao SEIPrev implica exclusão do direito à aposentadoria por tempo de contribuição. Nessa situação, a lei (art. 21 da Lei n. 8.212/91) admite possa essa dona de casa complementar a diferença de 15% (diferença entre a alíquota "normal" de 20% e a alíquota paga de 5%) relativa aos 12 meses que contribuiu ao SEIPrev, acrescido de juros de mora, para resgatar o direito à aposentadoria por tempo de contribuição, benefício a ser calculado conforme a média aritmética simples dos 80% maiores SC (desde julho de 1994) multiplicado pelo fator previdenciário.

Atos normativos[65] internos do INSS, referentes à situação do Segurado Facultativo Baixa Renda, estabelecem que a conferência a ser feita pela autarquia previdenciária quanto à inscrição no CADÚnico é realizada no momento da validação dos recolhimentos, que se dá por ocasião do requerimento de algum benefício no âmbito do INSS. A forma de comprovação se dá por consulta à base do CADÚnico disponibilizada, mediante o manejo do aplicativo denominado Consulta, Seleção e Extração de Informações do CADÚnico (Cecad).

Os recolhimentos como Facultativo Baixa Renda não são disponibilizados automaticamente no CNIS, eles ficam armazenados na Área Disponível para Acerto e, no momento da validação, verificado o cumprimento dos requisitos, os recolhimentos validados são transferidos para o CNIS.

A codificação do SEIPrev para fins de recolhimento da Guia de Previdência Social (GPS):

Segurado	%	Codificação
Facultativo	5% (CADÚnico)	1929 (mensal) e 1937 (trimestral)
Facultativo	11%	1473 (mensal) e 1490 (trimestral)
Contribuinte Individual	5% (MEI)	1066
Contribuinte Individual	11%	1163 (mensal) e 1180 (trimestral)

É necessário muita atenção. Para o enquadramento válido na codificação 1929 (mensal) ou 1937 (trimestral), a Lei n. 8.212/91, art. 21, exige a satisfação de quatro requisitos:

1. não haver renda própria;

2. dedicar-se exclusivamente às atividades do lar;

3. pertencer à família de baixa renda, inscrita no CADÚnico;

4. renda mensal familiar inferior a dois salários mínimos.

Infelizmente, apesar de atrativa, é a codificação (GPS) 1929 a mais problemática. O principal motivo é a falta de sincronia entre a vertente previdenciária (Lei n. 8.212/91, custeio) e a da assistência social (Decreto n. 6.135/2007, CADÚnico), seguido da falta de educação previdenciária, sendo as maiores prejudicadas justamente as pessoas mais simples e humildes.

---

65 Memorando-Circular n. 26/DIRBEN/INSS, de 7 de agosto de 2014; e Memorando-Circular n. 22/DIRBEN/INSS, de 31 de julho de 2012.

O primeiro ponto traumático está na qualificação como família de baixa renda. Para a Lei n. 8.212/91, art. 21, § 4º, não basta ser integrante de família inscrita no CADÚnico, a renda mensal familiar **deve ser inferior a dois** salários mínimos. De outro lado, para iniciar a problemática, o art. 4º do Decreto n. 6.135/2007, de feição assistencial, admite a inscrição no CADÚnico de família de baixa renda, assim considerada aquela que possua renda familiar mensal de **até três** salários mínimos, ou ainda aquela com renda familiar mensal *per capita* de até meio salário mínimo.

Além da falta de sintonia com relação ao valor da renda mensal (dois salários mínimos: art. 21, § 4º, da Lei n. 8.212/91; três salários mínimos: art. 4º do Decreto n. 6.135/2007) para qualificação da família de baixa renda o Decreto n. 6.135/2007 admite a dedução de valores recebidos a título de programas assistenciais, no art. 4º, inciso IV, enquanto a Lei n. 8.212/91 é silente sobre deduções, de modo que o INSS administrativamente considera a renda bruta, sem abatimento dos valores decorrentes de programas assistenciais. Caso típico são os valores recebidos pelo programa Bolsa Família excluídos pelo art. 4º, IV, *c*, do Decreto n. 6.135/2007, permitindo a inscrição e permanência no CADÚnico, e considerados no cálculo da renda pelo INSS, afastando o direito à alíquota diminuta de 5%, e com isso afastando direito a benefício previdenciário a despeito do tempo contribuído na codificação (GPS) 1929.

Para a Lei n. 8.212/91, portanto, para a definição como família de baixa renda, e consequente direito à contribuição reduzida a 5%, não é suficiente demonstrar a inscrição no CADÚnico, deverá ainda haver prova de a renda bruta familiar, sem deduções, não superar dois salários mínimos, o que pode trazer problemáticas práticas.

Há, portanto, famílias com renda entre dois a três salários mínimos efetivamente inscritas no CADÚnico, por força do Decreto n. 6.135/2007. Para exemplificar: a mãe (dona de casa) passa a recolher contribuições previdenciárias com a codificação (GPS) 1929 (5% sobre um salário mínimo). Após meses ou anos recolhendo contribuições para o SEIPrev acredita estar protegida na previdência, entretanto, justamente no momento que mais precisar, qual seja, no ato do requerimento de benefício (por idade; incapacidade, ou salário-maternidade), o INSS por ocasião da análise de seu requerimento de benefício é que irá proceder à conferência da regularidade contributiva, e ao constatar a autarquia previdenciária que, conquanto a família esteja inscrita no CADÚnico, a renda familiar é superior a dois salários mínimos, será declarado pelo servidor público lotado na APS (Agência de Previdência Social) nesta oportunidade que os recolhimentos, há meses ou anos efetivados, não poderiam ter sido feitos com base na alíquota de 5% (Cód. 1929). Neste instante surgem duas soluções: (a) indeferimento do requerimento; (b) abertura de prazo para a dona de casa complementar todas as contribuições recolhidas incorretamente na alíquota de 5% para a alíquota de 20% (conforme § 3º do art. 21 da Lei n.

8.212/91) ou de 11% (de acordo com atos internos do INSS), acrescidos de juros de mora.

EC n. 103/2019. SEIPrev. Sistema especial de inclusão previdenciária (§§ 12 e 13 do art. 201, CF). Alterado pelo Congresso Nacional

A alteração dos §§ 12 e 13 do art. 201 foi promovida pelo Congresso Nacional (texto incluído pelo Substitutivo na Câmara dos Deputados, à exceção da expressão: "inclusive os que se encontram em situação de informalidade", fruto de emenda redacional no Senado), promovendo 3 modificações:

a) exclui o termo "carência";

b) inclusão da expressão: "inclusive os que se encontram em situação de informalidade";

c) alterou o termo "benefícios" para "aposentadoria".

Sobre o requisito "carência" era realmente algo que, a despeito da previsão constitucional, não foi encampado pela legislação ordinária. Nenhuma das leis que regraram o SEIPrev fez menção ao requisito carência. De modo que, o segurado facultativo integrante ou não do SEIPrev deve satisfazer o mesmo prazo de carência, por exemplo, de 12 (doze) contribuições para percepção de auxílio-doença, ou de 10 contribuições para obtenção de salário-maternidade.

Diante da ausência de regramento, a exclusão do termo "carência" não traz nenhuma alteração na situação jurídica hoje vivenciada por aqueles que contribuem para o Plano Simplificado de Previdência.

A segunda modificação promove esclarecimento, conteúdo explicativo, que, com todas as vênias, não merecia ter destaque em texto de índole constitucional, mais apropriada seria a explicitação no âmbito da legislação ordinária, quiçá em decreto regulamentador.

O detalhamento (desnecessário) no texto constitucional da forma como promovida no Senado pode vir a suscitar questionamentos judiciais, caso não seja compreendida como emenda de adequação de redação.

A expressão "inclusive os que se encontram em situação de informalidade" deve ser compreendida não como novo grupo autorizado, mas sim apenas singela explicitação de quem já integra o gênero, o grupo: "trabalhadores de baixa renda".

Anote-se que caso haja interpretação no sentido de ser "nova categoria" haverá a pecha da inconstitucionalidade, comprometendo o conjunto da proposta, uma vez que toda e qualquer alteração de texto na Casa Revisora, que afete o mérito de dispositivos da PEC n. 6/2019, à exceção de emenda de ajuste e de redação, deve retornar à Câmara dos Deputados, o que não ocorreu com a PEC n. 6/2019.

A fundamentação trazida no Senado pela acolhida da Emenda n. 374/CCJ à PEC n. 6/2019 foi:

> A permanecer o atual texto da PEC, as Regiões Norte e Nordeste certamente serão as mais prejudicadas pela reforma, na parte relativa ao regime geral, justamente pelos já conhecidos índices de pobreza e informalidade. Por fim, cabe salientar que a atual PEC verdadeiramente cria desincentivo para que os trabalhadores mais pobres e informais adiram à previdência social, justamente pela baixa probabilidade de atingir os requisitos necessários à aposentadoria. Com isso, o modelo proposto sinaliza, contraditoriamente, para a ampliação, no longo prazo, do contingente de pessoas amparadas pela assistência social. No intuito, portanto, de corrigir essa clara contradição e irracionalidade econômico-financeira do modelo proposto, trazemos a presente emenda para aprovação do Senado Federal com a finalidade de, simultaneamente, proteger os trabalhadores informais e de baixa renda.

Por fim, com relação **à troca do vocábulo "benefícios" por "aposentadoria"**.

Art. 201. Redação anterior à EC n. 103/2019	Art. 201. Redação dada pela EC n. 103/2019
§ 12 [...], garantindo-lhes acesso a **benefícios** de valor igual a um salário mínimo. (*Redação dada pela Emenda Constitucional n. 47/2005.*)	§ 13. A **aposentadoria** concedida ao segurado de que trata o § 12 terá valor de 1 (um) salário mínimo.

Sabidamente, aposentadoria é apenas uma das modalidades de prestações previdenciárias, ao lado, por exemplo do auxílio-doença e do salário maternidade.

Não é crível tenha querido o constituinte reformador fixar somente o valor da aposentadoria no patamar mínimo, permitindo que outras espécies de benefício pudessem expressar valor diverso.

A despeito da troca do termo genérico "benefícios" pelo específico "aposentadoria", deve ser compreendida a nova expressão como abrangente, porque é a aposentadoria o benefício de maior expressão, e diante da vedação contida no § 2º do 201 da CF, permanecem os integrantes do SEIPrev com direito a benefício (aposentadoria, auxílio-doença, e de salário maternidade) de valor fixo de 1 salário mínimo.

Como visto os que optam pelo Plano Simplificado contribuem à Previdência Social com alíquota reduzida (de 5% ou de 11%) sobre a menor base de cálculo (de um salário mínimo), e farão jus a benefício **apenas no valor exato de um salário mínimo, conforme expresso na parte final do § 12 do art. 201:** "garantindo-lhes acesso a benefícios de valor igual a um salário mínimo", texto conforme redação dada pela Emenda Constitucional n. 47/2005.

Por derradeiro, cabe o registro de que o INSS tem considerado no cálculo dos benefícios aos optantes do Plano Simplificado, tanto as contribuições normais (com base na alíquota cheia de 20%, pagas antes da opção pelo SEIPrev) como as vertidas como contribuinte do SEIPrev (recolhimentos GPS sob os códigos: 1163 e 1473), corrigindo monetariamente todos os salários de contribuição integrantes do período básico de cálculo, de modo a resultar benefícios superiores ao salário mínimo.

Agora, com o texto ainda mais claro dada pelo EC n. 103/2019 ("terá valor de 1 salário mínimo"), a interpretação administrativa não irá prevalecer.

EC n. 103/2019. Vedada a contagem de tempo de contribuição fictício (§ 14 do art. 201, CF). Alterado pelo Congresso Nacional

O § 14 do art. 201 da CF traz vedação à contagem de tempo de contribuição fictício para efeito de concessão dos benefícios previdenciários e de contagem recíproca.

Importante ressaltar que, o art. 40, §10, da Norma Suprema de 1988, incluído pela EC n. 20, de 15 de dezembro de 1998, contempla semelhante restrição à do novel § 14 do art. 201: "A lei não poderá estabelecer qualquer forma de contagem de tempo de contribuição fictício".

O tempo de serviço prestado perante o Regime Próprio de Servidor Público – RPSP, e não computado para concessão de benefício, pode ser aproveitado junto ao RGPS, e vice-versa, como também os diversos regimes próprios entre si (federal, estaduais, municipais).

À migração de tempo laborado em um determinado regime de previdência para aproveitamento em outro se atribui o nome de contagem recíproca, hipótese em que os Regimes de Previdência envolvidos se compensarão reciprocamente (art. 201, § 9º, da Carta Magna, com a redação dada pela EC n. 103/2019).

A compensação previdenciária entre o RGPS e os regimes próprios de previdência social, na hipótese de contagem recíproca de tempo de contribuição, será realizada conforme as disposições contidas na Lei n. 9.796/99, no Decreto Federal n. 3.112/99 (alterado pelos Decretos n. 3.217/99 e 6.900/2009) e pela Portaria n. 6.209, de 16 de dezembro de 1999.

Para os fins da compensação previdenciária de que tratam os atos normativos referidos no parágrafo retro, considera-se:

I. Regime Geral de Previdência Social: o regime previsto no art. 201 da Constituição Federal, gerido pelo Instituto Nacional do Seguro Social (INSS);

II. regimes próprios de previdência social: os regimes de previdência constituídos exclusivamente por servidores públicos titulares de cargos efetivos da União, dos Estados, do Distrito Federal, dos Municípios, e das respectivas autarquias e fundações;

III. regime de origem: o regime previdenciário ao qual o segurado ou servidor público esteve vinculado sem que dele receba aposentadoria ou tenha gerado pensão para seus dependentes;

IV.   regime instituidor: o regime previdenciário responsável pela concessão e pagamento de benefício de aposentadoria ou pensão dela decorrente a segurado, servidor público ou a seus dependentes com cômputo de tempo de contribuição devidamente certificado pelo regime de origem, com base na contagem recíproca prevista no art. 94 da Lei n. 8.213, de 24 de julho de 1991.

Mas há algumas regras para tal aproveitamento, que estão relacionadas no art. 96 da Lei n. 8.213/91. Dentre as restrições estão a vedação de contagem de tempo prestado de forma concomitante no serviço público e na esfera privada; **o tempo exercido em atividade especial não sofrerá acréscimos**; tempo já contabilizado na aposentadoria deferida pelo outro regime de previdência, e, por fim, o tempo de serviço anterior ou posterior à obrigatoriedade de filiação à Previdência Social **só será contado mediante indenização** da contribuição correspondente ao período respectivo.

Tempo de contribuição ficto de trabalhadores por conta de outrem (responsável tributário inadimplente)

No ano de 2019, a Lei n. 13.846, incluiu o inciso V ao art. 96 da Lei n. 8.213, regra que se coaduna com o § 14 introduzido no art. 201 da CF, qual seja, **veda a emissão** de CTC com o registro exclusivo de **tempo de serviço**, sem a **comprovação de contribuição efetiva**.

O mesmo inciso V do art. 96 da Lei n. 8.213, contempla exceção, com relação àqueles segurados que não são responsáveis pelo efetivo recolhimento de suas próprias contribuições aos cofres do Fisco, estabelecendo não ser aplicável a regra apresentada no parágrafo anterior para o segurado empregado, empregado doméstico, trabalhador avulso e, a partir de 1º de abril de 2003, para o contribuinte individual que presta serviço a empresa obrigada a arrecadar a contribuição a seu cargo, observado o disposto no § 5º do art. 4º da Lei n. 10.666, de 8 de maio de 2003.

Essa exceção também se estende com relação à apuração da renda mensal de benefícios no RGPS, por força do art. 34, I, da Lei n. 8.213:

Art. 34. No cálculo do valor da renda mensal do benefício, inclusive o decorrente de acidente do trabalho, serão computados:

I – para o segurado empregado, inclusive o doméstico, e o trabalhador avulso, os salários de contribuição referentes aos meses de contribuições devidas, **ainda que não recolhidas pela empresa ou pelo empregador doméstico**, sem prejuízo da respectiva cobrança e da aplicação das penalidades cabíveis, observado o disposto no § 5º do art. 29-A;

Não nos parece crível possa o § 14 do art. 201 da CF (incluído pela EC n. 103/2019) abalar essas duas exceções.

Tempo de contribuição ficto – atividade rural

O art. 96 é explicitado pelo Decreto n. 3.112, de 06 de julho de 1999:

Art. 5º A compensação financeira será realizada, exclusivamente, na contagem recíproca de tempo **de contribuição** não concomitante, **excluído tempo de contribuição fictício**.

[...]

§ 2º O **tempo de atividade rural** reconhecido pelo Instituto Nacional do Seguro Social – INSS, mediante certidão emitida a partir de 14 de outubro de 1996, somente será considerado para fins de compensação financeira caso esse período seja indenizado ao INSS pelo servidor.

Em decorrência dessa última disposição, a isenção contida no art. 55, § 2º, da Lei n. 8.213, relativa à ausência de recolhimento de contribuições previdenciárias anteriores ao ano de 1991, para fins de contagem de tempo rural, restringe-se à fruição no âmbito do RGPS.

Não é permitida a expedição de certidão de tempo de serviço rural anterior a 1991, para fins de fruição no Regime Próprio, ou seja, contagem recíproca entre Regimes de Previdência distintos, em face do art. 96 (regra especial que prevalece sobre a geral do art. 55, § 2º).

O dispositivo constitucional do § 9º do art. 201 não faz referência a tempo de "serviço", mas a tempo de "contribuição"[66].

Exige-se efetiva contribuição para efeito de averbação, no Regime Próprio de Servidor Público, de tempo exercido na condição de trabalhador rural.

---

66 Nesse sentido, o STF no julgamento da ADIn 1.664-4/UF, voto do Ministro Octavio Gallotti (relator): "Dessas premissas, parece lícito extrair que, para a contagem recíproca corretamente dita, isto é, aquela que soma o tempo de serviço público ao de atividade privada, não pode ser dispensada a prova de contribuição, pouco importando – diante desse explícito requisito constitucional – que de, contribuir, houvesse sido, no passado, dispensada determinada categoria profissional, assim limitada, bem ou mal, quanto ao benefício de reciprocidade pela ressalva estatuída na própria Constituição." O mesmo, entretanto, não sucede com a comunicação dos períodos – ambos de atividade privada – de trabalho urbano e rural, soma que, além de não se subordinar aos pressupostos expressos no citado § 2º do art. 202 (compensação financeira e contribuição), revela-se claramente vinculada aos princípios da uniformidade e da equivalência entre os benefícios às populações urbanas e rurais, resultantes do mandamento constante do parágrafo único do art. 194 da Constituição: "Resumindo o que foi até aqui enunciado, entendo ser juridicamente relevante a impugnação da proibição de acumular imposta pela nova redação do art. 48 da Lei de Benefícios, bem como, em relação ao teor imprimido aos artigos 55, § 2º, 96, IV, e 107, o ataque à restrição ao cômputo do tempo de atividade rural, anterior à exigibilidade das contribuições, para fins de regime geral de previdência, justificando-se apenas e ao primeiro exame, a limitação à contagem recíproca referente ao tempo de serviço público".

Com efeito, o art. 96, inciso IV, da Lei n. 8.213/91, é norma específica, que trata da contagem recíproca de tempo de serviço na atividade privada para usufruir benefícios na Administração Pública.

Nesse exato diapasão é a Súmula 10 da Turma Nacional Uniformização dos JEFs, que afirma:

O tempo de serviço rural anterior à vigência da Lei n. 8.213/91 pode ser utilizado para fins de contagem recíproca, assim entendida aquela que soma tempo de atividade privada, rural ou urbana, ao de serviço público estatutário, desde que sejam recolhidas as respectivas contribuições previdenciárias"

Mais recentemente, o STJ, em sede de recurso especial repetitivo, firmou a tese jurídica no Tema 609:

O segurado que tenha provado o desempenho de serviço rurícola em período anterior à vigência da Lei n. 8.213/91, embora faça jus à expedição de certidão nesse sentido para mera averbação nos seus assentamentos, somente tem direito ao cômputo do aludido tempo rural, no respectivo órgão público empregador, para contagem recíproca no regime estatutário se, com a certidão de tempo de serviço rural, acostar o comprovante de pagamento das respectivas contribuições previdenciárias, na forma da indenização calculada conforme o dispositivo do art. 96, IV, da Lei n. 8.213/91.

Conquanto a regra seja a de que a arrecadação e o recolhimento das contribuições são de responsabilidade do empregador (não podendo haver prejuízo ao segurado por irregularidades cometidas pelo empregador), os trabalhadores rurais não integravam a Previdência Social (Lei n. 3.807 – de 26-8-1960) anteriormente a 1991. Não vertiam, portanto, os empregadores rurais contribuições para o custeio dos benefícios da Previdência Social Urbana (a exemplo da aposentadoria por tempo de serviço), porque não possuíam tal encargo.

A utilização de tempo rural sem a necessidade de contribuições somente pode ocorrer frente ao Regime Geral de Previdência Social.

Síntese: a isenção constante do art. 55, § 2º, da Lei de Benefícios aplica-se exclusivamente no âmbito do RGPS (contagem recíproca imprópria), não se estende à contagem recíproca propriamente dita, que diz respeito aos que hoje são servidores públicos e buscam a averbação do tempo rural no RGPS para expedição de CTC para fins de aposentadoria no Regime Próprio.

Indenização. Não incidência de juros de período anterior à Lei n. 9.032/95

Necessário esclarecer que as indenizações relativas a período anterior à Lei n. 9.032, de 28 de abril de 1995 não sofrem incidência de juros de mora:

STJ

A jurisprudência desta Corte firmou-se no sentido de que a exigência de juros e multa somente tem lugar quando o período a ser indenizado é posterior à edição da Medida Provisória n. 1.523/96.

(REsp 889.095/SP, rel. Min. Jorge Mussi, 5ª T., j. 19-8-2009, *DJe* 13-10-2009.)

Na esteira de entendimentos também consagrados pelo E. STJ, o instituto da prescrição tributária é inaplicável aos contribuintes individuais ao se falar de contagem recíproca, porque os valores devidos consignam caráter de indenização e não de cobrança de tributo.

Em outras palavras, operada a prescrição tributária torna-se defeso à autarquia federal – INSS – buscar as contribuições oportunamente não satisfeitas, em contrapartida, aquele que seria beneficiário não pode fruir o tempo não pago, a não ser que indenize o INSS na forma disposta no art. 45-A da Lei n. 8.212/91:

> O contribuinte individual que pretenda contar como tempo de contribuição, para fins de obtenção de benefício no Regime Geral de Previdência Social ou de contagem recíproca do tempo de contribuição, período de atividade remunerada alcançada pela decadência deverá indenizar o INSS.

Tempo de contribuição fictício. Acréscimo decorrente de atividade especial

No âmbito do Tribunal de Contas da União, a questão da contagem de tempo fictício no âmbito do regime próprio foi definida em sua Súmula 245:

> Não pode ser aplicada, para efeito de aposentadoria estatutária, na Administração Pública Federal, **a contagem ficta** do tempo de atividades consideradas insalubres, penosas ou perigosas, com o acréscimo previsto para as aposentadorias previdenciárias segundo legislação própria, nem a contagem ponderada, **para efeito de aposentadoria ordinária**, do tempo relativo a atividades que permitiriam aposentadoria especial com tempo reduzido.

A jurisprudência do TCU considera ilegal o ato que acolhe tempo ficto, decisão proferida com arrimo no art. 4º da Lei n. 6.226/75, que veda a aplicação da média ponderada para servidores que tenham exercido atividades que lhes permitiriam aposentadoria especial com tempo reduzido, bem como averbação de tempo de serviço prestado em atividade insalubre, comprovado em certidão do INSS (contagem recíproca).

A jurisprudência do STJ, por meio do julgamento do EREsp 524.267/PB, rel. Min. Jorge Mussi, 3ª S., *DJe* 24-3-2014, sedimentou o entendimento de que, objetivando a contagem recíproca de tempo de serviço, não se admite a conversão do tempo de serviço especial em comum, em razão da expressa vedação legal (arts. 4º, I, da Lei n. 6.226/75 e 96, I, da Lei n. 8.213/91).

Diante de todo o exposto, o novo parágrafo acrescentado pelo Congresso Nacional ao art. 201 apenas ratifica a orientação jurisprudencial que já era emanada.

Regra de transição. Art. 25, EC n. 103/2019. Tempo de contribuição fictício no regime geral

O art. 25 da EC n. 103/2019 traça paralelo com o § 14 do art. 201, firmando redação bastante semelhante à prevista no art. 4º da EC n. 20/98, que trouxe regramento afeto ao § 10 do art. 40 da CF.

EC n. 103/2019	EC n. 20/98
CF: Art. 201. [...] § 14. **É vedada a contagem de tempo de contribuição fictício** para efeito de concessão dos benefícios previdenciários e de contagem recíproca.	CF: Art. 40. [...] § 10. **A lei não poderá estabelecer qualquer forma de contagem de tempo de contribuição fictício.**
EC n. 103/2019: Art. 25. **Será assegurada** a contagem de **tempo de contribuição fictício** no Regime Geral de Previdência Social decorrente de **hipóteses descritas na legislação vigente** até a data de entrada em vigor desta Emenda Constitucional para fins de concessão de aposentadoria, observando-se, a partir da sua entrada em vigor, o disposto no § 14 do art. 201 da Constituição Federal.	EC n. 20/98: Art. 4º Observado o disposto no art. 40, § 10, da Constituição Federal, **o tempo de serviço** considerado pela **legislação vigente** para efeito de aposentadoria, cumprido até que a lei discipline a matéria, **será contado como tempo de contribuição.**

A IN 77 INSS/Pres./2015, no art. 447, § 3º, afirma ser **vedada a contagem de tempo de contribuição fictício**, entendendo-se como tal todo aquele considerado em lei anterior como tempo de serviço, público ou privado, computado para fins de concessão de aposentadoria **sem que haja**, por parte do servidor ou segurado, cumulativamente, a prestação de **serviço e a correspondente contribuição social**.

O art. 55 da Lei n. 8.213/91 admite a contagem como tempo de serviço (inciso II) do tempo intercalado em que esteve em gozo de auxílio-doença ou aposentadoria por invalidez.

No § 2º do art. 55 da Lei de Benefícios, considera o tempo de serviço do segurado trabalhador rural, anterior à data de início de vigência da Lei n. 8.213/91, para efeito de contagem **independentemente do recolhimento das contribuições** a ele correspondentes, exceto para efeito de carência, conforme dispuser o Regulamento.

A IN n. 77 INSS/Pres./2015, no art. 164, permite, até que lei específica discipline a matéria, sejam considerados **como tempo de contribuição** (regramento previsto no art. 60 do Decreto n. 3.048/99), entre outros:

XVI – **o período de recebimento de benefício por incapacidade:**

a) o **não decorrente de acidente do trabalho, entre períodos de atividade**, ainda que em outra categoria de segurado, sendo que as contribuições como contribuinte em dobro, até outubro de 1991 ou como facultativo, a partir de novembro de 1991 suprem a volta ao trabalho para fins de caracterização;

b) **por acidente do trabalho intercalado ou não** com período de atividade ou contribuição;

[...]

XXI – o tempo de serviço do segurado trabalhador rural anterior à competência novembro de 1991; e

No período em que o segurado esteve afastado fruindo auxílio-doença, ou aposentadoria por invalidez, não houve pagamento de contribuição previdenciária, entretanto, com espeque no art. 55 da Lei n. 8.213, combinado com o art. 164, XVI, da IN n. 77 INSS/Pres., é considerado para efeito de contagem de tempo de contribuição, a despeito de não ter ocorrido nem prestação de serviço, nem contribuição.

Na mesma toada, no tempo de atividade rural anterior ao de 1991 conquanto tenha ocorrido a prestação de serviço pelo lavrador, não houve pagamento de contribuição previdenciária, porém ainda assim é válido o labor campesino anterior a 1991 como tempo de contribuição.

Essas disposições do art. 55 da Lei n. 8.213, por força do art. 24 da EC n. 103/2019, operam efeitos até a data de entrada em vigor da EC n. 103/2019, quando, a partir de então, deixam de ter aplicabilidade, porque o comando legal não foi recepcionado pelo art. 24 da EC n. 103/2019.

EC n. 103/2019. Nulidade de aposentadoria no RPPS decorrente de contagem recíproca de tempo de serviço. Art. 25, § 3º

O art. 25, § 3º, considera nula a aposentadoria que tenha sido concedida ou que venha a ser concedida por regime próprio de previdência social com contagem recíproca do Regime Geral de Previdência Social mediante o cômputo de tempo de serviço sem o recolhimento da respectiva contribuição ou da correspondente indenização pelo segurado obrigatório responsável, à época do exercício da atividade, pelo recolhimento de suas próprias contribuições previdenciárias.

Essa disposição refere-se ao Regime Próprio, temática não abrangida por esta obra, entretanto, a nulidade proclamada pelo art. 25, § 3º, da EC n. 103/2019, exige o respeito ao prazo decadencial para revisão do ato administrativo e a satisfação do devido processo administrativo, assegurada a ampla defesa e o contraditório.

EC n. 103/2019. Vedações, regras e condições para a acumulação de benefícios (§ 15 do art. 201, CF). Incluído pelo Congresso Nacional

A Nova Previdência promoveu a inclusão do § 15 ao art. 201, dispondo que **lei complementar** estabelecerá vedações, regras e condições para a acumulação de benefícios previdenciários.

As principais hipóteses de vedação de cumulação de benefícios constam dos arts. **18, § 2º, 80, 86, § 1º, e 124** da Lei n. 8.213/91, que é, por sua vez, lei ordinária.

O art. 18, § 2º, da Lei n. 8.213/91 impede aos já aposentados que retornaram ou se mantiveram em atividade remunerada de serem beneficiados por qualquer prestação previdenciária em decorrência do exercício dessa atividade, exceto ao salário-família e à reabilitação profissional, quando empregado. Assim, quem já está aposentado, ainda que permaneça contribuindo mensalmente, não fará jus a nenhum outro benefício, ressalvado se enquadrado na categoria empregado, e em se tratando de salário-família (reabilitação profissional é serviço previdenciário).

Ao arrepio do art. 18, § 2º, o art. 103 do Decreto Federal n. 3.048/99, admite o pagamento de salário-maternidade à segurada aposentada que retornar à atividade.

Declarado constitucional, com espeque no art. 18, § 2º, o STF afastou a possibilidade de acolhida da tese revisional da desaposentação:

> STF. TESE REPERCUSSÃO GERAL. RE 661.256: No âmbito do Regime Geral de Previdência Social (RGPS), somente lei pode criar benefícios e vantagens previdenciárias, não havendo, por ora, previsão legal do direito à "desaposentação", sendo constitucional a regra do art. 18, § 2º, da Lei n. 8.213/91. STF. Plenário. RE 381.367/RS, RE 661.256/SC e RE 827.833/SC, red. p/ o ac. Min. Dias Toffoli, j. 26 e 27-10-2016 (*Informativo* STF n. 845)

O art. 80 da Lei de Benefícios possui redação nova, dada pela recente Lei n. 13.846/2019, que proíbe o recebimento de auxílio-reclusão simultaneamente com auxílio-doença, de pensão por morte, de salário-maternidade e de aposentadoria (o dispositivo legal ainda contém alusão ao abono de permanência em serviço, benefício extinto no RGPS desde a Lei n. 8.870/94).

Determina o art. 86, § 1º, da Lei n. 8.213/91 (na redação trazida pela Lei n. 9.528/97, fruto da MP n. 1.596/97) que auxílio-acidente será devido até a data do início de qualquer aposentadoria, ao passo que o art. 86, § 2º, sacramenta a proibição da percepção conjunta dessas duas espécies de prestação previdenciária. Cabendo observar o disposto no art. 31 da Lei n. 8.213, de que o valor mensal do auxílio-acidente (que será cessado pela concessão de aposentadoria) deve integrar mês a mês cada um dos salários de contribuição do período básico de cálculo da jubilação, desde que respeite o teto limitador em cada competência.

STJ

Súmula 507. A acumulação de auxílio-acidente com aposentadoria pressupõe que a lesão incapacitante e a aposentadoria sejam anteriores a 11-11-1997, observado o critério do art. 23 da Lei n. 8.213/91 para definição do momento da lesão nos casos de doença profissional ou do trabalho.

O art. 124 impõe diversos casos de impedimento de percepção conjunta de prestações previdenciárias. Eis os incisos do art. 124:

- no inciso I consta que o benefício de auxílio-doença não pode ser recebido cumulativamente com qualquer aposentaria (quer por invalidez, quer por tempo de serviço, quer especial, ou por idade);
- o inciso II não permite a fruição de mais de uma aposentadoria no RGPS, assim, ainda que se trate de segurado que exerça múltiplas atividades, com recolhimentos contributivos em todas elas, terá direito a apenas uma espécie de aposentadoria;
- o inciso III do art. 124 aguarda revogação, uma vez que veda o recebimento de aposentadoria com abono de permanência em serviço, sendo que esta prestação (abono de permanência) deixou de existir em 1994 (Lei n. 8.870);
- inciso IV: salário-maternidade e auxílio-doença. A segurada enquanto perceber salário-maternidade não poderá usufruir auxílio-doença. A segurada em gozo de auxílio-doença, inclusive o decorrente de acidente de trabalho, terá o benefício suspenso administrativamente (art. 102 do Decreto n. 2.038/99) enquanto perdurar a fruição do salário-maternidade, devendo o benefício por incapacidade ser restabelecido a contar do primeiro dia seguinte ao término do período de 120 (cento e vinte) dias, caso a data de cessação do benefício do auxílio-doença tenha sido fixada em data posterior ao período de percepção do salário-maternidade;
- inciso V: mais de um auxílio-acidente;
- inciso VI: mais de uma pensão deixada por cônjuge ou companheiro, ressalvado o direito de opção pela mais vantajosa. A restrição é com relação à fruição de mais de uma pensão deixada por cônjuge ou companheiro. Atente-se para o fato de o dispositivo não vedar ao filho o direito de receber duas pensões deixadas em razão do óbito dos pais (segurados da previdência), não há vedação! A norma não permite colecionar pensões deixadas por ex-maridos ou ex-esposas, ex-companheiros. Resguarda-se o direito à opção pela pensão de maior expressão monetária "ou de maior duração" (após o advento da Lei n. 13.135/2019, a vitaliciedade da pensão ao cônjuge ou companheiro supérstite é exceção, de modo que, para definição do melhor benefício deve ser verificada a duração da pensão);

- parágrafo único: é vedado o recebimento conjunto do seguro-desemprego com qualquer benefício de prestação continuada da Previdência Social, exceto pensão por morte ou auxílio-acidente.

Resta ainda anotar que o recebimento de benefício assistencial de prestação continuada é incompatível com a percepção de benefício previdenciário: a Lei n. 8.742/93, no art. 20, § 4º, estabelece que o benefício de prestação continuada da assistência social (art. 203, V, da CF/88) não pode ser acumulado pelo beneficiário com qualquer outro no âmbito da seguridade social ou de outro regime, salvo o da assistência médica e da pensão especial de natureza indenizatória. Desse modo, o idoso ou deficiente que recebe, por exemplo, benefício previdenciário, qualquer que seja (auxílio-acidente, pensão por morte, aposentadoria, por exemplo) não pode receber o benefício assistencial.

As proibições de recebimento conjunto de benefício não se presumem, de modo que, não havendo norma contrária, é lícita a percepção de mais de uma espécie de benefício previdenciário. Por exemplo, do rol constante do art. 124 não há proibição de percepção conjunta de auxílio-acidente com auxílio-doença, de modo que permitida a cumulação dessas duas prestações. A única ressalva lógica, nesta ilustração, será com relação a benefícios por incapacidade decorrentes da mesma causa, quer dizer, no caso de reabertura de auxílio-doença decorrente de incapacidade oriunda de acidente (de trabalho ou de qualquer natureza) que tenha dado ensejo à concessão de auxílio-acidente, este deverá ser suspenso até a cessação do auxílio-doença reaberto (momento no qual o auxílio-acidente deverá ser reativado). O fundamento da suspensão do auxílio-acidente (a despeito de inexistir lei nesse sentido) é o fato de que uma única causa (acidente) não pode ensejar a um único beneficiário dois benefícios previdenciários (art. 104, § 6º, do Decreto n. 3.048/91 e art. 338 da IN n. 77 INSS/Pres., 2015).

Com o advento do § 15 ao art. 201 o tema "vedações, regras e condições para a acumulação" deverá ser ventilado **em lei complementar**, espécie normativa de mais difícil aprovação quando comparada à lei ordinária.

Os arts. 18, § 2º, 80, 86, § 2º, e 124 da Lei n. 8.213 e o art. 20, § 4º, da Lei n. 8.742/93 são recepcionados pela EC n. 103/2019 com *status* de lei complementar.

Vedação à acumulação de pensão por morte. Art. 24, EC n. 103/2019

Além do § 15 do art. 201, a EC n. 103/2019 traz situação concreta de vedação à percepção conjunta de prestações previdenciárias no art. 24.

O art. 24, em sua primeira parte, reproduz a vedação já existente no inciso VI do art. 124 da Lei n. 8.213, vedando a acumulação de mais de uma pensão por morte deixada por cônjuge ou companheiro, no âmbito do mesmo regime de previdência social.

Inciso VI do art. 124 da Lei n. 8.213	Art. 24 da EC n. 103/2019
Art. 124. Salvo no caso de direito adquirido, não é permitido o recebimento conjunto dos seguintes benefícios da Previdência Social: [...] VI – **mais de uma pensão deixada por cônjuge ou companheiro**, ressalvado o direito de opção pela mais vantajosa.	É vedada a acumulação de **mais de uma pensão por morte deixada por cônjuge ou companheiro**, no âmbito do mesmo regime de previdência social, ressalvadas as pensões do mesmo instituidor decorrentes do exercício de cargos acumuláveis na forma do art. 37 da Constituição Federal.

A vedação aplica-se tanto ao RGPS, como ao Regime Próprio. Quanto ao Regime Próprio, estabelece o *caput* do art. 24 ressalva com relação aos servidores públicos ocupantes de cargos efetivos de cumulação constitucionalmente admitida.

Admite-se o exercício de cargos acumuláveis na forma do art. 37 da Constituição Federal:

- de dois cargos de professor;
- de um cargo de professor com outro técnico ou científico;
- de dois cargos ou empregos privativos de profissionais de saúde, com profissões regulamentadas.

Em se tratando de óbito de servidor público que exercia mais de um cargo efetivo amparado pelo art. 37 da CF, os seus dependentes terão direito a pensão por morte decorrente de cada um dos cargos cumuláveis exercidos pelo instituidor.

O art. 24 da EC n. 103/2019 fixa a regra vedatória e ainda no *caput* esclarece que o alcance da proibição se dá unicamente no âmbito do mesmo regime de previdência social. Bastante claro, portanto, ser admissível a percepção de duas pensões por morte, deixadas por ex-cônjuge ou ex-companheiro, quando decorrentes de óbito de instituidor que era segurado do RGPS e de forma concomitante exercia cargo efetivo amparado por regime próprio.

O Constituinte reformador reiterou a mesma informação no § 1º do art. 24 da EC n. 103/2019, esclarecendo ser possível o recebimento conjunto de pensão por morte deixada por cônjuge ou companheiro de um regime de previdência social com pensão por morte concedida por outro regime de previdência social ou com pensões decorrentes das atividades militares de que tratam os arts. 42 e 142 da Constituição Federal.

Ainda no § 1º trata da convivência de aposentadoria (benefício recebido na qualidade de segurado) com a prestação decorrente de pensão por morte (recebida por revestir-se da roupagem jurídica de dependente), afirmando ser admitida a acumulação:

Cumulação permitida constitucionalmente		
SEM RESTRIÇÃO DE VALOR		
(recebimento na integralidade)		
em se tratando de benefícios concedidos até a véspera da publicação da EC n. 103/2019		
de	com	
pensão por morte	**com aposentadoria** concedida no âmbito do	
deixada por cônjuge ou companheiro de um regime de previdência social	Regime Geral de Previdência Social	**ou** de regime próprio de previdência social	**ou** com proventos de inatividade decorrentes das atividades militares de que tratam os arts. 42 e 142 da Constituição Federal

De idêntico modo, também possibilitou o recebimento de pensões decorrentes das atividades militares de que tratam os arts. 42 e 142 da Constituição Federal com aposentadoria concedida no âmbito do Regime Geral de Previdência Social ou de regime próprio de previdência social.

A norma constitucional torna-se gravosa para os benefícios de pensão e de aposentadoria concedidos após a vigência da EC n. 103/2109, por determinar a incidência de critério redutor da renda do benefício.

Cumulação permitida constitucionalmente		
COM RESTRIÇÃO DE VALOR		
(aplicação de redutor de renda)		
em se tratando de benefícios concedidos depois da vigência da EC n. 103/2019		
de pensão por morte deixada por cônjuge ou companheiro de um regime de previdência social	**com aposentadoria** concedida no âmbito do Regime Geral de Previdência Social **ou** de regime próprio de previdência social **ou** com proventos de inatividade decorrentes das atividades militares de que tratam os arts. 42 e 142 da Constituição Federal	
VALOR DOS BENEFÍCIOS		
1) percepção do valor integral do benefício mais vantajoso;		
2) uma parte de cada um dos demais benefícios, apurada cumulativamente de acordo com as seguintes faixas:		
I – 60% (sessenta por cento)	1 (um) a 2 (dois) salários mínimos	R$ 1.039,00 a R$ 2.078,00
II – 40% (quarenta por cento)	do valor que exceder de	2 (dois) a 3 (três) salários mínimos	R$ 2078,00 a R$ 3.117,00
III – 20% (vinte por cento)		3 (três) a 4 (quatro) salários mínimos	R$ 3.117,00 a R$ 4.156,00
IV – 10% (dez por cento)	4 (quatro) salários mínimos	Acima de R$ 4.156,00

Para ilustrar a **SITUAÇÃO 1**, suponha que no início do ano de 2020 segurado do INSS venha a se aposentar, recebendo R$ 4.000,00. Alguns meses depois, torne-se pensionista pela ocorrência do falecimento de sua esposa, que era segurada do INSS, passando a ter direito a receber a renda de R$ 3.000,00. O direito será assim equacionado:

1) percepção do valor integral do benefício mais vantajoso; Nesta ilustração = aposentadoria R$ 4.000,00.
2) uma parte de **cada um dos demais benefícios**, apurada cumulativamente de acordo com as seguintes faixas:
Benefício a ser decomposto 01 = pensão por morte no valor de R$ 3.000,00
R$ 1.039,00 (100%) + R$ 623,40 **(60% do que excede 1 sm até 2 sm)** + R$ 368,80 **(40% do que excede 2 sm até R$ 3.000,00)** Total = R$ 2.031,20.

Nesta SITUAÇÃO 1 há proveito econômico, haja vista a manutenção da renda mensal do benefício mais vantajoso.

Outra hipótese para reflexão, **SITUAÇÃO 2**. Suponha que no início do ano de 2020 servidor público federal detentor de regime próprio, que exerça atividade concomitante na iniciativa privada, venha a se aposentar nos dois regimes, recebendo R$ 4.000,00 do RGPS e R$ 4.500,00 do Regime Próprio Federal. Terá direito de receber cumulativamente esses dois benefícios sem óbice legal algum. Caso esse aposentado, alguns meses depois, torne-se pensionista pela ocorrência do falecimento de sua esposa, que era segurada do INSS, passará a ter direito a receber a renda de R$ 1.039,00. O direito será assim equacionado:

1) percepção do valor integral do benefício mais vantajoso; Nesta ilustração = aposentadoria R$ 4.500,00 do Regime Próprio	
2) uma parte de **cada um dos demais benefícios**, apurada cumulativamente de acordo com as seguintes faixas:	
Benefício a ser decomposto 01	**Benefício a ser decomposto 02**
Aposentadoria R$ 4.000,00 do RGPS =	**pensão por morte R$ 1.039,00 do RGPS**
R$ 1.039,00 (100%) + R$ 623,40 **(60% do que excede 1 sm até 2 sm)** + R$ 415,60 **(40% do que excede 2 sm até 3 sm)** + R$ 164,60 **(20% do que excede R$ 3.177,00 até R$ 4.000,00).** Total = R$ 2.242,60.	Não excede a 1 sm, portanto, permanece em R$ 1.039,00.
Valor total dos benefícios:	
Com a inclusão da pensão por morte	**Sem a pensão por morte**
R$ 4.500,00 + R$ 2.242,60 + R$ 1.039,00 = **R$ 7.781,60**	R$ 4.500,00 + R$ 4.000,00 = **R$ 8.500,00**

A toda evidência, nesta SITUAÇÃO 2 a regra constitucional traz gravidade a tal ponto a tornar desinteressante a percepção da pensão por morte. Por conseguinte, diante do redutor impactante, o não exercício do direito demonstra-se a melhor opção, fato que deve levar ao questionamento acerca da constitucionalidade do critério redutor na medida em que é determinada a diminuição da renda mensal de **"cada um dos demais benefícios"**, atingindo, nesse proceder, não só o benefício superveniente mas também o benefício que já está em manutenção, protegido pelo ato jurídico perfeito, e pelo princípio constitucional da irredutibilidade do valor dos benefícios (parágrafo único, inciso IV, do art. 194 da CF).

Não há como deixar de registrar o forte traço redutor de direitos decorrente das regras advindas com a EC n. 103/2019, de modo que o benefício de pensão por morte deixou de equivaler a 100% para ser de 50% + 10% por dependente. Com o art. 24 da EC n. 2019 outro duro golpe sofreram os beneficiários do RGPS.

Recorde-se que a duração do benefício de pensão por morte foi impactada pela Lei n. 13.135/2015, que estabeleceu duração (da pensão deixada ao ex-cônjuge e ao ex-companheiro, de ambos os sexos) desde por apenas 4 meses (art. 77, § 2º, V, letra *b*, da Lei n. 8.213/91) até de forma vitalícia (art. 77, § 2º, V, letra *b*, da Lei n. 8.213/91).

Tendo em vista que a vitaliciedade da pensão ao viúvo(a) não é a regra, o § 3º do art. 24 da EC n. 103/2019 determina o recalculo do(s) benefício(s) remanescentes quando sobrevier a cessação da pensão.

Para encerrar, o § 5º do art. 24 da EC n. 103/2019 permite que a lei complementar do § 15 do art. 201 da Constituição Federal disponha sobre as regras de acumulação previstas no próprio art. 24 e na legislação vigente na data de entrada em vigor da EC n. 103/2019.

EC n. 103/2019. Empregados públicos e a aposentadoria compulsória no RGPS (§ 16 do art. 201, CF). Incluído pelo Congresso Nacional

A Emenda da Reforma da Previdência de 2019 promoveu a inclusão do § 16 ao art. 201, de seguinte teor:

> Os empregados dos consórcios públicos, das empresas públicas, das sociedades de economia mista e das suas subsidiárias serão aposentados compulsoriamente, observado o cumprimento do tempo mínimo de contribuição, ao atingir a idade máxima de que trata o inciso II do § 1º do art. 40, na forma estabelecida em lei.

Para perfeita compreensão, convém iniciar os estudos com a disposição contida no art. 51 da Lei n. 8.213/91, destinada aos segurados do RGPS incluídos na categoria "empregado", em face dos quais há previsão legal para que seja requerida a sua aposentadoria por idade, hipótese na qual não caberá a ele recusar.

Lei n. 8.213/91

Art. 51. A aposentadoria por idade pode ser requerida pela empresa, desde que o segurado empregado tenha cumprido o período de carência e completado 70 (setenta) anos de idade, se do sexo masculino, ou 65 (sessenta e cinco) anos, se do sexo feminino, sendo compulsória, caso em que será garantida ao empregado a indenização prevista na legislação trabalhista, considerada como data da rescisão do contrato de trabalho a imediatamente anterior à do início da aposentadoria.

Quando requerida pela empresa, e desde que o segurado empregado tenha cumprido a carência necessária e completado 70 (setenta) anos, se homem, ou 65, se do sexo feminino, a aposentadoria por idade será compulsória.

A aposentadoria por idade compulsória gera em prol do segurado o direito à indenização prevista na legislação trabalhista, e considera-se como data da rescisão do contrato de trabalho a imediatamente anterior à do início da aposentadoria.

Perceba-se que esta espécie de aposentadoria é diferente da aposentadoria compulsória prevista no Regime Próprio de Servidor Público (art. 40, § 1º, II, da CF com a redação atribuída pela Emenda Constitucional n. 88/2015), na qual não há margem alguma de discricionariedade, pois uma vez alcançada a idade (de 75 anos tanto para o homem como para a mulher), não pode o servidor público permanecer em atividade.

A aposentadoria por idade prevista no RGPS (art. 51 da Lei n. 8.213/91) apenas adquire o caráter compulsório quando requerida pela empresa (em favor de seu empregado). Pode ser requerida a partir dos 70 anos de idade, se do sexo masculino o empregado, e a partir dos 65 anos, em se tratando de empregada.

Lícito, também, não exercitar a previsão do art. 51. Caso opte o empregador por manter em seu quadro de funcionários empregado, por exemplo, octogenário, não há restrição legal alguma.

EC n. 103/2019. Norma de eficácia limitada (art. 201, § 16, CF). Aposentadoria compulsória-condicionada. RGPS. Empregados públicos

Inaugura a EC n. 103/2019 a aposentadoria compulsória-condicionada aos empregados públicos que, aos 75 anos, tenham satisfeito os requisitos para sua obtenção no RGPS.

A idade limite adotada pela EC n. 103/2019 foi a prevista no regime próprio, que é disciplinada[67] no art. 40, § 1º, II, da CF, com a redação atribuída pela Emenda

---

67 A título de registro, desde a Constituição de 1946, dava-se a aposentadoria compulsória no serviço público, independentemente do sexo, com o implemento da idade de 70 (setenta) anos. Essa mesma idade havia sido contemplada pela CF de 1988, e vigeu até o advento da Emenda Constitucional n. 88/2015, que, como visto, permitiu a fixação por lei complementar aos 75 anos de idade.

Constitucional n. 88/2015, que consagra a aposentadoria compulsória por idade, com proventos, independentemente do sexo **aos 75 (setenta e cinco) anos de idade**, por força da Lei Complementar n. 152/2015.

A expressão "na forma estabelecida em lei" cunhada ao final do § 16 revela tratar-se de norma de eficácia limitada, não produzindo efeitos enquanto não houver a lei regulamentadora exigida pelo novel dispositivo constitucional, que irá tratar dos requisitos do benefício.

Convém esclarecer que o empregado público integra o termo *agente público*. A compreensão do signo *agente público* vem patenteada na Lei de Improbidade Administrativa, Lei n. 8.429/92, art. 2º:

> Reputa-se agente público, para os efeitos desta lei, todo aquele que exerce, ainda que transitoriamente ou sem remuneração, por eleição, nomeação, designação, contratação ou qualquer outra forma de investidura ou vínculo, mandato, cargo, emprego ou função nas entidades mencionadas no artigo anterior.

Agentes públicos compreendem: (a) os agentes políticos; (b) servidores estatais; e (c) particulares em colaboração com a Administração Pública.

A eminente jurista Maria Sylvia Zanella Di Pietro[68] afirma que por servidores estatais compreende-se:

1. os servidores estatutários, sujeitos ao regime estatutário e ocupantes de cargos públicos;

2. **os empregados públicos**, contratados sob o regime da legislação trabalhista e ocupantes de emprego público;

3. os servidores temporários, contratados por tempo determinado para atender à necessidade temporária de excepcional interesse público (art. 37, IX, da Constituição) exercem função, sem estar vinculados a cargo ou emprego público.

Empregados públicos, inseridos na dimensão de servidores estatais, são aqueles contratados mediante concurso público (art. 37, II, da CF), para ocupar emprego público, sob regime celetista, nas pessoas jurídicas de direito privado integrantes da Administração Pública Indireta: sociedades de economia mista e empresas públicas (empresas estatais).

Em consonância com o mandamento constitucional, art. 40, § 13, o regime de previdência dos empregados públicos é, necessariamente, o RGPS.

---

68 DI PIETRO, Maria Sylvia Zanella, *Direito administrativo*. 13. ed. São Paulo: Atlas, 2001, p. 424.

A EC n. 103/2019 trata no § 16 do art. 201 dos empregados dos consórcios públicos, das empresas públicas, das sociedades de economia mista e das suas subsidiárias, atribuindo a eles no âmbito do RGPS aposentadoria "compulsória-condicionada".

Serão aposentados compulsoriamente junto ao INSS, mas desde que observado o cumprimento do tempo mínimo de contribuição, o que significa dizer que a compulsoriedade está adstrita a condição, qual seja, tenha contribuído pelo número mínimo de anos "na forma estabelecida em lei".

Cabe enfatizar que a lei exigida pelo § 16 do art. 201 deverá ser lei nacional, da alçada da União, não cabendo a entes públicos estaduais ou municipais legislar sobre os critérios para a aposentadoria compulsória-condicionada dos empregados públicos estatais e municipais. Essa interpretação decorre, *mutatis mutandis*, do entendimento dado pelo STF na Ação Direta de Inconstitucionalidade 5.486, em face de legislação editado pelo Estado de Sergipe:

> Ação direta de inconstitucionalidade. Emenda Constitucional n. 46/2015 do Estado de Sergipe. Aposentadoria compulsória dos servidores estaduais e municipais. Competência da União. Art. 40, § 1º, II, da Constituição Federal. Matéria reservada à lei complementar federal. Ação direta julgada procedente.
>
> 1. É competência da União disciplinar a aposentadoria compulsória dos servidores públicos, especialmente no tocante aos limites de idade, nos termos do art. 40, § 1º, II, da Constituição Federal. Precedentes.
>
> 2. Ação Direta de Inconstitucionalidade julgada procedente. (ADIn 5.486. rel. Min. Alexandre de Moraes.)

Ao atingir o limitador etário previsto para os regimes próprios, ainda assim o empregado público não será compulsoriamente aposentado caso não tenha atendido ao número mínimo de anos de contribuição.

De lege ferenda, na linha dos ditamos estabelecidos no art. 51 da Lei n. 8.213/91, a imposição ao empregado público de aposentar-se compulsoriamente deve ensejar a garantia à indenização prevista na legislação trabalhista, considerada como data da rescisão do contrato de trabalho a imediatamente anterior à do início da aposentadoria.

EC n. 103/2019. Empregado público. Arts. 37, § 14, e 6º da EC n. 103/2019

A Emenda da Nova Previdência confeccionou o novel § 16 do art. 201 e o § 14 do art. 37, ambos da CF.

O § 16 do art. 201 foi adrede estudado, havendo, ainda a necessidade de pontuar a existência do §14 do art. 37 da Carta Magna, que estipula:

> A aposentadoria concedida com a utilização de tempo de contribuição decorrente de cargo, **emprego** ou função pública, **inclusive do Regime Geral de Previdência Social, acarretará o rompimento do vínculo que gerou o referido tempo de contribuição.**

Busca-se, aqui, haja o rompimento do vínculo do emprego público, abarcando, assim, os Municípios sem regime próprio.

De observar a existência da regra inserta no art. 6º da EC n. 103/2019: "O disposto no § 14 do art. 37 da Constituição Federal não se aplica a aposentadorias concedidas pelo RGPS **até a data de entrada em vigor** desta Emenda Constitucional".

Dito de outro modo, aposentadorias concedidas a empregado público a contar de 13 de dezembro de 2019 são causa de rompimento de vínculo.

PEC n. 6/2019. Sistema de capitalização. Art. 201-A. Pretensão governamental rejeitada pelo Congresso Nacional

A PEC n. 6/2019 pretendia acrescentar o art. 201-A na Constituição Federal, para prever um "novo regime de previdência social, organizado com base **em sistema de capitalização,** na modalidade de contribuição definida, de caráter obrigatório para quem aderir, com a previsão de conta vinculada para cada trabalhador e de constituição de reserva individual para o pagamento do benefício, admitida capitalização nocional, vedada qualquer forma de uso compulsório dos recursos por parte de ente federativo".

Em caráter transitório, o art. 115 da Ato das Disposições Constitucionais Transitórias trazia alguns balizadores do referido regime, que seria instituído por lei complementar, e deveria ser implementado alternativamente ao RGPS e ao RPPS.

Entretanto, o regime de capitalização encontrou repulsa na Câmara dos Deputados, excluindo o art. 201-A no Substitutivo apresentado pela Comissão Especial, por considerar que não é o modelo mais adequado para um país cujos trabalhadores têm baixos rendimentos, além de ter elevado custo de transição.

Por esta razão, o substitutivo não acatou o art. 201-A da redação original da PEC n. 6/2019, assim como não excluiu o art. 115 do Ato das Disposições Constitucionais Transitórias.

ANEXO I

Nome das espécies de benefícios administrados pelo INSS	Código
Amparo assistencial ao idoso (Lei n. 8.742/93)	88
Amparo assistencial ao portador de deficiência (Lei n. 8.742/93)	87
Aposentadoria especial (Lei n. 8.213/91)	46
Aposentadoria por idade (Lei n. 8.213/91) e aposentadoria por idade do segurado com deficiência (Lei Complementar – LC n. 142, de 8-5-2013)	41
Aposentadoria por invalidez por acidente do trabalho (Lei n. 8.213/91)	92
Aposentadoria por invalidez previdenciária (Lei n. 8.213/91)	32
Aposentadoria por tempo de contribuição (Lei n. 8.213/91) e por tempo de contribuição do segurado com deficiência (LC n. 142, de 8-5-2013)	42
Aposentadoria por tempo de serviço de professor (Constituição Federal)	57
Auxílio-acidente por acidente do trabalho (Lei n. 8.213/91)	94
Auxílio-acidente previdenciário (Lei n. 8.213/91)	36
Auxílio-doença por acidente do trabalho (Lei n. 8.213/91)	91
Auxílio-doença previdenciário (Lei n. 8.213/91)	31
Auxílio-reclusão – (Lei n. 8.213/91)	25
Pecúlio especial de aposentado (Lei n. 8.213/91) – benefício de prestação única	68
Pensão especial aos dependentes de vítimas fatais por contaminação na hemodiálise – Caruaru-PE (Lei n. 9.422/96)	89
Pensão especial mensal vitalícia (Lei n. 10.923/2004)	60
Pensão especial às pessoas atingidas pela hanseníase (Lei n. 11.520/2007)	96
Pensão especial vitalícia (Lei n. 9.793/99)	54
Pensão mensal vitalícia do dependente do seringueiro (Lei n. 7.986/89)	86
Pensão mensal vitalícia do seringueiro (Lei n. 7.986/89)	85
Pensão mensal vitalícia por síndrome de talidomida (Lei n. 7.070/82)	56
Pensão por morte de ex-combatente (Lei n. 4.297/63)	23
Pensão por morte (Ex-Sasse)	84
Pensão por morte por acidente do trabalho (Lei n. 8.213/91)	93
Pensão por morte previdenciária (Lei n. 8.213/91)	21
Salário-maternidade (Lei n. 8.213/91)	80

Nome das espécies de benefícios extintos (exceto quando determinado em processo em fase recursal administrativa ou ação judicial)	código
Abono de permanência em serviço 20% (Decreto-lei n. 795/69)	48
Abono de permanência em serviço 25% (Leis n. 3.807/60 e 8.213/91)	47
Abono de servidor aposentado pela autarquia empregadora (Lei n. 1.756/52)	79
Aposentadoria da extinta Capin	38
Aposentadoria de extranumerário da União	37
Aposentadoria excepcional do anistiado (Lei n. 8.213/91)	58
Aposentadoria por idade do empregador rural (Lei n. 6.260/75)	08
Aposentadoria por idade compulsória (Ex-Sasse)	81
Aposentadoria por idade do trabalhador rural (Lei Complementar n. 11/71)	07
Aposentadoria por invalidez do Extinto Plano Básico (Decreto-lei n. 564/69)	51
Aposentadoria por invalidez (Ex-Sasse)	83
Aposentadoria por invalidez de aeronauta	33
Aposentadoria por invalidez de ex-combatente marítimo (Lei n. 1.756/52)	34
Aposentadoria por invalidez do empregador rural (Lei n. 6.260/75)	06
Aposentadoria por invalidez do trabalhador rural (Lei Complementar n. 11/71)	04
Aposentadoria por invalidez por acidente do trabalho do trabalhador rural (Lei n. 6.195/74)	05
Aposentadoria por tempo de serviço (Ex-Sasse)	82
Aposentadoria por tempo de serviço de aeronauta (Decreto-lei n. 158/67)	44
Aposentadoria por tempo de serviço de ex-combatente (Lei n. 4.297/63)	43
Aposentadoria por tempo de serviço de ex-combatente marítimo (Lei n. 1.756/52)	72
Aposentadoria por tempo de serviço de jornalista profissional (Lei n. 3.529/59)	45
Aposentadoria por tempo de serviço ordinária (Lei n. 3.807/60)	49
Auxílio-doença do trabalhador rural (Lei Complementar n. 11/71)	13
Auxílio-doença por acidente do trabalho do trabalhador rural (Lei n. 6.195/74)	10
Auxílio-suplementar por acidente do trabalho (Lei n. 6.367/76)	95
Pensão Especial (Lei n. 593/48)	26
Pensão por morte de servidor público federal com dupla aposentadoria	27
Pensão por morte do empregador rural (Lei n. 6.260/75)	03
Pensão por morte de ex-combatente marítimo (Lei n. 1.756/52)	29
Pensão por morte do Extinto Plano Básico (Decreto-lei n. 564/69)	55
Pensão por morte do Regime Geral (Decreto n. 20.465/31)	28
Pensão por morte do trabalhador rural (Lei Complementar n. 11/71)	01
Pensão por morte estatutária (Lei n. 3.373/58)	22
Pensão por morte excepcional do anistiado (Lei n. 8.213/91)	59
Pensão por morte por acidente do trabalho do trabalhador rural (Lei n. 6.195/74)	02
Renda mensal vitalícia por idade (Leis n. 6.179/74 e 8.213/91, até 31-12-1995)	40
Renda mensal vitalícia por idade do trabalhador rural (Lei n. 6.179/74)	12
Renda mensal vitalícia por invalidez (Leis n. 6.179/74 e 8.213/91, até 31-12-1995)	30
Renda mensal vitalícia por invalidez do trabalhador rural (Lei n. 6.179/74)	11

ANEXO II
PORTARIA N. 914, DE 13 DE JANEIRO DE 2020

Órgão: Ministério da Economia/Secretaria Especial de Previdência e Trabalho
DOU: 14-1-2020, Edição: 9, Seção: 1, p. 6.

Dispõe sobre o reajuste dos benefícios pagos pelo Instituto Nacional do Seguro Social – INSS e dos demais valores constantes do Regulamento da Previdência Social – RPS. (Processo n. 10132.100009/2020-20).

O SECRETÁRIO ESPECIAL DE PREVIDÊNCIA E TRABALHO DO MINISTÉRIO DA ECONOMIA, no uso da competência delegada pela Portaria GME n. 117, de 26 de março de 2019, e tendo em vista o disposto na Emenda Constitucional n. 20, de 15 de dezembro de 1998; na Emenda Constitucional n. 41, de 19 de dezembro de 2003; na Emenda Constitucional n. 103, de 12 de novembro de 2019; na Lei n. 8.212, de 24 de julho de 1991; no art. 41-A da Lei n. 8.213, de 24 de julho de 1991; na Lei n. 13.152, de 29 de julho de 2015; na Medida Provisória n. 916, de 31 de dezembro de 2019; e no Regulamento da Previdência Social – RPS, aprovado pelo Decreto n. 3.048, de 6 de maio de 1999, resolve:

Art. 1º Os benefícios pagos pelo Instituto Nacional do Seguro Social – INSS serão reajustados, a partir de 1º de janeiro de 2020, em 4,48% (quatro inteiros e quarenta e oito décimos por cento).

§ 1º Os benefícios a que se refere o *caput*, com data de início a partir de 1º de janeiro de 2019, serão reajustados de acordo com os percentuais indicados no Anexo I desta Portaria.

§ 2º Para os benefícios majorados por força da elevação do salário mínimo para R$ 1.039,00 (um mil e trinta e nove reais), o referido aumento deverá ser descontado quando da aplicação do reajuste de que tratam o *caput* e o § 1º.

§ 3º Aplica-se o disposto neste artigo às pensões especiais pagas às vítimas da síndrome da talidomida, às pessoas atingidas pela hanseníase de que trata a Lei n. 11.520, de 18 de setembro de 2007, e ao auxílio especial mensal de que trata o inciso II do art. 37 da Lei n. 12.663, de 5 de junho de 2012.

Art. 2º A partir de 1º de janeiro de 2020, o salário de benefício e o salário de contribuição não poderão ser inferiores a R$ 1.039,00 (um mil e trinta e nove reais), nem superiores a R$ 6.101,06 (seis mil, cento e um reais e seis centavos).

Art. 3º A partir de 1º de janeiro de 2020:

I – não terão valores inferiores a R$ 1.039,00 (um mil e trinta e nove reais), os benefícios:

a) de prestação continuada pagos pelo INSS correspondentes a aposentadorias, auxílio-doença, auxílio-reclusão (valor global) e pensão por morte (valor global);

b) de aposentadorias dos aeronautas, concedidas com base na Lei n. 3.501, de 21 de dezembro de 1958; e

c) de pensão especial paga às vítimas da síndrome da talidomida;

II – os valores dos benefícios concedidos ao pescador, ao mestre de rede e ao patrão de pesca com as vantagens da Lei n. 1.756, de 5 de dezembro de 1952, deverão corresponder, respectivamente, a 1 (uma), 2 (duas) e 3 (três) vezes o valor de R$ 1.039,00 (um mil e trinta e nove reais), acrescidos de 20% (vinte por cento);

III – o benefício devido aos seringueiros e seus de pendentes, concedido com base na Lei n. 7.986, de 28 de dezembro de 1989, terá valor igual a R$ 2.078,00 (dois mil e setenta e oito reais);

IV – é de R$ 1.039,00 (um mil e trinta e nove reais), o valor dos seguintes benefícios assistenciais pagos pelo Instituto Nacional do Seguro Social – INSS:

a) pensão especial paga aos dependentes das vítimas de hemodiálise da cidade de Caruaru no Estado de Pernambuco;

b) amparo social ao idoso e à pessoa com deficiência; e

c) renda mensal vitalícia.

Art. 4º O valor da cota do salário-família por filho ou equiparado de qualquer condição, até 14 (quatorze) anos de idade, ou inválido de qualquer idade, a partir de 1º de janeiro de 2020, é de R$ 48,62 (quarenta e oito reais e sessenta e dois centavos) para o segurado com remuneração mensal não superior a R$ 1.425,56 (um mil, quatrocentos e vinte e cinco reais e cinquenta e seis centavos).

§ 1º Para fins do disposto neste artigo, considera-se remuneração mensal do segurado o valor total do respectivo salário de contribuição, ainda que resultante da soma dos salários de contribuição correspondentes a atividades simultâneas.

§ 2º O direito à cota do salário-família é definido em razão da remuneração que seria devida ao empregado no mês, independentemente do número de dias efetivamente trabalhados.

§ 3º Todas as importâncias que integram o salário de contribuição serão consideradas como parte integrante da remuneração do mês, exceto o décimo terceiro salário e o adicional de férias previsto no inciso XVII do art. 7º da Constituição, para efeito de definição do direito à cota do salário-família.

§ 4º A cota do salário-família é devida proporcionalmente aos dias trabalhados nos meses de admissão e demissão do empregado.

Art. 5º O auxílio-reclusão, a partir de 1º de janeiro de 2020, será devido aos dependentes do segurado cujo salário de contribuição seja igual ou inferior a

R$ 1.425,56 (um mil, quatrocentos e vinte e cinco reais e cinquenta e seis centavos), independentemente da quantidade de contratos e de atividades exercidas.

§ 1º Se o segurado, embora mantendo essa qualidade, não estiver em atividade no mês da reclusão, ou nos meses anteriores, será considerado como remuneração o seu último salário de contribuição.

§ 2º Para fins do disposto no § 1º, o limite máximo do valor da remuneração para verificação do direito ao benefício será o vigente no mês a que corresponder o salário de contribuição considerado.

Art. 6º A partir de 1º de janeiro de 2020, será incorporada à renda mensal dos benefícios de prestação continuada pagos pelo INSS, com data de início no período de 1º janeiro de 2019 a 31 de dezembro de 2019, a diferença percentual entre a média dos salários de contribuição considerados no cálculo do salário de benefício e o limite máximo em vigor no período, exclusivamente nos casos em que a referida diferença resultar positiva, observado o disposto no § 1º do art. 1º e o limite de R$ 6.101,06 (seis mil, cento e um reais e seis centavos).

Art. 7º A contribuição dos segurados empregados, inclusive o doméstico e do trabalhador avulso, relativamente aos fatos geradores que ocorrerem a partir da competência janeiro de 2020, será calculada mediante a aplicação da correspondente alíquota, de forma não cumulativa, sobre o salário de contribuição mensal, de acordo com a tabela constante do Anexo II e III desta Portaria.

Art. 8º A partir de 1º de janeiro de 2020:

I – o valor a ser multiplicado pelo número total de pontos indicadores da natureza do grau de dependência resultante da deformidade física, para fins de definição da renda mensal inicial da pensão especial devida às vítimas da síndrome de talidomida, é de R$ 1.175,58 (um mil, cento e setenta e cinco reais e cinquenta e oito centavos).

II – o valor da diária paga ao segurado ou dependente pelo deslocamento, por determinação do INSS, para submeter-se a exame médico-pericial ou processo de reabilitação profissional, em localidade diversa da de sua residência, é de R$ 101,95 (cento e um reais e noventa e cinco centavos);

III – o valor da multa pelo descumprimento das obrigações, indicadas no:

a) *caput* do art. 287 do Regulamento da Previdência Social (RPS), varia de R$ 331,44 (trezentos e trinta e um reais e quarenta e quatro centavos) a R$ 33.146,17 (trinta e três mil, cento e quarenta e seis reais e dezessete centavos);

b) inciso I do parágrafo único do art. 287 do RPS, é de R$ 73.658,11 (setenta e três mil, seiscentos e cinquenta e oito reais e onze centavos); e

c) inciso II do parágrafo único do art. 287 do RPS, é de R$ 368.290,58 (trezentos e sessenta e oito mil, duzentos e noventa reais e cinquenta e oito centavos);

IV – o valor da multa pela infração a qualquer dispositivo do RPS, para a qual não haja penalidade expressamente cominada no art. 283 do RPS, varia, conforme a gravidade da infração, de R$ 2.519,31 (dois mil, quinhentos e dezenove reais e trinta e um centavos) a R$ 251.929,36 (duzentos e cinquenta e um mil, novecentos e vinte e nove reais e trinta e seis centavos);

V – o valor da multa indicada no inciso II do art. 283 do RPS é de R$ 25.192,89 (vinte e cinco mil, cento e noventa e dois reais e oitenta e nove centavos);

VI – é exigida Certidão Negativa de Débito (CND) da empresa na alienação ou oneração, a qualquer título, de bem móvel incorporado ao seu ativo permanente de valor superior a R$ 62.981,70 (sessenta e dois mil, novecentos e oitenta e um reais e setenta centavos);

VII – o valor de que trata o § 3º do art. 337-A do Código Penal, aprovado pelo Decreto-Lei n. 2.848, de 7 de dezembro de 1940, é de R$ 5.386,27 (cinco mil, trezentos e oitenta e seis reais e vinte e sete centavos); e

VIII – o valor da pensão especial concedida às pessoas atingidas pela hanseníase e que foram submetidas a isolamento e internação compulsórios em hospitais-colônia, assegurada pela Lei n. 11.520, de 18 de setembro de 2007, é de R$ 1.576,83 (um mil, quinhentos e setenta e seis reais e oitenta e três centavos).

Parágrafo único. O valor das demandas judiciais de que trata o art. 128 da Lei n. 8.213, de 24 de julho de 1991, é limitado em R$ 62.340,00 (sessenta e dois mil, trezentos e quarenta reais), a partir de 1º de janeiro de 2020.

Art. 9º A partir de 1º de janeiro de 2020, o pagamento mensal de benefícios de valor superior a R$ 122.021,15 (cento e vinte e dois mil, vinte e um reais e quinze centavos) deverá ser autorizado expressamente pelo Gerente-Executivo do INSS, observada a análise da Divisão ou Serviço de Benefícios.

Parágrafo único. Os benefícios de valor inferior ao limite estipulado no *caput*, quando do reconhecimento do direito da concessão, revisão e manutenção de benefícios serão supervisionados pelas Agências da Previdência Social e Divisões ou Serviços de Benefícios, sob critérios aleatórios pré-estabelecidos pela Presidência do INSS.

Art. 10. A Secretaria Especial da Receita Federal do Brasil, o INSS e a Empresa de Tecnologia e Informações da Previdência (Dataprev) adotarão as providências necessárias ao cumprimento do disposto nesta Portaria.

Art. 11. Esta Portaria entra em vigor na data de sua publicação.

Art. 12. Fica revogada a Portaria ME n. 9, de 15 de janeiro de 2019.

Rogério Marinho

ANEXO I – FATOR DE REAJUSTE DOS BENEFÍCIOS CONCEDIDOS DE ACORDO COM AS RESPECTIVAS DATAS DE INÍCIO, APLICÁVEL A PARTIR DE JANEIRO DE 2020

DATA DE INÍCIO DO BENEFÍCIO	REAJUSTE (%)
Até janeiro de 2019	4,48
em fevereiro de 2019	4,11
em março de 2019	3,55
em abril de 2019	2,76
em maio de 2019	2,14
em junho de 2019	1,99
em julho de 2019	1,98
em agosto de 2019	1,88
em setembro de 2019	1,76
em outubro de 2019	1,81
em novembro de 2019	1,77
em dezembro de 2019	1,22

ANEXO II – TABELA DE CONTRIBUIÇÃO DOS SEGURADOS EMPREGADO, EMPREGADO DOMÉSTICO E TRABALHADOR AVULSO, PARA PAGAMENTO DE REMUNERAÇÃO DE 1º DE JANEIRO DE 2020 A 29 DE FEVEREIRO DE 2020

SALÁRIO DE CONTRIBUIÇÃO (R$)	ALÍQUOTA PARA FINS DE RECOLHIMENTO AO INSS
até 1.830,29	8%
de 1.830,30 até 3.050,52	9%
de 3.050,53 até 6.101,06	11 %

ANEXO III – TABELA DE CONTRIBUIÇÃO DOS SEGURADOS EMPREGADO, EMPREGADO DOMÉSTICO E TRABALHADOR AVULSO, PARA PAGAMENTO DE REMUNERAÇÃO A PARTIR DE 1º DE MARÇO DE 2020

SALÁRIO DE CONTRIBUIÇÃO (R$)	ALÍQUOTA PARA FINS DE RECOLHIMENTO AO INSS
até 1.039,00	7,5%
de 1.039,01 até 2.089,60	9%
de 2.089,61 até 3.134,40	12 %
de 3.134,41 até 6.101,06	14%

REFERÊNCIAS BIBLIOGRÁFICAS

ALENCAR, Hermes Arrais. *Cálculo de benefícios previdenciários*: teses revisionais. Da teoria à prática. 10. ed. São Paulo: Saraiva, 2019.

_____. *Direito previdenciário para concursos*. 6. ed. São Paulo: Saraiva, 2019.

_____. *Desaposentação e o instituto da transformação de benefícios*. 2. ed. São Paulo: Conceito Jurídico, 2012.

_____. *Benefícios previdenciários*. 4. ed. São Paulo

BALEEIRO, Aliomar. Direito tributário brasileiro. 11. ed. Atualização de Misabel Abreu Machado Derzi. Rio de Janeiro: Forense, 1999; LEUD, 2009.

BALERA, Wagner. *A seguridade social na Constituição de 1988*. São Paulo: Revista dos Tribunais, 1989.

_____.Contrato de trabalho e aposentadoria. *Revista de Direito social*, Porto Alegre: Notadez, ano 5, n. 20, p. 15, out./dez. 2005.

_____. Introdução à seguridade social. In: MONTEIRO, Meire Lucia Gomes (Coord.) *Introdução ao direito previdenciário*. São Paulo: LTr, 1998.

_____. *Noções preliminares de direito previdenciário*. São Paulo: Quartier Latin, 2004.

_____. *O direito dos pobres*. São Paulo: Paulinas, 1982.

_____. O valor social do trabalho. *Revista LTr*, São Paulo: LTr Editora, out. 1994.

_____. *Sistema de seguridade social*. 3. ed. São Paulo: LTr, 2003.

_____. Sobre reformas e reformas previdenciárias. *Revista de Direito Social*, Sapucaia do Sul/RS: Notadez, v. 3, n. 12, 2003.

BARROSO, Luís Roberto. Fundamentos teóricos e filosóficos do novo direito constitucional brasileiro (pós-modernidade, teoria crítica e pós-positivismo). *Revista de Direito Administrativo*, Rio de Janeiro, 2001.

BERBEL, Fábio Lopes Vilela. *Teoria geral da previdência social*. São Paulo: Quartier Latin, 2005.

BEVERIDGE, Willian. *Relatório sobre o seguro social e serviços afins, apresentado ao parlamento britânico em novembro de 1942*. Trad. Almir de Andrade. Rio de Janeiro: José Olympio, 1943.

CASSONE, Vittório. *Direito tributário*. 28. ed. São Paulo: Atlas, 2018.

CASTRO, Carlos Alberto Pereira de; LAZZARI, João Batista. *Manual de direito previdenciário*. 21. ed., rev., atual. e ampl. Rio de Janeiro: Forense, 2018.

COIMBRA, José dos Reis Feijó. *Direito previdenciário brasileiro*. 6. ed. Rio de Janeiro: Edições Trabalhistas, 1996.

_____. *Direito previdenciário brasileiro*. 11. ed. Rio de Janeiro: Edições Trabalhistas, 2001.

CUMBRE, Lourdes Lopez. *Tratado de Jubilación:* homenaje al Profesor Luis Enrique de la Villa Gil con motivo de su jubilación. Valencia: Lustel, 2007.

DACRUZ, Efren Borrajo. La jubilación laboral como instituición jurídica. In: Lourdes López Cumbre. (Org.). *Tratado de Jubilación:* homenaje al Profesor Luis Enrique de la Villa Gil con motivo de su jubilación. Valencia: Lustel, 2007.

DELGADO, Maurício Godinho. *Curso de direito do trabalho*. 3. ed. São Paulo: LTr, 2004.

DERZI, Heloisa Hernandez. *Os beneficiários da pensão por morte*. São Paulo: Lex Editora, 2004.

DURAND, Paul. *La política contemporânea de seguridad social*. Madrid: Ministério de Trabajo y Seguridad Social, 1991.

GIAMBIAGI, Fabio. *Reforma da previdência:* encontro marcado. Rio de Janeiro: Elsevier, 2007.

HORVATH JÚNIOR, Miguel. *Dicionário analítico de previdência social*. São Paulo: Atlas, 2009.

IBRAHIM, Fábio Zambitte. *Curso de direito previdenciário*. 22. ed. Rio de Janeiro: Impetus, 2016.

_____. Possível ampliação da cota patronal previdenciária com a PEC 06/2019. In: *Migalhas*, quarta-feira, 6 mar. 2019. Disponível em: <https://www.migalhas.com.br/Previdencialhas/120,MI297360,81042-Possivel+ampliacao+da+cota +patronal+previdenciaria+com+a+PEC+062019>.

KERTZMAN, Ivan. *Curso prático de direito previdenciário*. 14. ed. Salvador: JusPodivm, 2016.

LEIVAS, Paulo Gilberto Cogo. *Teoria dos direitos fundamentais sociais*. Porto Alegre: Livraria do Advogado, 2006.

MACHADO SEGUNDO, Hugo de Brito. *Manual de direito tributário*. 11. ed. São Paulo: Atlas, 2019.

MARMELSTEIN, George. *Curso de direitos fundamentais*. 2. ed. São Paulo: Atlas, 2009.

MARTINEZ, Wladimir Novaes. *Dano moral no direito previdenciário*. 2. ed. São Paulo: LTr, 2009.

_____. *Dicionário Novaes de direito previdenciário*. São Paulo: LTr, 2013.

MIRANDA, Henrique Savonitti. *Curso de direito constitucional*. Brasília: Gráfica Senado Federal, 2004.

MOLINA. Juan Antonio Maldonado. *La protección de La vejez em España*. Valencia: Tirant lo Blanch, 2002.

MONTEIRO, Meire Lucia Gomes (Coord.). *Introdução ao direito previdenciário*. São Paulo: LTr, 1998.

NERY, P. F. Idade mínima: perguntas e respostas. Brasília: Núcleo de Estudos e Pesquisas/CONLEG/Senado, março/2016 (Texto para Discussão n. 190). Disponível em: <www.senado.leg.br/estudos>. Acesso em: 1º mar. 2016.

PASTOR, Almansa. *Derecho de la seguridad social*. 2. ed. Madrid: Editorial Tecnos, 1977.

PEREIRA. Caio Mário da Silva. *Instituições de direito civil*. 19. ed. Rio de Janeiro: Forense, 1999. v. 1.

Perelman, Chaim. *Ética e direito [éthique et droit]*. Trad. Maria Ermantina G. G. Pereira. São Paulo: Martins Fontes, 1996.

Posada, Carlos. *Los seguros sociais obligatorios em España*, Madrid, 1947.

REALE. Miguel. *Lições preliminares de direito*. 22 Ed. São Paulo: Saraiva, 1995.

Sachs, Jeffrey. *O fim da pobreza*: como acabar com a miséria mundial nos próximos vinte anos. São Paulo: Companhia das Letras, 2005.

Santos, Marisa Ferreira dos. O princípio da seletividade das prestações de seguridade social. São Paulo: LTr, 2004.

SILVA, José Afonso da. *Aplicabilidade das normas constitucionais*. 3. ed. São Paulo: Malheiros, 1998.

SOUSA, Milena Nunes Alves de; QUEMELO, Paulo Roberto Veiga. Saúde do trabalhador e riscos ocupacionais na mineração. *Rev. Bras. Pesq. Saúde*, Vitória, 17(2): 111-121, abr.-jun., 2015.

Streck, Lênio. Interpretando a Constituição: Sísifo e a tarefa do hermeneuta, *Revista do Instituto de Hermenêutica Jurídica*, Porto Alegre.

SUSSEKIND, Arnaldo. *A jurisprudência social brasileira*. Rio de Janeiro: Freitas Bastos, 1955.

_____. *Instituições de direito do trabalho*. 22. ed. São Paulo: LTr, 2005. v. 1.

TAVARES, André Ramos. *Curso de direito constitucional*. 16. ed. São Paulo: Saraiva Jur, 2018.

TEIXEIRA, Aloísio. *A previdência social e a revisão constitucional*: debates. Brasília: MPS, 1994. v. II.

VILLA GIL, Luis Enrique de La; BONETE, Aurélio Desdentado. *Manual de seguridad social*. 2. ed. Pamplona: Editorial Aranzadi. 1979.